Science et technologie 1re année du 2e cycle du secondaire

Manuel de l'élève • Volume 1

Mathieu Dubreuil
Julie Duchesne
Yannick Dupont
Denis Y. Leroux

8101, boul. Métropolitain Est, Anjou (Québec) Canada H1J 1J9
Téléphone : 514-351-6010 • Télécopieur : 514-351-3534

Direction de l'édition
Murielle Belley, Claude Fortin, Isabel Rusin

Direction de la production
Danielle Latendresse

Direction de la coordination
Sylvie Richard

Charge de projet
Alice Bergeron, Sylvie Lucas, Dominique Lapointe

Révision linguistique
Philippe Sicard, Micheline Fréchette

Correction d'épreuves
Jacinthe Caron, Marie Théôret

Réalisation technique et conception graphique

matteau parent
graphisme et communication

Geneviève Guérard (concept original et couverture)
Sylvie Lacroix (conception et réalisation graphique)
Christine Pouliot (conception et réalisation graphique)

Illustrations
Bertrand Lachance, p. 7, 11, 12, 13 (zone habitable), 27, 38, 44, 46, 47, 48, 49, 50, 51, 53, 54, 55, 58, 64, 65, 67, 68, 82 (partielle), 83 (partielle), 84, 85 (partielle), 86 (partielle), 87 (partielle), 89, 92, 95, 104, 105, 107, 109, 110, 116, 117, 122, 123, 125, 126, 127, 135, 151, 160, 163, 167, 172, 174, 180, 181, 183, 185, 188, 189, 190, 191, 196, 200, 201, 202, 203, 204, 205
Sylvie Lacroix, 134
Stéphan Vallières, p. 8, 9, 13 (vie sur la Terre), 14, 15, 22, 23, 29, 33

Recherche iconographique
Monique Rosevear

Gouvernement du Québec – Programme de crédit d'impôt pour l'édition de livres Gestion SODEC.

Les Éditions CEC remercient le gouvernement du Québec de l'aide financière accordée à l'édition de cet ouvrage par l'entremise du Programme de crédit d'impôt pour l'édition de livres, administré par la SODEC.

Manuel de l'élève, volume 1

8101, boul. Métropolitain Est
Anjou (Québec) H1J 1J9

Dépôt légal : 2007
Bibliothèque et Archives nationales du Québec
Bibliothèque et Archives Canada

ISBN 978-2-7617-2493-7

Imprimé au Canada
1 2 3 4 5 11 10 09 08 07

Les auteurs et l'Éditeur tiennent à remercier les personnes suivantes qui ont participé au projet à titre de consultants.

Consultants scientifiques

Ahmed Bensaada, Ph.D., enseignant, école secondaire La Dauversière, CSDM

Robert Lamontagne, astrophysicien, département de physique, Université de Montréal

Geneviève Lebel, professeure de biologie, Collège André-Grasset

Jean-François St-Amant, chargé de cours, Université de Montréal

Leïla Touta, enseignante, école secondaire Joseph-François-Perrault, CSDM

Rémy Vallières, enseignant, Collège St-Jean-Vianney

Consultante pédagogique

Annie Ouellet, enseignante en science et technologie et conseillère pédagogique au programme d'éducation internationale, polyvalente Hyacinthe-Delorme, CSSH

Nous tenons à remercier Monsieur Benoît Langlois, directeur de l'école secondaire les Etchemins, qui nous a donné accès aux locaux de son établissement d'enseignement, de même que Jean-Guy Gendron, technicien en travaux pratiques, qui a préparé et validé les activités de laboratoire.

Table des matières

>>> Volume 1

UNIVERS TERRE ET ESPACE

L'être humain dans le cosmos

UNIVERS VIVANT

L'être humain vu de l'intérieur

UNIVERS MATÉRIEL

L'être humain et la matière

UNIVERS TECHNOLOGIQUE

L'être humain et la technologie

Mode d'emploi

Le manuel *Biosphère,* volume 1, est constitué de neuf dossiers portant sur les quatre univers abordés dans le programme de Science et technologie.

À la fin du manuel, une section Outils offre des fiches permettant à l'élève de développer des démarches, des techniques et des attitudes propres à la science et à la technologie. L'élève pourra s'y référer au besoin. De plus, il ou elle trouvera, toujours à la fin du manuel, un glossaire, un index et un tableau périodique des éléments.

Au fil des univers

Un titre qui met en relief le lien entre chaque univers et l'être humain.

Une couleur particulière a été attribuée à chaque univers, ce qui facilite l'identification des dossiers et des univers.

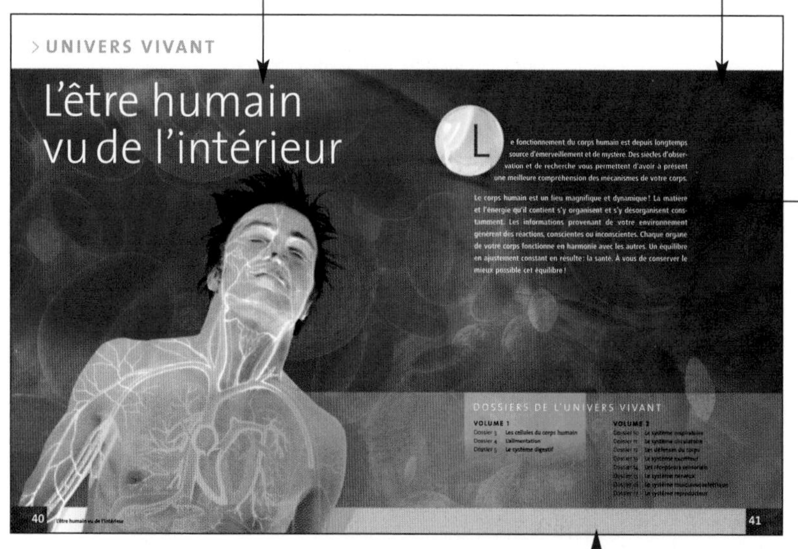

Un texte de présentation qui met l'accent sur le lien qui existe entre l'univers et l'être humain.

Une liste des dossiers liés à cet univers, regroupés par volume.

Au fil des dossiers

Le titre du dossier réfère directement au programme de Science et technologie.

Un sommaire des concepts abordés donne une vue d'ensemble du dossier.

La rubrique **SO$_2$S** présentée sur cette page d'ouverture amène l'élève à s'interroger sur certains aspects du rapport de l'environnement à l'être humain. Des éléments de réponse apparaissent dans les rubriques **SO$_2$S** contenues dans le corps du dossier.

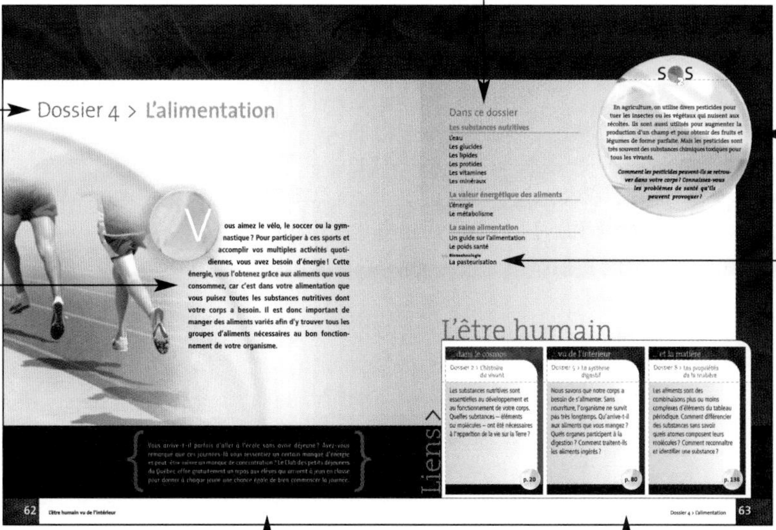

Un texte de présentation issu des expériences et des connaissances antérieures de l'élève qui active sa réflexion sur certains concepts abordés dans le dossier.

Une question de réflexion porte sur un enjeu relatif au dossier.

La rubrique **Liens** souligne des liens privilégiés à établir avec des dossiers d'autres univers.

Une section **Biotechnologie** apparaît dans certains dossiers de l'univers vivant. On y présente les concepts prescrits liés à des applications de la technologie à la biologie.

Au fil des pages

Plusieurs rubriques ponctuent le dossier.

La rubrique **Info+** permet d'approfondir un sujet ou de découvrir des aspects percutants ou étonnants de la science et de la technologie. L'élève y découvrira, par exemple, pourquoi les planètes sont rondes ou en quoi le bleuet aide à lutter contre le vieillissement.

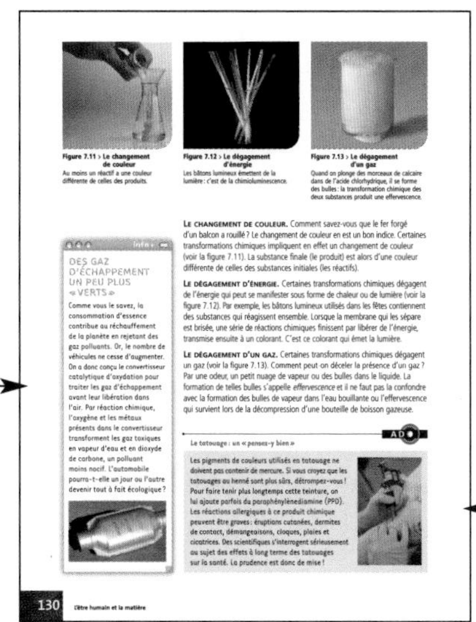

La rubrique **Ado** traite des transformations ou des préoccupations propres à l'adolescence. On y aborde des sujets aussi variés que l'acné chez les jeunes, le stress lié aux examens, la toxicomanie, les troubles alimentaires, etc.

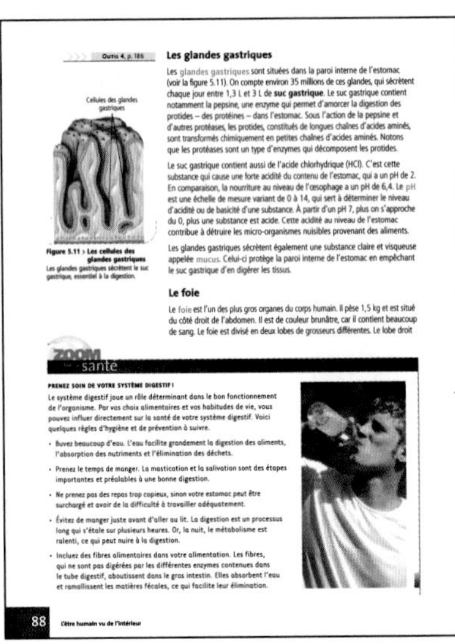

La rubrique **Zoom sur la santé** présente des capsules d'information sur la prévention et l'hygiène. On donne à l'élève quelques conseils afin de se garder en bonne santé et on y parle, à l'occasion, de diverses maladies en expliquant brièvement leurs causes, leurs symptômes et leurs traitements.

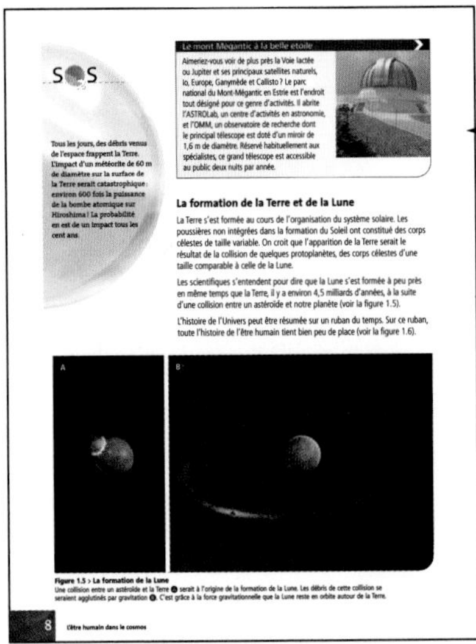

Cette rubrique présente des **repères culturels** liés aux ressources du milieu ou à des événements d'importance liés à l'univers de la science et de la technologie. Divers sujets y sont abordés, notamment l'incendie de BPC à Saint-Basile-le-Grand, le Centre des grands brûlés et Tel-Jeunes.

Placée à la fin du dossier, la rubrique **Histo$_2$** souligne l'apport de scientifiques de toutes les époques à l'avancement de la science et de la technologie. Elle présente une brève biographie du personnage et décrit de façon claire et succincte certaines de ses découvertes, en lien avec les sujets abordés dans le dossier.

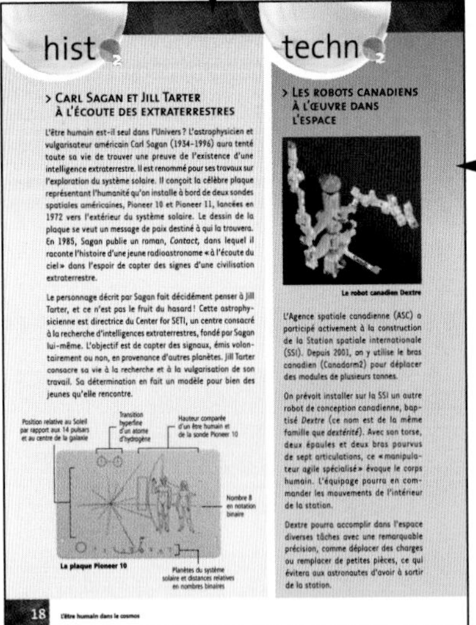

Placée à la fin du dossier, la rubrique **Techno$_2$** montre comment le génie de l'être humain lui a permis de trouver des solutions à divers problèmes.

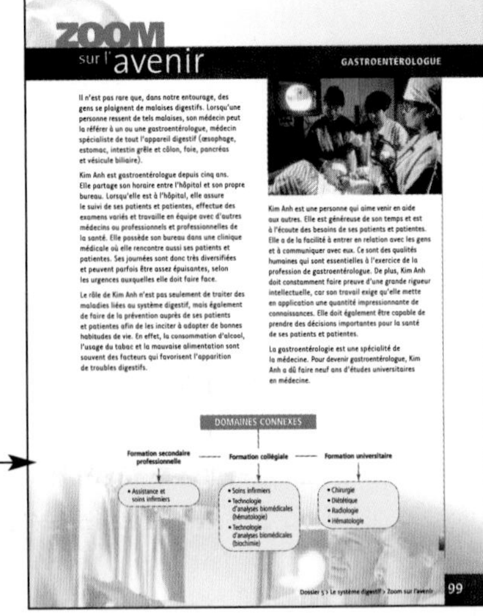

Placée à la fin du dossier, la rubrique **Zoom sur l'avenir** présente des métiers et des professions en lien avec le dossier. On y décrit les tâches à effectuer, les lieux et conditions de travail, les aptitudes ou les traits de personnalité qui peuvent inciter un ou une élève à opter pour ce choix de carrière. Enfin, on mentionne les domaines connexes à cet emploi, selon le degré de scolarité exigé.

De nombreux moyens sont utilisés pour faciliter l'appropriation des concepts.

La section **.exe** propose **des questions et des exercices** qui permettent de vérifier la compréhension des concepts étudiés.

La section **Concepts clés** propose **un réseau de concepts** qui aidera l'élève à mieux structurer les principaux concepts abordés dans le dossier. D'un seul coup d'œil, l'élève peut voir un résumé complet des divers concepts à l'étude.

Lorsque pertinent, ce pictogramme placé en marge du texte renvoie à un **outil**, à la fin du manuel.

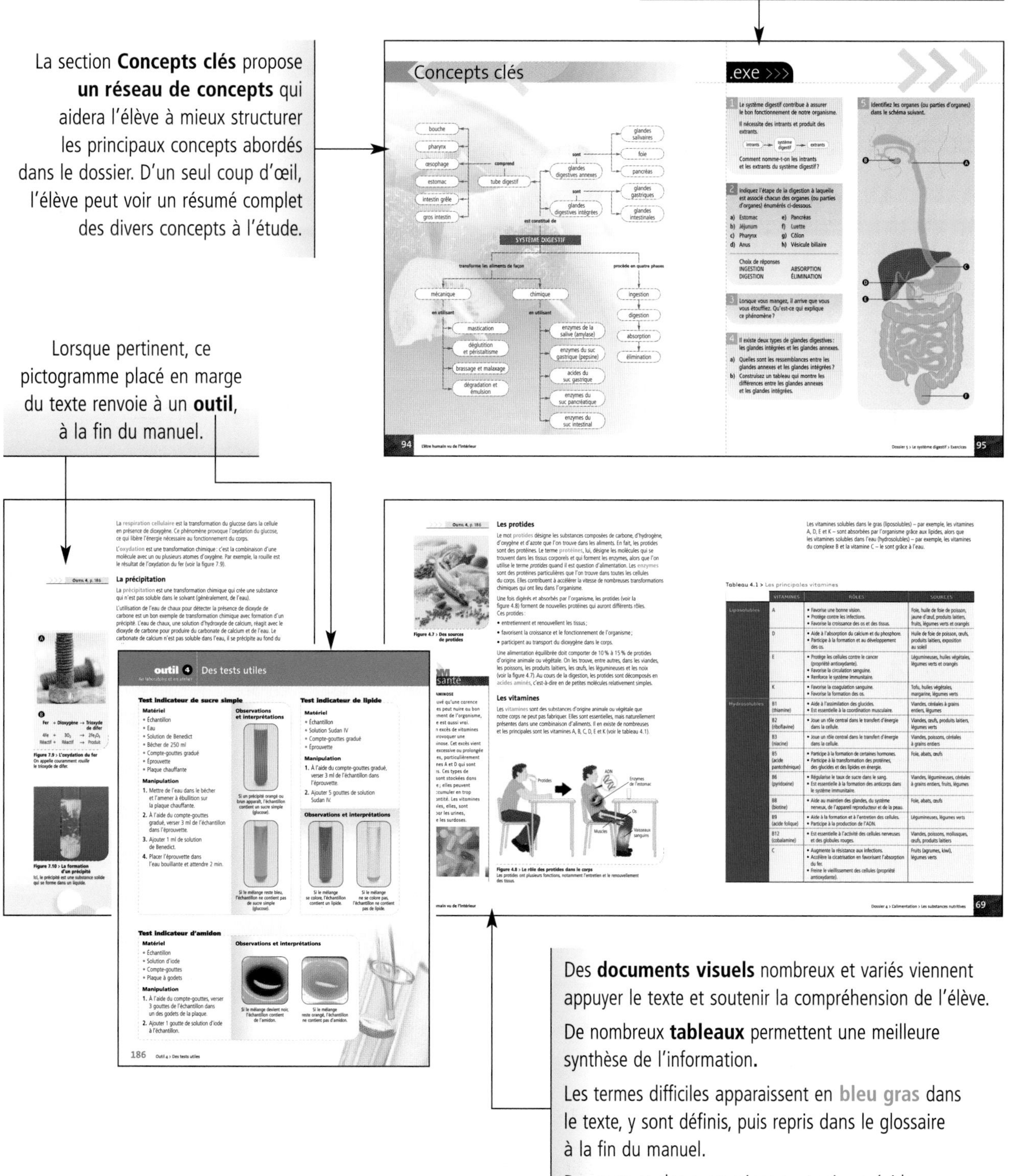

Des **documents visuels** nombreux et variés viennent appuyer le texte et soutenir la compréhension de l'élève.

De nombreux **tableaux** permettent une meilleure synthèse de l'information.

Les termes difficiles apparaissent en **bleu gras** dans le texte, y sont définis, puis repris dans le glossaire à la fin du manuel.

Des mots et des expressions sont mis en évidence en **gras noir** pour faciliter la compréhension du texte.

L'être humain dans le cosmos

L'immensité de l'Univers est si fabuleuse qu'il vous est sûrement bien difficile de l'imaginer. C'est d'ailleurs ce qui a amené des scientifiques à se questionner sur l'Univers, sur la place de l'être humain dans l'Univers et sur la vie ailleurs que sur notre planète. Quand et comment l'Univers s'est-il formé ? Est-il possible d'en calculer les dimensions ? Comment la vie est-elle apparue sur Terre ? Quelles conditions ont été favorables à son apparition ? La vie peut-elle exister ailleurs dans l'Univers ? Autant de questions que vous vous posez peut-être vous aussi !

Pour tenter de répondre à ces questions, les scientifiques ont dû tisser des liens entre les connaissances sur l'espace, la Terre, les atomes et le vivant. Comprendre notre place dans le cosmos ainsi que les liens qui nous unissent aux autres formes de vie nous permet de mieux comprendre ce que nous sommes.

DOSSIERS DE L'UNIVERS TERRE ET ESPACE

VOLUME 1

Dossier 1 > L'espace

Avez-vous déjà observé le ciel par une nuit très étoilée ? Son immensité donne presque le vertige... Depuis des millénaires, des hommes et des femmes scrutent le ciel et les étoiles pour se guider dans leurs déplacements ou pour comprendre certains phénomènes astronomiques tels que la course des planètes et des étoiles.

Faisant appel à la démarche scientifique et s'appuyant sur l'évolution des connaissances et les progrès en matière de technologie, des scientifiques se sont appliqués à déterminer comment et quand l'Univers, les astres et la Terre se sont formés. Du coup, les connaissances et les théories sur l'espace ont profondément modifié notre vision du monde et notre réflexion sur la place qu'occupe l'être humain dans l'Univers.

Avez-vous déjà entendu parler du *Traité de l'espace* ? Signé en 1967, il établit que la Lune, comme tous les autres astres, est une zone de paix. On s'entend donc pour n'y installer aucun armement. Le Canada, ainsi que 126 autres pays, a depuis lors signé cet accord. Selon vous, l'espace doit-il rester une zone de paix ?

Dans ce dossier

Par une nuit dégagée, dans les régions où la pollution lumineuse est faible, on peut admirer ciel parsemé de plus de 3 000 étoiles ! L'espace intrig et fascine l'être humain depuis fort longtemps, m il recèle de terribles menaces pour la vie.

À quels dangers l'espace expose-t-il la Terre ?

L'être humain

Liens >

... dans le cosmos

Dossier 2 > L'histoire du vivant

La Terre s'est transformée pendant quelques milliards d'années. Elle a abrité de nombreuses espèces avant l'être humain. Savez-vous pourquoi certaines espèces ont disparu ?

p. 20

... et la matière

Dossier 6 > L'organisation de la matière

La matière s'est constituée au moment du big bang. Les deux premiers éléments, l'hydrogène et l'hélium, se sont formés. Il existe plus de 110 éléments dans la nature. Parfois des éléments se combinent avec d'autres pour former des composés. Connaissez-vous la différence entre un élément et un composé ?

p. 102

... et la technologie

Dossier 9 > Les matériaux

Le sous-sol de la Terre est composé principalement de métaux. Combien pouvez-vous en nommer ?

p. 15

L'Univers

Avez-vous déjà scruté le ciel à l'aide d'un télescope pour y observer les étoiles ? Combien y a-t-il d'étoiles et de planètes dans l'Univers ? Comment l'Univers s'est-il formé ? Qu'est-ce qui le constitue ? Disparaîtra-t-il un jour ? La théorie du big bang apporte quelques éléments de réponses à ces questions.

Le commencement de l'Univers

La formation de l'Univers remonte à environ 13,7 milliards d'années. Les particules qui vont former les étoiles et les planètes sont alors toutes concentrées en un point unique, compact et extrêmement chaud. La température y est supérieure à 1×10^{36} °C, c'est-à-dire plus d'un milliard de milliards de milliards de milliards de degrés Celsius ! Puis, une gigantesque explosion a lieu, que les scientifiques appellent **big bang**.

En quelques instants, l'espace, le temps et les particules se constituent. Les particules s'éloignent rapidement : c'est le début de l'**expansion de l'Univers**. La température s'abaisse considérablement en seulement quelques secondes. De minuscules particules se regroupent pour donner naissance à l'atome le plus simple : l'élément chimique hydrogène (H).

La formation des premières étoiles

La chute de température se poursuit pendant des centaines de millions d'années. La matière s'organise en structures plus complexes. Les atomes se regroupent en nuages de plus en plus gros pour constituer les premières **étoiles**, des astres qui, par leur émission d'énergie rayonnante, éclairent l'Univers pour la première fois (voir la figure 1.2).

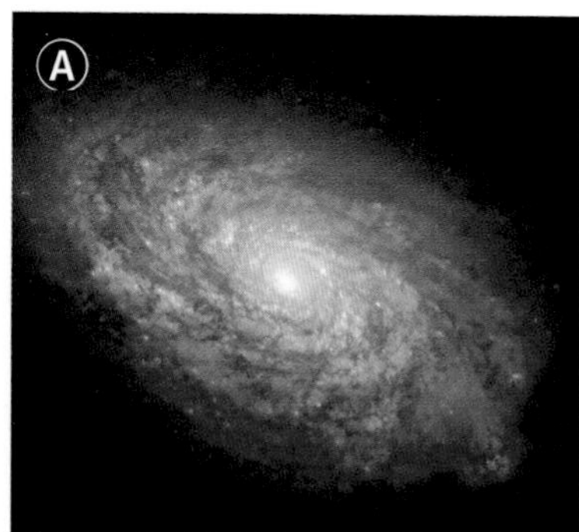

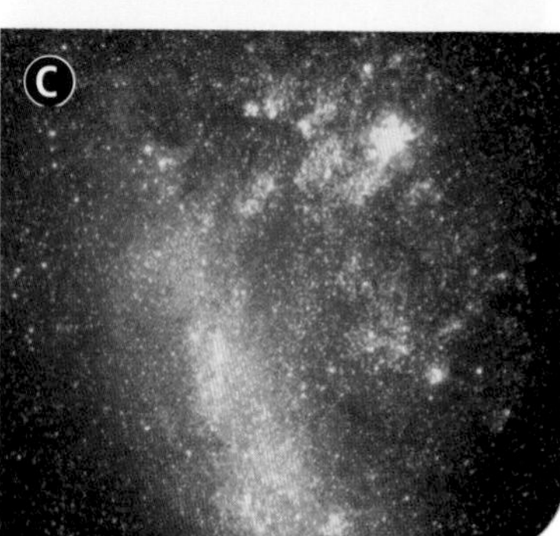

Figure 1.1 > Des galaxies de différentes formes
La gravitation des étoiles et du gaz détermine la forme et le mouvement d'une galaxie. Ici, une galaxie spirale Ⓐ, une galaxie lenticulaire Ⓑ et une galaxie irrégulière Ⓒ.

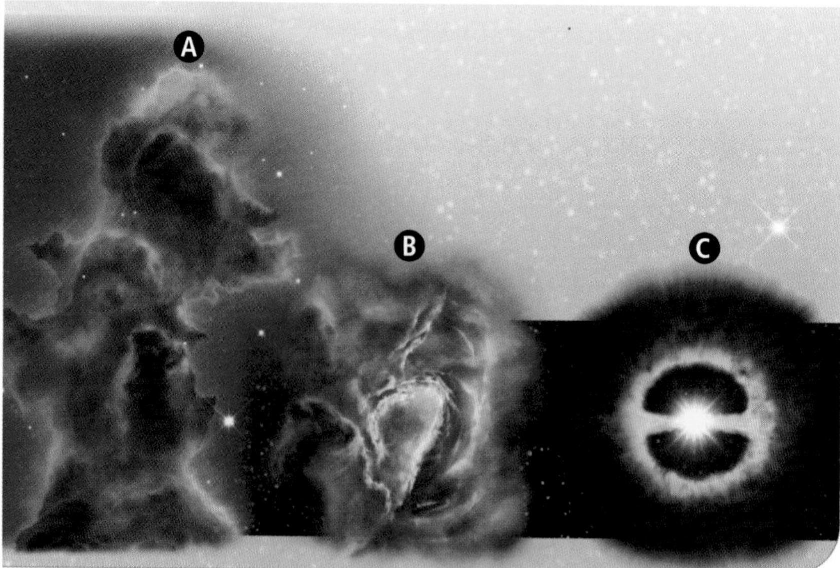

Figure 1.2 > La naissance d'une étoile
La naissance d'une étoile comporte trois étapes : Ⓐ un nuage de gaz et de poussières se constitue ; Ⓑ le nuage se concentre ; Ⓒ l'étoile se forme au cœur du nuage et émet de la lumière.

Figure 1.3 > La Voie lactée
Dans le ciel, notre galaxie forme une bande blanchâtre qui ressemble à une trace laissée par du lait : c'est pourquoi on l'appelle *Voie lactée*.

Le regroupement des étoiles en galaxies

Au cours de l'expansion de l'Univers, les étoiles ont commencé à se regrouper en **galaxies**, d'immenses ensembles d'étoiles, de gaz et de poussières, il y a environ 12 milliards d'années. L'Univers est maintenant rempli de galaxies de formes et de tailles diverses (voir la figure 1.1). La **gravitation** des étoiles et du gaz qui composent une galaxie en détermine la forme et le mouvement.

Notre galaxie, la **Voie lactée**, est une galaxie spirale qui s'est structurée il y a environ 11 milliards d'années. Toutes les étoiles qu'on peut apercevoir à l'œil nu en font partie. La Voie lactée compte quelque 400 milliards d'étoiles et l'Univers comprend des milliards de galaxies (voir la figure 1.3) !

L'organisation des systèmes planétaires

Les premiers **systèmes planétaires** se sont organisés il y a plus de six milliards d'années. Le centre d'un système planétaire comporte une étoile (parfois deux, proches l'une de l'autre) autour de laquelle tournent des **corps célestes** dont la trajectoire se nomme **orbite**. Ces corps célestes varient en taille et en masse, et ils sont en interaction grâce à la force gravitationnelle. Une **planète** est un corps céleste en orbite autour d'une étoile et suffisamment massif pour avoir une forme sphérique.

Le Soleil émet des particules chargées électriquement : c'est le vent solaire. En atteignant la Terre, ces particules interagissent avec le champ magnétique terrestre, ce qui peut produire de graves perturbations électromagnétiques. En mars 1989, une tempête solaire a privé le Québec d'électricité. Les conséquences d'un tel phénomène sur nos services de santé et d'alimentation en eau peuvent être très sérieuses.

Le système solaire

L'étoile de notre système planétaire est le Soleil ; c'est pourquoi on l'appelle **système solaire**. Vieux de 4,55 milliards d'années, il comprend huit planètes (voir la figure 1.4). Les plus rapprochées du Soleil, Mercure, Vénus, Terre et Mars, sont plus petites que les plus éloignées, Jupiter, Saturne, Uranus et Neptune. Dans notre système solaire, plusieurs **satellites naturels** tournent autour des planètes. La Lune est le satellite naturel de la Terre.

Figure 1.4 > Notre système planétaire
En plus des huit planètes qui composent le système solaire, des millions de corps célestes de petite taille orbitent autour du Soleil : planètes naines telles que Pluton, fragments de roches (astéroïdes) et morceaux de glace (comètes).

S O₂ S

Tous les jours, des débris venus de l'espace frappent la Terre. L'impact d'un météorite de 60 m de diamètre sur la surface de la Terre serait catastrophique : environ 600 fois la puissance de la bombe atomique sur Hiroshima ! La probabilité en est de un impact tous les cent ans.

Le mont Mégantic à la belle étoile

Aimeriez-vous voir de plus près la Voie lactée ou Jupiter et ses principaux satellites naturels, Io, Europe, Ganymède et Callisto ? Le parc national du Mont-Mégantic en Estrie est l'endroit tout désigné pour ce genre d'activités. Il abrite l'ASTROLab, un centre d'activités en astronomie, et l'OMM, un observatoire de recherche dont le principal télescope est doté d'un miroir de 1,6 m de diamètre. Réservé habituellement aux spécialistes, ce grand télescope est accessible au public deux nuits par année.

La formation de la Terre et de la Lune

La Terre s'est formée au cours de l'organisation du système solaire. Les poussières non intégrées dans la formation du Soleil ont constitué des corps célestes de taille variable. On croit que l'apparition de la Terre serait le résultat de la collision de quelques protoplanètes, des corps célestes d'une taille comparable à celle de la Lune.

Les scientifiques s'entendent pour dire que la Lune s'est formée à peu près en même temps que la Terre, il y a environ 4,5 milliards d'années, à la suite d'une collision entre un astéroïde et notre planète (voir la figure 1.5).

L'histoire de l'Univers peut être résumée sur un ruban du temps. Sur ce ruban, toute l'histoire de l'être humain tient bien peu de place (voir la figure 1.6).

Figure 1.5 > La formation de la Lune
Une collision entre un astéroïde et la Terre Ⓐ serait à l'origine de la formation de la Lune. Les débris de cette collision se seraient agglutinés par gravitation Ⓑ. C'est grâce à la force gravitationnelle que la Lune reste en orbite autour de la Terre.

POURQUOI LES PLANÈTES SONT-ELLES RONDES ?

Aucune exception : toutes les planètes sont rondes ! La gravité, cette force qui nous retient au sol, en est l'explication. La gravitation d'une planète attire les corps vers son centre avec une force égale dans toutes les directions. C'est la raison pour laquelle les planètes ont une forme sphérique.

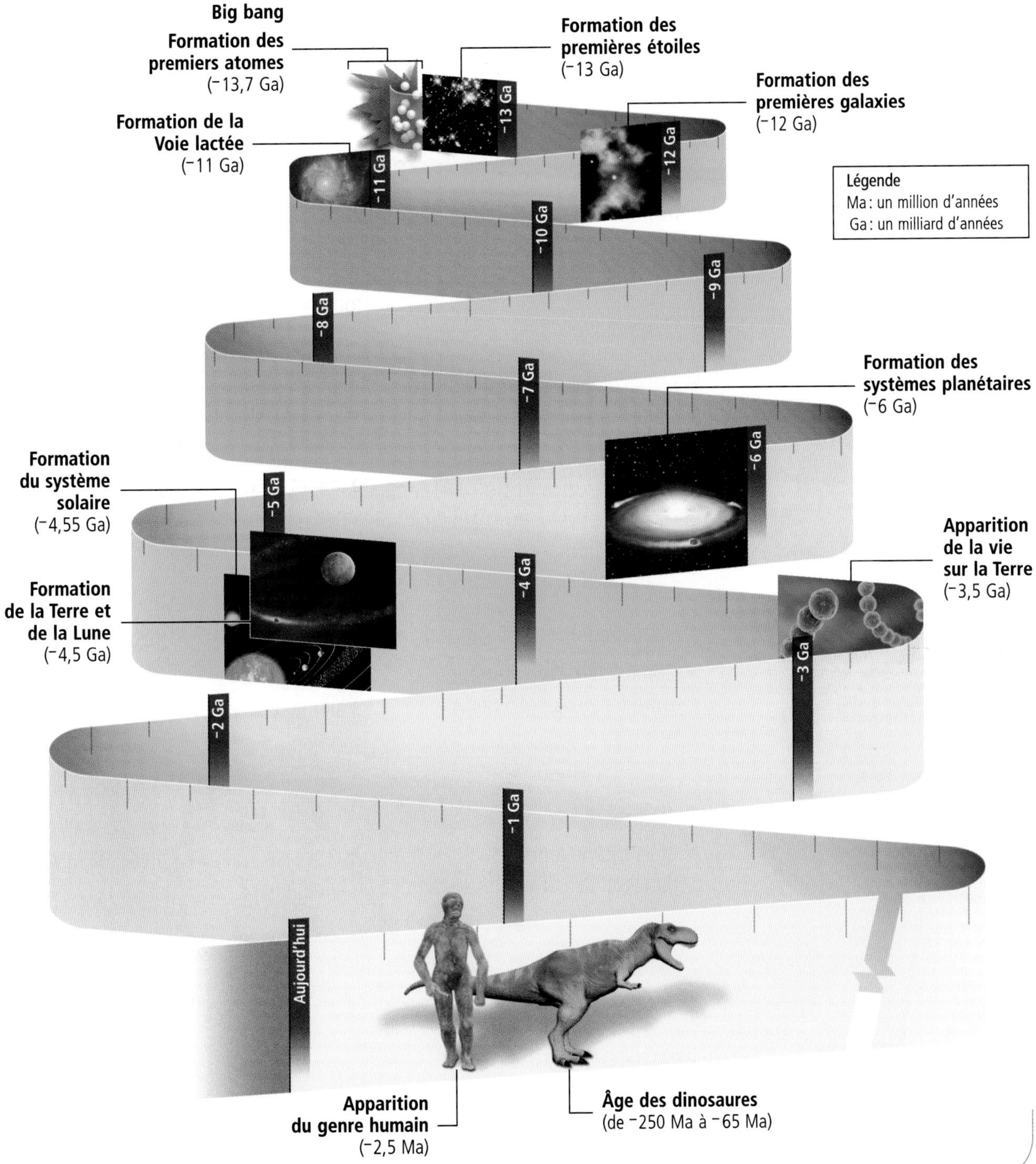

Figure 1.6 > L'Univers : du big bang à aujourd'hui
Le ruban du temps illustre les principaux événements cosmiques, depuis le big bang jusqu'à aujourd'hui.

La mesure des distances

On a longtemps cru que la Terre était le centre de l'Univers. Aujourd'hui, nous savons tous qu'il n'en est rien et que la Terre ne représente qu'un minuscule point dans l'immensité de l'Univers. Le kilomètre est pratique pour mesurer des distances plutôt courtes. Avez-vous une idée de la façon dont les scientifiques s'y prennent pour noter l'immense distance qui sépare deux corps célestes ?

Le kilomètre

Pour comprendre la structure de l'Univers, les astronomes ont noté à divers moments de l'année la position des corps célestes visibles à l'œil nu et mesuré la distance qui les sépare de la Terre. On a ainsi pu déterminer que l'orbite de la Lune se trouve en moyenne à 384 400 km de la Terre et que la distance de la Terre au Soleil est d'environ 150 000 000 km.

L'unité astronomique

Il est difficile de bien saisir ou de comparer des distances exprimées à l'aide de très grands nombres. Par exemple, peut-on calculer de façon rapide et précise combien de fois la distance d'Uranus au Soleil (2 870 000 000 km) est plus grande que celle de la Terre au Soleil (150 000 000 km) ?

Pour y arriver, les astronomes utilisent l'unité astronomique. On définit l'**unité astronomique (UA)** comme la distance moyenne entre le centre de la Terre et celui du Soleil (voir la figure 1.7). L'unité astronomique équivaut donc à environ 150 000 000 km. Cette première échelle sert à comparer le **rayon des orbites planétaires**.

La conversion des kilomètres en unités astronomiques

- Comment s'y prend-on pour convertir en unités astronomiques la distance entre Uranus et le Soleil exprimée en kilomètres ?

  Distance Uranus-Soleil : 2 870 000 000 km

$$2\,870\,000\,000 \text{ km} \times \frac{1 \text{ UA}}{150\,000\,000 \text{ km}} \approx 19{,}1 \text{ UA}$$

- Mars tourne autour du Soleil à une distance de 1,52 UA. Quelle est la valeur du rayon de cette orbite exprimée en kilomètres ?

$$1{,}52 \text{ UA} \times \frac{150\,000\,000 \text{ km}}{1 \text{ UA}} = 228\,000\,000 \text{ km}$$

Le rayon de l'orbite de Mars est donc de 228 000 000 km.

L'année-lumière

L'unité astronomique est très pratique pour évaluer les distances à l'intérieur du système solaire. Cependant, dès qu'on veut mesurer la distance qui sépare la Terre de corps célestes situés hors du système solaire, on a vite affaire à des nombres très élevés. On utilise plutôt une seconde échelle : l'**année-lumière (al)**.

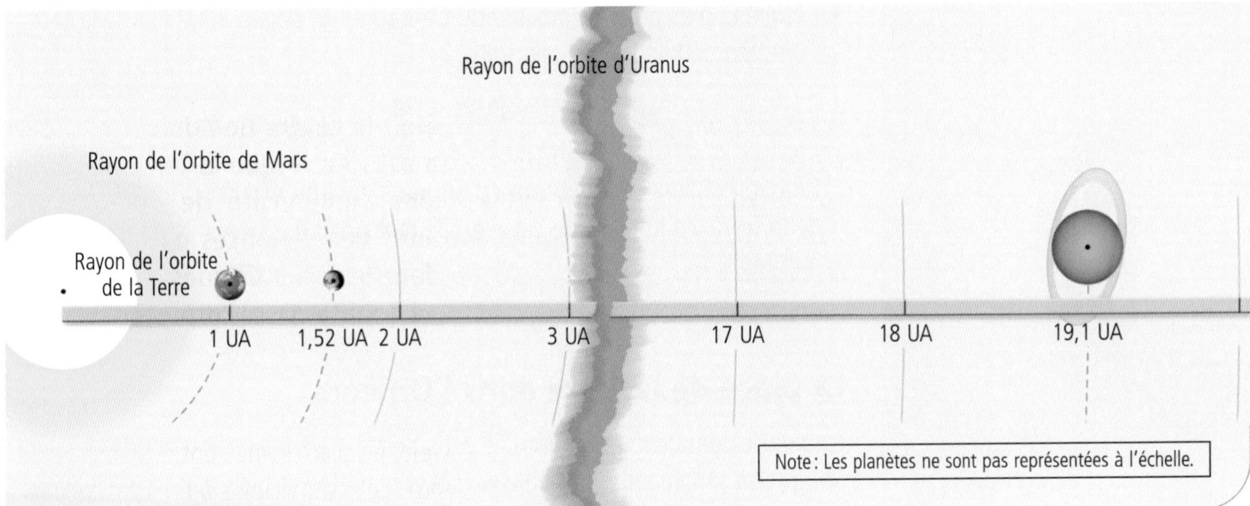

Figure 1.7 > Les orbites planétaires de la Terre, de Mars et d'Uranus
À l'aide de ces données, la comparaison des orbites planétaires de la Terre, de Mars et d'Uranus est assez simple. Par exemple, Mars est 1,52 fois plus loin du Soleil que la Terre et Uranus, 19,1 fois plus loin.

Cette unité de mesure, encore plus grande que l'unité astronomique, facilite l'évaluation des distances phénoménales qui séparent les corps célestes dans l'Univers.

À quoi correspond une année-lumière ? Comme son nom l'indique, c'est la distance que la lumière parcourt en une année. Quelle est cette distance en kilomètres ?

Comme on exprime habituellement la vitesse de la lumière en kilomètres par seconde, calculons d'abord le nombre de secondes dans une année.

$$365{,}25 \text{ jours} \times \frac{24 \text{ heures}}{1 \text{ jour}} \times \frac{60 \text{ minutes}}{1 \text{ heure}} \times \frac{60 \text{ secondes}}{1 \text{ minute}} = 31\ 557\ 600 \text{ secondes}$$

Il y a 31 557 600 secondes dans une année.

L'année-lumière (al) est basée sur la vitesse de propagation de la lumière, à savoir 299 792 km/s.

Soit *d*, la distance parcourue par la lumière en une année.

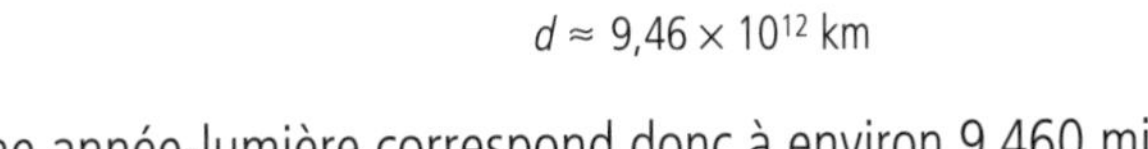

$$\text{distance} = \text{vitesse} \times \text{temps}$$
$$d = 299\ 792 \text{ km/s} \times 31\ 557\ 600 \text{ s}$$
$$d \approx 9{,}46 \times 10^{12} \text{ km}$$

Une année-lumière correspond donc à environ 9 460 milliards de kilomètres !

La conversion des kilomètres en années-lumière

- Les astronomes ont déterminé que la nébuleuse d'Orion (voir la figure 1.8) est située à 14 200 000 000 000 000 km de la Terre. À combien d'années-lumière de la Terre la nébuleuse d'Orion se trouve-t-elle ?

$$1{,}42 \times 10^{16} \text{ km} \times \frac{1 \text{ al}}{9{,}46 \times 10^{12} \text{ km}} \approx 1\ 500 \text{ al}$$

La nébuleuse d'Orion se trouve donc à environ 1 500 al de la Terre.

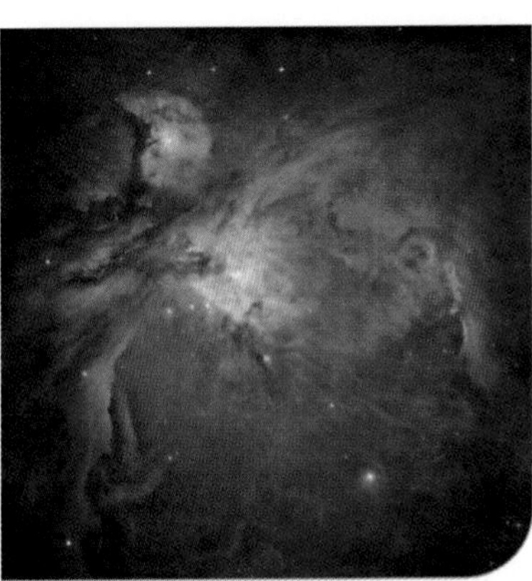

Figure 1.8 > La nébuleuse d'Orion
Bien que située à 1 500 al de la Terre, la nébuleuse d'Orion est visible à l'œil nu les soirs d'hiver.

- L'étoile la plus proche, Proxima du Centaure, est située à 4,23 al de la Terre. Combien de kilomètres cela fait-il ?

$$4{,}23 \text{ al} \times \frac{9{,}46 \times 10^{12} \text{ km}}{1 \text{ al}} \approx 4{,}00 \times 10^{13} \text{ km}$$

L'étoile Proxima du Centaure est située à environ 40 000 000 000 000 km de la Terre. La lumière de cette étoile met donc 4,23 années pour parvenir à la Terre.

En ce sens, observer le ciel, c'est aussi regarder dans le passé.

La place de la Terre dans l'Univers

La galaxie connue la plus lointaine est située à 13,5 milliards d'années-lumière de la Terre. À l'échelle de l'Univers, notre planète est bien minuscule (voir la figure 1.9) ! Même un vaisseau spatial voyageant presque à la vitesse de la lumière mettrait plus de 20 000 ans pour sortir de la Voie lactée.

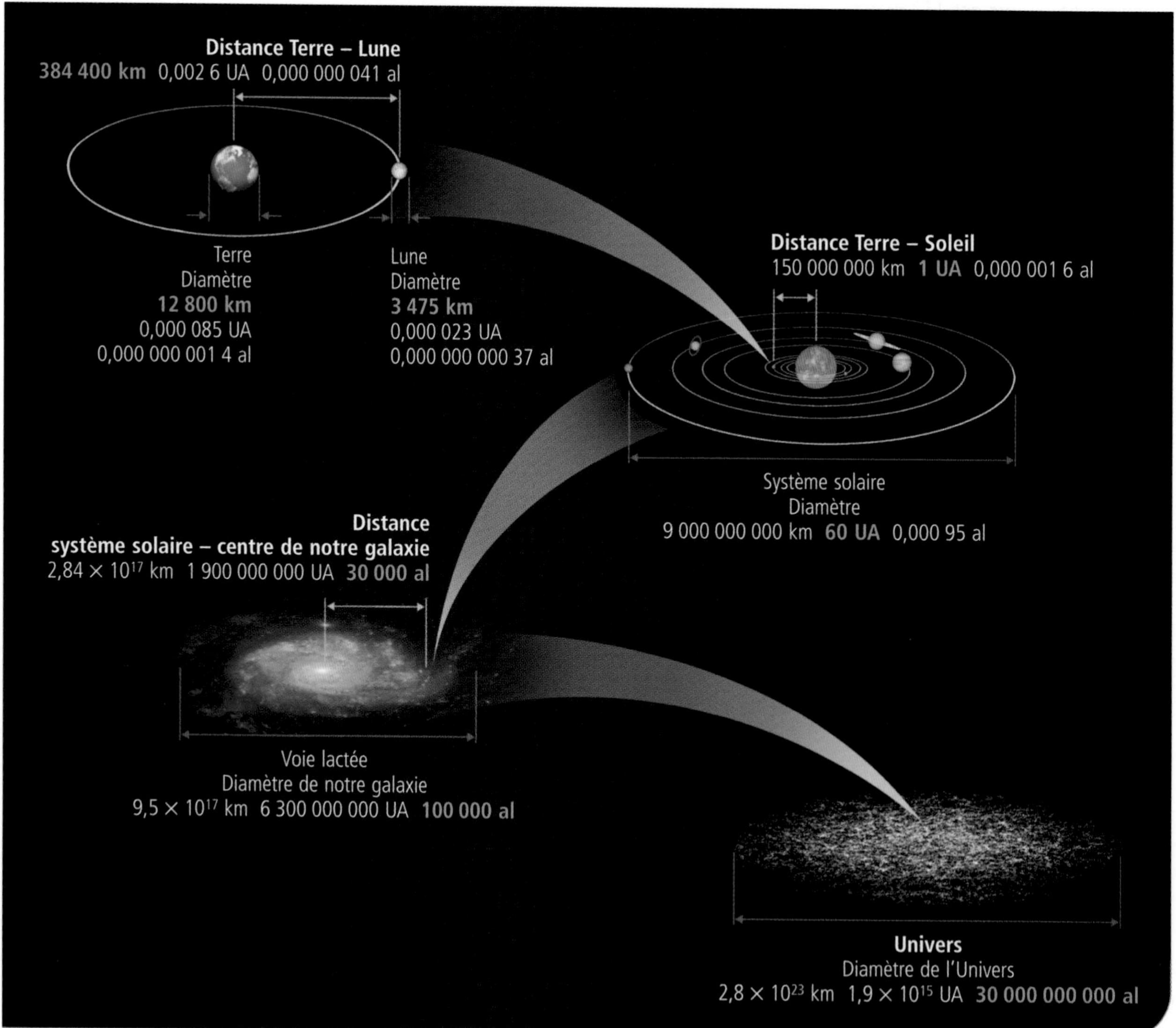

Figure 1.9 > La place de la Terre dans l'Univers observable
Kilomètre, unité astronomique, année lumière : chaque unité de mesure a son utilité. Dans chaque cas, l'unité la plus appropriée est mise en évidence.

Le développement de la vie

Depuis le milieu du xxe siècle, les scientifiques tentent de découvrir une autre présence de vie dans l'Univers. Que cherche-t-on en fait ? Les conditions favorables à l'apparition et au développement de la vie telle que nous la connaissons sont une planète située dans la zone habitable de son étoile (distance propice), pourvue d'une lithosphère (surface solide), d'une hydrosphère (eau à l'état liquide) et d'une atmosphère (gaz).

info +

VÉNUS, MERCURE ET MARS : LE JOUR ET LA NUIT AVEC LA TERRE

Aimeriez-vous passer une semaine de vacances (comptée en jours vénusiens) sur Vénus ? Le jour sur Vénus est 117 fois plus long que le jour terrestre ! Par ailleurs, l'année dure 225 jours terrestres, soit moins de deux journées vénusiennes. Sur Mercure, un jour est égal à 176 jours terrestres, tandis que l'année correspond à 88 jours terrestres. L'année sur les deux autres planètes telluriques est beaucoup plus longue qu'une de leurs journées : l'année terrienne dure 365,25 jours et l'année martienne, environ 687 jours.

La zone habitable

Le développement de la vie sur une planète nécessite que celle-ci soit à une certaine distance de son étoile : une distance trop grande ou trop courte rend sa surface trop froide ou trop chaude, donc impropre à la vie. La **zone habitable** est comprise dans une étroite bande d'orbites (voir la figure 1.11). L'orbite de la planète doit être presque circulaire, sinon l'apport d'énergie varie trop à la surface.

La lithosphère

La **lithosphère** désigne l'enveloppe solide de la Terre (voir la figure 1.10). Sa surface court du fond des océans au sommet des plus hautes montagnes. La lithosphère est moins chaude et moins dense que les couches internes de la Terre sur lesquelles elle repose. Sa surface solide est essentielle au développement de la vie.

Une planète qui présente ce type de lithosphère a un noyau très dense, composé de métaux. Ce noyau contribue à générer une gravitation suffisante pour retenir de la matière à l'état gazeux autour de la planète. Il y a quatre planètes de ce genre dans le système solaire, ce sont les plus proches du Soleil et on les appelle **planètes telluriques**.

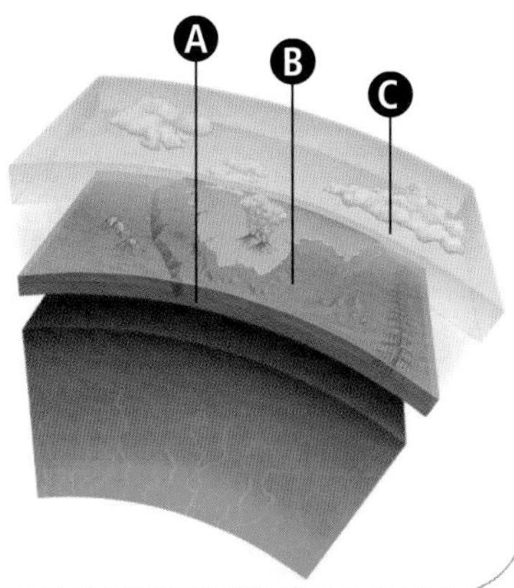

Figure 1.10 > Le développement de la vie sur la Terre
La lithosphère Ⓐ, l'hydrosphère Ⓑ et l'atmosphère Ⓒ ont favorisé le développement et le maintien de la vie sur la Terre.

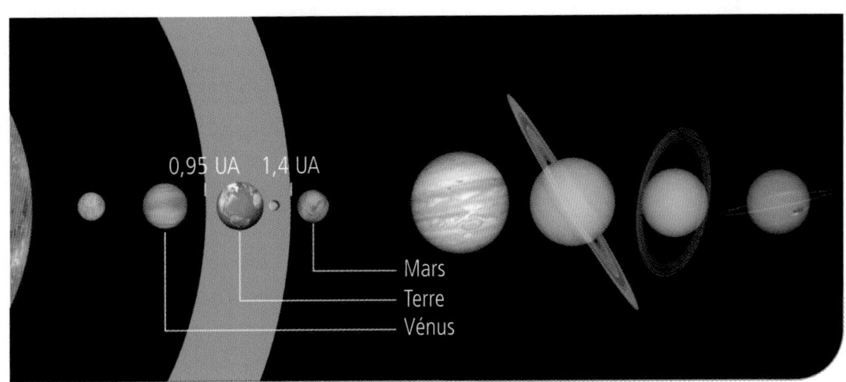

Figure 1.11 > La zone habitable du système solaire
La zone habitable du système solaire est comprise entre 0,95 UA et 1,4 UA du Soleil (zone bleue). Ailleurs dans notre système planétaire, toute forme de vie telle que nous la connaissons à la surface de la Terre est impossible : soit le rayonnement solaire est trop intense, soit il est insuffisant.

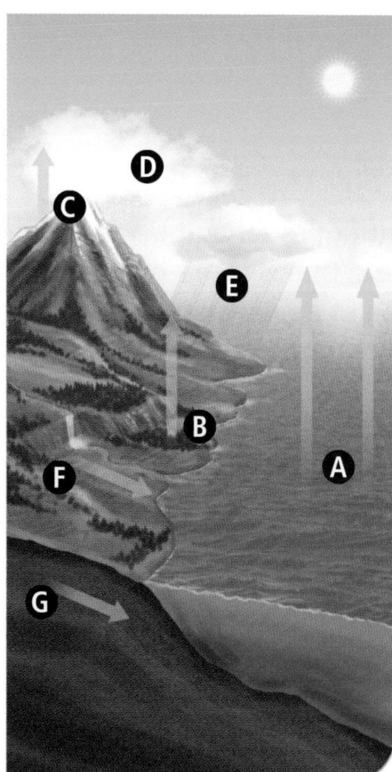

Figure 1.12 > Le cycle de l'eau
L'énergie solaire et la gravité rendent possible le mouvement de l'eau sur la Terre : l'évaporation Ⓐ, la transpiration Ⓑ, la sublimation Ⓒ, la condensation Ⓓ, la précipitation Ⓔ, le ruissellement Ⓕ et l'infiltration Ⓖ.

L'hydrosphère

L'**hydrosphère** est formée par l'ensemble de l'eau que l'on trouve sur une planète, qu'elle soit sous forme liquide, solide ou gazeuse. Elle constitue 70 % de la surface terrestre. Grâce aux conditions atmosphériques à la surface de la Terre, l'eau est surtout présente à l'état liquide. On suppose que, parce qu'elle se renouvelle sans cesse, grâce au **cycle de l'eau**, elle est un facteur essentiel à l'apparition de la vie telle que nous la connaissons (voir la figure 1.12).

L'atmosphère

Une autre condition est essentielle à l'apparition et au développement de la vie : il faut que la planète ait une **atmosphère**, c'est-à-dire une couche de gaz qui enveloppe la planète.

Ainsi, l'atmosphère de la Terre est composée principalement de deux gaz : 78 % de diazote (N_2) et 21 % de dioxygène (O_2). Le dioxyde de carbone (CO_2) ne représente que 0,04 %.

L'atmosphère de la Terre est très importante pour le maintien de la vie.

- Grâce à sa **couche d'ozone** (O_3), elle protège les vivants contre les radiations nocives, par exemple les ultraviolets provenant de l'espace.
- Grâce à l'**effet de serre,** elle régularise la température à la surface.
- Grâce à la **pression** qu'elle exerce, elle empêche l'évaporation de certains composés liquides.

Sur la Terre, l'oxygène est un élément essentiel à la survie de tous les êtres vivants. Le niveau d'oxygène s'est modifié au cours de l'évolution de notre planète ; après l'apparition de la vie, le **cycle de l'oxygène** a commencé (voir la figure 1.13).

Cinq facteurs sont donc essentiels à l'apparition et au maintien de la vie telle que nous la connaissons : il faut une planète tellurique ; celle-ci doit se trouver dans la zone habitable du système planétaire ; elle doit comporter une lithosphère, une hydrosphère et une atmosphère. La réunion de tous ces facteurs ne semble pas très courante, malgré l'immensité de l'Univers.

Saura-t-on un jour s'il existe des formes de vie extraterrestre ? Les scientifiques ne savent pas encore si la vie a pu se développer sur des exoplanètes. La recherche spatiale nous fournira peut-être quelques pistes de réponses à cette question.

info +

DES PLANÈTES TRÈS LOIN DU SYSTÈME SOLAIRE

En 1995, une équipe d'astronomes de l'Université de Genève a découvert la première exoplanète, c'est-à-dire une boule de matière en orbite autour d'une autre étoile que le Soleil. On en connaît actuellement plus de 200 et on en découvre continuellement de nouvelles. En 2006, on a enfin découvert une exoplanète tellurique à 22 000 al... C'est bien loin pour aller voir ce qui s'y passe !

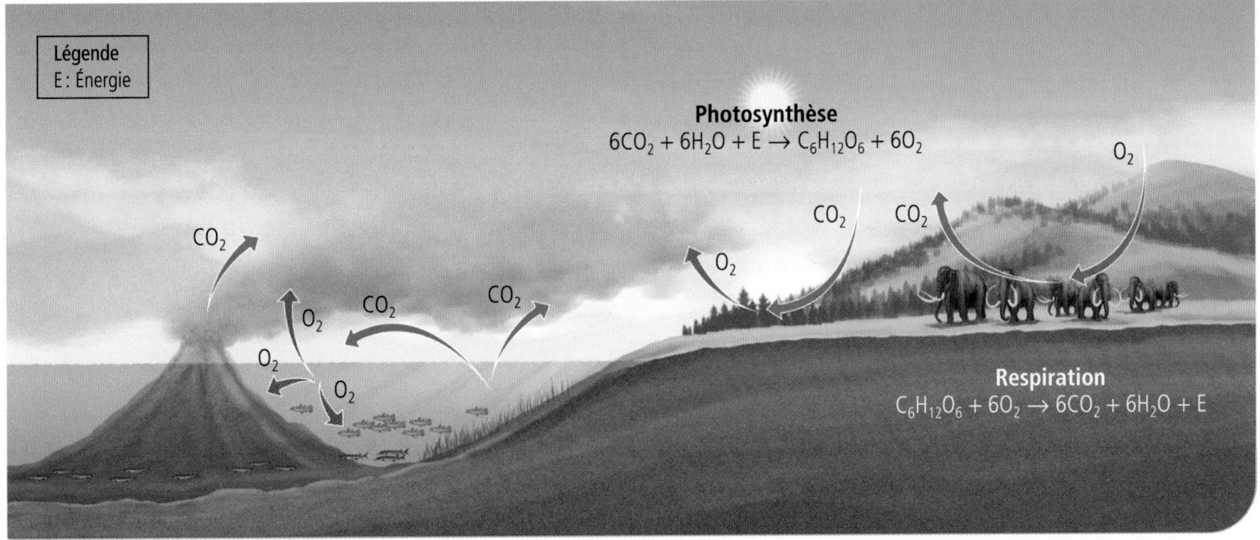

Figure 1.13 > Le cycle de l'oxygène
Le cycle de l'oxygène a donné à l'atmosphère la composition qu'on lui connaît aujourd'hui.

L'OSTÉOPOROSE : DENSITÉ OSSEUSE ET FORCE GRAVITATIONNELLE

Les voyages spatiaux nous permettront peut-être de mieux comprendre et combattre une terrible maladie qui fragilise les os : l'ostéoporose.

Avec le temps, les os perdent des minéraux et du collagène, ils perdent de leur densité et deviennent ainsi plus fragiles, plus exposés aux fractures. Pour prévenir l'ostéoporose, particulièrement chez les personnes âgées, l'exercice est de rigueur : marche, danse, sports non violents, etc.

À chaque voyage dans l'espace, les astronautes subissent une perte de masse osseuse. On pense que certaines cellules sont sensibles à la diminution de la force gravitationnelle : comme les os ont moins besoin de supporter le poids du corps, ces cellules cessent de fabriquer de la matière osseuse. Cependant, cette masse se reconstitue généralement après le retour des astronautes sur la Terre. L'étude de ce processus permettra peut-être de mieux comprendre l'ostéoporose.

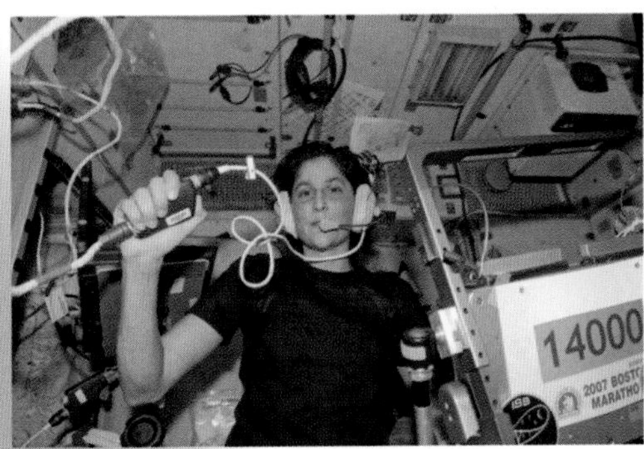

Cette astronaute de la NASA a « participé » au marathon de Boston en 2007 – hors compétition, puisqu'elle l'a fait dans l'espace ! L'exercice réduit la perte de masse osseuse.

Concepts clés

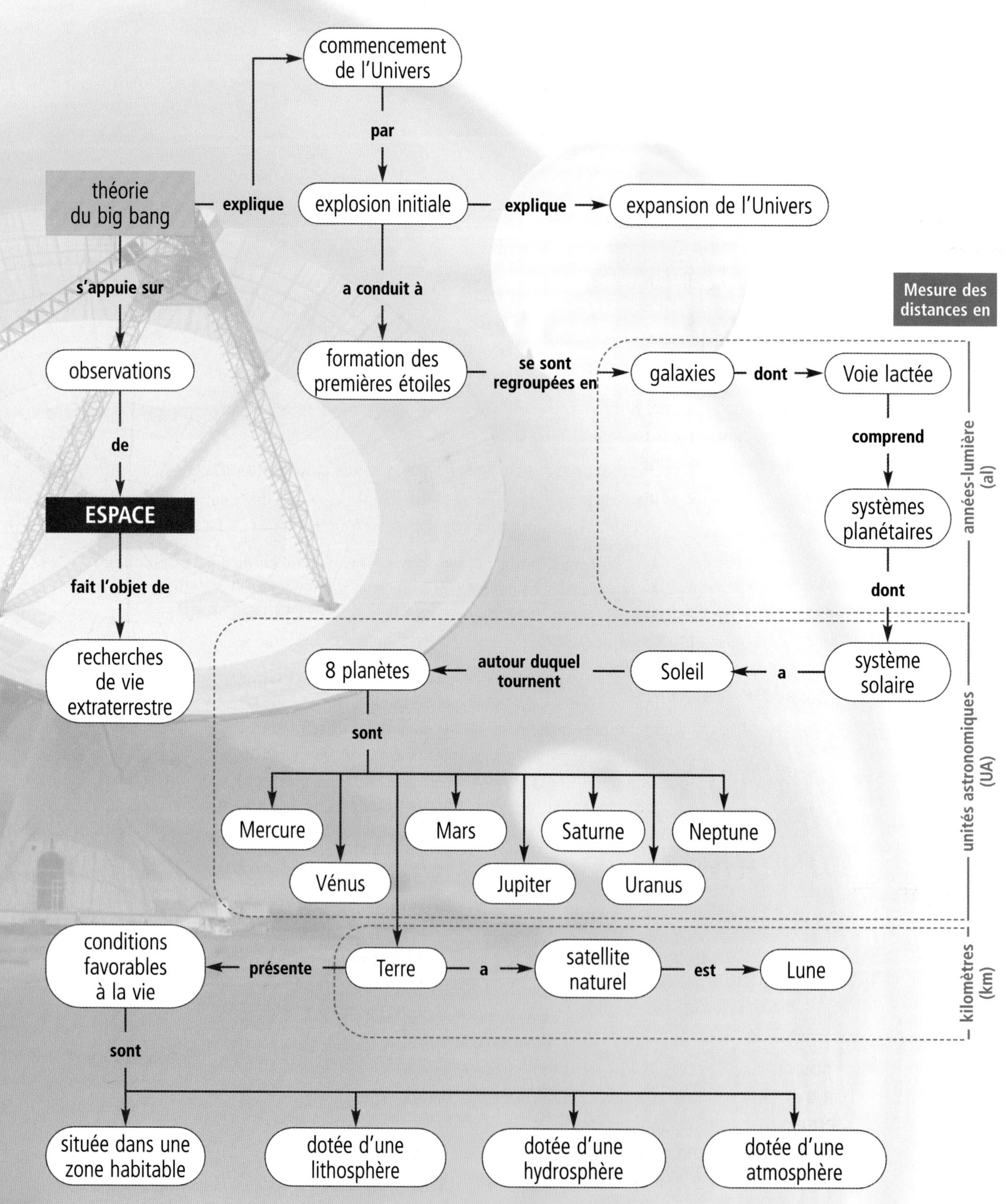

.exe >>>

1 Nommez deux caractéristiques de chacun des grands moments de l'histoire de l'Univers ci-dessous.

a) Le big bang.
b) La formation des premières étoiles.
c) La formation des galaxies.
d) La formation des planètes.

2 L'Univers a environ 13,7 milliards d'années. On considère que l'histoire de l'humanité a commencé avec l'écriture dans l'Antiquité, vers 4 000 av. J.-C.

a) Exprimez en pourcentage la durée de l'existence de l'être humain par rapport à la durée de l'existence de l'Univers.
b) Que pouvez-vous dire de ce pourcentage ?

3 De 1969 à 1972, des astronautes ont marché sur la Lune et en ont rapporté des échantillons de roches. L'analyse géologique a montré que ces roches étaient presque identiques aux roches terrestres.

Expliquez pourquoi cette constatation confirme la théorie selon laquelle la Lune se serait formée à la suite de la collision entre un astéroïde et la Terre.

4 Placez les repères astronomiques suivants dans l'ordre de distance en commençant par le plus rapproché de la Terre.

- LIMITE DE LA VOIE LACTÉE
- NÉBULEUSE D'ORION
- SOLEIL
- LIMITE DU SYSTÈME SOLAIRE
- PROXIMA DU CENTAURE

5 Pourquoi n'utilise-t-on pas le kilomètre pour mesurer les distances dans l'Univers ?

6 Il y a une ceinture d'astéroïdes en orbite entre 300 000 000 km et 525 000 000 km du Soleil. Exprimez ces distances en unités astronomiques.

7 Combien de temps faut-il à la lumière pour parcourir 2,6 millions d'années-lumière ?

8 Quelles sont les quatre conditions favorables à l'apparition de la vie sur une planète ?

9 Quels corps célestes se trouvent dans la zone habitable du système solaire ?

10 Quelles sont les trois fonctions de l'atmosphère d'une planète dans le développement et le maintien de la vie ?

11 Croyez-vous que la vie telle qu'on la connaît sur la Terre a pu se développer ailleurs dans l'Univers ? Présentez votre réponse sous la forme d'un document d'information.

histo2

> Carl Sagan et Jill Tarter à l'écoute des extraterrestres

L'être humain est-il seul dans l'Univers? L'astrophysicien et vulgarisateur américain Carl Sagan (1934-1996) aura tenté toute sa vie de trouver une preuve de l'existence d'une intelligence extraterrestre. Il est renommé pour ses travaux sur l'exploration du système solaire. Il conçoit la célèbre plaque représentant l'humanité qu'on installe à bord de deux sondes spatiales américaines, Pioneer 10 et Pioneer 11, lancées en 1972 vers l'extérieur du système solaire. Le dessin de la plaque se veut un message de paix destiné à qui la trouvera. En 1985, Sagan publie un roman, *Contact,* dans lequel il raconte l'histoire d'une jeune radioastronome «à l'écoute du ciel» dans l'espoir de capter des signes d'une civilisation extraterrestre.

Le personnage décrit par Sagan fait décidément penser à Jill Tarter, et ce n'est pas le fruit du hasard! Cette astrophysicienne est directrice du Center for SETI, un centre consacré à la recherche d'intelligences extraterrestres, fondé par Sagan lui-même. L'objectif est de capter des signaux, émis volontairement ou non, en provenance d'autres planètes. Jill Tarter consacre sa vie à la recherche et à la vulgarisation de son travail. Sa détermination en fait un modèle pour bien des jeunes qu'elle rencontre.

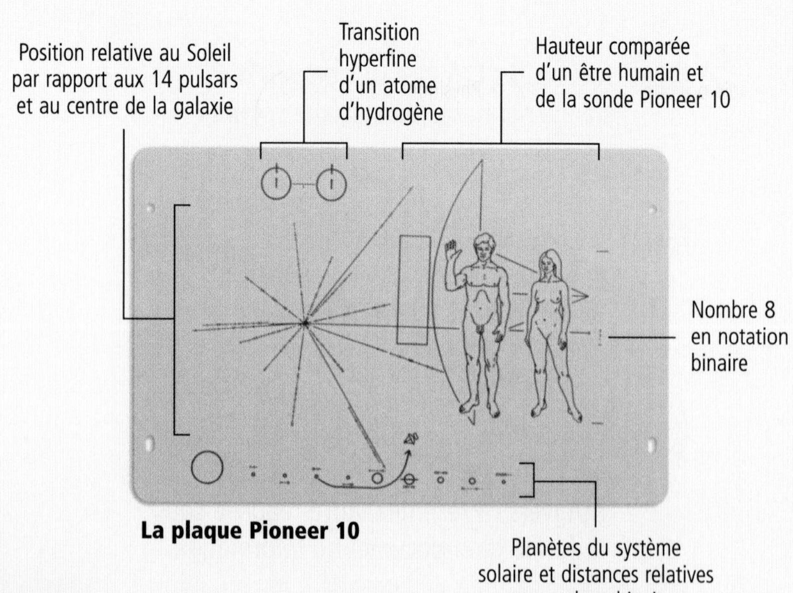

La plaque Pioneer 10

techno2

> Les robots canadiens à l'œuvre dans l'espace

Le robot canadien Dextre

L'Agence spatiale canadienne (ASC) a participé activement à la construction de la Station spatiale internationale (SSI). Depuis 2001, on y utilise le bras canadien (Canadarm2) pour déplacer des modules de plusieurs tonnes.

On prévoit installer sur la SSI un autre robot de conception canadienne, baptisé *Dextre* (ce nom est de la même famille que *dextérité*). Avec son torse, deux épaules et deux bras pourvus de sept articulations, ce «manipulateur agile spécialisé» évoque le corps humain. L'équipage pourra en commander les mouvements de l'intérieur de la station.

Dextre pourra accomplir dans l'espace diverses tâches avec une remarquable précision, comme déplacer des charges ou remplacer de petites pièces, ce qui évitera aux astronautes d'avoir à sortir de la station.

ZOOM sur l'avenir

TECHNOLOGUE DE LABORATOIRE DE PHYSIQUE

Le travail de technologue de laboratoire physique est on ne peut plus varié : recherche appliquée, instrumentation, conception, collecte de données, analyse de résultats, etc. En fait, les tâches sont étroitement liées au lieu de travail, qu'il s'agisse d'une centrale nucléaire, d'une firme d'ingénieurs, d'un organisme gouvernemental ou d'un centre de recherche dans diverses industries.

Marie-Pier travaille depuis 12 ans comme technologue dans un laboratoire de recherche scientifique. Au début de sa carrière, elle assistait souvent les ingénieurs et les ingénieures dans la conception et la mise au point d'appareils de mesure. Elle a aussi participé à des projets de recherche. Elle s'est ensuite spécialisée en physique optique. Marie-Pier collabore maintenant avec des ingénieurs et des ingénieures, des astronomes ainsi que des techniciens et des techniciennes à l'amélioration de télescopes et de spectrographes.

Marie-Pier a toujours été passionnée par les sciences, la recherche et le travail de laboratoire. Pour exercer son métier, elle a obtenu un diplôme d'études collégiales en technologie physique. Par ailleurs, Marie-Pier aime travailler en équipe, ce qui est essentiel dans ce domaine.

DOMAINES CONNEXES

Formation secondaire professionnelle

- Montage d'aéronefs
- Contrôle de montage d'aéronefs

Formation collégiale

- Technologie optique
- Technologie du génie nucléaire
- Technologie photonique

Formation universitaire

- Physique
- Génie physique
- Génie nucléaire
- Génie de la construction navale

Dossier 2 > L'histoire du vivant

Notre planète recèle une grande diversité d'espèces, toutes plus étonnantes les unes que les autres. Cette diversité est le fruit d'une longue évolution. La vie est apparue sur Terre grâce à un très, très lent travail d'organisation d'éléments chimiques, favorisé par des conditions exceptionnelles. Les premiers êtres vivants étaient composés d'une seule cellule. Puis, la vie s'est complexifiée : des colonies de cellules, des vers, des poissons… De nombreuses formes de vie sont ainsi apparues et certaines sont aujourd'hui disparues.

Au Québec, sur la côte sud de la Gaspésie, le parc de Miguasha cache des trésors vieux de 375 millions d'années : des fossiles de poissons, de végétaux ainsi que des premiers amphibiens. En raison de la quantité et de la qualité de ces fossiles, ce site est inscrit sur la liste de ceux appartenant au patrimoine mondial de l'UNESCO. Il fournit de précieux indices sur l'évolution. Connaissez-vous d'autres sites qui ont présenté les traces du passé et que l'on doit protéger ?

Dans ce dossier

C'est dans son habitat que l'être humain a toujours trouvé sa nourriture. C'est pourquoi de nombreuses civilisations ont rendu hommage à la Terre en l'appelant *mère nourricière*. Notre planète ne facilite pourtant pas toujours la vie, particulièrement quand les éléments se déchaînent.

Connaissez-vous les forces naturelles qui influent sur la vie de l'être humain ?

Liens > L'être humain

... vu de l'intérieur

Dossier 3 > Les cellules du corps humain

Tout être vivant est constitué de cellules. Mais toutes les cellules n'ont pas la même fonction. Connaissez-vous tous les types de cellules de votre corps ?

p. 42

... et la matière

Dossier 6 > L'organisation de la matière

Qu'elle soit inerte ou vivante, la matière est faite d'atomes. Les atomes circulent de l'environnement à l'organisme et de l'organisme à l'environnement en formant des composés plus ou moins complexes. Savez-vous comment interpréter la formule chimique d'un composé ?

p. 102

... et la technologie

Dossier 9 > Les matériaux

Des traces de la préhistoire nous montrent que les êtres humains exploitent certains métaux depuis fort longtemps. Toutes sortes d'objets métalliques ont été trouvés. Certains ont contribué au bien-être des individus, d'autres pas. Savez-vous pourquoi les instruments médicaux ne sont pas fabriqués en fer ?

p. 156

Les traces du passé

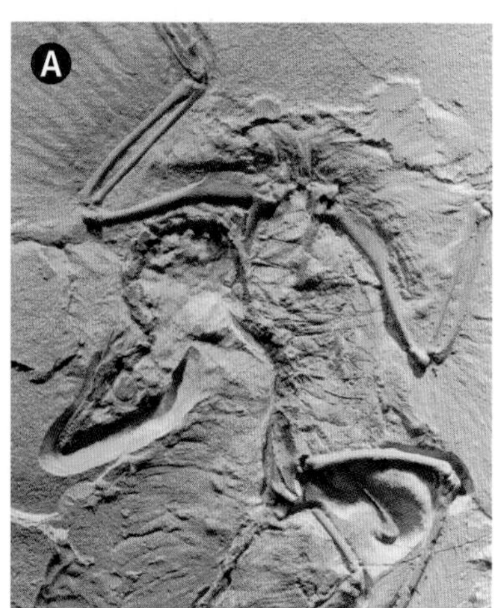

Figure 2.1 > Des fossiles d'animaux ou de végétaux
Ⓐ Fossile d'un dinosaure. Des fossiles de dinosaures ont été découverts à de nombreux endroits dans le monde : en Chine, en Australie, au Pérou et même au Canada. Ⓑ Fossile d'une fougère. De grandes forêts de fougères existaient il y a 300 millions d'années.

Comprendre les changements qui se sont produits dans le passé peut nous aider à mieux comprendre le présent. Mais comment remonte-t-on dans le temps ? La Terre nous a laissé un héritage riche d'information. Les fossiles découverts dans les roches sédimentaires sont des preuves réelles du passé vivant de la Terre.

Les fossiles

Lorsqu'un animal meurt, il se décompose et, après quelques années, il n'en reste rien de visible. Toutefois, à l'occasion, il arrive que l'empreinte d'un animal ou d'une plante soit préservée dans la roche, et, plus rarement, qu'on découvre des ossements qui se sont pétrifiés, devenant ainsi aussi durs que de la pierre. On appelle **fossiles** ces empreintes ou ces restes (voir la figure 2.1).

Les roches sur lesquelles on trouve des empreintes d'animaux ou de plantes sont des **roches sédimentaires**, c'est-à-dire des roches qui sont le fruit de l'érosion, puis de la sédimentation (voir la figure 2.2). Le processus de fossilisation est toutefois assez rare. Parmi les 500 millions d'espèces qui ont vécu sur Terre, seulement quelques-unes ont été retrouvées fossilisées.

L'analyse de fossiles est réalisée par des paléontologues. Cette analyse permet d'effectuer plusieurs déductions sur l'histoire du vivant.

- Les fossiles nous indiquent clairement que la vie a évolué avec le temps.
- Certains fossiles qui ne ressemblent en rien à des espèces actuelles sont la preuve que des espèces peuvent disparaître.
- La découverte de fossiles d'une même espèce sur deux continents différents nous permet d'affirmer que ces continents étaient jadis réunis.

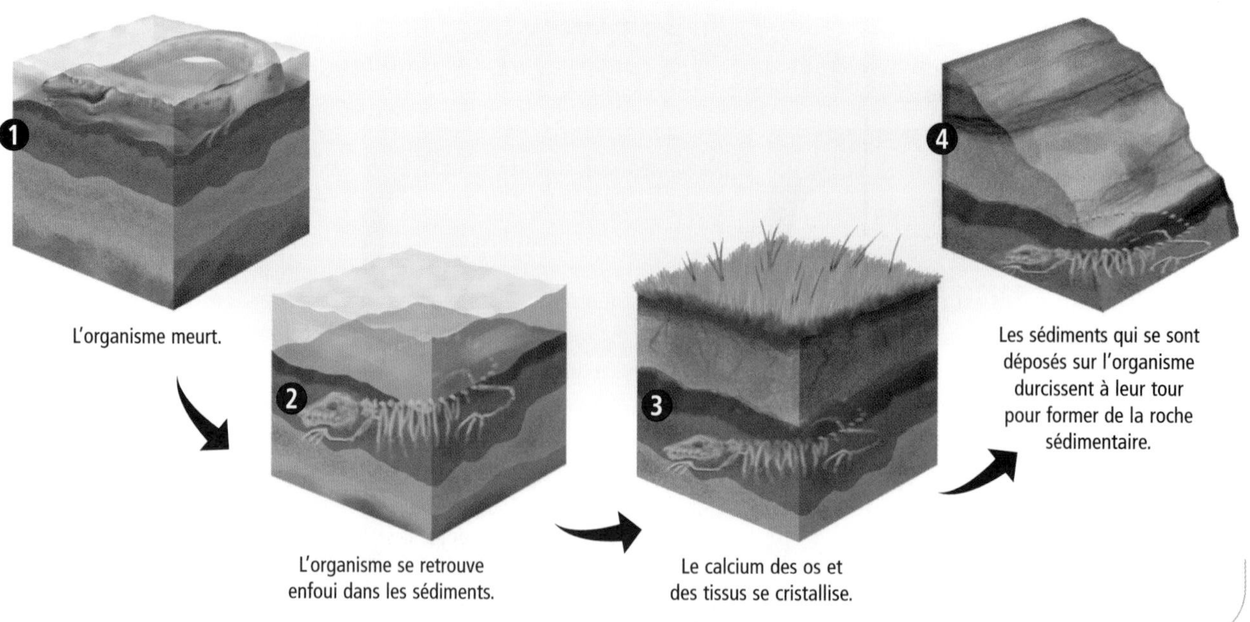

Figure 2.2 > La fossilisation
Le processus de fossilisation commence tout de suite après la mort d'un organisme et se déroule en quatre étapes.

info+

DES CAROTTES GLACIAIRES

Il n'y a pas que les roches qui peuvent parler du passé. La glace garde aussi en mémoire les conditions climatiques et la composition de l'air. Dans des régions comme le Groenland, des traces d'activité volcanique et de chutes de météorites sont emprisonnées dans la glace. En extrayant des carottes glaciaires, c'est-à-dire de longs cylindres de glace : plus ils sont longs, plus on remonte loin dans le passé ! On en analyse, entre autres, les bulles de gaz, les poussières et le pollen. La carotte la plus grande jamais récupérée à ce jour est celle de la station russe de Vostok, en Antarctique. Elle mesure 3 623 mètres !

La datation des roches

Les couches ou strates de roches sédimentaires se nomment couches stratigraphiques. Elles représentent une sorte de calendrier de la Terre. En effet, chaque couche, chaque dépôt de sédiment distinct des autres correspond à un épisode de l'histoire de la région. Les paléontologues sont des géologues spécialisés dans l'étude des animaux et des plantes fossiles. Lorsque les paléontologues découvrent un fossile, ils ou elles présument que son âge est le même que celui de la couche de roches qui l'enveloppe.

Pour déterminer à quel moment les roches se sont formées, les scientifiques utilisent deux types de datation : la datation relative et la datation absolue.

La **datation relative** des roches se fait à partir de leur position les unes par rapport aux autres, en partant du principe que plus une roche est profonde, plus elle est vieille. C'est un peu comme si vous empiliez tous vos travaux scolaires les uns par-dessus les autres. S'ils ne sont pas datés, vous pourriez au moins affirmer que ceux qui se trouvent en dessous sont plus anciens que ceux du dessus.

La **datation absolue** est plus précise, mais nécessite davantage de matériel scientifique. Une des méthodes consiste à mesurer la variation d'un atome radioactif contenu dans la roche : le carbone 14. Elle ne permet toutefois de remonter que jusqu'à 50 000 ans. Une technique similaire mesure l'accumulation d'un autre atome, l'argon 40, et permet d'estimer des dates en milliards d'années.

De cette façon, lorsque l'âge des roches est connu, on connaît l'âge des fossiles (voir la figure 2.3). Mais en général, une seule roche ne suffit pas : ce sont plusieurs recherches menées par plusieurs paléontologues, parfois en plusieurs endroits, qui permettent à ces experts de s'entendre sur l'âge précis à attribuer à un fossile.

Site de roches sédimentaires

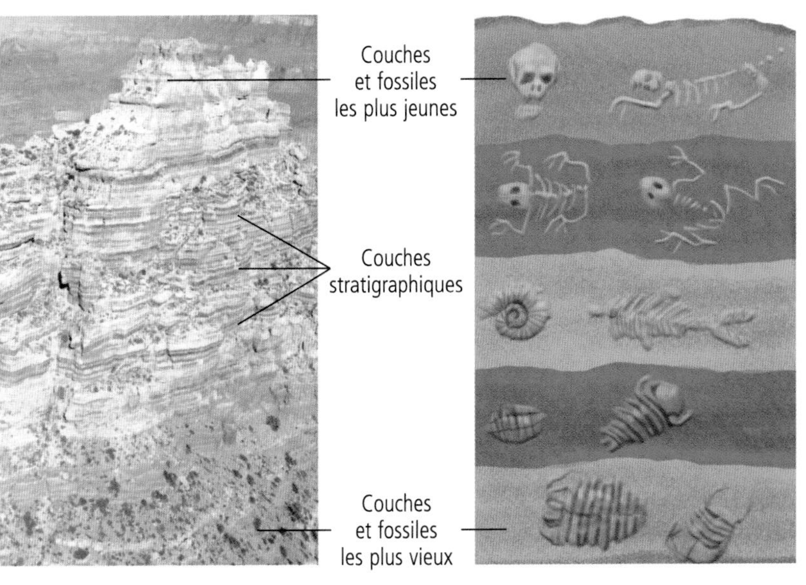

Figure 2.3 > La datation des couches stratigraphiques
L'analyse des couches stratigraphiques permet aux paléontologues de déduire, entre autres, que les fossiles les plus anciens se trouvent sous les fossiles les plus récents.

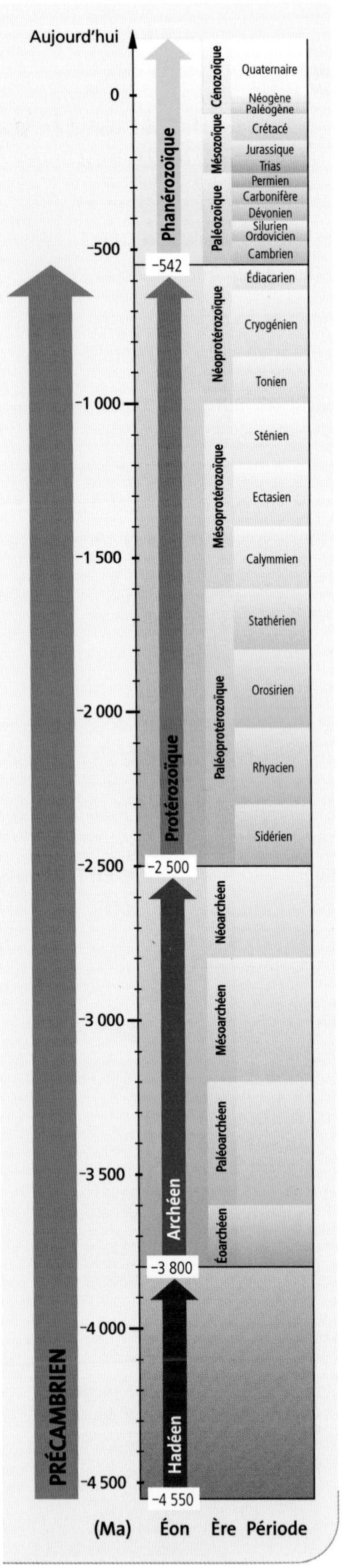

L'échelle des temps géologiques

Pour mieux s'y retrouver, les scientifiques ont créé l'**échelle des temps géologiques** (voir la figure 2.4). Cette échelle illustre les principales étapes de l'évolution de la Terre. L'histoire de la Terre a été divisée en plusieurs parties : les quatre milliards d'années et demie d'existence de la Terre sont séparés par **éons** ; les éons sont divisés en **ères** ; les ères sont divisées en **périodes**. Ces divisions ne sont pas de durées égales. De plus, l'échelle subit régulièrement de légères modifications, au fil des découvertes. L'échelle des temps géologiques met donc en évidence les événements géologiques les plus importants (du moins, ceux qui nous sont connus) ainsi que leur impact sur le développement d'êtres vivants de plus en plus complexes.

Figure 2.4 > L'échelle des temps géologiques
L'histoire de la Terre s'étend sur plus de quatre milliards d'années.

info+

ARTHUR HOLMES, PÈRE DE L'ÉCHELLE DES TEMPS GÉOLOGIQUES

Arthur Holmes (1890-1965), un géologue et minéralogiste anglais, est un pionnier de la datation absolue. Encore aux études, il entend parler d'une hypothèse émise par un éminent professeur de l'Université McGill, Ernest Rutherford. Bien que la radioactivité des éléments soit connue depuis à peine 10 ans, Rutherford énonce la possibilité de dater des minéraux en mesurant leurs émissions radioactives. Holmes s'accroche à cette idée et réalise au début des années 1910 la première datation à partir d'atomes radioactifs contenus dans la roche. Dès 1913, Holmes réussit à estimer l'âge de la Terre à 1,6 milliard d'années, ce qui est audacieux pour l'époque, car les scientifiques les plus réputés avancent un âge de 20 à 100 millions d'années tout au plus. Il persiste dans ses travaux et publie en 1937 une première échelle des temps géologiques et, en 1944, il évalue l'âge de la Terre, avec assez de précision, à 4,5 milliards d'années.

Après avoir fait de la prospection minière et pétrolière pour différentes entreprises, il s'intéresse à une seconde théorie controversée. Le géologue allemand Alfred Wegener a proposé une théorie de la dérive des continents basée, entre autres, sur la complémentarité des côtes africaine et sud-américaine. Les connaissances de Holmes en géologie et en radioactivité, ainsi que son expérience du sous-sol de la Terre, lui permettent d'avancer une hypothèse : l'intérieur de la Terre liquéfié par le dégagement d'énergie radioactive subit de lents mouvements de convection capables de briser et de déplacer la croûte terrestre. Cette hypothèse n'est pas retenue par les scientifiques jusqu'à ce que, peu avant la mort de Holmes, on énonce la théorie de la tectonique des plaques, qui donne raison à sa seconde contribution géniale aux sciences de la Terre.

Pour reconnaître un des plus brillants géologues, on a donné son nom à un cratère de la planète Mars et l'Union européenne des géosciences décerne chaque année la médaille Arthur-Holmes.

Les origines de la vie

La première division de l'échelle des temps géologiques est aussi la plus longue : le Précambrien. Pendant les quatre premiers milliards d'années de l'histoire notre planète, la croûte terrestre se stabilise et des êtres vivants primitifs apparaissent. Peu de choses sont connues des premiers êtres vivants, car, comme les bactéries d'aujourd'hui, ils n'avaient ni ossature ni carapace à laisser en fossile.

Les grandes divisions du Précambrien

Les scientifiques découpent le **Précambrien** en **trois éons** : l'Hadéen, l'Archéen et le Protérozoïque (voir la figure 2.5).

Chacun de ces éons correspond à une étape cruciale de notre histoire :

- la structuration de la Terre et de son atmosphère ;
- l'apparition des premiers organismes ;
- l'apparition des premières cellules qui ont besoin de dioxygène pour vivre.

L'Hadéen : la structuration de la Terre

Au tout début de l'**Hadéen**, des milliards et des milliards de corps célestes de toutes dimensions s'agglutinent les uns aux autres pour former petit à petit la Terre. Ces multiples impacts contribuent à chauffer la surface, dont la température, au début de cette période, atteint 1 000 °C. On n'y trouve ni atmosphère ni eau à l'état liquide.

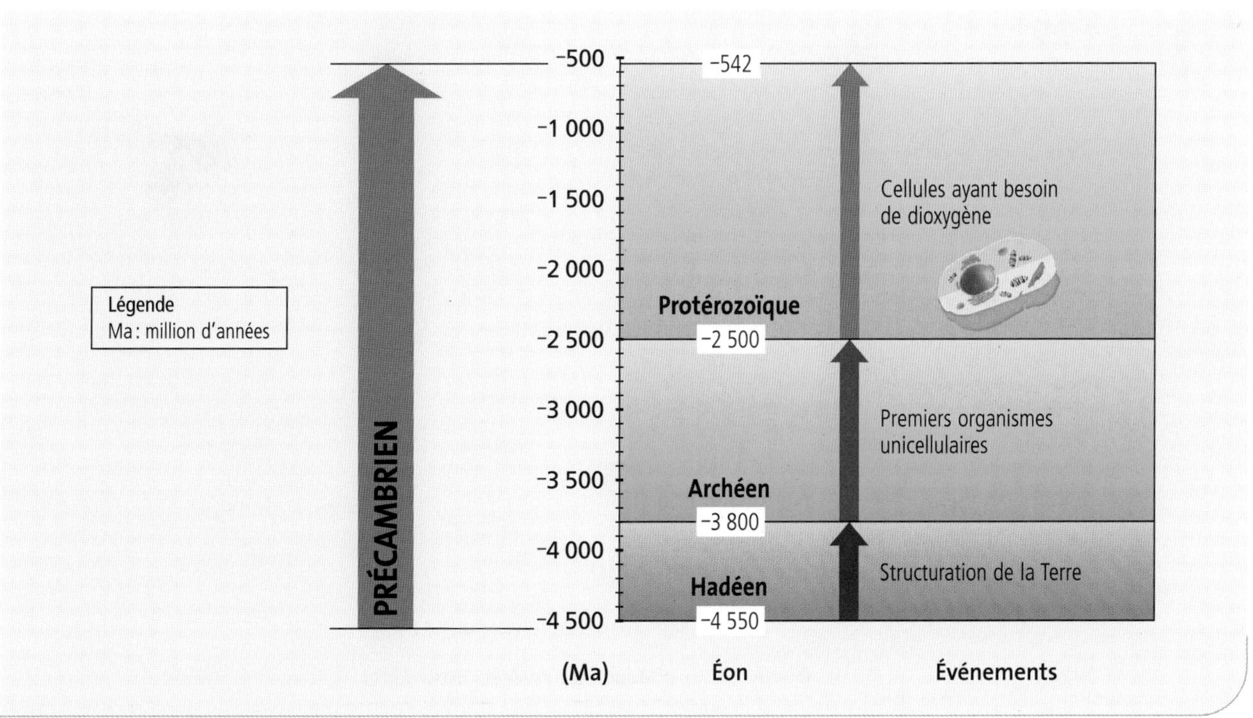

Figure 2.5 > Le Précambrien
Le Précambrien débute il y a 4,55 milliards d'années et se termine il y a 542 millions d'années. Il se subdivise en trois éons.

DES BACTÉRIES PLUS FUTÉES QUE LES ANTIBIOTIQUES ?

Avez-vous déjà pris des antibiotiques ? Ces médicaments sont prescrits en cas de maladies d'origine bactérienne : otite, bronchite, etc. Ils aident l'organisme à détruire plus vite les bactéries responsables de ces maladies. Par contre, les antibiotiques n'ont aucun effet sur les virus et les parasites. D'où l'importance de faire le bon diagnostic...

Dans le passé, on a utilisé les antibiotiques à tort et à travers, détruisant malgré nous les bactéries les plus faibles et laissant le champ libre aux bactéries les plus résistantes. Résultat : des antibiotiques sont aujourd'hui inefficaces contre ces bactéries. Des maladies telles que la tuberculose, la malaria ou certaines infections transmissibles sexuellement pourraient redevenir mortelles !

Il faut attendre 50 millions d'années pour que la température diminue et permette la formation d'une atmosphère probablement composée à 95 % de dioxyde de carbone (CO_2). Le dioxygène (O_2) était sans doute quasi absent de l'atmosphère primitive de la Terre. C'est l'observation des roches les plus anciennes de notre planète, dont certaines ont été retrouvées au Groenland, qui permet d'obtenir ce type d'information.

C'est donc durant l'Hadéen que la **croûte terrestre** se forme, puis les **océans** : avec la baisse de la température, l'eau peut se maintenir à l'état liquide. La vie peut alors apparaître.

L'Archéen : l'apparition de la vie

Le deuxième éon, l'**Archéen**, est défini par les géologues comme étant celui où la **vie apparaît**. Or, comme on n'est pas sûr du moment précis où apparaît la toute première forme de vie, le début de l'Archéen reste incertain. Des découvertes récentes le situent à environ 3,8 milliards d'années.

Les premières formes de vie sont des **organismes unicellulaires**, c'est-à-dire des êtres composés d'une seule cellule.

La composition de l'atmosphère terrestre change avec le temps. On y retrouve de l'ammoniac (NH_3), de la vapeur d'eau (H_2O), ainsi que du méthane (CH_4). On pourrait croire que le méthane – un gaz mortel pour nous – est d'une importance secondaire et pourtant, il intéresse beaucoup les scientifiques : les deux éléments qui le composent, le carbone (C) et l'hydrogène (H), sont à la base de tout être vivant.

Les plus anciens organismes sont des **procaryotes anaérobies**, c'est-à-dire des bactéries qui n'ont pas besoin de dioxygène pour vivre. Toutes les formes de vie que nous connaissons ont évolué à partir de ces bactéries primitives (voir la figure 2.6).

Parmi les types de bactéries primitives, certaines ont joué un rôle clé dans la diversification de la vie : les cyanobactéries. Ces organismes ont la capacité de se nourrir du dioxyde de carbone (CO_2) en utilisant l'énergie lumineuse. C'est le début de la photosynthèse ! Comme c'est le cas des plantes d'aujourd'hui, la photosynthèse des cyanobactéries produit du dioxygène (O_2). À mesure que les bactéries augmentent en nombre, la concentration en dioxygène augmente dans l'air. La présence de dioxygène dans l'air a été capitale dans l'évolution de nouvelles formes de vivants.

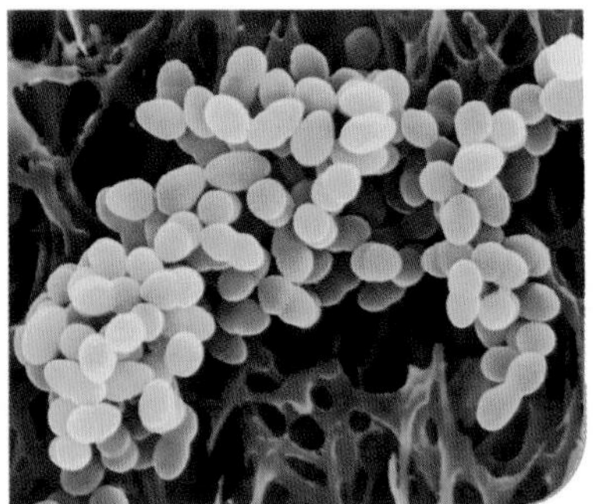

Figure 2.6 > Les procaryotes
Les scientifiques pensent que les bactéries (procaryotes) sont apparues avant les eucaryotes parce que leur structure est moins complexe.

La « catastrophe de l'oxygène »

Peu après la formation de la Terre, l'atmosphère était composée de gaz toxiques, mais de fort peu de dioxygène. On suppose que le sol devait être rouge pâle et l'océan, vert olive. Grâce aux bactéries, le processus de photosynthèse s'est développé. L'atmosphère s'est alors chargée d'une plus grande quantité de dioxygène, ce qui a donné lieu à une crise écologique : la « catastrophe de l'oxygène » ! On en parle comme d'une catastrophe, parce que le dioxygène est entré en réaction avec les zones oxydables présentes à la surface de la Terre, les transformant du tout au tout. Cette « catastrophe » a eu un beau côté : sans elle, nous ne serions pas là !

Le Protérozoïque : l'utilisation du dioxygène

Durant le **Protérozoïque**, la quantité de dioxygène dans l'atmosphère se stabilise à un taux proche de celui d'aujourd'hui. Des organismes unicellulaires acquièrent la capacité de respirer le dioxygène de l'atmosphère. Ils sont dits **aérobies**. Ensuite, une nouvelle organisation cellulaire apparaît : les **eucaryotes**. Ils représentent un progrès énorme sur les procaryotes : ils possèdent un noyau, qui protège davantage le matériel génétique (voir la figure 2.7).

Procaryote
Procaryote
Absence de noyau
Eucaryote
Organite
Noyau

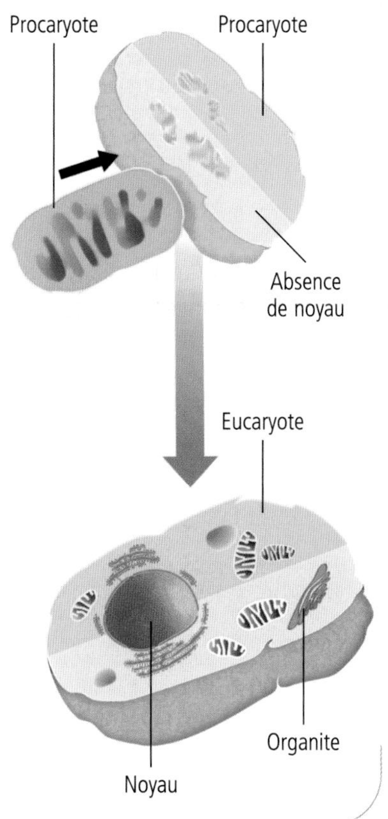

Figure 2.7 > Une théorie sur l'origine des eucaryotes
Deux procaryotes (dont l'un est plus gros que l'autre) se seraient fusionnés pour former un eucaryote, qui possède un noyau et des organites.

info+

MODÉLISER LA TERRE PRIMITIVE

En 1953, un jeune biologiste américain, Stanley Miller, s'intéresse aux origines de la vie. Il s'inspire des travaux d'un confrère russe, Alexander Oparin, pour recréer en laboratoire les conditions probables qui régnaient sur Terre il y a quatre milliards d'années. Il conçoit un système de ballons de verre. L'un est rempli d'eau bouillante (l'océan ❶), un autre est rempli d'un mélange de méthane, de dihydrogène et d'ammoniac (l'atmosphère ❷). Après avoir soumis le tout à des décharges électriques (pour simuler les orages et la foudre ❸), Miller détecte l'apparition d'acides aminés dans l'eau ❹. Les acides aminés sont des molécules simples qui se combinent pour former des protéines, qui sont à la base de la vie.

C'était une découverte extraordinaire, car on ne croyait pas possible la formation spontanée de substances organiques à partir de la matière inerte. Miller conclut de son expérience que les conditions extrêmes de la Terre primitive ont été propices à la synthèse des substances nécessaires à l'apparition de la vie.

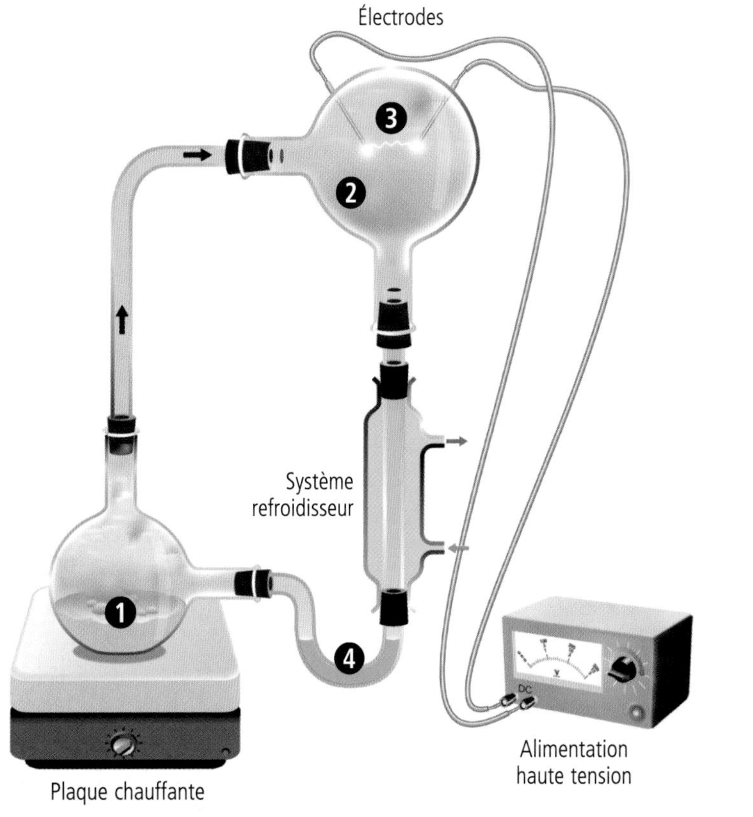

Électrodes
❸
❷
Système refroidisseur
❶
❹
Alimentation haute tension
Plaque chauffante

L'explosion de la vie

L'activité volcanique est un des signes que la planète Terre se transforme. Aux frontières des plaques tectoniques, sur les continents ou dans les océans, des volcans sont en éruption. Chaque éruption peut avoir des conséquences désastreuses sur certaines populations : des cendres et des gaz changent la composition et la température de l'atmosphère. Des villages entiers peuvent être engloutis sous ces cendres.

Les scientifiques s'entendent pour dire qu'un événement majeur est survenu il y a un peu plus de 540 millions d'années. Il s'agit de l'apparition de la vie complexe et d'une véritable explosion de la diversification de la vie. C'est pourquoi les scientifiques ont choisi cette date pour marquer le début d'une nouvelle tranche de l'histoire de la Terre, qui dure jusqu'à aujourd'hui : le Phanérozoïque.

Les grandes divisions du Phanérozoïque

Le **Phanérozoïque** est le quatrième et dernier éon de l'échelle des temps géologiques (voir la figure 2.4, p. 24). Cet éon se subdivise en **trois grandes ères**, chacune étant caractérisée par des espèces qui, les unes après les autres, deviennent dominantes :

- le Paléozoïque est marqué par l'apparition de la vie marine et des végétaux ;
- le Mésozoïque est marqué par la domination des reptiles, en particulier les dinosaures ;
- le Cénozoïque voit l'apparition des mammifères, dont l'être humain.

Le Paléozoïque : la vie marine et les végétaux

Durant la première ère, appelée **Paléozoïque**, la température moyenne de la Terre était de 22 °C. Cette température peut nous sembler normale, mais en réalité, il faisait très, très chaud : en comparaison, aujourd'hui, la température moyenne de la Terre (si on tient compte des hivers et des régions très froides) est de… 4 °C ! Par ailleurs, le niveau des mers était très élevé. Parce que ce milieu était chaud et humide, on appelle la Terre de l'époque « la Terre serre ». Ce sont ces conditions qui ont sans doute permis une véritable explosion de la vie (voir la figure 2.8).

Figure 2.8 > Des fossiles de l'ère du Paléozoïque

Ⓐ Fossile d'un trilobite. Les nombreux fossiles de trilobites prouvent que ces animaux marins étaient très répandus.

Ⓑ Fossile d'un poisson. Les organismes vivants sont d'abord apparus dans les océans, puis dans les eaux douces et ensuite sur la terre ferme.

Figure 2.9 > Reconstitution d'un paysage d'il y a 300 millions d'années
La décomposition des grandes forêts de la fin du Paléozoïque a provoqué la formation du charbon et du pétrole.

Plusieurs espèces dont les crustacés, les poissons et les insectes se sont développées en eau peu profonde. Peu après, les premières plantes rampantes ont commencé à couvrir le sol. Elles ont dû déployer un système de racines pour transporter l'eau, essentielle à leur survie. Les premiers insectes terrestres ont pu croître à l'abri de ces plantes. Les premiers amphibiens se sont appuyés sur les berges pour sortir de l'eau. Ils ont dû renforcer leurs muscles ainsi que leur colonne vertébrale. Pendant ce temps, les plantes ont commencé à pousser en hauteur. Le tronc des arbres s'est développé jusqu'à plus de 30 m (voir la figure 2.9). Vers la fin de cette ère, il y a 250 à 300 millions d'années, de grandes forêts ont depuis longtemps envahi la terre ferme.

Toutefois, trois extinctions massives d'espèces vivantes surviennent également pendant cette ère. Une **extinction massive** est un moment dans l'histoire où un nombre considérable d'animaux et de plantes disparaissent, en raison de glaciations, d'effets de serre, de gigantesques éruptions volcaniques ou de chutes de météorites (les causes ne sont pas toutes bien connues). La plus importante, l'**extinction du Permien**, marque la fin de l'ère paléozoïque. Durant cet événement catastrophique, 96 % des espèces marines et 75 % des espèces terrestres ont disparu (voir la figure 2.10) !

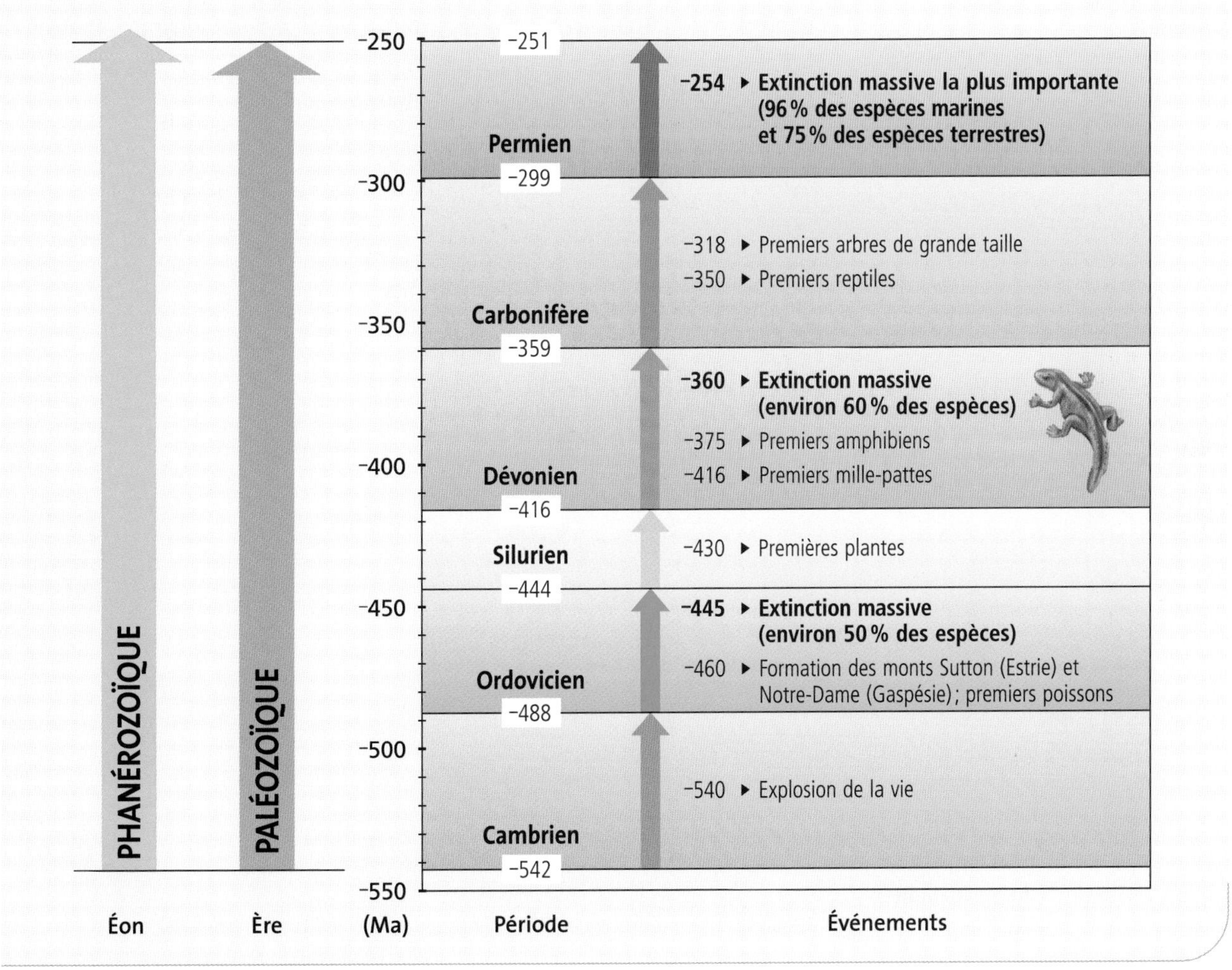

Éon	Ère	(Ma)	Période	Événements
PHANÉROZOÏQUE	PALÉOZOÏQUE	−251	Permien	**−254 ▸ Extinction massive la plus importante (96 % des espèces marines et 75 % des espèces terrestres)**
		−299	Carbonifère	−318 ▸ Premiers arbres de grande taille −350 ▸ Premiers reptiles
		−359	Dévonien	**−360 ▸ Extinction massive (environ 60 % des espèces)** −375 ▸ Premiers amphibiens −416 ▸ Premiers mille-pattes
		−416	Silurien	−430 ▸ Premières plantes
		−444	Ordovicien	**−445 ▸ Extinction massive (environ 50 % des espèces)** −460 ▸ Formation des monts Sutton (Estrie) et Notre-Dame (Gaspésie) ; premiers poissons
		−488	Cambrien	−540 ▸ Explosion de la vie
		−542		

Échelle (Ma) : −250, −300, −350, −400, −450, −500, −550

Figure 2.10 > L'ère du Paléozoïque
L'ère du Paléozoïque débute il y a 542 millions d'années et se termine il y a 251 millions d'années. Elle comporte six périodes.

Figure 2.11 > Le stégosaure et l'archéoptéryx

Ⓐ Le stégosaure était un dinosaure herbivore, qui mesurait 7 m de long. Son corps était recouvert de plaques qui le protégeaient.

Ⓑ L'archéoptéryx est le plus ancien oiseau connu. Ses ailes pourvues de griffes lui permettaient sans doute de se suspendre aux branches des arbres.

Le Mésozoïque : la Terre des dinosaures

Durant l'ère suivante, appelée **Mésozoïque**, le niveau des océans s'abaisse. La stabilité du climat permet à une nouvelle vie d'émerger peu à peu en occupant les habitats laissés vacants par les espèces disparues. Les premiers dinosaures et crocodiles prennent le dessus. Les premiers oiseaux font également leur apparition (voir les figures 2.11 et 2.12).

Toutefois, **deux extinctions massives** surviennent encore durant cette ère, dont la seconde met fin au règne des dinosaures. Cela marque le terme du Mésozoïque, il y a 65,5 millions d'années. Sans cette extinction, les reptiles pourraient être encore les animaux dominants… et nous ne serions probablement pas là pour en parler ! L'hypothèse la plus solide pour expliquer cette extinction est la chute d'un gigantesque météorite dans le nord de la péninsule du Yucatán, au Mexique, qui aurait provoqué une catastrophe écologique majeure.

Bien que nul ne conteste la chute de ce météorite, des scientifiques prétendent que des roches fondues résultant de cet impact se retrouveraient dans des couches de 300 000 ans plus anciennes que celles qui marquent la fin des dinosaures. Autrement dit, les dinosaures auraient vécu 300 000 ans après l'impact. Leur disparition pourrait-elle avoir plusieurs causes ? Par exemple, plusieurs éruptions volcaniques survenues en Inde à cette époque auraient pu projeter dans l'atmosphère suffisamment de cendres et de poussières pour obscurcir le soleil et abaisser la température. Il faudra attendre d'autres découvertes pour mieux comprendre cette grande extinction.

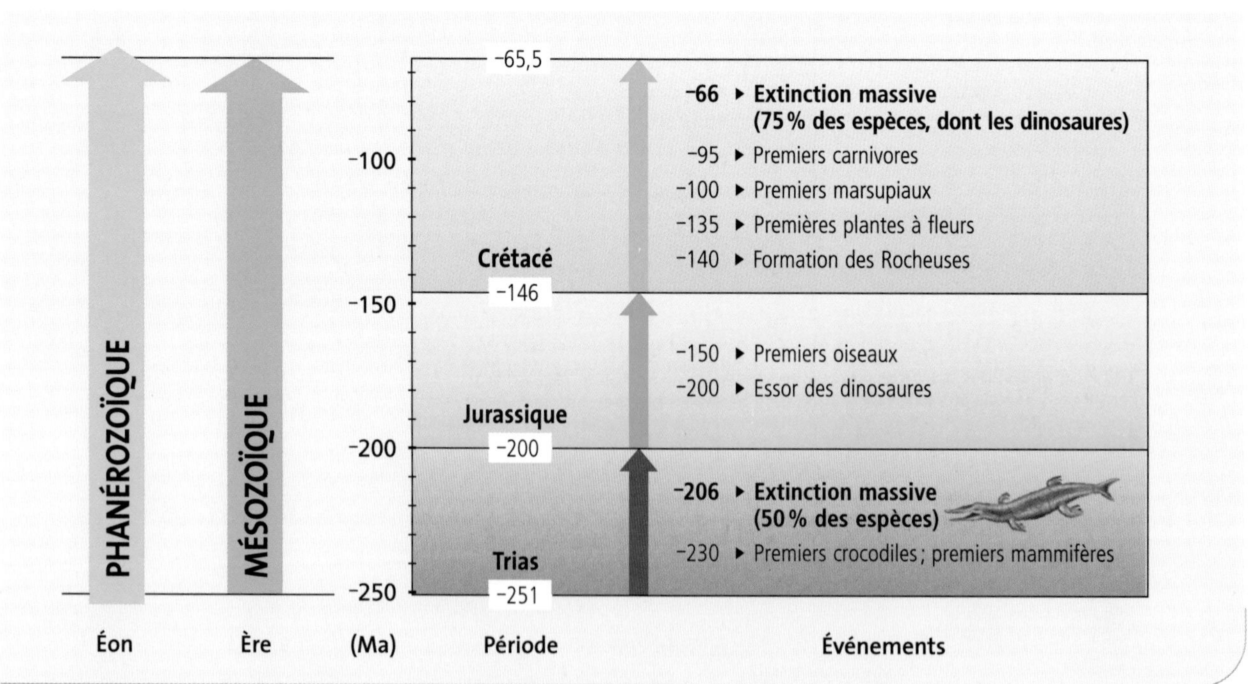

Figure 2.12 > L'ère du Mésozoïque

L'ère du Mésozoïque débute il y a 251 millions d'années et se termine il y a 65,5 millions d'années. Elle comporte trois périodes.

Le Cénozoïque : l'ère des mammifères

L'extinction massive des dinosaures – qui a eu lieu au Mésozoïque – coïncide avec un refroidissement de la température terrestre. Ces nouvelles conditions favorisent la diversification des espèces, dont les mammifères, et le début d'une nouvelle ère : le **Cénozoïque**. Les mammifères, parce qu'ils sont des organismes à sang chaud (au contraire des reptiles), peuvent en effet supporter des températures plus froides.

L'évolution se poursuit : les systèmes digestifs et de reproduction se complexifient. Des espèces se développent, comme les mammifères placentaires (dont descendent les primates, les grands singes et l'être humain). Mais d'autres espèces disparaissent peu à peu, dont certaines de l'ordre des marsupiaux (les kangourous en descendent), chassés d'Amérique du Nord, d'Europe et d'Asie par la compétition des mammifères placentaires. Le mammouth s'éteint aussi (voir la figure 2.13) à la fin de la dernière ère glaciaire, il y a environ 10 000 ans. La cause n'est pas déterminée, mais des scientifiques prétendent que l'être humain pourrait être le coupable pour l'avoir chassé trop intensément.

Figure 2.13 > La reconstitution d'une scène de chasse
Le mammouth possédait de longues défenses recourbées, qui pouvaient mesurer 5 m.

Au tour de l'être humain

Le Cénozoïque, l'ère où nous vivons, est divisé en **trois périodes** (voir la figure 2.14). Le **Quaternaire** est la dernière de ces périodes et, par conséquent, le dernier « échelon » de l'échelle des temps géologiques. Couvrant les derniers 2,59 millions d'années, cette période raconte l'évolution de l'être humain.

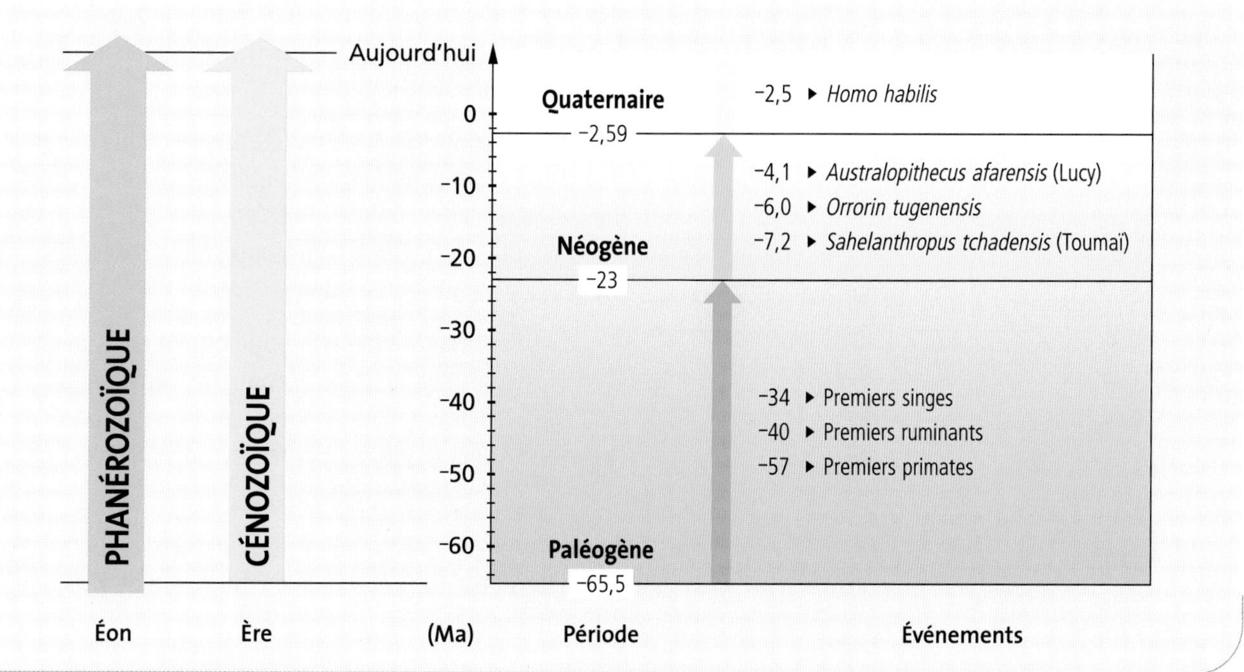

Figure 2.14 > L'ère du Cénozoïque
L'ère du Cénozoïque débute il y a 65,5 millions d'années et se poursuit jusqu'à aujourd'hui. Elle comporte trois périodes.

info+

QUELS SONT LES PLUS VIEUX FOSSILES D'HOMINIDÉS ?

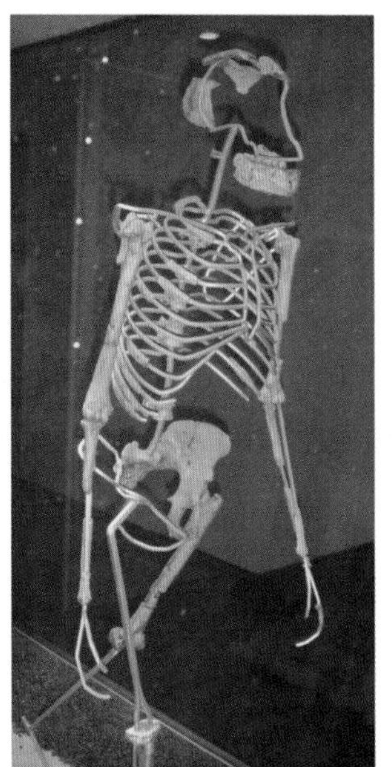
Une reconstitution du squelette de Lucy à partir des restes découverts montre qu'elle était bipède.

Pendant longtemps, Lucy, découverte en 1974, a été notre plus vieille ancêtre connue. C'est une jeune femme australopithèque de 1,10 m dont les restes ont été découverts dans la vallée d'Omo, au sud de l'Éthiopie. Son âge serait de plus de 3 millions d'années.

En octobre 2000, des archéologues ont trouvé au Kenya la mâchoire et quelques os d'un bipède qu'ils ont nommé Orrorin (« homme originel »). Ses ossements seraient deux fois plus âgés que ceux de Lucy !

En 2001, au Tchad, une expédition franco-tchadienne découvre le crâne d'un hominidé qu'elle baptise Toumaï. Il est âgé d'environ 7 millions d'années. Il aurait mesuré 1 m et le volume de son cerveau aurait été équivalent à celui du chimpanzé actuel. Ce dernier point conduit toutefois certains à prétendre qu'il faudrait le classer dans la famille des grands singes plutôt que dans la nôtre.

Les tremblements de terre sous-marins peuvent déclencher une puissante onde qui se propage à la surface de l'eau sous forme de vagues gigantesques. Ces tsunamis peuvent alors inonder les côtes très profondément à l'intérieur des terres.

L'être humain et le singe auraient un ancêtre commun, qui aurait vécu il y a 8 ou 9 millions d'années. Son fossile n'a pas encore été découvert, mais l'analyse de fossiles d'hominidés et de singes pour y déceler des gènes communs a permis d'émettre cette hypothèse.

À la différence des singes, les australopithèques n'ont pas de queue et se tiennent debout. Le fait d'être bipède leur permet d'utiliser leurs mains pour plusieurs tâches… par exemple, saisir une pierre et s'en servir comme arme ! Leurs canines sont également plus courtes, ce qui leur permet de déchirer des feuilles et de s'en nourrir.

Il ne faut toutefois pas imaginer l'évolution de l'australopithèque jusqu'à nous comme une belle autoroute toute droite ! Au contraire, cette évolution connaît bien des virages et des détours : certaines espèces semblent avoir été des culs-de-sac, tandis que pour d'autres, la parenté avec nous n'est pas claire (voir la figure 2.16, p. 35).

L'histoire de l'évolution de la vie sur Terre peut être illustrée par un ruban du temps. Il nous permet de constater que l'être humain fait partie de l'histoire récente de la planète (voir la figure 2.15).

Le tableau 2.1 (voir la p. 34) présente quelques caractéristiques des différentes espèces de la famille des hominidés connues à ce jour. Les fossiles qui permettent de décrire les espèces les plus anciennes sont peu nombreux et souvent incomplets. C'est ce qui explique que les liens de descendance entre les espèces sont encore incertains.

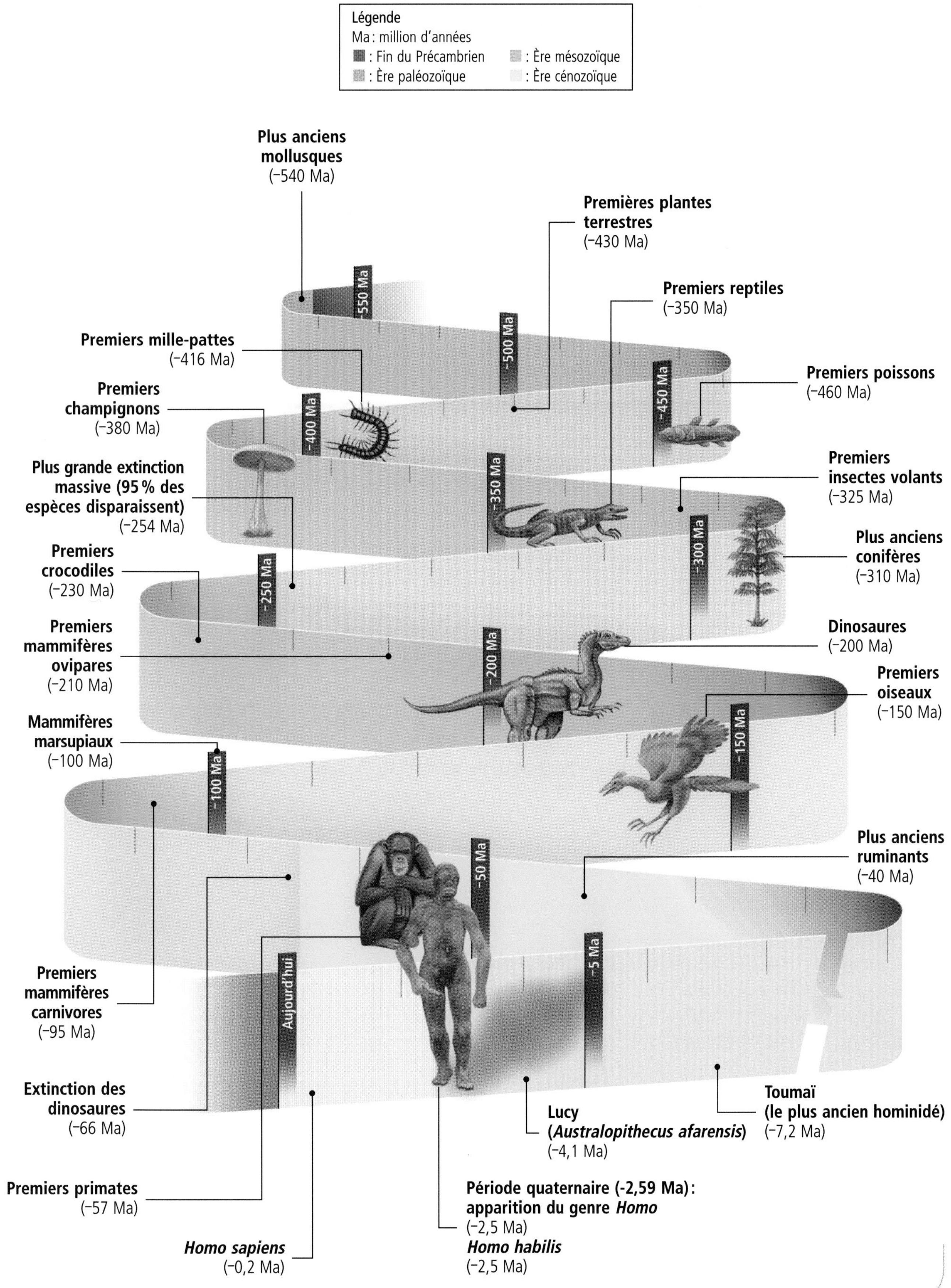

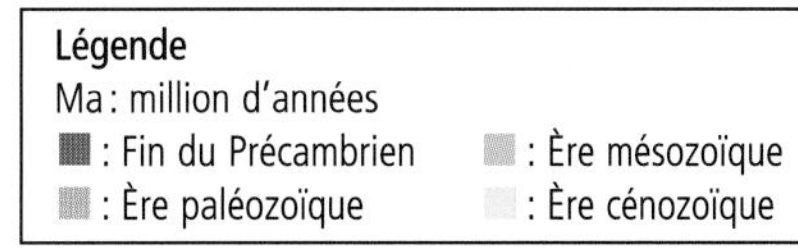

Figure 2.15 > L'évolution de la vie sur la Terre
Le ruban du temps illustre les principaux événements qui ont marqué l'éon phanérozoïque jusqu'à aujourd'hui.

Tableau 2.1 > La famille des hominidés

ESPÈCES	CARACTÉRISTIQUES
Toumaï, *Sahelanthropus tchadensis* (-7,2 Ma)	• Taille : environ 1 m. Poids : environ 35 kg. Cerveau : taille équivalente à celle du chimpanzé. • Locomotion : hypothèse très forte qu'il ait été bipède.
Orrorin, *Orrorin tugenensis* (-6 Ma)	• Taille : de 1,15 à 1,25 m. Poids : 50 kg. • Locomotion : bipède, mais quelques indices portent à croire qu'il grimpait aux arbres. • Denture plus proche de celle d'*Homo sapiens* que de celle des primates. • Alimentation : omnivore.
Lucy, *Australopithecus afarensis* (de -4,1 à -2,9 Ma)	• Taille : de 1,00 à 1,35 m. • Locomotion : bipède ; se déplace en se dandinant d'une jambe à l'autre. • Mâchoire semblable à celle des grands singes. • Alimentation : probablement végétarien.
Paranthropus æthiopicus (de -2,7 à -1 Ma)	• Taille : de 1,30 à 1,50 m. Cerveau : de 420 à 600 cm^3. • Mâchoire très développée. • Grandes différences physiques entre les mâles et les femelles.
Homo habilis (de -2,5 à -1,6 Ma)	• Taille : de 1,15 à 1,30 m. Poids : de 30 à 40 kg. • Locomotion : parfaitement bipède. • Façonne des outils de pierre appelés *bifaces*.
Homo ergaster (de -2,0 à -1,0 Ma)	• Taille : de 1,55 à 1,70 m. Poids : de 50 à 65 kg. • Locomotion : parfaitement bipède. • Alimentation : premier hominidé à consommer régulièrement de la viande. • Fabrique des outils de pierre taillée ; utilise le feu sans le maîtriser.
Homo erectus (de -1,8 à -0,5 Ma)	• Taille : de 1,50 à 1,65 m. Cerveau : environ 850 cm^3. • Ossature plus massive que celle d'*Homo sapiens*. • Locomotion : parfaitement bipède. • Alimentation : omnivore. • Fabrique des outils ; domestique le feu.
Homo heidelbergensis (de -0,8 à -0,3 Ma)	• Taille : de 1,55 à 1,65 m. Cerveau : de 1 000 à 1 300 cm^3. • Locomotion : parfaitement bipède. • Ancêtre commun d'*Homo neanderthalensis* et d'*Homo sapiens*. • Fabrique des outils.
Homme de Néandertal, *Homo neanderthalensis* (de -120 000 à -35 000 ans)	• Taille : de 1,55 à 1,65 m. Poids : 70 kg. Cerveau : de 1 500 à 1 750 cm^3. • Alimentation : carnivore. • Locomotion : parfaitement bipède. • Le plus proche cousin d'*Homo sapiens*. • Fabrique des outils ; produit des manifestations artistiques ; soigne ses malades ; enterre ses morts.
Homme de Florès, *Homo floresiensis* (de -100 000 à -12 000 ans)	• Taille : 1 m. Poids : de 1,55 à 1,70 kg. Cerveau : 400 cm^3. • Locomotion : bipède. • Fabrique des outils ; maîtrise l'usage du feu.
Être humain, *Homo sapiens* (de -200 000 à aujourd'hui)	• Taille : de 1,55 à 1,75 m. Poids : de 60 à 75 kg. Cerveau : environ 1 350 cm^3. • Larynx plus bas que celui des autres hominidés, ce qui a permis l'évolution d'un langage complexe. • Locomotion : parfaitement bipède.

L'espèce *Homo sapiens* est le fruit d'une longue évolution. Cette espèce, la nôtre, a d'abord cohabité en Europe avec *Homo neanderthalensis*. Elle s'est déplacée jusqu'en Amérique et en Australie. Nos ancêtres ont survécu à plusieurs époques glaciaires, dont la dernière a eu lieu il y a moins de 10 000 ans. Leur sens artistique était développé, notamment en gravure et en sculpture. En passant progressivement de l'agriculture à l'élevage, *Homo sapiens* se sédentarise, ce qui entraîne le développement de villages, puis de villes.

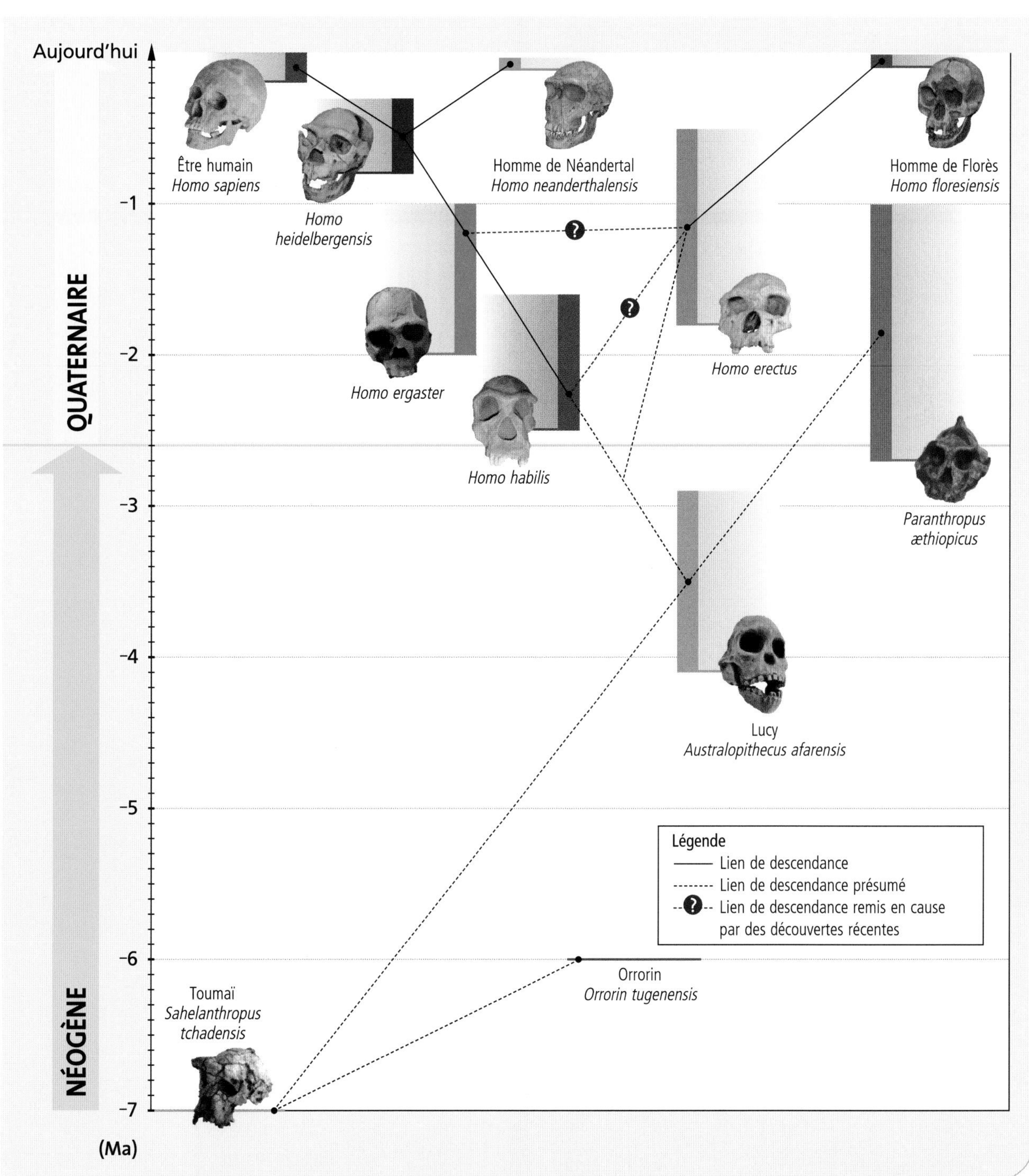

Figure 2.16 > L'arbre généalogique de l'être humain

Les scientifiques étudient les caractéristiques des ossements retrouvés, les datent et les comparent entre eux pour établir la généalogie du genre humain. Les anthropologues ont d'abord cru qu'*Homo erectus* était un descendant d'*Homo ergaster* ou d'*Homo habilis*. Toutefois, des découvertes récentes portent à croire qu'*Homo erectus* et *Homo habilis* ont cohabité et qu'ils auraient un ancêtre commun, encore inconnu.

Concepts clés

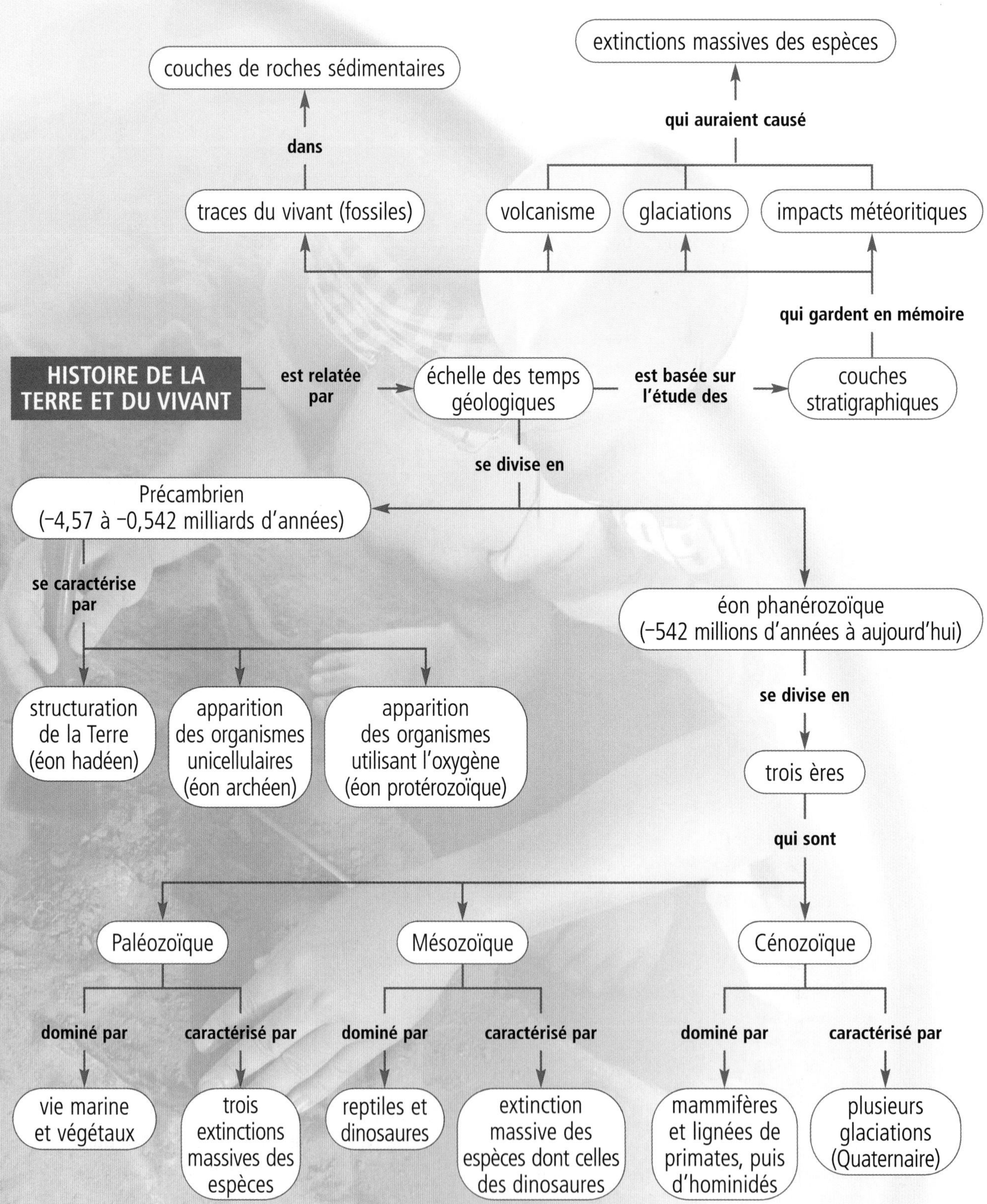

.exe >>>

1 Qu'est-ce que la découverte des fossiles nous a permis de déduire sur les espèces ayant peuplé la Terre ?

2 Dans quelles circonstances le dioxygène est-il apparu sur Terre ?

3 Construisez un tableau de deux colonnes qui montre trois différences entre un procaryote et un eucaryote tels qu'ils existaient lors de leur apparition sur la Terre.

4 Dans quelle ère nomme-t-on notre planète « la Terre serre » ?

5 L'histoire de la Terre est longue. Il est parfois difficile de réaliser l'importance d'une durée par rapport à une autre. Associez à chacune des comparaisons suivantes la valeur qui lui convient.

a) Le temps écoulé depuis l'apparition de la vie sur Terre par rapport à celui de la formation de la Terre.

b) La durée du Précambrien par rapport à celle de l'existence de la Terre.

c) Le temps écoulé depuis l'apparition du genre *Homo* par rapport à celui de l'apparition de la vie.

d) La durée de l'existence de l'espèce *Homo sapiens* par rapport à celle du genre *Homo*.

e) La durée de l'existence de l'espèce *Homo neanderthalensis* par rapport à celle de l'espèce *Homo sapiens*.

Choix de réponses

0,07 %   1/13   42 %   84 %   8/9

6 La photographie suivante montre des couches de roches sédimentaires.

a) Dans quelles couches a-t-on le plus de chances de trouver les fossiles d'animaux les plus évolués ? Pourquoi ?

b) Dans quelles couches a-t-on des chances de trouver des fossiles qui datent de la même époque ? Expliquez votre raisonnement.

c) On a retrouvé des fossiles assez semblables d'une même espèce dans les couches F, G et H et aucun dans les autres couches. Que peut-on en déduire ?

7 À la manière des scientifiques, interprétez les données du dossier 2 au sujet de l'homme de Néandertal et de l'être humain.

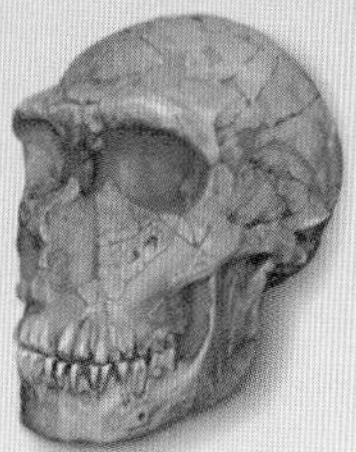

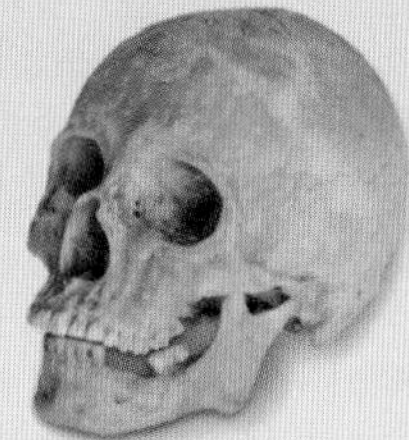

a) Relevez deux caractéristiques qui démontrent que l'homme de Néandertal et l'être humain n'appartiennent pas à la même espèce.

b) Dégagez six éléments communs à l'homme de Néandertal et à l'être humain qui permettent de croire qu'ils ont un proche ancêtre commun.

histo2

> La théorie de l'évolution : une collaboration fructueuse

Charles Darwin (1809-1882)

Charles Lyell (1797-1875)

Avez-vous déjà entendu parler de Charles Darwin, ce biologiste anglais célèbre pour sa théorie de l'évolution des espèces ? Avancer des hypothèses pour ce problème complexe a demandé beaucoup d'audace et de collaboration entre scientifiques…

Sir Charles Lyell, géologue britannique du XIXe siècle, s'intéressait aux changements que la Terre a subis au fil des âges. À l'époque, on interprétait à la lettre la Bible : la Terre était âgée de 4 000 ans et elle avait subi des changements brusques au fil de catastrophes.

Or, Lyell avait fait des observations lors de ses voyages au Canada. Ces observations lui permettaient de croire que la Terre semblait changer progressivement. Les changements étaient graduels (belles strates uniformes) et très, très lents (des millions d'années pour chacune des strates). Lyell formula une théorie de changement graduel de la Terre. Il partagea son idée avec Darwin.

Charles Darwin fut alors émerveillé et modifia sa théorie de l'évolution. Il a écrit : « L'évolution des espèces animales et végétales se réalise simplement en tirant avantage des légers changements successifs ; elle ne peut jamais s'adapter aux changements brusques. » On considère encore de nos jours Darwin comme le père de la théorie de l'évolution des espèces.

Lyell et Darwin devinrent d'excellents amis, comme quoi des découvertes sur les roches (géologie) peuvent enrichir nos connaissances sur le vivant (biologie).

techno2

> Se chauffer par la terre

On peut chauffer l'eau d'une piscine ou une maison en utilisant peu d'énergie. Il suffit d'installer un système de chauffage géothermique ! En connaissez-vous les principes ?

La croûte terrestre, à quelques mètres de la surface, se maintient à une température constante grâce à l'énergie contenue dans le sol. Par exemple, la température à deux mètres sous la surface est en moyenne de 9 °C dans la région de Montréal, 8 °C dans la région de Québec et 6 °C sur la Côte-Nord.

On installe donc des tuyaux sous la terre. Une pompe y fait circuler un liquide à base d'eau et d'antigel (éthanol, par exemple). Le liquide capte alors la chaleur du sol qui est ramenée à l'intérieur de la maison. Il peut également arriver qu'une source d'eau chaude souterraine se trouve à proximité d'une résidence. En utilisant directement cette eau, vous recourez à l'énergie géothermique.

Ce type de chauffage peu connu permet pourtant d'économiser 40 % d'énergie par rapport aux systèmes actuels. C'est ce qui s'appelle avoir un bon tuyau !

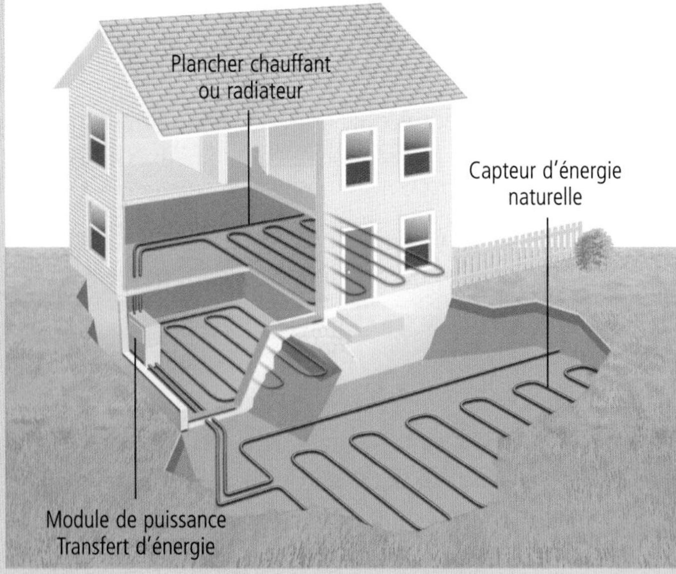

La géothermie

ZOOM sur l'avenir

ARCHÉOLOGUE

L'archéologue, spécialiste de l'étude des traces du passé, reconstitue l'histoire ou interprète les modes de vie des civilisations anciennes. Son travail s'effectue assez souvent sur le terrain. Il ou elle peut passer des mois, voire des années, sur un chantier de fouilles à diriger des équipes qui doivent mettre au jour des traces de civilisation (ossements, vases, outils, statues, bijoux, pièces de monnaie ou restes de bâtiments).

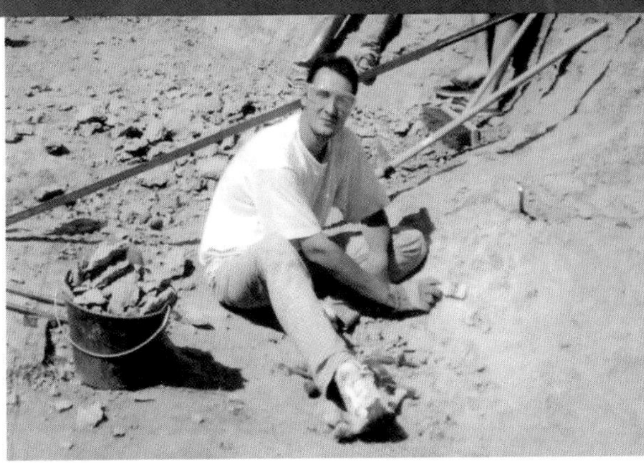

Philippe est archéologue depuis huit ans. Au cours des dernières années, il a beaucoup voyagé. Par exemple, il a effectué de nombreuses fouilles sur un site archéologique en Grèce. Philippe était alors chargé de coordonner la fouille du site en question. Pour ce faire, il a dû former une équipe constituée, entre autres, d'étudiants et d'étudiantes en archéologie et de spécialistes tels que des géologues, des zoologues et des anthropologues. Il devait s'assurer du bon fonctionnement de cette équipe. Toutefois, avant d'organiser cette expédition en Grèce, il avait eu la responsabilité d'évaluer le potentiel archéologique de ce site. Il a donc dû se documenter sur le type de terrain et consulter plusieurs sources d'informations avant d'en recommander la fouille.

En plus d'effectuer des recherches sur le terrain, Philippe travaille en laboratoire. Son travail consiste alors à faire l'analyse des objets trouvés et l'interprétation des données. Il doit utiliser des appareils technologiques permettant, entre autres, la datation des vestiges trouvés au cours des fouilles. De plus, Philippe rédige des rapports sur les résultats de ses recherches. Pour être archéologue, il faut être très polyvalent. Philippe aime travailler à l'extérieur même lorsque les conditions météorologiques ne sont pas idéales. Il a également le souci du détail, car il doit porter attention à tous les petits indices qui lui permettront d'interpréter l'histoire du mieux possible. Philippe doit faire preuve de leadership et apprécier le travail d'équipe. De plus, il doit aimer l'écriture afin de rédiger des rapports clairs et fiables. Par-dessus tout, Philippe est quelqu'un de très patient, et cette qualité est essentielle à son travail, car les fouilles sur le terrain sont souvent très longues et les découvertes peuvent parfois être rares.

Pour devenir archéologue, Philippe a étudié au baccalauréat en anthropologie à l'université, puis a poursuivi ses études à la maîtrise en archéologie.

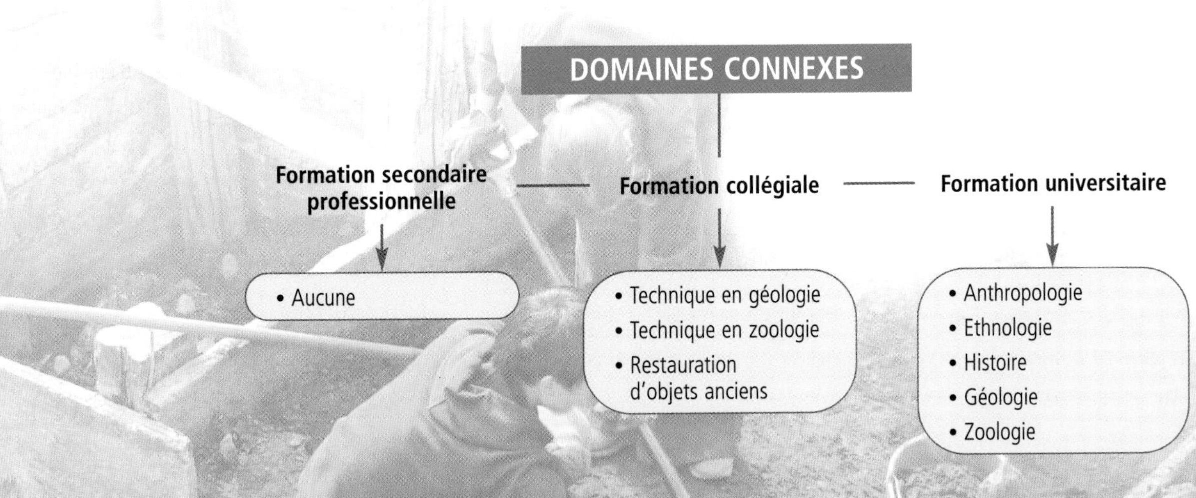

DOMAINES CONNEXES

Formation secondaire professionnelle
- Aucune

Formation collégiale
- Technique en géologie
- Technique en zoologie
- Restauration d'objets anciens

Formation universitaire
- Anthropologie
- Ethnologie
- Histoire
- Géologie
- Zoologie

L'être humain vu de l'intérieur

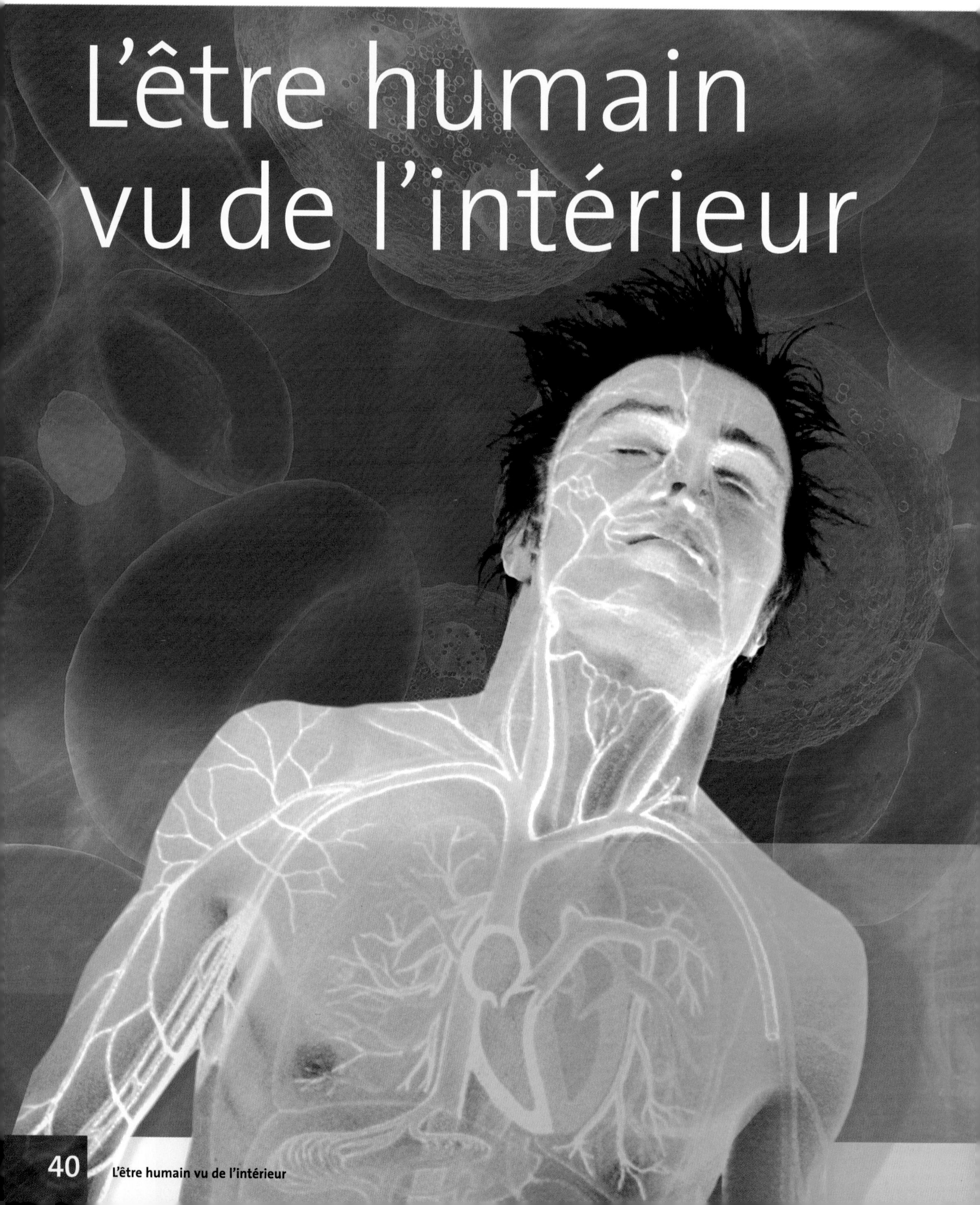

Le fonctionnement du corps humain est depuis longtemps source d'émerveillement et de mystère. Des siècles d'observation et de recherche vous permettent d'avoir à présent une meilleure compréhension des mécanismes de votre corps.

Le corps humain est un lieu magnifique et dynamique ! La matière et l'énergie qu'il contient s'y organisent et s'y désorganisent constamment. Les informations provenant de votre environnement génèrent des réactions, conscientes ou inconscientes. Chaque organe de votre corps fonctionne en harmonie avec les autres. Un équilibre en ajustement constant en résulte : la santé. À vous de conserver le mieux possible cet équilibre !

DOSSIERS DE L'UNIVERS VIVANT

Dossier 3 > Les cellules du corps humain

La formidable histoire de la vie a débuté par la formation d'une cellule. Trois milliards d'années ont été nécessaires pour que des descendants de cette cellule se transforment en organismes représentant chacun des cinq règnes du vivant.

Peut-on comparer le développement d'une personne à cette histoire ? Tout à fait ! Votre vie a débuté par la formation d'une cellule, il y a environ 15 ans de cela. En quelques mois, cette cellule unique a produit un grand nombre de cellules différentes qui se sont organisées en tissus et en organes, pour finalement former l'individu que vous êtes aujourd'hui. À elle seule, une cellule contient une grande quantité d'informations sur la composition chimique de votre corps.

Pour répondre à nos besoins alimentaires, l'industrie modifie génétiquement des bactéries, des plantes et des animaux. La recherche dans le domaine coûte très cher et donne lieu à bien des débats. Et vous, que pensez-vous des organismes génétiquement modifiés (OGM) ? Est-ce une bonne chose de modifier ainsi des plantes ou des animaux pour répondre aux besoins des êtres humains ?

Dans ce dossier

S2S

Vous savez sans doute que la couche d'ozone bloque une importante partie du rayonnement ultraviolet (UV) émis par le Soleil. Or, depuis 1956, des études scientifiques démontrent qu'elle s'amincit. Pour cette raison, il est important de vous protéger la peau.

Connaissez-vous les effets des rayons UV sur les cellules de la peau et sur votre organisme ?

Liens > L'être humain

... dans le cosmos

Dossier 2 > L'histoire du vivant

Toutes les cellules du corps humain consomment du dioxygène pour obtenir l'énergie nécessaire à leurs activités vitales. Au moment où la vie est apparue sur la Terre, il n'y avait pas de dioxygène dans l'atmosphère. D'où est donc venu tout ce dioxygène ?

p. 20

... vu de l'intérieur

Dossier 4 > L'alimentation

Vous avez probablement déjà une bonne idée des aliments qu'il faut manger pour que votre corps se développe bien. Un peu de viande, des légumes, des fruits... Mais connaissez-vous le lien qui existe entre les tissus végétal et animal des aliments que vous consommez et le bon fonctionnement de votre corps ?

p. 62

... et la technologie

Dossier 9 > Les matériaux

Le corps humain est composé de tissus plutôt mous, ce qui nous permet entre autres de plier nos membres et de bouger. Les arbres, eux, ont un tronc plutôt rigide et cette rigidité varie d'une espèce à l'autre. Connaissez-vous la particularité de l'organisation des cellules qui fait qu'un bois est mou ou dur ?

p. 156

La cellule, unité de fonctionnement du vivant

ZOOM sur la santé

LES CICATRICES CAUSÉES PAR L'ACNÉ

Pour éviter que l'acné ne laisse des cicatrices permanentes sur la peau, on ne doit pas gratter les lésions, pincer les points noirs ou faire éclater les boutons. En effet, cela peut endommager les cellules de la peau ainsi que les glandes et les racines des poils. Les cicatrices les plus courantes sont des crevasses et des petits trous, qui deviennent plus apparents avec l'âge.

Tous les vivants sont faits d'au moins une cellule. La cellule est donc l'unité de structure du vivant. Mais pour comprendre le fonctionnement du corps humain, il est indispensable d'aborder la cellule comme l'unité fonctionnelle du vivant. En effet, une cellule est bien plus qu'un simple élément de votre corps. C'est le lieu où l'énergie vitale est produite et où sont fabriquées les substances qui nous donnent notre identité.

L'activité cellulaire

Quand vous mangez un fruit, un légume ou de la viande, les constituants de ces aliments sont décomposés puis recomposés autrement à l'intérieur de votre corps. Ce sont les cellules qui réorganisent les nutriments et synthétisent les molécules nécessaires à la vie. L'activité chimique qui s'y produit permet la réorganisation de la matière et la dépense d'énergie. Toute cette **activité cellulaire** se nomme *métabolisme.*

La structure d'une cellule humaine

On considère la cellule comme l'unité de base non seulement de l'être humain, mais du vivant. En effet, qu'elle soit animale ou végétale, la cellule a une structure semblable. Elle se compose d'une membrane cellulaire, d'un cytoplasme et d'un noyau (voir la figure 3.1).

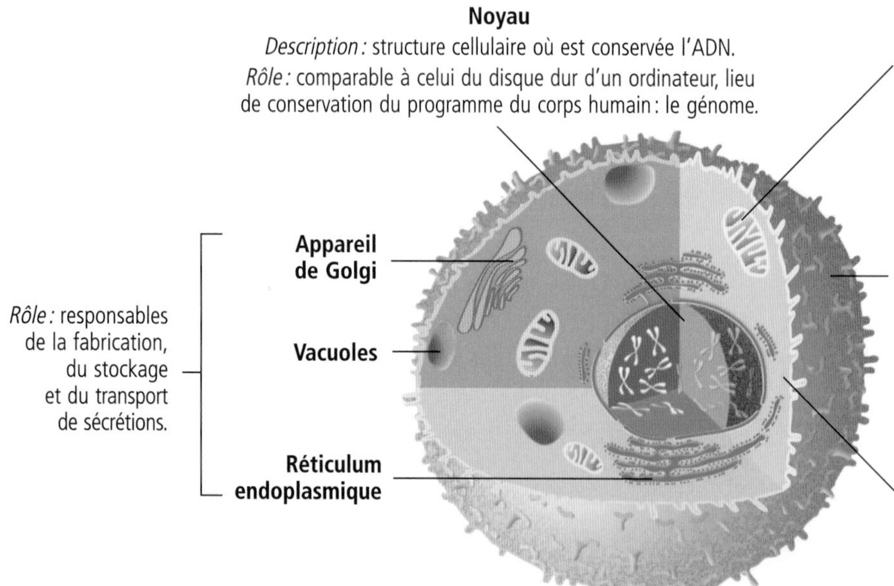

Figure 3.1 > Le rôle des différentes structures d'une cellule humaine
La cellule est une structure organisée dont chaque partie joue un rôle précis.

>>> Outil 3, p. 184

Le cytoplasme d'une cellule humaine contient notamment les **mitochondries**, dont le rôle s'apparente à celui d'une centrale énergétique : elles décomposent des substances, des sucres simples, pour produire l'énergie nécessaire à l'organisme. Elles sont si petites qu'il est difficile de les observer au microscope optique. Par contre, à l'aide du même instrument, on distingue mieux la plupart des autres **organites**, c'est-à-dire les éléments d'une cellule vivante, en forme de pochette ou en réseaux de pochettes. Ces organites, par exemple les vacuoles, l'appareil de Golgi et le réticulum endoplasmique, participent à la fabrication, au stockage et au transport des enzymes, des hormones, etc.

Le rôle du noyau

Le bagage génétique d'un individu comprend de nombreuses informations, comme la couleur des yeux, le nombre de doigts et le début de la puberté. Chacune de ces informations est inscrite dans un **gène**. Le **génome**, qui est l'ensemble des informations nécessaires au maintien et à la perpétuation de la vie, se trouve essentiellement dans le noyau des cellules. L'information génétique est conservée dans des structures appelées **chromosomes**.

Le génome humain est organisé en 23 paires de chromosomes qu'on a numérotés (voir la figure 3.2) : deux chromosomes 1, deux chromosomes 2, etc. Lorsqu'un gène – c'est-à-dire une information, une instruction – est endommagé, l'autre exemplaire porté par le chromosome de même numéro peut bien souvent compenser la perte d'information.

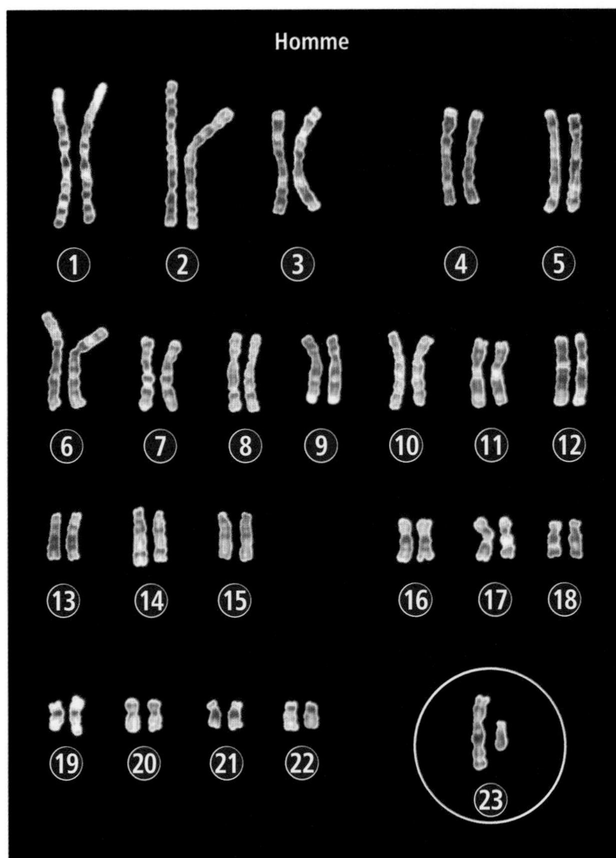

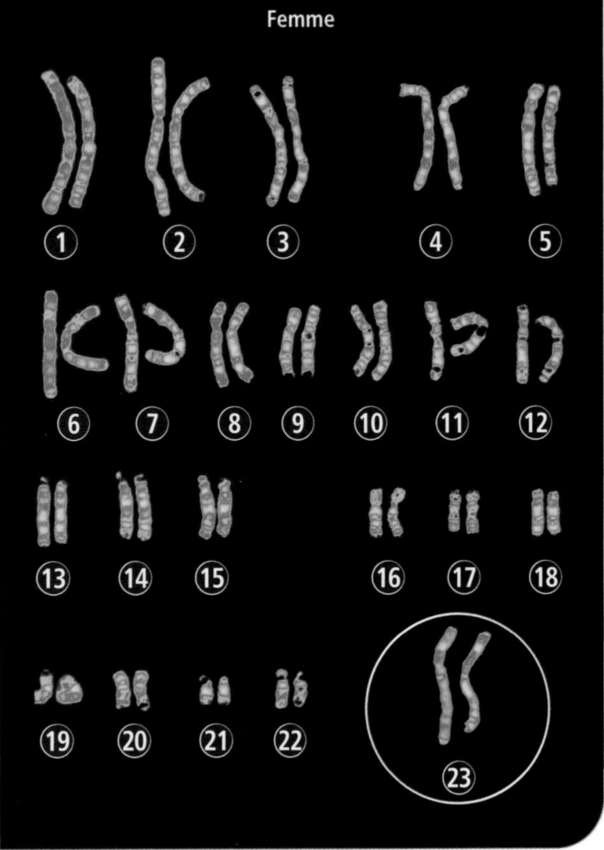

Figure 3.2 > Les chromosomes de l'homme et de la femme
La 23e paire de chromosomes est différente selon le sexe : XX pour la femme et XY pour l'homme.

Au moment de la conception d'un enfant, un spermatozoïde et un ovule s'unissent pour produire un zygote ayant 46 chromosomes. Chaque parent contribue à l'information génétique de l'enfant, qui hérite ainsi de 23 chromosomes de chacun de ses parents. Les cellules humaines sont **diploïdes**, c'est-à-dire qu'elles possèdent 23 **paires** de chromosomes (voir la figure 3.3).

ZOOM sur la santé

L'ACNÉ ET LE SOLEIL

Le soleil est un faux ami de l'acné. Vous avez certainement remarqué que les premiers rayons du soleil printanier atténuent les boutons et les rougeurs de la peau : les rayons UV ont un effet anti-inflammatoire. Cependant, le bronzage épaissit la peau, ce qui en obstrue les pores et les rend propices à la multiplication des bactéries.

C'est pourquoi les poussées d'acné surviennent généralement de deux à trois semaines après la fin des vacances d'été. Pour combattre efficacement l'acné, il faut donc se protéger la peau tout l'été contre le soleil à l'aide d'une crème solaire adéquate et, au besoin, reprendre ses traitements contre l'acné dès la fin des vacances.

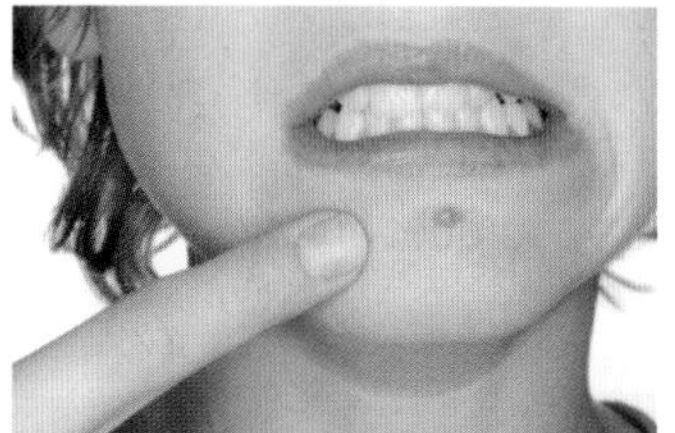

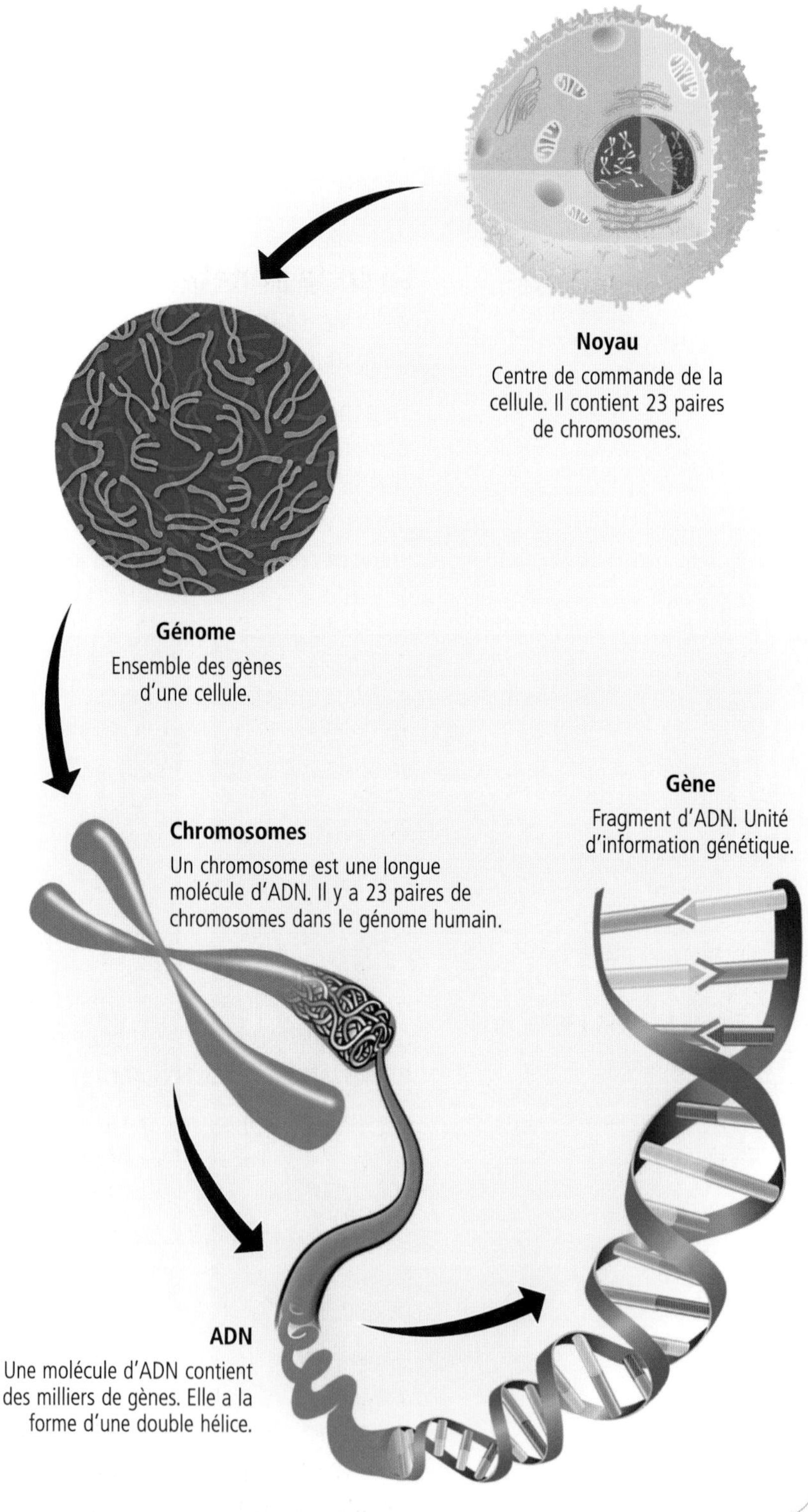

Noyau
Centre de commande de la cellule. Il contient 23 paires de chromosomes.

Génome
Ensemble des gènes d'une cellule.

Chromosomes
Un chromosome est une longue molécule d'ADN. Il y a 23 paires de chromosomes dans le génome humain.

Gène
Fragment d'ADN. Unité d'information génétique.

ADN
Une molécule d'ADN contient des milliers de gènes. Elle a la forme d'une double hélice.

Figure 3.3 > Les niveaux d'organisation du génome

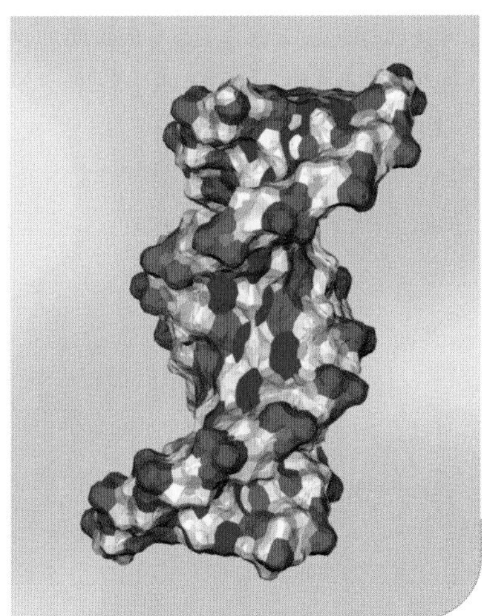

Figure 3.4 > Une molécule d'ADN
Une molécule d'ADN est composée de milliards d'atomes de seulement cinq éléments chimiques différents : le carbone, l'hydrogène, l'oxygène, l'azote et le phosphore.

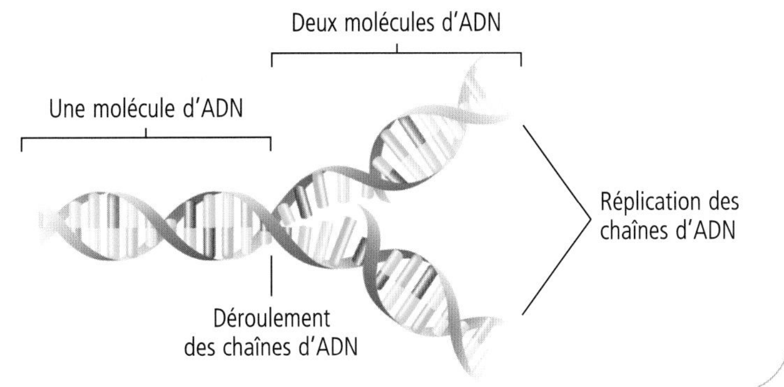

Figure 3.5 > La réplication de l'ADN
Au cours de la division cellulaire, la double hélice se déroule et s'ouvre comme une fermeture éclair. Parce que chaque chaîne est répliquée, on obtient deux nouvelles molécules d'ADN identiques à la première.

Le code génétique

L'ADN est une macromolécule, c'est-à-dire une très grosse molécule qui contient des milliers d'atomes (voir la figure 3.4). C'est dans la molécule d'ADN que sont enregistrés les caractères héréditaires d'un être humain. Un caractère héréditaire est un trait caractéristique qui distingue un individu et qui lui a été transmis par les gènes (ex. : la couleur des yeux). La molécule d'ADN est faite de deux très longues chaînes d'atomes enroulées en une double hélice. Chaque chaîne constitue le miroir de l'autre. Une molécule d'ADN peut donc être produite avec l'information d'une seule chaîne de la double hélice. Par exemple, lorsque l'une des chaînes d'ADN est endommagée, la molécule est réparée grâce à l'information de l'autre chaîne. De plus, la double hélice rend la réplication de l'ADN au cours de la division cellulaire beaucoup plus efficace que si elle était composée d'un seul brin. En se déroulant, l'ADN produit deux « moules » pour répliquer l'information génétique (voir la figure 3.5).

Le rayonnement ultraviolet du Soleil est de si forte énergie qu'il abîme les cellules et peut même les tuer en provoquant des changements chimiques indésirables. Ainsi, des protéines sont coupées, des lipides changent de nature et des sucres deviennent des substances toxiques pour la cellule.

>>> **Biotechnologie**

Les OGM

Le génie génétique vise la satisfaction de certains besoins de l'être humain par la modification de caractéristiques héréditaires d'organismes vivants. Généralement, on insère un gène dans le génome d'un vivant qui ne le portait pas afin de modifier génétiquement l'organisme. C'est pourquoi on parle d'**organismes génétiquement modifiés** ou OGM.

Ces transformations génétiques sont appliquées dans divers domaines. Ainsi en agriculture, on modifie des plantes, comme la pomme de terre, pour qu'elles résistent mieux aux insectes. En alimentation, de nombreux essais sont effectués pour améliorer les aliments, par exemple pour enrichir le riz en vitamine A. Le domaine médical connaît lui aussi diverses expérimentations dans le traitement de certains cancers ou d'autres maladies.

Le génie génétique a aussi permis de venir en aide aux diabétiques qui doivent s'injecter quotidiennement de l'insuline. Ces injections leur sont nécessaires pour fonctionner normalement. Autrefois, on prélevait cette insuline sur le pancréas de porcs et de bœufs destinés à l'abattage. Or, des diabétiques y étaient malheureusement allergiques, sans compter que le coût de production était relativement élevé.

Dans les années 1980, des entreprises spécialisées en biotechnologie ont amené des bactéries à produire de l'insuline humaine. On a ainsi transféré le gène de l'insuline humaine à une bactérie commune, *Escherichia coli* ou *E. coli*. On a donc modifié le code génétique de cette bactérie. Depuis, on produit de l'insuline humaine en grande quantité à moindre coût (voir la figure 3.6).

Mais si toutes ces applications sont utiles, il faut faire preuve de prudence, car comme la biotechnologie est une branche de la science relativement récente, il est encore difficile de prédire les répercussions que pourraient avoir des interventions humaines sur les gènes. Ainsi, il est possible que ces interventions puissent rendre certaines bactéries ou certains virus plus résistants et donc plus difficiles à combattre en cas de maladies. Aussi, l'apparition d'aliments génétiquement modifiés pourrait avoir des conséquences sur le système immunitaire ou sur le métabolisme.

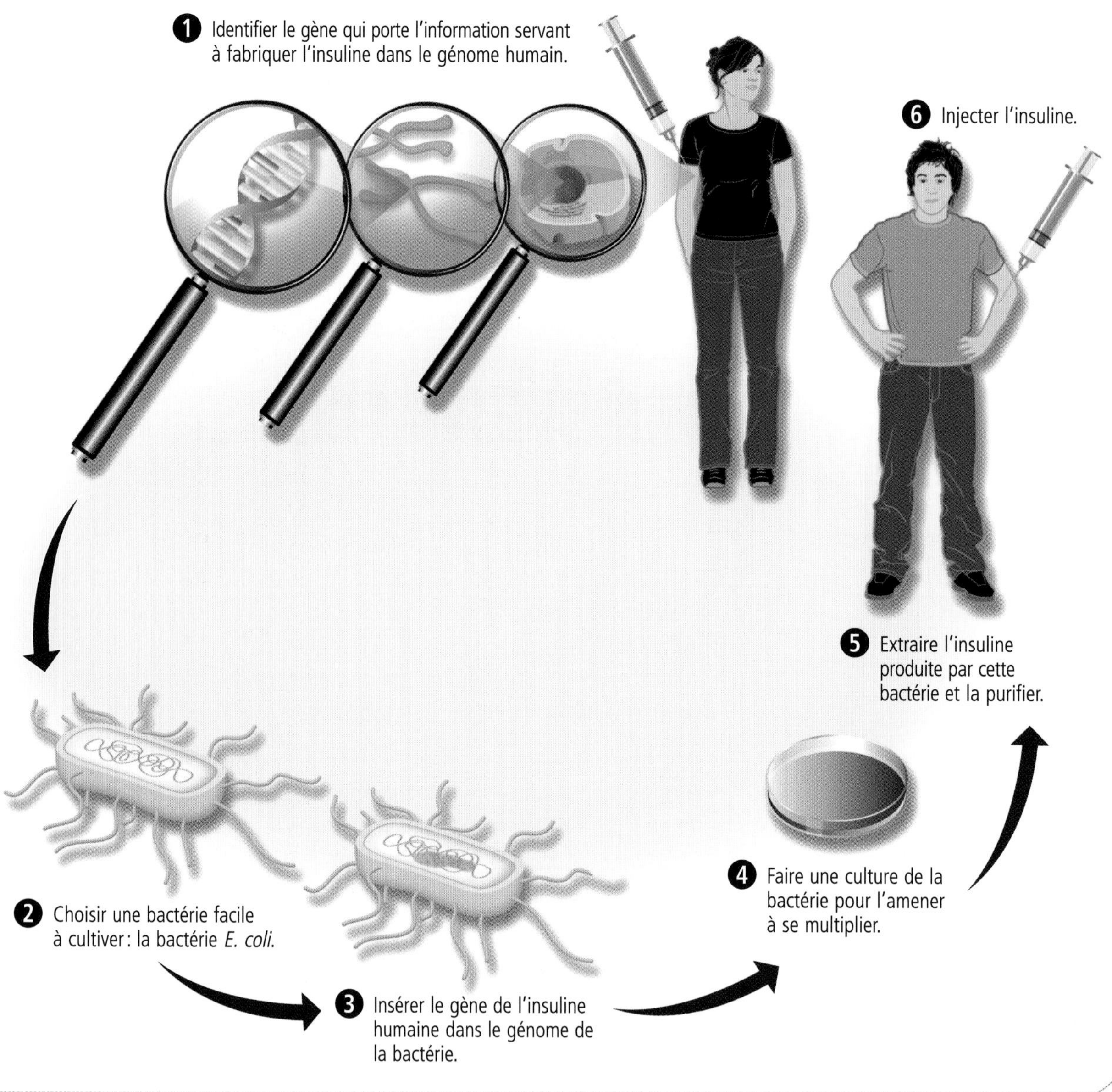

Figure 3.6 > Le processus de production d'insuline humaine à l'aide de bactéries
Le génie génétique a rendu facile et relativement peu coûteuse la production d'insuline humaine nécessaire au traitement des diabétiques.

La division cellulaire

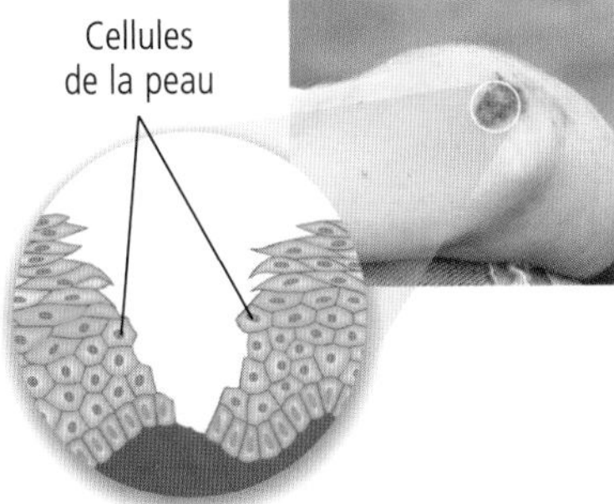

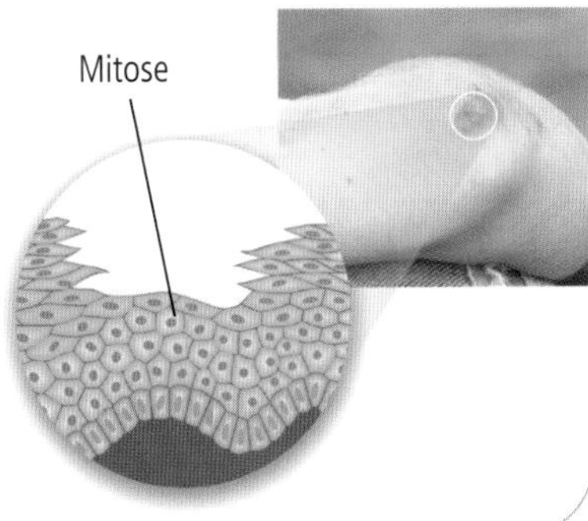

Figure 3.7 > La mitose
La mitose est un type de division cellulaire qui permet la guérison d'une coupure en régénérant les tissus. Elle est aussi à la base de la croissance et du remplacement des cellules usées ou mortes.

L'apparition de la vie sur la Terre a commencé par la formation d'une cellule unique. Elle s'est poursuivie grâce à la division cellulaire qui s'effectue de deux façons : par mitose ou par méiose.

La mitose

Vous êtes-vous déjà demandé ce qui fait pousser vos cheveux ou comment une plaie finit par se cicatriser ? C'est la **division cellulaire** qui rend possibles de tels phénomènes. À l'adolescence, le corps est en croissance, c'est-à-dire qu'il augmente en taille et en masse ; si vous vous blessez, les tissus abîmés vont se réparer grâce à la **régénération**, c'est-à-dire la reconstitution des tissus (voir la figure 3.7).

Pour assurer le bon fonctionnement de l'organisme, l'ADN d'une cellule mère doit être fidèlement reproduit dans les cellules filles. Notons que la cellule mère est la cellule qui sera divisée afin de produire des cellules filles. La division cellulaire qui implique ainsi la copie du génome se nomme **mitose** (voir la figure 3.8).

La mitose a donc pour fonction d'assurer :

- la **croissance** de l'organisme ;
- la **reproduction** des cellules ;
- la **régénération** des tissus.

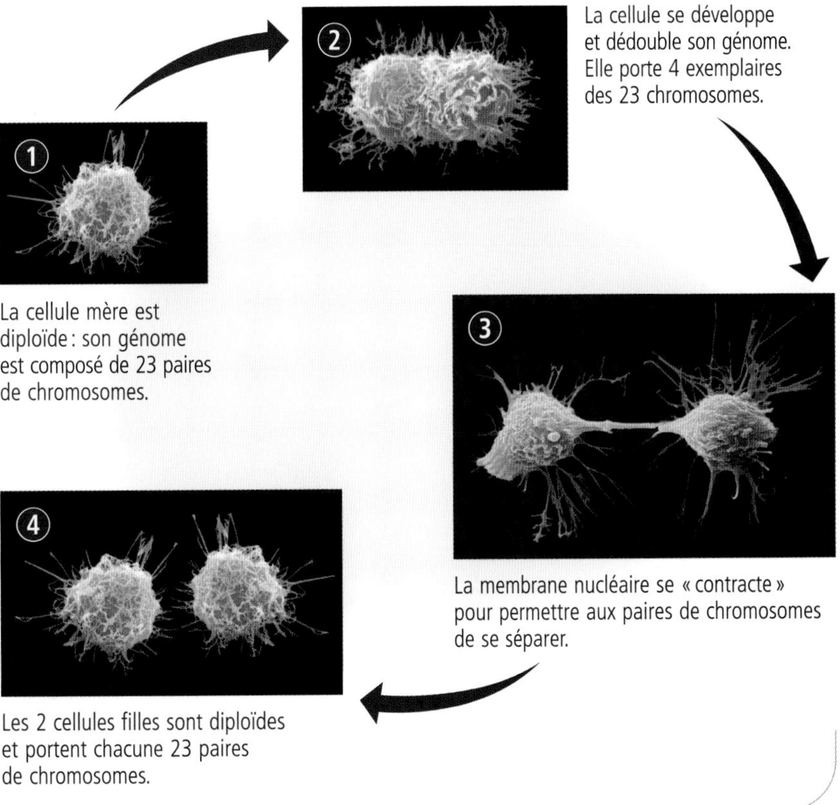

Figure 3.8 > Les principales étapes de la mitose

La greffe de la peau pour les grands brûlés

La peau est une composante complexe du corps et l'une de ses fonctions est de le protéger contre les infections. Un individu qui subit des brûlures du troisième degré n'a plus cette protection et les tissus ne peuvent pas se régénérer ; il faut donc lui greffer une nouvelle peau. Chaque année, au Québec, on traite près de 400 victimes de brûlures graves soit au centre des grands brûlés de l'Hôtel-Dieu à Montréal, soit à celui de l'Hôpital de l'Enfant-Jésus à Québec. Dans ces centres, des spécialistes de la greffe de la peau prélèvent de la peau saine sur les patients et les patientes, puis sélectionnent les cellules à faire proliférer en milieu de culture. On greffe ensuite cette nouvelle peau saine sur les blessures des victimes. À l'Hôpital du Saint-Sacrement, situé à Québec, le Laboratoire d'organogénèse expérimentale (LOEX) se consacre depuis 1985 à la reproduction de tissus humains par culture cellulaire.

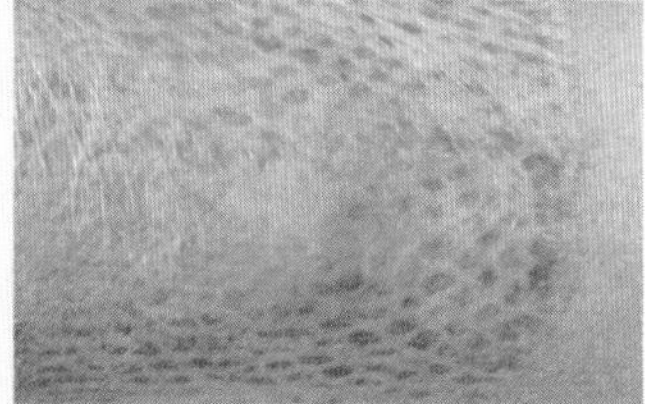

Une greffe de la peau permet de rétablir l'une des principales fonctions de cet organe : protéger l'organisme contre les bactéries.

info +

LES CELLULES CANCÉREUSES

Les cellules cancéreuses ne se comportent plus comme les autres cellules du même tissu. Elles se divisent d'une manière incontrôlée et forment une tumeur. Dans les cas les plus graves, les cellules cancéreuses se déplacent dans le système circulatoire jusqu'à un autre organe où elles se multiplient. C'est ce qui explique qu'un cancer du poumon se propage dans le cerveau ou qu'un cancer initial du sein se développe près d'un os.

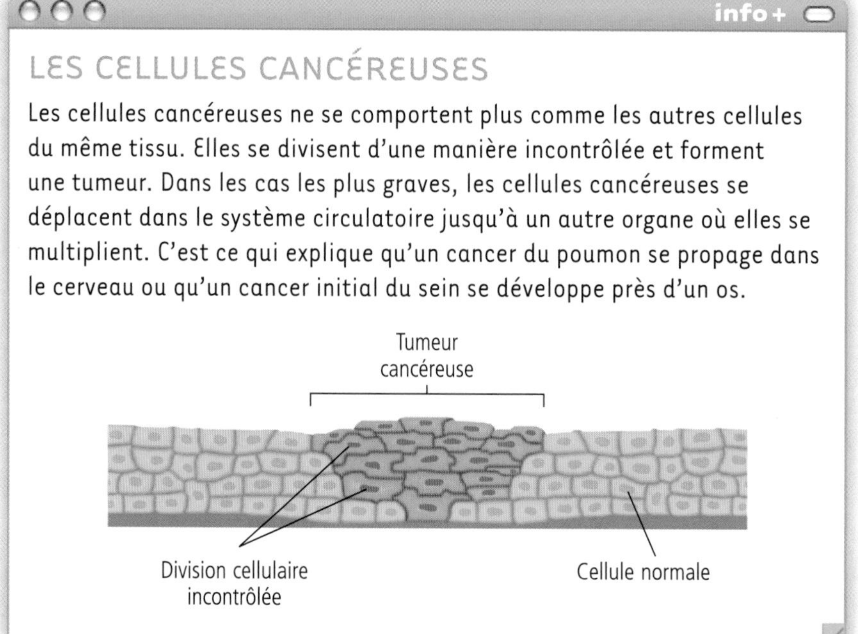

La méiose

Les spermatozoïdes et les ovules sont des cellules spécialisées dont la seule fonction est la **reproduction**, c'est-à-dire la production d'êtres vivants. Un spermatozoïde porte la moitié des chromosomes du père, alors que l'ovule porte la moitié des chromosomes de la mère (voir la figure 3.9). Ainsi, le génome de chaque parent se divise en deux pour produire des **gamètes**, c'est-à-dire des cellules reproductrices mâles, les spermatozoïdes, ou femelles, les ovules. Chaque gamète porte une copie des chromosomes 1 à 23, ce sont des cellules **haploïdes**. Ce type de division cellulaire se nomme **méiose**. Les cellules produites par méiose ne sont jamais identiques. Chez un même individu, le bagage génétique varie d'un spermatozoïde à l'autre ou d'un ovule à l'autre.

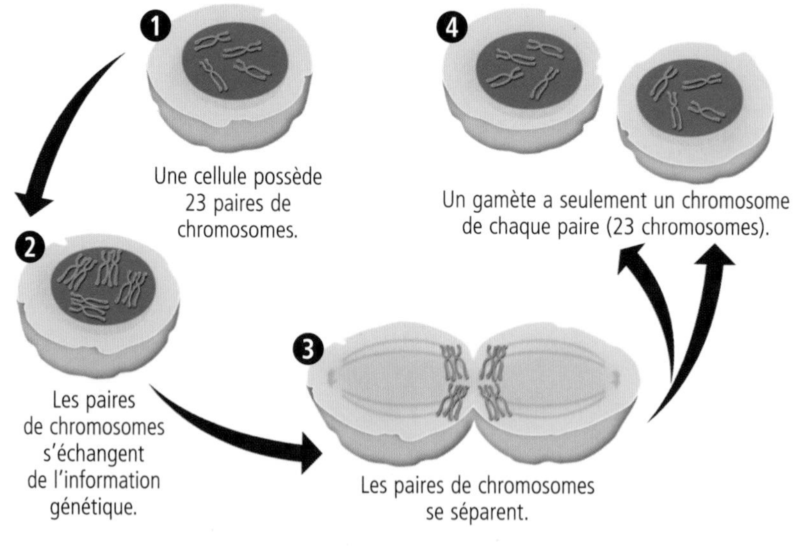

Figure 3.9 > La méiose
La méiose est un type de division cellulaire qui permet la production d'ovules et de spermatozoïdes.

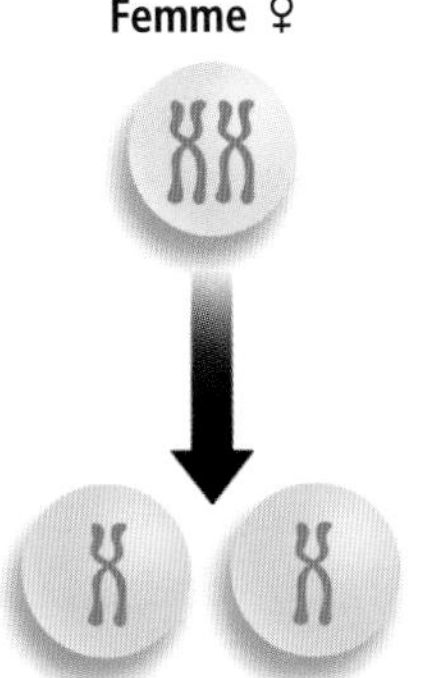

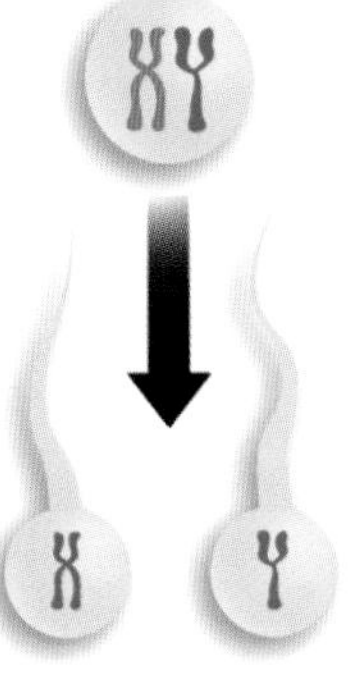

Figure 3.10 > La transmission des chromosomes sexuels aux gamètes
À la fécondation, c'est le 23e chromosome du spermatozoïde qui détermine le sexe d'un enfant.

Est-ce un garçon ou une fille ? Comment le sexe d'un enfant est-il déterminé ? Au moment de la fécondation, c'est le spermatozoïde qui détermine le sexe de l'enfant. En effet, le 23e chromosome d'un ovule est nécessairement X, alors que le 23e chromosome d'un spermatozoïde est X ou Y (voir la figure 3.10).

Lors de la conception, des gènes provenant du père et de la mère s'unissent pour former le bagage héréditaire de l'enfant. C'est cette combinaison unique qui assure la diversité génétique. On estime qu'un couple devrait avoir 1 000 000 000 000 000 enfants pour parvenir à concevoir deux enfants qui possèdent exactement les mêmes gênes !

Le tableau 3.1 récapitule les principales différences entre la mitose et la méiose.

Tableau 3.1 > Les deux types de division cellulaire chez les êtres humains

MITOSE	MÉIOSE
• La cellule mère se divise en cellules filles qui possèdent des chromosomes **identiques** à la cellule mère.	• La cellule mère se divise en cellules filles génétiquement **différentes**.
• Les cellules sont **diploïdes**, c'est-à-dire qu'elles ont deux exemplaires des 23 chromosomes humains.	• Les cellules sont **haploïdes**, c'est-à-dire qu'elles ont un seul exemplaire de chaque paire de chromosomes humains.
• Chaque cellule a **46** chromosomes.	• Chaque cellule a **23** chromosomes.
• Les chromosomes des cellules filles sont **identiques** à ceux de la cellule mère.	• Chaque chromosome d'une cellule fille est **différent** de celui de la cellule mère.
• La mitose permet la **régénération** des tissus et la **croissance** de l'individu. • La mitose permet la **reproduction** des cellules.	• La méiose sert à la **reproduction** de l'individu.

info+

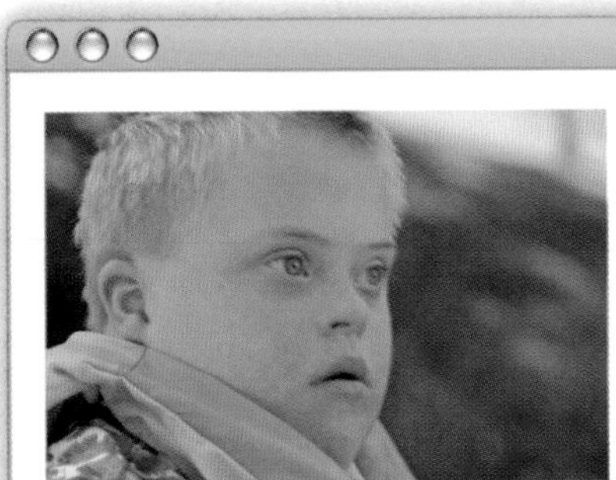

LE SYNDROME DE DOWN

Toute modification du génome d'un individu peut avoir un impact important sur son état de santé. Par exemple, 1 enfant sur 750 naît, non pas avec 2, mais 3 chromosomes 21 : c'est le syndrome de Down, aussi connu sous le nom de trisomie 21. Les personnes qui en sont atteintes sont aux prises avec une déficience intellectuelle et une santé fragile, mais leur joie de vivre et leur amour du prochain sont communicatifs.

L'organisation des cellules

Le corps humain comporte des milliards de cellules. Or, elles ne sont pas simplement regroupées au hasard. Elles s'assemblent en tissus, comme le tissu musculaire. À leur tour, les tissus forment des organes, comme le cœur ou l'œil. Votre corps est un fantastique et harmonieux ensemble de systèmes. Par exemple, lors d'un copieux repas, n'est-ce pas votre ventre qui « dit » à votre tête d'arrêter de manger ? En connaissant bien votre corps et son fonctionnement, vous pourrez prendre les bonnes décisions, qu'il s'agisse d'alimentation, d'hygiène de vie, etc.

L'exposition aux rayons UV favorise la synthèse de la vitamine D, indispensable à la formation et au maintien des os. Tout est question de dosage : il faut s'exposer au soleil fréquemment, mais brièvement ! L'hiver, il est conseillé de consommer des aliments qui contiennent naturellement de la vitamine D, comme les œufs et l'huile de foie de poisson, ou qu'on a enrichis de vitamine D, comme le lait.

Les types de cellules

Le corps humain compte au-delà de 200 types de cellules, telles les cellules du sang, du cerveau ou du foie. Chaque type de cellule a une forme particulière, adaptée à son rôle. On distingue deux grands types de cellules : les cellules reproductrices et les cellules somatiques.

LES CELLULES REPRODUCTRICES. L'unique fonction des **cellules reproductrices** ou gamètes est la reproduction. Ces cellules sont produites par **méiose**. Elles meurent rapidement et ne se divisent pas. Elles doivent s'unir pour constituer un nouvel être vivant. Les gamètes sont haploïdes, c'est-à-dire qu'ils portent un seul exemplaire des 23 chromosomes humains.

LE TRAITEMENT DE L'ACNÉ

Les caractéristiques de la peau varient d'une personne à l'autre. Un même produit contre l'acné n'aura donc pas la même efficacité chez tous les individus. Il vous faudra sans doute essayer plusieurs produits avant de trouver celui qui vous convient le mieux. Voici quelques trucs pour vous aider à bien choisir.

- Votre peau est-elle luisante après vous être lavé le visage ? Si c'est le cas, le produit utilisé dessèche votre peau. Pour se défendre, celle-ci produit davantage de sébum, ce qui constitue un milieu propice au développement de l'acné.
- En matière d'hygiène personnelle, évitez les savons trop basiques et les lotions contenant de l'alcool, car ces produits dessèchent la peau.
- Évitez le maquillage trop pâteux et les lotions contenant de l'huile, car ces produits ont tendance à boucher les pores de la peau.
- On peut par ailleurs soigner certains types d'acné à l'aide de produits nettoyants contenant un exfoliant, qui enlève le surplus de cellules kératinisées à la surface de la peau. Les exfoliants les plus courants sont l'argile, la pierre ponce et la pierre d'alun. Attention ! Il ne faut pas frotter la peau trop vigoureusement, au risque de l'irriter.

Les cellules somatiques. Les cellules de la peau, des muscles, du cerveau, etc. sont toutes des **cellules somatiques**. Le mot *somatique* vient du mot grec *sômatikos,* signifiant « qui concerne le corps ». Cette grande famille regroupe les cellules qui participent au bon fonctionnement du corps. Elles sont diploïdes, c'est-à-dire qu'elles portent deux exemplaires de chacun des 23 chromosomes humains et sont formées par **mitose**.

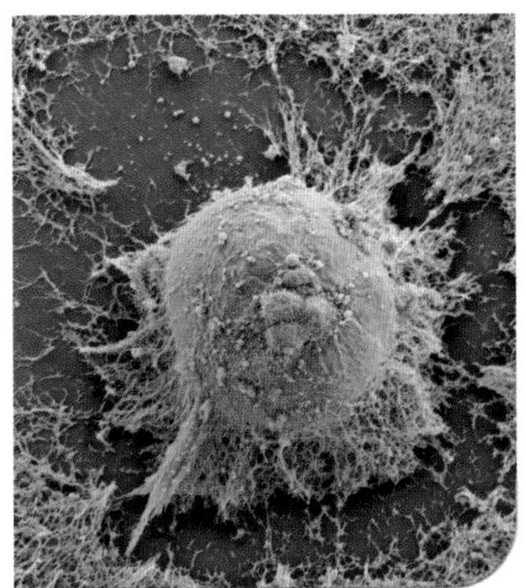

Figure 3.11 > Une cellule souche
Les cellules souches, qui sont non différenciées, peuvent se diviser et produire des cellules différenciées.

Les cellules somatiques se subdivisent en deux groupes : les cellules différenciées et les cellules souches.

Les cellules du corps ont une tâche précise : il y en a qui captent la lumière et d'autres qui perçoivent la chaleur ; certaines produisent des substances et d'autres en détruisent. Une cellule dont l'activité est spécialisée est une **cellule différenciée** (voir la figure 3.12). Certaines ont subi de si grandes transformations qu'elles ne peuvent pas se multiplier. Les cellules musculaires et les cellules nerveuses en sont des exemples. Ainsi, un individu dont les nerfs qui contrôlent un membre sont sectionnés par accident restera paralysé de ce membre. Comme les cellules nerveuses ne peuvent pas se diviser, elles ne peuvent pas réparer la connexion nerveuse brisée. C'est pourquoi on accorde une grande importance à la recherche sur les cellules souches.

Présentes dans de nombreux tissus chez l'adulte, les **cellules souches** sont des cellules qui n'ont aucun rôle déterminé, mais elles peuvent se transformer en cellules différenciées (voir la figure 3.11). Ainsi, certaines cellules souches de la moelle osseuse peuvent se transformer en cellules sanguines, alors que certaines du tissu nerveux peuvent se transformer en cellules nerveuses.

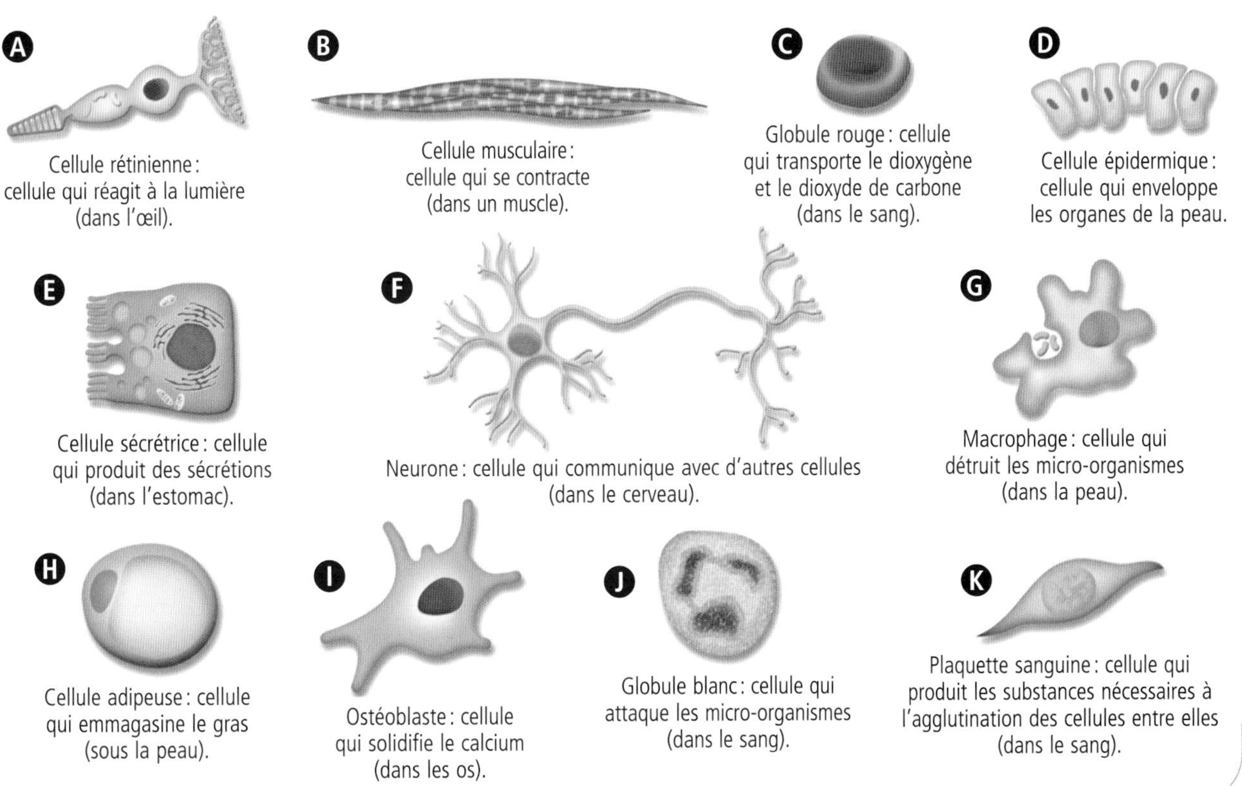

Figure 3.12 > Quelques cellules somatiques spécialisées
Les cellules somatiques assurent le bon fonctionnement du corps.

Les tissus

Lorsqu'un ensemble de cellules identiques qui ont une fonction commune s'assemblent, on dit qu'elles forment un **tissu**. Le corps humain est constitué de quatre types de tissus : le **tissu musculaire**, le **tissu épithélial**, le **tissu nerveux** et le **tissu conjonctif**. Chacun de ces tissus a une ou plusieurs fonctions spécifiques (voir le tableau 3.2).

Dans un organe, on trouve ces quatre tissus de base (voir la figure 3.13). Les **organes** sont des parties du corps qui remplissent chacun une fonction bien déterminée.

La mélanine est un moyen de défense naturel de la peau contre les rayons UV d'origine solaire. Ce pigment donne sa couleur à la peau et aux poils ; il absorbe aussi les rayons UV avant qu'ils n'atteignent la couche de peau la plus sensible. Plus les rayons UV sont intenses, plus les cellules produisent de mélanine.

Tableau 3.2 > Les tissus et leurs différentes fonctions

TISSUS	FONCTIONS
Musculaire	• Il permet le mouvement des membres et de certains organes.
Épithélial	• Il forme les parois des organes et les recouvre. • Il constitue aussi les vaisseaux et les glandes.
Nerveux	• Il permet au cerveau de percevoir les stimuli et de contrôler les organes.
Conjonctif	• Il protège les organes contre les coups et les infections. • Il lie les cellules en tissus et il lie les tissus entre eux. • Il constitue une réserve d'énergie sous forme de graisse. • Il permet que la peau soit souple, lisse et tendue grâce au collagène qu'il contient. Note : Le sang, la lymphe et les os sont des tissus conjonctifs.

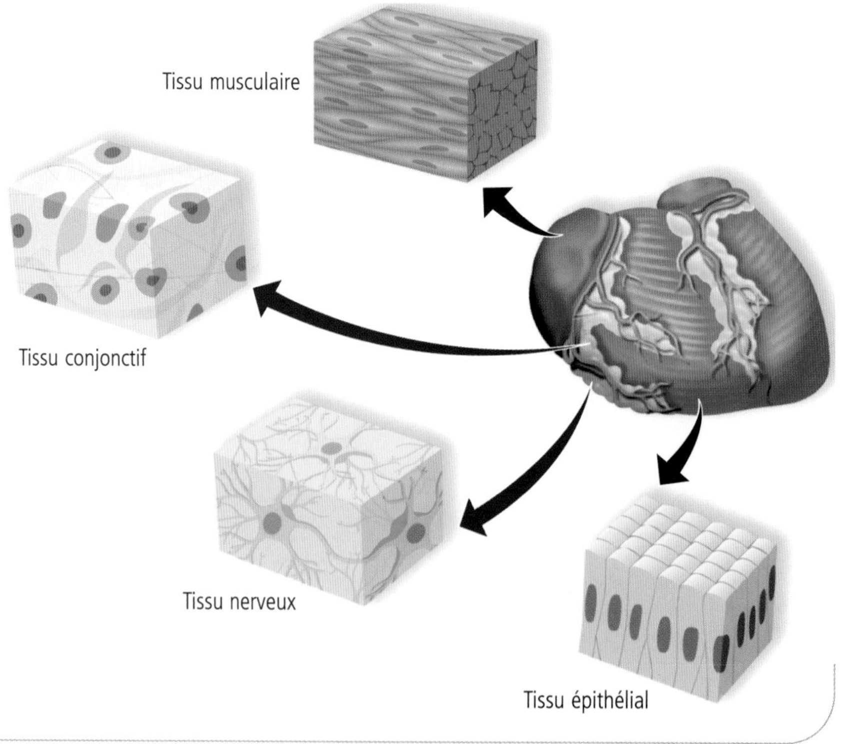

Figure 3.13 > Les quatre types de tissus du cœur

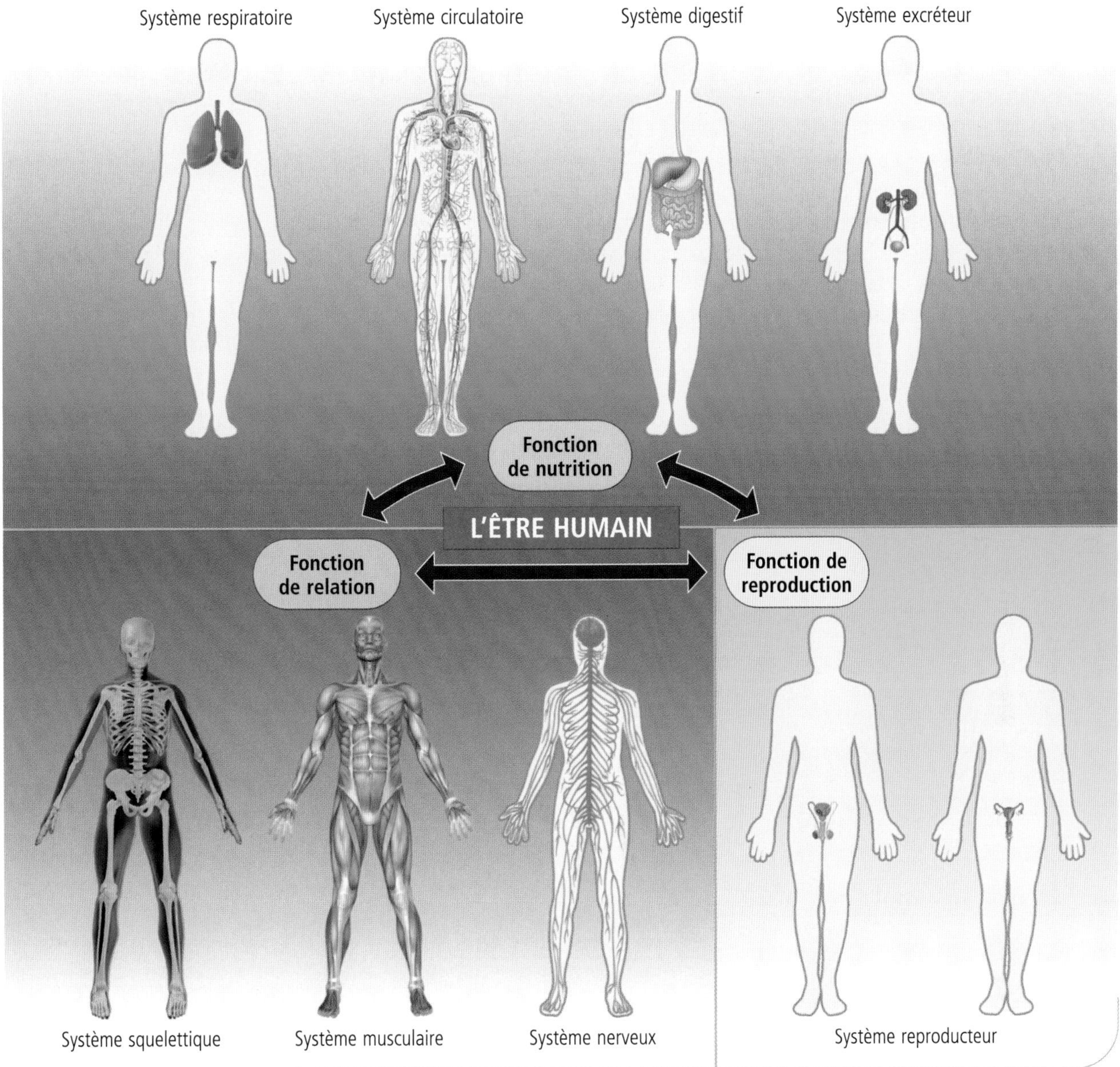

Figure 3.14 > Les systèmes du corps humain et leurs fonctions
Les différents systèmes du corps humain interagissent pour vous maintenir en vie et permettre la survie de l'espèce.

Les fonctions et les systèmes du corps humain

Pour comprendre le fonctionnement du corps humain, la science classe les différentes structures du corps en **systèmes**. Un système est composé de plusieurs organes et tissus qui travaillent ensemble pour accomplir une fonction importante. Par exemple, le cœur, le sang et les vaisseaux sanguins constituent le système circulatoire. Chacun de ces systèmes joue un rôle essentiel et tous interagissent pour accomplir les trois fonctions vitales de l'organisme, c'est-à-dire les fonctions de nutrition, de relation et de reproduction (voir la figure 3.14).

La **fonction de nutrition** regroupe toutes les activités visant à prendre ou à rejeter de la matière et de l'énergie. Ces échanges ont lieu autant entre le corps et son milieu qu'entre les cellules du corps. Cette fonction regroupe en fait les activités qui permettent le maintien de la vie.

Au cœur du cœur : l'Institut de cardiologie de Montréal

La cardiologie en est encore à ses débuts quand, en 1954, le docteur Paul David fonde l'Institut de cardiologie de Montréal (ICM), un centre d'expertise dans le domaine. Le premier centre du genre au Canada ! Quelques années plus tard, en 1968, on y réalise la première transplantation cardiaque au pays. Au fil des ans, l'ICM devient une autorité dans le domaine. L'ICM regroupe sous un même toit des spécialistes de renom qui se consacrent à la recherche, à l'enseignement, à la prévention, au développement et à l'évaluation de nouvelles technologies en cardiologie. Chaque année, on y traite plus de 2 000 personnes et on y effectue 1 850 interventions chirurgicales et 15 greffes cardiaques.

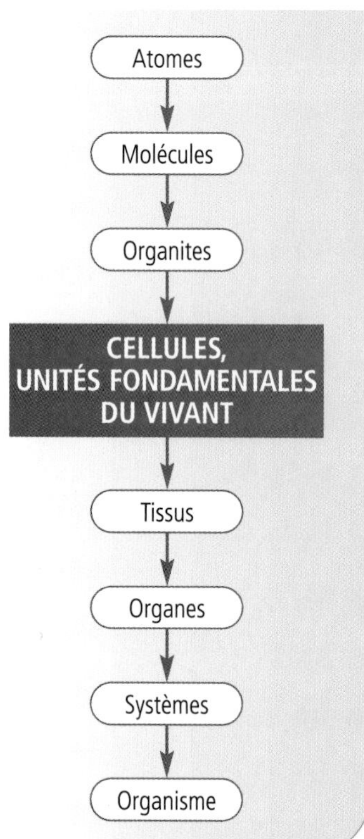

Figure 3.15 > L'organisation du vivant
Le corps humain est composé de plusieurs éléments chimiques, dont les plus abondants sont l'oxygène, l'hydrogène, le carbone, l'azote et le fer. Mais pour fabriquer un être humain, il faut bien plus que ces éléments. Il faut des milliards de cellules qui s'assemblent selon un code précis.

La **fonction de relation** comprend toutes les activités d'échange d'information. Ces échanges se produisent autant entre le corps et son milieu qu'entre les cellules et les organes du corps. Cette fonction permet donc le bon fonctionnement des systèmes entre eux.

La **fonction de reproduction** regroupe toutes les activités qui ont pour but de perpétuer la vie. Cela comprend évidemment les activités sexuelles qui permettent la perpétuation de la vie d'une espèce en créant de nouveaux individus. Il y a aussi la division cellulaire qui permet la perpétuation de la vie d'un individu en réparant et en faisant croître son corps.

Le tableau 3.3 expose les systèmes et leurs différents rôles.

Tableau 3.3 > Les systèmes et leurs différents rôles

FONCTIONS DE...	SYSTÈMES	RÔLES
Nutrition	Digestif	Décomposer les aliments en nutriments et permettre leur absorption.
	Respiratoire	Absorber le dioxygène (O_2) et rejeter le dioxyde de carbone (CO_2).
	Circulatoire	Transporter les nutriments aux cellules et les déchets hors des tissus.
	Excréteur	Éliminer des déchets de l'organisme tout en régularisant le contenu en eau du corps.
Relation	Nerveux	Contrôler l'activité des systèmes à l'aide de messages voyageant dans les cellules.
	Musculosquelettique	Protéger les organes du corps, assurer le maintien du corps et permettre le mouvement.
Reproduction	Reproducteur	Produire d'autres êtres humains.

Concepts clés

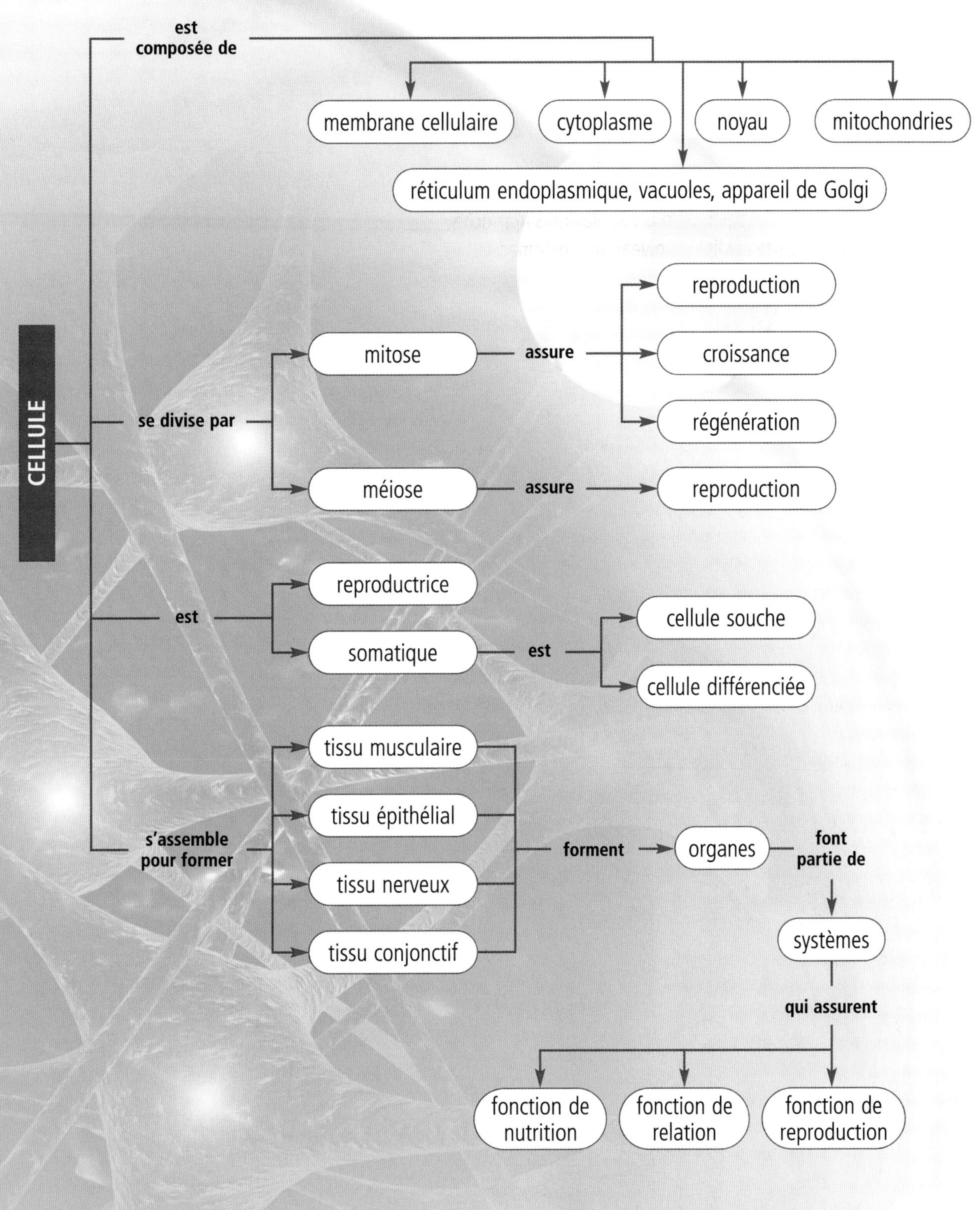

.exe >>>

1 Représentez schématiquement le système d'une cellule.

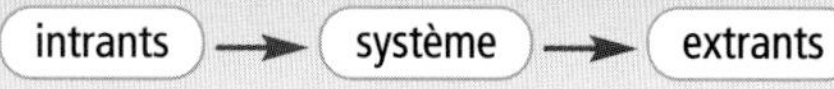

2 Qui suis-je ?

a) Je suis l'unité de structure d'un tissu.
b) Je suis un composant d'un organe.
c) Je suis un composant d'un système.
d) Je suis un ensemble organisé d'organes qui ont une fonction commune.
e) Je suis la structure cellulaire qui produit l'énergie.
f) Je suis la structure cellulaire responsable des échanges avec le milieu.
g) Je suis l'une des structures cellulaires responsables de la sécrétion de substances à l'extérieur de la cellule.
h) Je suis la structure cellulaire qui agit comme un centre de contrôle.
i) Je suis une cellule qui a 46 chromosomes.
j) Je suis une cellule qui a 23 chromosomes.

3 Nommez les tissus qui composent votre main.

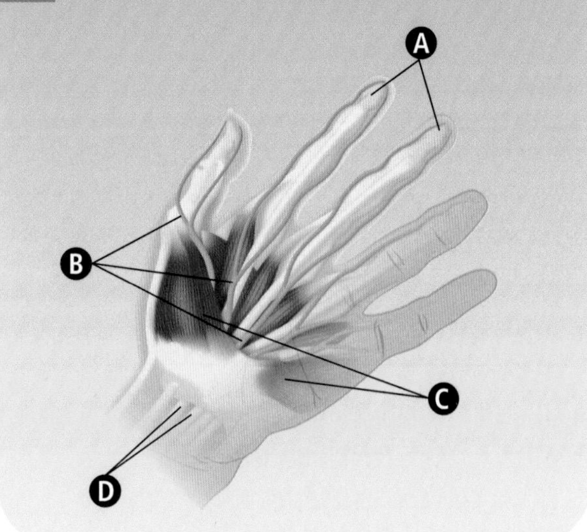

4 L'illustration met en évidence quatre organes.

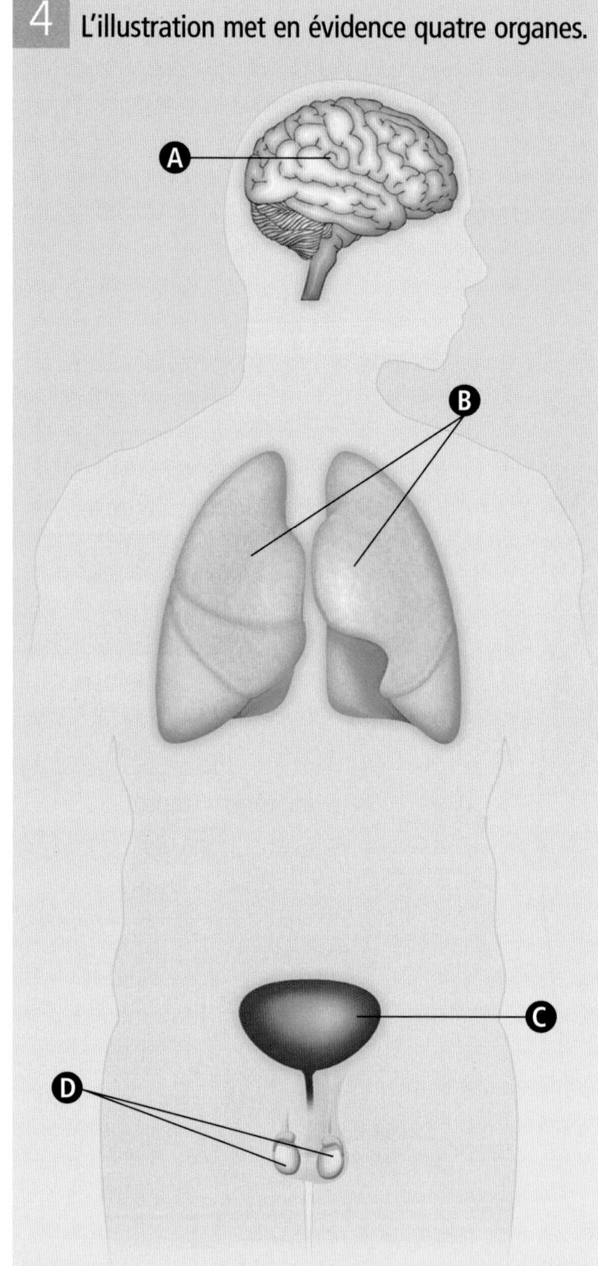

a) Dans chaque cas, précisez la fonction vitale à laquelle l'organe participe.
b) Dans chaque cas, indiquez le système auquel l'organe appartient.

5 Dans chaque cas, indiquez la fonction à laquelle la partie du corps est associée : nutrition, relation ou reproduction.

a) 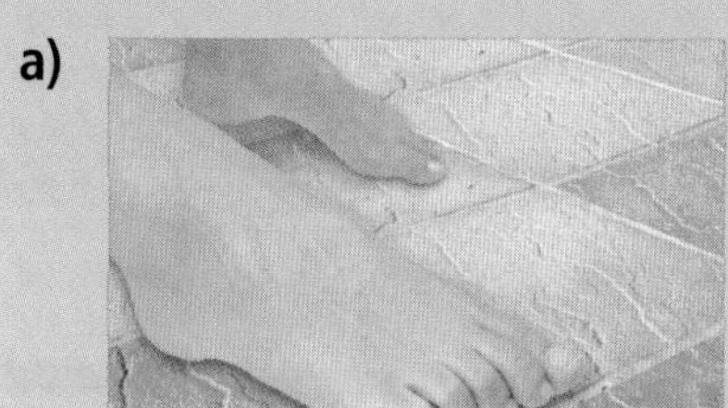

b) 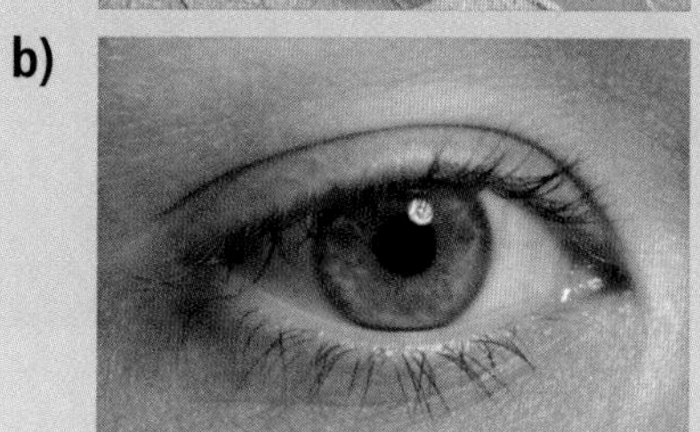

c) 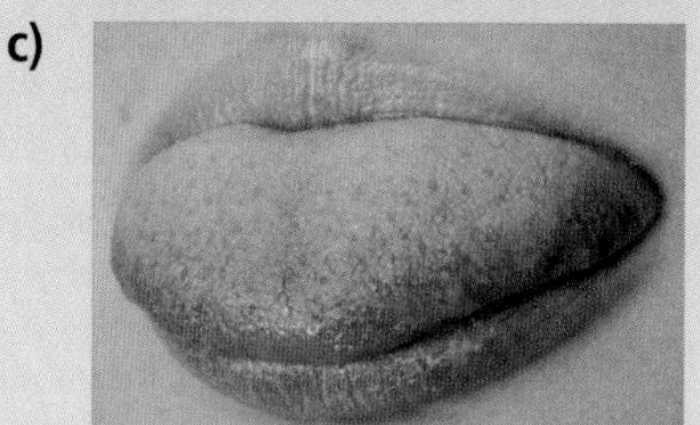

d) 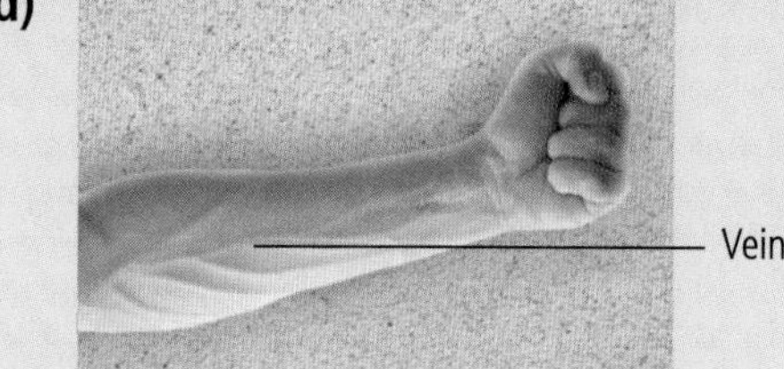

e) 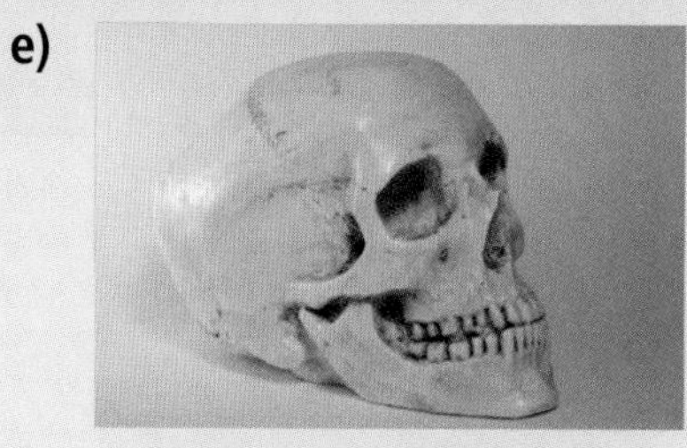

f) 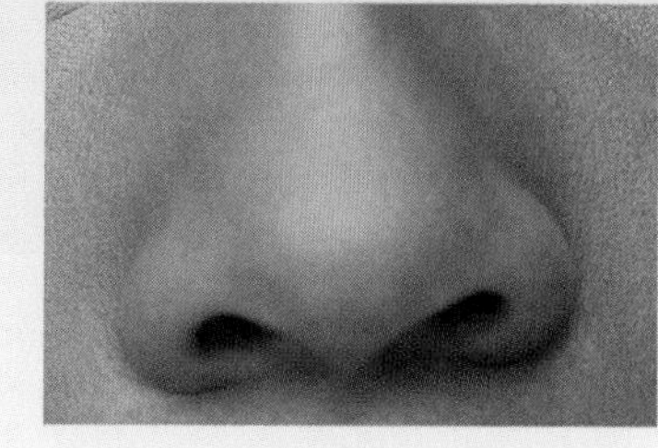

6 Appliquez vos connaissances à une situation courante.

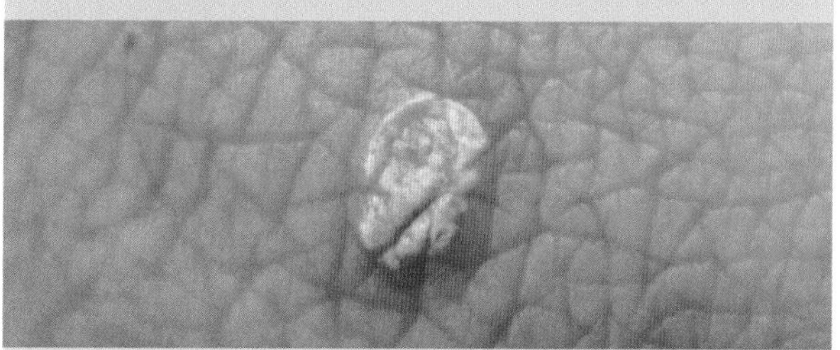

Une brûlure, c'est la mort soudaine des cellules dans une région de la peau. Les brûlures profondes peuvent faire perdre à jamais le sens du toucher. Comment peut-on expliquer la régénération de la peau malgré la perte du sens ?

7 Appliquez vos connaissances à une situation courante.

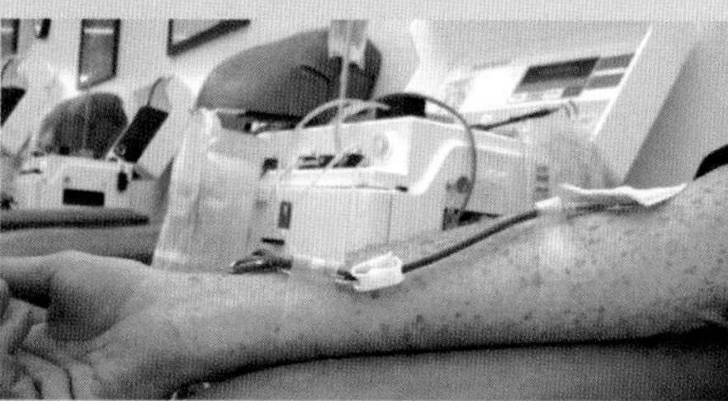

Héma-Québec organise périodiquement des collectes de sang. Encore aujourd'hui, des personnes s'inquiètent à l'idée de donner de leur sang. Elles craignent de perdre des cellules de leur organisme. Comment peut-on convaincre quelqu'un que ces craintes ne sont pas fondées ?

8 Dans chaque cas, nommez une partie du corps impliquée dans les deux fonctions vitales.

a) Nutrition et relation.

b) Nutrition et reproduction.

c) Relation et reproduction.

> La découverte de la structure de l'ADN

En 1953, le médecin et biologiste américain James Watson et le biochimiste anglais Francis Crick font la plus grande découverte scientifique du XXe siècle : ils décrivent la structure en double hélice de l'ADN. Ce modèle leur est inspiré par un cliché de la biologiste moléculaire britannique Rosalind Franklin que le biophysicien Maurice Wilkins, lui aussi britannique, leur transmet.

Watson et Crick sont très différents : plutôt flegmatique, Crick est âgé de 36 ans, alors que Watson, qui n'a que 24 ans, est un jeune homme exubérant. Malgré tout, ils travaillent très bien ensemble. Pendant des mois, ils discutent et tentent de reproduire la structure de l'ADN à l'aide de modèles en métal. C'est finalement un simple modèle découpé dans du carton qui leur permet de comprendre la structure de la « molécule de la vie ».

Ce modèle a grandement fait progresser la science et la technologie sur divers plans : dépistage médical, recherche pharmacologique, mise au point de nouveaux aliments, perfectionnement des méthodes d'enquête policière, etc.

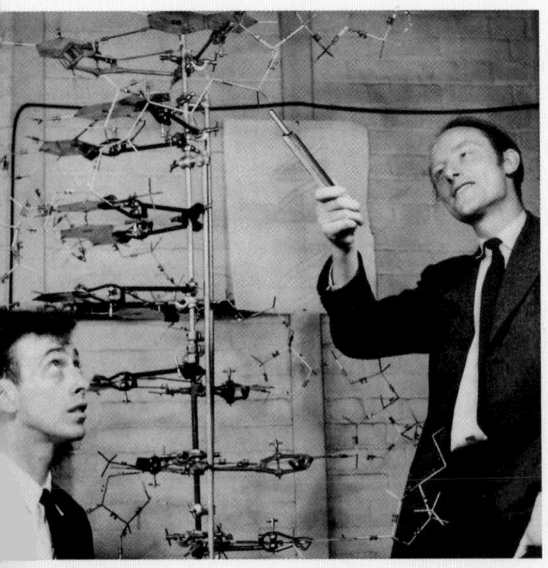

La structure de l'ADN
Watson et Crick, devant leur modèle en double hélice représentant la structure de l'ADN.

> Le décodage du génome humain

Le Projet du génome humain (PGH) a été lancé en 1990. Son premier objectif était d'établir le séquençage du génome humain, c'est-à-dire l'ordre des trois milliards de nucléotides qui le composent. Les molécules d'ADN sont en fait de longues chaînes où sont assemblés côte à côte quatre nucléotides différents : A, T, G, C. On pourrait comparer ces molécules à des colliers composés de milliers de perles de quatre couleurs différentes. Le but du Projet du génome humain était de trouver l'ordre précis de chacun de ces nucléotides sur tous les exemplaires possibles des 23 chromosomes.

Dix-neuf pays et des centaines de scientifiques y ont collaboré : c'est certainement le projet le plus ambitieux jamais entrepris par l'être humain. Il est vrai que le coût de revient a été de 10 $ la lettre ! Après 16 ans, on a enfin terminé le décodage de l'ADN de tous les chromosomes humains.

Grâce à l'avènement de la bio-informatique et à la mise au point de séquenceurs d'ADN, il n'a fallu que deux ans pour décoder un génome de taille semblable, celui du macaque, un singe d'Asie.

Aujourd'hui, on travaille à la mise au point de séquenceurs d'ADN capables de lire l'ADN d'une personne en quelques semaines, ce qui faciliterait grandement le dépistage médical.

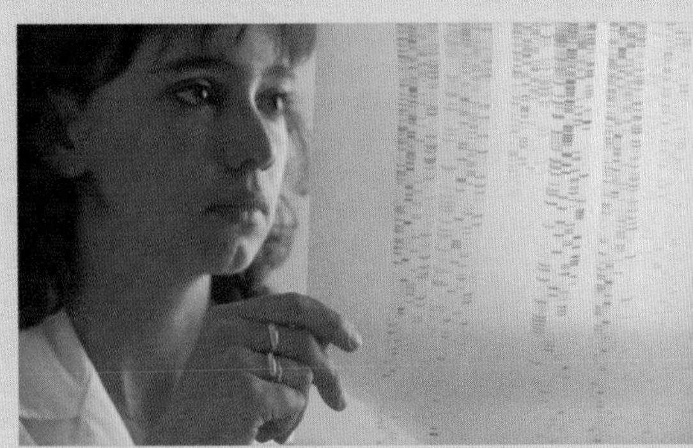

Une carte génomique

ZOOM sur l'avenir

MICROBIOLOGISTE

Certains micro-organismes sont très nuisibles à l'être humain, alors que d'autres lui sont fort utiles. Les microbiologistes sont des spécialistes de ces êtres microscopiques. Comme les domaines d'application de la microbiologie sont nombreux (santé, génétique, industrie pharmaceutique, industrie alimentaire, agriculture, environnement, etc.), le travail varie donc beaucoup. Par exemple, en alimentation, les microbiologistes peuvent s'intéresser aux bactéries utilisées dans la fabrication du yogourt ou du fromage, alors que les microbiologistes qui travaillent en environnement se pencheront sur les micro-organismes qui polluent l'air ou l'eau.

Jean-François travaille principalement à la mise au point de vaccins contre les maladies infectieuses causées par des microbes. Au cours des dernières années, il a travaillé au sein d'une équipe scientifique. Le fruit de leurs recherches a contribué à l'évolution des connaissances dans le diagnostic et le traitement du sida.

Jean-François est très méticuleux, méthodique et rigoureux. Il adore travailler plusieurs heures par jour dans un laboratoire. En recherche, il est rare d'obtenir des résultats instantanément : en plus d'avoir une grande capacité de concentration, Jean-François doit donc aussi s'armer de patience et être persévérant. Dans le cadre de son emploi, il rédige des rapports et publie les résultats de ses recherches dans des revues scientifiques. Il en est très heureux parce qu'il adore écrire !

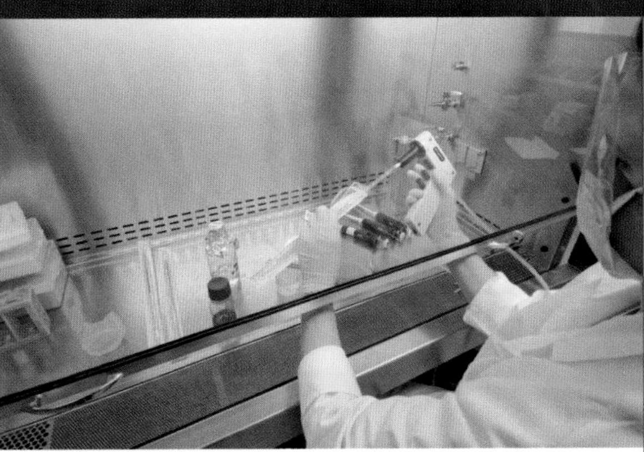

Pour exercer son métier, Jean-François a fait des études collégiales en sciences et a obtenu un baccalauréat en microbiologie.

DOMAINES CONNEXES

Formation secondaire professionnelle
- Fabrication du fromage
- Conserverie

Formation collégiale
- Techniques de laboratoire en biotechnologie
- Technologie de la transformation des aliments
- Assainissement de l'eau

Formation universitaire
- Bactériologie
- Immunologie
- Physiologie

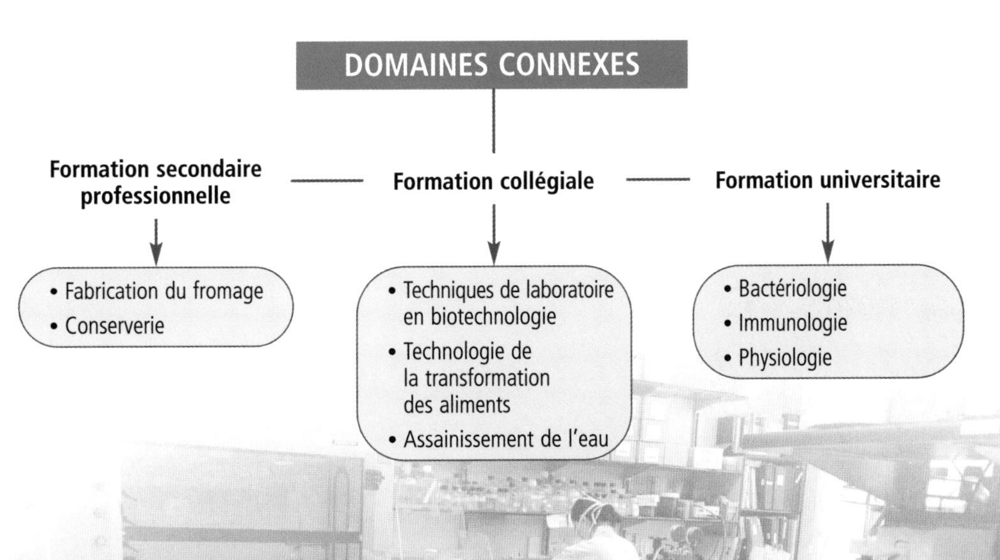

Dossier 4 > L'alimentation

Vous aimez le vélo, le soccer ou la gymnastique ? Pour participer à ces sports et accomplir vos multiples activités quotidiennes, vous avez besoin d'énergie ! Cette énergie, vous l'obtenez grâce aux aliments que vous consommez, car c'est dans votre alimentation que vous puisez toutes les substances nutritives dont votre corps a besoin. Il est donc important de manger des aliments variés afin d'y trouver tous les groupes d'aliments nécessaires au bon fonctionnement de votre organisme.

Vous arrive-t-il parfois d'aller à l'école sans avoir déjeuné ? Avez-vous remarqué que ces journées-là vous ressentiez un certain manque d'énergie et peut-être même un manque de concentration ? Le Club des petits déjeuners du Québec offre gratuitement un repas aux élèves qui arrivent à jeun en classe pour donner à chaque jeune une chance égale de bien commencer la journée.

En agriculture, on utilise divers pesticides pour tuer les insectes ou les végétaux qui nuisent aux récoltes. Ils sont aussi utilisés pour augmenter la production d'un champ et pour obtenir des fruits et légumes de forme parfaite. Mais les pesticides sont très souvent des substances chimiques toxiques pour tous les vivants.

Comment les pesticides peuvent-ils se retrouver dans votre corps ? Connaissez-vous les problèmes de santé qu'ils peuvent provoquer ?

Dans ce dossier

L'être humain

Liens

... dans le cosmos

Dossier 2 > L'histoire du vivant

Les substances nutritives sont essentielles au développement et au fonctionnement de votre corps. Quelles substances – éléments ou molécules – ont été nécessaires à l'apparition de la vie sur la Terre ?

p. 20

... vu de l'intérieur

Dossier 5 > Le système digestif

Nous savons que notre corps a besoin de s'alimenter. Sans nourriture, l'organisme ne survit pas très longtemps. Qu'arrive-t-il aux aliments que vous mangez ? Quels organes participent à la digestion ? Comment traitent-ils les aliments ingérés ?

p. 80

... et la matière

Dossier 8 > Les propriétés de la matière

Les aliments sont des combinaisons plus ou moins complexes d'éléments du tableau périodique. Comment différencier des substances sans savoir quels atomes composent leurs molécules ? Comment reconnaître et identifier une substance ?

p. 138

Les substances nutritives

Par l'alimentation, vous fournissez à votre corps les substances nutritives essentielles à son bon fonctionnement : l'eau, les glucides, les lipides, les protides, les vitamines et les minéraux. Toutes ces substances jouent des rôles différents et complémentaires. C'est pourquoi il est si important de varier votre alimentation.

Les pesticides répandus dans un champ sont rapidement entraînés par le ruissellement de l'eau de pluie. C'est ainsi qu'ils contaminent les eaux de surface et les eaux souterraines. Or, les eaux souterraines servent à l'alimentation en eau potable de près de 20 % de la population du Québec. On utilise aussi les eaux souterraines pour arroser les cultures qui produisent des aliments que nous consommons.

L'eau

L'**eau** est une substance vitale pour le corps humain. Elle représente environ 60 % de la masse d'une personne adulte. L'eau est présente dans toutes les parties de votre organisme selon différentes proportions (voir la figure 4.1).

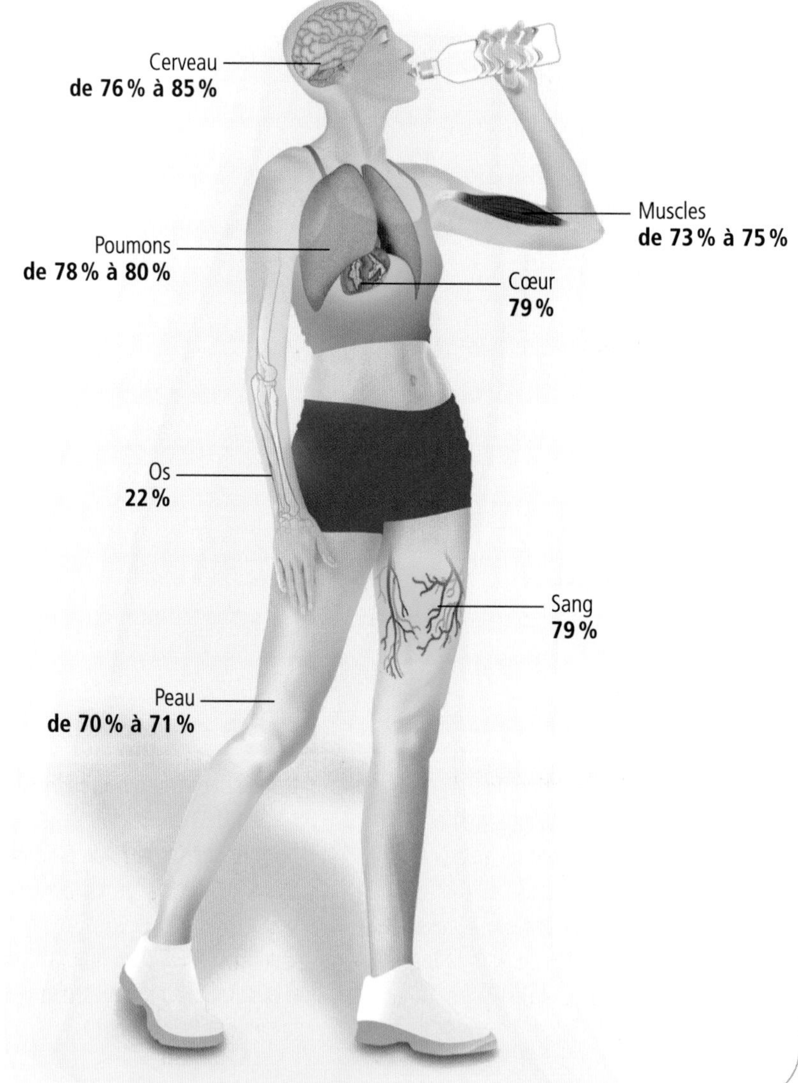

Figure 4.1 > L'eau dans le corps humain
L'eau représente 60 % de la masse corporelle, mais cette proportion varie d'un individu à l'autre selon le sexe et le poids. Elle varie aussi selon les parties de l'organisme où elle se trouve.

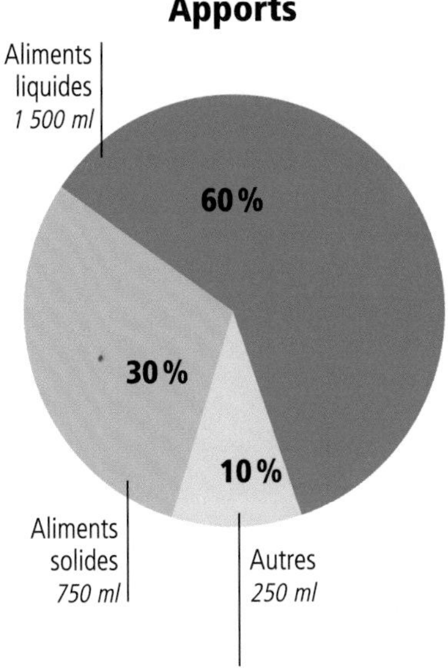

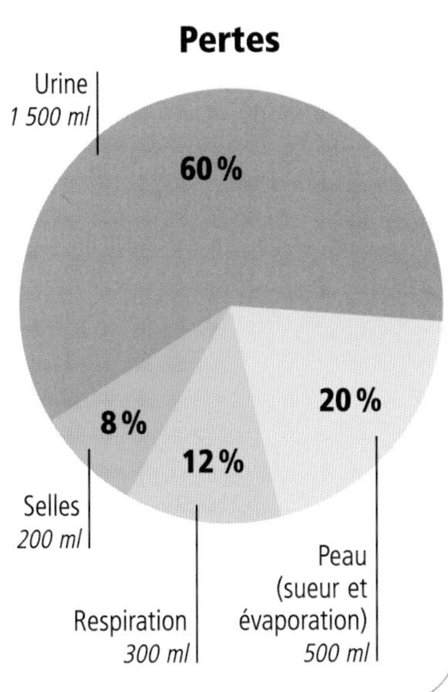

Figure 4.2 > Les apports et les pertes en eau
Il est vital de maintenir la teneur en eau du corps constante. Chaque jour, des apports en eau sont nécessaires pour compenser les pertes que l'organisme subit.

>>> OUTIL 4, p. 186

L'eau remplit différentes fonctions dans l'organisme.

- Elle permet à de nombreuses réactions chimiques de se produire dans la cellule.
- Grâce à la circulation sanguine, l'eau dissout et transporte dans toutes les parties du corps les **nutriments**, c'est-à-dire les substances nutritives assimilables par le corps, qui proviennent de la digestion.
- Grâce à l'urine, elle concourt à l'élimination des déchets produits par l'organisme.
- Grâce à la transpiration, elle participe à la régulation de la température corporelle.

Quelle quantité d'eau doit-on consommer quotidiennement ? Sous un climat tempéré, un individu adulte et normalement actif doit consommer 2 à 3 L d'eau pour que son organisme soit hydraté adéquatement (voir la figure 4.2).

Les glucides

On utilise couramment le mot *sucre* pour désigner les glucides. Cet usage n'est cependant pas tout à fait approprié : les glucides n'ont pas tous un « goût sucré ». Sur le plan chimique, les **glucides** sont des hydrates de carbone, c'est-à-dire des molécules composées d'atomes de carbone, d'hydrogène et d'oxygène. Les sucres présents dans les aliments que nous consommons se classent en deux catégories, selon le nombre d'atomes par molécule : les glucides simples et les glucides complexes. Leur rôle consiste surtout à fournir au corps de l'énergie chimique qui lui permettra d'accomplir un travail, ainsi que de l'énergie thermique pour maintenir la température corporelle (voir la figure 4.3).
Une alimentation équilibrée doit comporter environ 50 % de glucides.

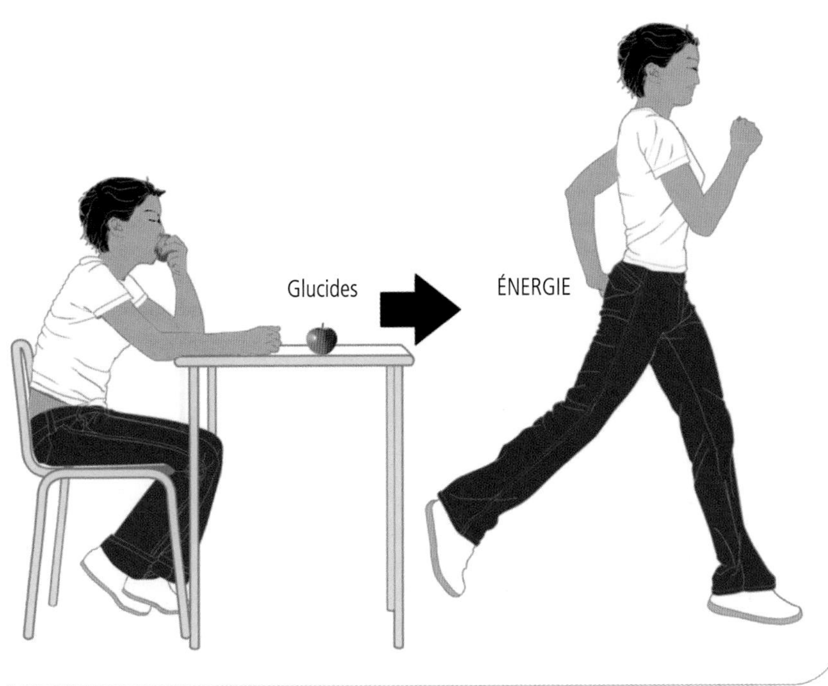

Figure 4.3 > Le rôle des glucides dans le corps
Les glucides fournissent de l'énergie au corps.

Figure 4.4 > Des sources de glucides
Des sources de glucides simples Ⓐ, de glucides complexes Ⓑ et de fibres Ⓒ.

ZOOM sur la santé

LES EMPOISONNEMENTS ALIMENTAIRES

Ce sont des micro-organismes pathogènes présents dans la nourriture qui causent les empoisonnements alimentaires. Les principaux symptômes en sont les crampes d'estomac, les nausées, les vomissements, la diarrhée et la fièvre. De façon générale, les symptômes disparaissent sans médication dans la semaine qui suit leur apparition.

Mettez-vous les mesures préventives suivantes en pratique ?

- Se laver soigneusement les mains avant de faire la cuisine ou de manger.
- Ne pas manger de viande crue.
- Nettoyer les ustensiles de cuisine et les surfaces de travail ayant été en contact avec de la viande crue.
- Bien faire cuire la viande avant de la consommer.
- Rincer à grande eau les fruits et les légumes crus.

>>> OUTIL 4, p. 186

LES GLUCIDES SIMPLES. On trouve des glucides simples dans les fruits (fructose), les sucreries (saccharose) et le lait (lactose). Ce sont ces glucides qu'on associe généralement à la saveur sucrée (voir la figure 4.4 Ⓐ). Ils sont absorbés dans l'intestin grêle en moins de 15 minutes et sont complètement digérés par l'organisme en 1 à 3 heures. L'énergie fournie est donc rapidement utilisable.

LES GLUCIDES COMPLEXES. Les glucides complexes sont constitués d'un grand nombre d'atomes; ils sont donc trop gros pour être absorbés dans l'intestin grêle. Ils doivent être réduits en sucres simples, ou glucose, pour être assimilés par l'organisme. Les glucides complexes d'origine végétale comprennent deux sous-catégories : l'amidon et les fibres. Les glucides complexes d'origine animale portent le nom de *glycogène*.

Les pommes de terre, le riz, le pain et les pâtes alimentaires contiennent de l'**amidon** (voir la figure 4.4 Ⓑ). L'absorption des glucides complexes contenus dans l'amidon se fait en 30 minutes environ et leur digestion, en 4 à 6 heures. L'absorption de l'amidon est plus lente que celle des glucides simples, mais elle constitue quand même une source d'énergie relativement rapide. Une fois digérés, les glucides complexes, à l'exception des fibres, sont mis en réserve dans le foie et les muscles sous forme de glycogène rapidement utilisable si l'organisme en a besoin.

Vous avez certainement déjà vu une publicité vantant les mérites des fibres alimentaires. Les **fibres** sont toujours d'origine végétale : les noix, les légumineuses, les graines, les céréales à grains entiers, les fruits et les légumes en contiennent (voir la figure 4.4 Ⓒ). Les fibres ne sont ni digérées ni absorbées par l'organisme : elles restent dans le gros intestin et y sont décomposées par des bactéries. Bien qu'elles ne fournissent aucune énergie au corps, elles ont un rôle important. Elles retiennent l'eau dans les selles et facilitent l'élimination; elles contribuent aussi à réduire le taux de **cholestérol** dans le sang. Le cholestérol est un composé utile à l'organisme, qui provient des graisses animales. Cependant, un taux élevé de cholestérol dans le sang peut entraîner des dépôts de gras dans les artères et provoquer une crise cardiaque.

Les lipides

Les **lipides** sont aussi appelés *matières grasses*. Ils forment la membrane de toutes les cellules du corps. Ils servent aussi à la formation des tissus

Le commerce équitable : des aliments à prix justes !

Nous sommes tous et toutes des consommateurs et des consommatrices. Savez-vous que vos achats peuvent avoir des répercussions sur des gens que vous ne connaissez pas dans des pays où vous n'avez jamais mis les pieds ? C'est pourtant la vérité. Par exemple, les agriculteurs et les agricultrices des pays en voie de développement ne sont pas toujours payés convenablement pour leurs récoltes de chocolat ou de café que nous consommons. Depuis quelques années, des organisations s'efforcent de rendre le commerce mondial plus juste : c'est ce qu'on appelle le *commerce équitable*. Différents organismes en font la promotion et visent une répartition plus juste des profits entre les travailleurs et les intermédiaires dans la chaîne de production alimentaire. En consommant des produits certifiés équitables, vous faites un geste concret pour améliorer les conditions de vie des travailleurs et des travailleuses de la planète !

Environ 15 % des fruits et des légumes sur le marché contiennent des pesticides qui peuvent constituer une menace pour notre santé. Malgré leur utilité, les pesticides provoquent de graves irritations cutanées, nuisent aux systèmes nerveux et reproducteur, et causent des cancers. Comme ils s'accumulent dans les tissus adipeux, ils peuvent demeurer longtemps dans l'organisme. C'est pourquoi il est si important de bien laver les fruits et les légumes avant de les consommer !

adipeux – des tissus formés de graisse – qui protègent les organes du corps et qui servent d'isolant thermique (voir la figure 4.6). De plus, ils sont nécessaires à l'absorption de certaines vitamines et ils participent à la formation des hormones et des cellules nerveuses. Lors de la digestion, les lipides sont décomposés en acides gras et en glycérol.

Les lipides sont les substances nutritives les plus riches en énergie. À masse égale, ils fournissent deux fois plus d'énergie que les glucides. Contrairement à l'énergie emmagasinée dans le glycogène, celle qui provient des lipides est stockée dans le corps sous forme de réserve adipeuse. Une alimentation équilibrée comporte de 25 % à 30 % de lipides d'origine animale ou végétale. Pour assurer à son organisme un apport adéquat en lipides, il faut consommer des viandes, des poissons, des produits laitiers, des noix et des huiles (voir la figure 4.5).

Figure 4.5 > Des sources de lipides

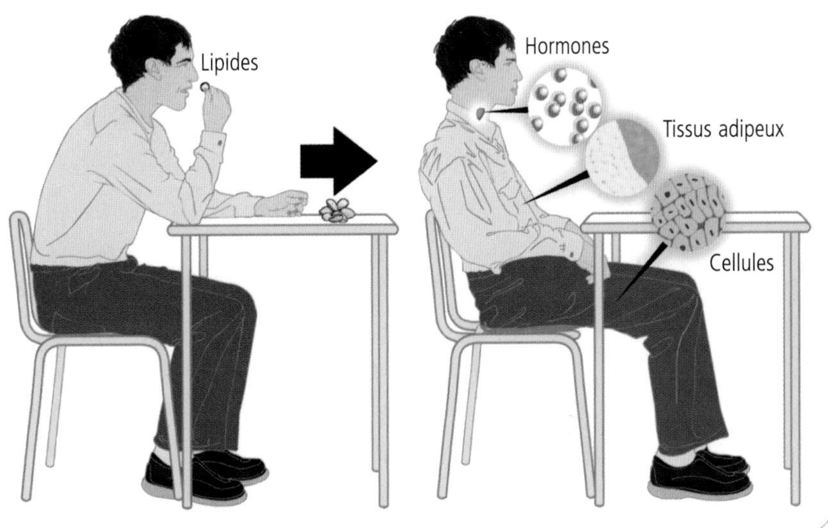

Figure 4.6 > Le rôle des lipides dans le corps
Les lipides servent entre autres à la formation des tissus adipeux, des hormones et des cellules.

OUTIL 4, p. 186

Figure 4.7 > **Des sources de protides**

Les protides

Le mot **protides** désigne les substances composées de carbone, d'hydrogène, d'oxygène et d'azote que l'on trouve dans les aliments. En fait, les protides sont des protéines. Le terme **protéines**, lui, désigne les molécules qui se trouvent dans les tissus corporels et qui forment les enzymes, alors que l'on utilise le terme *protides* quand il est question d'alimentation. Les **enzymes** sont des protéines particulières que l'on trouve dans toutes les cellules du corps. Elles contribuent à accélérer la vitesse de nombreuses transformations chimiques qui ont lieu dans l'organisme.

Une fois digérés et absorbés par l'organisme, les protides (voir la figure 4.8) forment de nouvelles protéines qui auront différents rôles. Ces protides :

- entretiennent et renouvellent les tissus ;
- favorisent la croissance et le fonctionnement de l'organisme ;
- participent au transport du dioxygène dans le corps.

Une alimentation équilibrée doit comporter de 10 % à 15 % de protides d'origine animale ou végétale. On les trouve, entre autres, dans les viandes, les poissons, les produits laitiers, les œufs, les légumineuses et les noix (voir la figure 4.7). Au cours de la digestion, les protides sont décomposés en **acides aminés**, c'est-à-dire en de petites molécules relativement simples.

L'HYPERVITAMINOSE

S'il est prouvé qu'une carence en vitamines peut nuire au bon fonctionnement de l'organisme, le contraire est aussi vrai. En effet, un excès de vitamines risque de provoquer une hypervitaminose. Cet excès vient de la prise excessive ou prolongée de vitamines, particulièrement des vitamines A et D qui sont liposolubles. Ces types de vitamines sont stockées dans l'organisme ; elles peuvent donc s'y accumuler en trop grande quantité. Les vitamines hydrosolubles, elles, sont éliminées par les urines, ce qui évite les surdoses.

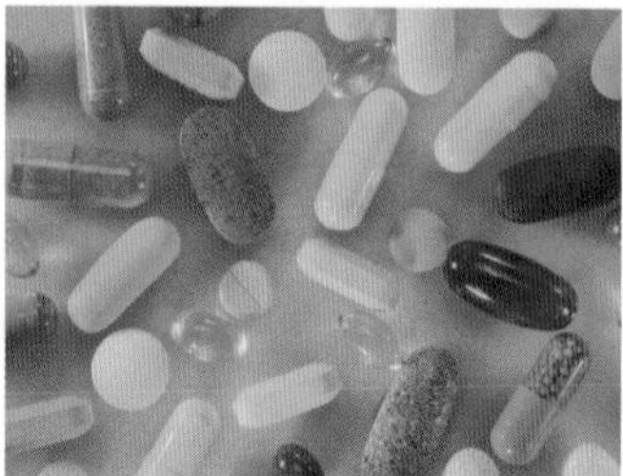

Les vitamines

Les **vitamines** sont des substances d'origine animale ou végétale que notre corps ne peut pas fabriquer. Elles sont essentielles, mais naturellement présentes dans une combinaison d'aliments. Il en existe de nombreuses et les principales sont les vitamines A, B, C, D, E et K (voir le tableau 4.1).

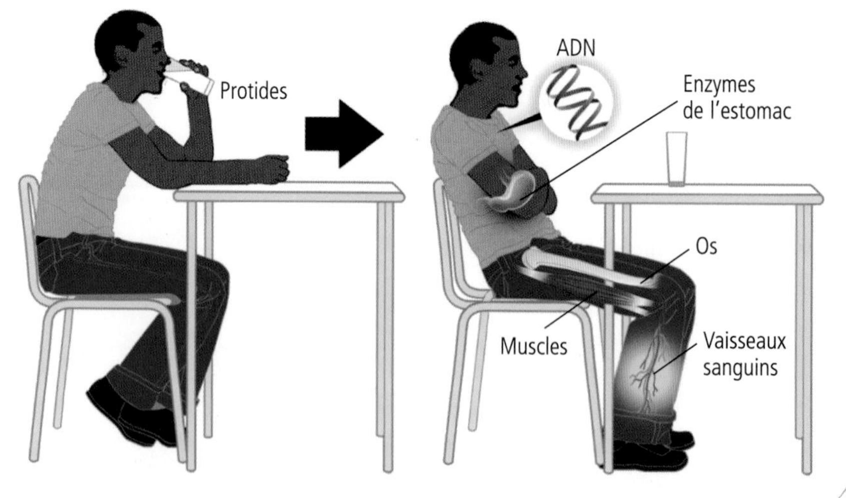

Figure 4.8 > Le rôle des protides dans le corps
Les protides ont plusieurs fonctions, notamment l'entretien et le renouvellement des tissus.

Les vitamines solubles dans le gras (liposolubles) – par exemple, les vitamines A, D, E et K – sont absorbées par l'organisme grâce aux lipides, alors que les vitamines solubles dans l'eau (hydrosolubles) – par exemple, les vitamines du complexe B et la vitamine C – le sont grâce à l'eau.

Tableau 4.1 > Les principales vitamines

	VITAMINES	RÔLES	SOURCES
Liposolubles	A	• Favorise une bonne vision. • Protège contre les infections. • Favorise la croissance des os et des tissus.	Foie, huile de foie de poisson, jaune d'œuf, produits laitiers, fruits, légumes verts et orangés
	D	• Aide à l'absorption du calcium et du phosphore. • Participe à la formation et au développement des os.	Huile de foie de poisson, œufs, produits laitiers, exposition au soleil
	E	• Protège les cellules contre le cancer (propriété antioxydante). • Favorise la circulation sanguine. • Renforce le système immunitaire.	Légumineuses, huiles végétales, légumes verts et orangés
	K	• Favorise la coagulation sanguine. • Favorise la formation des os.	Tofu, huiles végétales, margarine, légumes verts
Hydrosolubles	B1 (thiamine)	• Aide à l'assimilation des glucides. • Est essentielle à la coordination musculaire.	Viandes, céréales à grains entiers, légumes
	B2 (riboflavine)	• Joue un rôle central dans le transfert d'énergie dans la cellule.	Viandes, œufs, produits laitiers, légumes verts
	B3 (niacine)	• Joue un rôle central dans le transfert d'énergie dans la cellule.	Viandes, poissons, céréales à grains entiers
	B5 (acide pantothénique)	• Participe à la formation de certaines hormones. • Participe à la transformation des protéines, des glucides et des lipides en énergie.	Foie, abats, œufs
	B6 (pyridoxine)	• Régularise le taux de sucre dans le sang. • Est essentielle à la formation des anticorps dans le système immunitaire.	Viandes, légumineuses, céréales à grains entiers, fruits, légumes
	B8 (biotine)	• Aide au maintien des glandes, du système nerveux, de l'appareil reproducteur et de la peau.	Foie, abats, œufs
	B9 (acide folique)	• Aide à la formation et à l'entretien des cellules. • Participe à la production de l'ADN.	Légumineuses, légumes verts
	B12 (cobalamine)	• Est essentielle à l'activité des cellules nerveuses et des globules rouges.	Viandes, poissons, mollusques, œufs, produits laitiers
	C	• Augmente la résistance aux infections. • Accélère la cicatrisation en favorisant l'absorption du fer. • Freine le vieillissement des cellules (propriété antioxydante).	Fruits (agrumes, kiwi), légumes verts

Figure 4.9 > Le sel de table
L'ajout d'un sel d'iode (KI) dans le sel de table (NaCl) permet de réguler le métabolisme, évitant ainsi l'apparition de certaines maladies.

Les minéraux

Les **minéraux** essentiels à l'organisme sont des éléments du tableau périodique. Ils sont présents dans les aliments (voir la figure 4.9) sous la forme de composés chimiques dissous dans l'eau (**sels minéraux**). On les trouve naturellement dans différents aliments d'origine animale ou végétale (voir le tableau 4.2).

Tableau 4.2 > Les principaux éléments obtenus de sels minéraux dans l'alimentation

ÉLÉMENTS	RÔLES	SOURCES
Calcium (Ca)	Participe au développement ainsi qu'au maintien des os et des dents.	Lait, légumes verts
Chlore (Cl)	Avec le sodium, maintient un équilibre et une distribution normale des fluides (le sang, par exemple) dans le corps.	Fromage, yogourt
Fer (Fe)	• Participe à l'élaboration de l'hémoglobine des globules rouges. • Contribue au transport du dioxygène dans le corps.	Foie, légumineuses
Fluor (F)	Participe à la formation de l'émail des dents.	Poissons, œufs, thé
Iode (I)	Participe à la fabrication des hormones thyroïdiennes.	Fruits de mer, sel de table (NaCl)
Magnésium (Mg)	Intervient dans de multiples réactions à l'intérieur des cellules.	Légumes verts, fruits secs
Phosphore (P)	Participe à la formation des os.	Volaille, produits laitiers
Potassium (K)	• Participe à la contraction et au relâchement des muscles. • Participe au fonctionnement des cellules nerveuses.	Yogourt, pommes de terre
Sodium (Na)	• Participe au fonctionnement des muscles et des nerfs. • Permet le transfert de substances entre l'intérieur et l'extérieur des cellules.	Sel de table (NaCl)
Zinc (Zn)	Participe à la croissance et à la régénération des tissus.	Bœuf, foie, huîtres

ZOOM sur la santé

QUAND LE SANG MANQUE DE FER : L'ANÉMIE

Grâce aux globules rouges, le sang transporte un élément indispensable au bon fonctionnement du corps : l'oxygène. Mais un déficit en fer dans l'alimentation peut empêcher les cellules sanguines de bien faire leur travail. Une personne pourrait alors souffrir d'anémie : son teint est pâle, elle se sent fatiguée, elle a parfois le vertige et son cœur bat plus rapidement. Il existe deux autres causes importantes de l'anémie : une perte de sang régulière et importante ou des règles abondantes. Dans chacun des cas, le nombre de globules rouges dans le sang diminue énormément. Les poussées de croissance peuvent rendre une personne plus vulnérable à l'anémie. Pour la combattre, il s'agit de manger de la viande et des légumineuses, comme les haricots et les pois chiches.

La valeur énergétique des aliments

Saviez-vous que votre corps est une merveilleuse centrale énergétique ? Ce que vous mangez fournit à votre organisme l'énergie nécessaire à vos activités. En effet, les systèmes de votre corps travaillent de concert pour transformer les aliments en énergie et acheminer cette énergie là où elle est requise.

Figure 4.10 > Le métabolisme
Lors d'activités physiques hivernales, des vêtements adéquats permettent d'utiliser moins d'énergie pour maintenir la température corporelle.

L'énergie

Les aliments digérés libèrent de l'énergie. On mesure cette énergie en **kilojoules (kJ)**, le joule étant une unité de mesure du système international (SI). Mais le secteur alimentaire utilise plutôt la **grande Calorie (Cal)** pour définir l'apport énergétique des aliments sur les emballages. Le rapport d'équivalence est le suivant :

$$1 \text{ Cal} : 4{,}184 \text{ kJ}$$

Une tranche de pain de blé entier fournit 150 Cal. Combien de kilojoules cela fait-il ?

$$150 \text{ Cal} \times 4{,}184 \frac{\text{kJ}}{\text{Cal}} = 628 \text{ kJ}$$

Le métabolisme

Le **métabolisme** correspond à l'ensemble des réactions chimiques qui se produisent dans les cellules de l'organisme. La respiration cellulaire joue un rôle central dans ce processus complexe : grâce à l'oxygène, les cellules décomposent les nutriments provenant de la digestion. Ces nutriments libèrent alors l'énergie nécessaire aux activités de l'organisme, qu'il s'agisse de respirer, de résoudre un problème ou de courir (voir la figure 4.10).

L'énergie est essentielle au maintien de la vie. Même au repos, votre corps a besoin d'énergie ! C'est ce qu'on nomme **métabolisme basal** ou *métabolisme de base*, c'est-à-dire la quantité d'énergie requise par un individu dans les conditions suivantes :

- au repos ;
- en état d'éveil ;
- à jeun depuis une douzaine d'heures ;
- à une température d'environ 20 °C.

Le métabolisme basal sert à assurer l'activité cellulaire, la respiration et le maintien de la température corporelle à 37 °C. Pour un adolescent ou une adolescente de votre âge, le métabolisme basal requiert un apport quotidien moyen de 7 000 kJ.

Énergivores, les ados !

L'apport quotidien d'énergie dépend de votre grandeur, de votre âge et de votre sexe. Il dépend également de la température ambiante et de l'intensité de l'effort que demandent les activités que vous pratiquez. À l'adolescence, vous devriez consommer quotidiennement une quantité d'aliments suffisante pour procurer à votre corps entre 10 000 kJ et 12 000 kJ.

La saine alimentation

« Nous sommes ce que nous mangeons », dit l'adage. Voilà pourquoi il est si important de bien s'alimenter, de consommer des aliments variés et de manger à sa faim, mais sans faire d'excès. Savez-vous choisir les aliments qui procurent les substances nutritives essentielles à votre organisme ?

Un guide sur l'alimentation

Pour aider la population à adopter une alimentation saine, Santé Canada publie gratuitement depuis de nombreuses années un guide alimentaire. On y classe les aliments en quatre grands groupes :

- les légumes et les fruits ;
- les produits céréaliers ;
- le lait et ses substituts ;
- les viandes et leurs substituts.

Les aliments de ces groupes constituent souvent une combinaison de substances nutritives. Ainsi, les céréales contiennent à la fois des glucides et des protides, la viande est une combinaison de protides et de lipides, etc.

Le guide indique la quantité quotidienne recommandée dans chaque groupe alimentaire, c'est-à-dire le nombre normal de portions selon le sexe et le groupe d'âge. Le tableau 4.3 montre le nombre de portions conseillé à l'adolescence afin de répondre adéquatement aux besoins de votre organisme en pleine croissance.

Si vous suivez bien ces recommandations, vous resterez en bonne forme et vous atteindrez votre poids santé.

Le poids santé

Qu'est-ce que le poids santé ? C'est le poids que vous devriez maintenir pour réduire au minimum le risque de problèmes de santé.

info+

ALIMENT BIO ?

Dans le domaine de l'alimentation, les mots et les logos ne manquent pas pour nous indiquer qu'un produit est biologique. Comment s'y retrouver ? Au Québec, tout aliment biologique doit avoir été certifié par un organisme de certification agréé par le ministère de l'Agriculture, des Pêcheries et de l'Alimentation (MAPAQ). Ce Ministère a d'ailleurs mandaté un conseil pour s'assurer que les produits vendus avec la mention biologique soient conformes à la Loi.

Tout aliment biologique doit avoir été produit, transformé et emballé selon des normes précises. Par exemple, pour produire un aliment, on ne doit pas utiliser d'organismes génétiquement modifiés (OGM) et il faut assurer aux animaux de bonnes conditions d'élevage.

En tant que consommateur ou consommatrice, il faut faire preuve d'une grande vigilance afin de reconnaître les vrais produits biologiques.

Tableau 4.3 > Les recommandations du *Guide alimentaire canadien*

Groupes alimentaires	Nombre de portions par jour	
	Filles	Garçons
Légumes et fruits	7	8
Produits céréaliers	6	7
Lait et substituts	3 ou 4	3 ou 4
Viandes et substituts	2	3

Figure 4.11 > La suralimentation
Au Canada et aux États-Unis, la restauration rapide et les mets préparés font en sorte que les gens mangent trop et mal. La suralimentation entraîne alors un grave problème d'obésité chez la population.

Si vous voulez atteindre et maintenir votre poids santé, vous devez bien vous alimenter et faire au moins 30 minutes d'exercice par jour. Il s'agit, en fait, de trouver un équilibre entre la quantité d'énergie consommée (votre alimentation) et la quantité d'énergie dépensée (vos activités); un déséquilibre important peut entraîner des conséquences graves pour votre organisme.

La sous-alimentation. On considère qu'une personne est sous-alimentée lorsque sa consommation énergétique est moindre que sa dépense énergétique. La perte de poids en est un symptôme. Or, une perte de poids excessive entraîne des effets néfastes pour la santé :

- une diminution de la masse musculaire ;
- des problèmes de rythme cardiaque (arythmie) ;
- une pression sanguine trop basse (hypotension artérielle) ;
- une température du corps anormalement basse (hypothermie) ;
- un affaiblissement du système immunitaire (risque accru d'infection).

La suralimentation. À l'opposé, une personne suralimentée consomme plus d'énergie qu'elle n'en dépense. L'embonpoint en est un symptôme. Les nutriments en surplus dans l'organisme sont transformés en graisses qui vont se loger dans les tissus adipeux, ce qui entraîne aussi des effets néfastes pour la santé :

- un risque de blocage des artères ;
- la difficulté pour le cœur à pomper le sang vers les organes ;
- un risque accru de diabète ;
- la difficulté à se déplacer.

info+

L'indice de masse corporelle (IMC)

Les personnes âgées de 18 ans et plus disposent d'un outil pour déterminer si elles ont un poids santé : l'indice de masse corporelle (IMC). On calcule l'IMC d'un individu à partir de sa masse et de sa taille, en tenant compte de son âge et de son sexe. Le résultat permet de déterminer si le poids est insuffisant, normal ou excessif. Voici la formule pour calculer cet indice :

$$\text{IMC} = \frac{\text{masse en kilogrammes}}{[\text{taille en mètres}]^2}$$

Attention ! L'IMC n'est pas approprié à l'adolescence, car il a été établi en se basant sur des échantillons d'adultes. Il n'est rien de plus qu'un indicateur. Si vous voulez connaître votre poids santé, parlez-en à votre médecin.

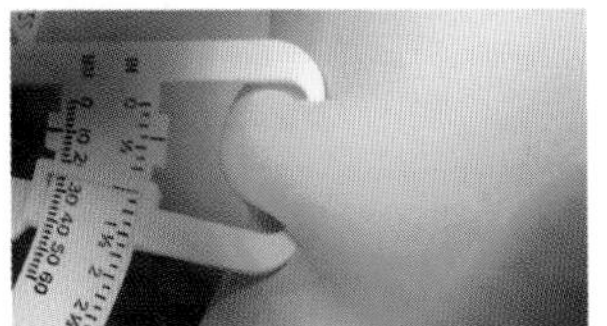

AD

Les troubles alimentaires

Deux troubles alimentaires peuvent apparaître à l'adolescence, en particulier chez les filles : l'anorexie et la boulimie. Ces troubles sont liés à une fausse perception de leur image corporelle.

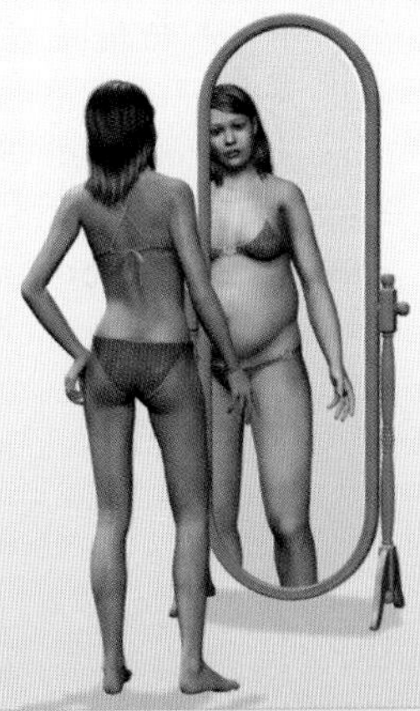

L'*anorexie* se caractérise par une perte de poids excessive et rapide. La personne anorexique se trouve toujours trop grosse, même avec une masse corporelle insuffisante. Elle s'impose volontairement de graves restrictions alimentaires. En plus de jeûner, elle se fait vomir, prend des laxatifs et fait de l'exercice physique de façon excessive.

La *boulimie* peut être plus difficile à remarquer. Une personne boulimique éprouve une compulsion à manger, elle s'empiffre alors de façon incontrôlable. Elle éprouve ensuite de la honte et elle a peur de prendre du poids, ce qui la pousse à avoir des comportements semblables à ceux de l'anorexique, par exemple, se faire vomir.

La pasteurisation

Pour vous garder en bonne santé, il est non seulement important de consommer des substances nutritives, mais il faut aussi que les aliments soient propres à la consommation. C'est là que la pasteurisation joue un rôle essentiel.

La **pasteurisation** est un procédé de stérilisation des aliments. Elle tire son nom de son inventeur, le chimiste et biologiste français Louis Pasteur (1822-1895), qui cherchait une solution au problème de la conservation des vins. On a ensuite appliqué le procédé à des aliments liquides et solides.

L'opération consiste à chauffer les aliments à une température donnée (entre 65 °C et 100 °C) pendant une durée donnée (entre 3 s et 30 min), généralement à 72 °C pendant 16 s. L'utilisation d'une température et d'une durée trop grandes risque de détruire les substances nutritives contenues dans les aliments et d'en altérer la saveur.

Le chauffage détruit les micro-organismes pathogènes, c'est-à-dire pouvant provoquer des maladies. Après avoir chauffé un aliment à la température voulue, on le refroidit rapidement afin d'empêcher les bactéries encore présentes de se développer. On effectue le procédé dans un environnement le plus aseptisé possible (voir la figure 4.12). Ainsi, les aliments se conservent plus longtemps et leur valeur nutritive est préservée.

Saviez-vous que le lait que vous buvez est pasteurisé ? Depuis 1926, la pasteurisation du lait est obligatoire au Québec et fait l'objet d'une réglementation sévère. Ainsi, on a pu éliminer les bactéries qui causaient des épidémies graves comme la fièvre typhoïde ou la tuberculose bovine, une maladie qui peut parfois être transmise à l'être humain. On utilise aussi la pasteurisation pour détruire les bactéries dans le jus de fruits, le miel, la bière et le cidre.

info +

LA PASTEURISATION : LA PETITE HISTOIRE D'UNE GRANDE DÉCOUVERTE

On fabriquait du vin depuis très longtemps déjà – en fait, depuis 8000 ans av. J.-C. – quand Pasteur entreprit ses recherches sur le sujet. Il découvrit alors que des micro-organismes pouvaient vivre sans oxygène. Ces organismes anaérobies dégradent les substances et obtiennent ainsi leur énergie. C'est ce qui provoque la fermentation. Pasteur disait d'ailleurs de la fermentation qu'elle était « la vie sans air ». Ces micro-organismes peuvent être des bactéries, des champignons ou autres. Les micro-organismes qui causent la fermentation du vin sont des levures, un type particulier de champignon.

Figure 4.12 > La pasteurisation des liquides
La pasteurisation s'effectue dans un appareil appelé *pasteurisateur*.

Concepts clés

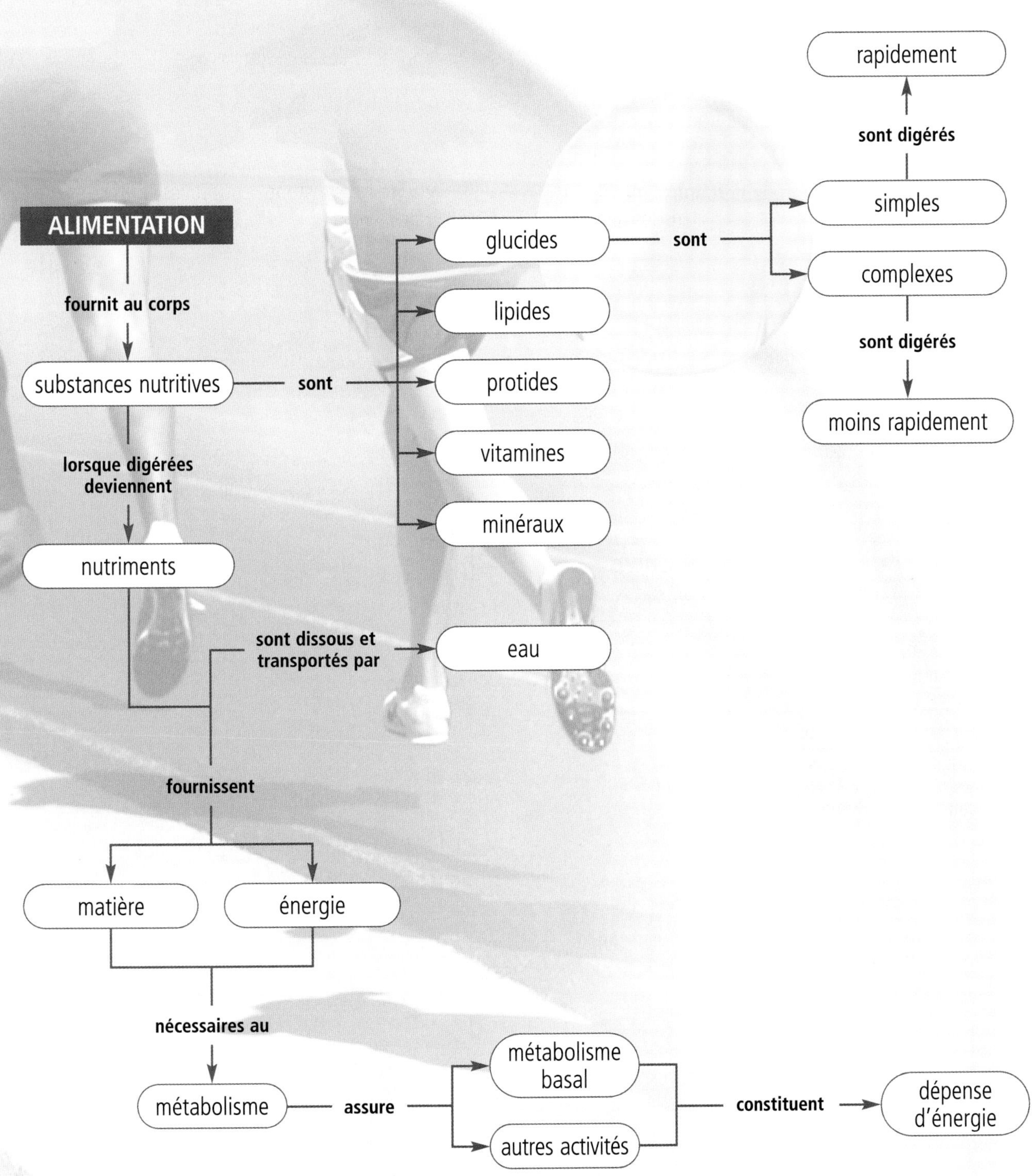

1

Associez chaque fonction à une ou des substances nutritives.

a) Favoriser la coagulation sanguine.
b) Protéger les organes du corps.
c) Participer à la formation des os.
d) Entretenir et renouveler les tissus.
e) Fournir de l'énergie au corps.
f) Favoriser l'absorption de certaines vitamines.

Choix de réponses

EAU	GLUCIDES	LIPIDES
PROTIDES	VITAMINES	MINÉRAUX

2

Comparez les tableaux de valeur nutritive de deux pains de marque différente.

Marque ❶

Valeur nutritive
par tranche (40 g)

Teneur	% valeur quotidienne
Calories 100	
Lipides 1,5 g	2 %
Glucides 14 g	5 %
Protéines 0 g	

Marque ❷

Valeur nutritive
par 2 tranches (64 g)

Teneur	% valeur quotidienne
Calories 140	
Lipides 1,5 g	2 %
Glucides 28 g	10 %
Protéines 5 g	

Quelle marque de pain favoriseriez-vous pour faire un sandwich ? Justifiez votre réponse.

3

Une personne perd beaucoup de sang dans un accident. On doit l'opérer d'urgence. Au moment de lui donner son congé, le médecin lui recommande une diète riche en fer et en vitamine C.

a) En quoi ces deux éléments peuvent-ils aider cette personne ?
b) Élaborez un menu type d'une journée pour cette personne.

4

Nommez deux substances nutritives contenues dans les aliments suivants.

a) 

b) 

c) 

d) 

e) 

f) 

5

Dans chaque cas, indiquez si l'énoncé est vrai ou faux. Corrigez les énoncés que vous jugez faux.

a) Les aliments contenant des glucides ont nécessairement un goût sucré.

b) Les lipides constituent la substance nutritive qui génère le plus d'énergie.

c) Les lipides doivent être la base de notre alimentation et en représenter 50 %.

d) Sur le plan de l'alimentation, les protides sont des protéines.

e) Le métabolisme basal correspond à l'énergie dépensée par une personne endormie.

f) Le rapport d'équivalence entre le kilojoule et la Calorie est le suivant : 1 kJ : 4,184 Cal.

g) La quantité d'énergie nécessaire à un individu dépend de plusieurs facteurs, comme l'âge, le sexe, le niveau d'activité et la température ambiante.

h) Une adolescente sédentaire qui consomme quotidiennement des aliments lui fournissant plus de 15 000 kJ risque de faire de l'embonpoint.

6

Ce midi, vous choisissez le plat du jour : un plat de haricots rouges à la mexicaine (275 Cal), un verre de lait à 2 % (128 Cal) et un sorbet ananas et orange (93 Cal).

a) Quelle quantité d'énergie, en Calories, votre repas comporte-t-il ?

b) Convertissez votre réponse à la question précédente en kilojoules.

c) À partir des recommandations pour l'adolescence, déterminez la quantité d'énergie que doivent contenir vos aliments pour le reste de la journée en supposant que vous avez consommé 210 Cal au déjeuner.

7

Très préoccupé par son alimentation, Luc décide de consulter une diététiste. Sa première tâche est de dresser la liste de tous les aliments qu'il a mangés la veille et d'en évaluer le nombre de portions selon le *Guide alimentaire canadien*. Voici le résultat.

DÉJEUNER
2 rôties de pain blanc (2 portions)
3 cuillers à table de beurre d'arachide (1,5 portion)
250 ml de lait (1 portion)

COLLATION
2 biscuits au chocolat

DÎNER
Spaghetti (1,5 portion)
Sauce à la viande (0,5 portion)
Fromage râpé (0,5 portion)
1 carotte (1 portion)
1 cannette de jus de pomme (1 portion)
1 morceau de gâteau aux carottes

SOUPER
1 steak (2 portions)
2 pommes de terre (2 portions)
1 tasse de brocoli (2 portions)
1 verre de lait (1 portion)
1 yogourt à la vanille (1 portion)

a) Selon le *Guide alimentaire canadien*, combien de portions Luc a-t-il consommées dans chacun des quatre groupes alimentaires ? Est-ce insuffisant, suffisant, excessif ?

b) Quelles corrections la diététiste pourrait-elle apporter au menu de Luc ?

8

L'eau constitue 75 % de la masse totale des bananes. Si vous en mangez une de 50 g au déjeuner, quelle quantité d'eau minimale ou maximale vous reste-t-il à consommer pendant le reste de la journée ? Remarque : 1 g d'eau occupe un volume de 1 ml.

histo2

> Louis Pasteur

C'est à Dôle, en France, que naît Louis Pasteur (1822-1895), qui deviendra l'un des plus grands scientifiques du monde.

Louis Pasteur dans son laboratoire

Après avoir obtenu des diplômes en lettres et en mathématique, il s'intéresse à la physique et à la chimie, puis se passionne pour la cristallographie, c'est-à-dire l'étude des cristaux.

Ce sont cependant ses premiers travaux sur la fermentation qui marquent le début de ses recherches en biologie. Il démontre le rôle des levures dans la fermentation et considère ces levures comme des micro-organismes vivants. Il en vient même à réfuter, en 1862, la théorie de la génération spontanée, théorie qui persistait depuis l'Antiquité et qui soutenait que des vivants pouvaient naître de la matière inerte. Pasteur prouve, au moyen d'expériences célèbres, qu'un vivant est nécessairement produit par un autre vivant.

En 1863, l'empereur Napoléon III fait appel à Pasteur pour trouver une solution aux problèmes de qualité et de conservation des vins français. Pasteur met au point un procédé pour détruire les micro-organismes nuisibles à la fermentation du vin : on chauffe le vin pendant quelques minutes, puis on le refroidit. La pasteurisation est née.

La contribution scientifique de Pasteur est multiple. En 1880, le chercheur s'intéresse à la rage et cherche à développer un vaccin contre cette maladie. En 1885, il l'administre pour la première fois à un être humain, un jeune garçon de neuf ans, Joseph Meister, qui a été mordu par un chien enragé. Le vaccin est un succès.

En 1888, on inaugure à Paris l'Institut Pasteur, un établissement consacré à la recherche sur les vaccins. On en fondera d'autres par la suite ailleurs dans le monde.

techno2

> L'irradiation des aliments

Pour éviter les intoxications alimentaires dans l'espace, les astronautes de la NASA se nourrissent d'aliments exempts de toute bactérie grâce à l'*irradiation*. Il s'agit d'un procédé de conservation basé sur une technologie nucléaire et utilisant des rayons gamma : les bactéries dans les aliments sont tuées par le sectionnement de leur ADN.

Au Canada, depuis 1989, il est permis d'irradier les pommes de terre, les oignons, le blé et la farine de blé. On reconnaît ces aliments parce qu'ils portent un symbole qu'on appelle *radura*.

Mais soyez sans crainte : un aliment irradié n'est pas radioactif pour autant ! C'est pourquoi bien des gens préfèrent parler d'*ionisation* plutôt que d'*irradiation*.

Le symbole radura

ZOOM sur l'avenir

TECHNICIEN EN DIÉTÉTIQUE
TECHNICIENNE EN DIÉTÉTIQUE

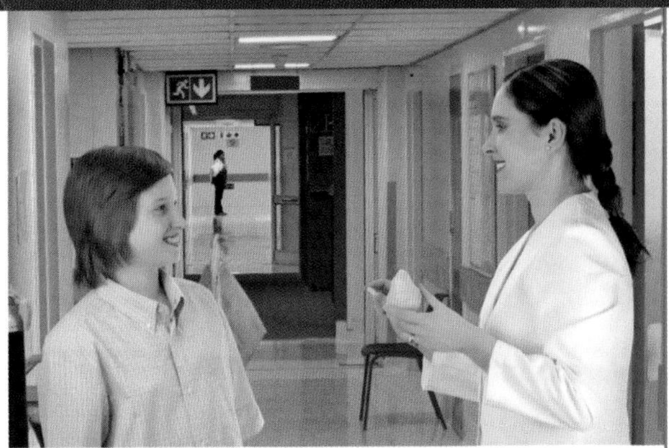

Claudine est technicienne en diététique dans un hôpital. Au quotidien, son travail est très varié. D'abord, elle s'occupe de la production et de la distribution des aliments. Ainsi, elle s'assure que les repas sont en accord avec les diètes recommandées par les médecins : un patient ou une patiente diabétique aura des repas contenant une quantité donnée de sucre, alors que les repas servis à une personne cardiaque ne contiendront ni sel ni gras. Ensuite, elle doit veiller au respect des normes d'hygiène et de sécurité. Il lui arrive aussi de donner de l'information en nutrition aux patients et aux patientes. Elle doit évidemment travailler en étroite collaboration avec le diététiste de l'hôpital.

Claudine a à cœur la santé des gens et la qualité de leur alimentation. Elle a toujours prôné de saines habitudes alimentaires. Plus jeune, elle était sensible aux recommandations du *Guide alimentaire canadien*. Elle évitait d'abuser de la restauration rapide, des desserts copieux, des aliments très gras, des boissons gazeuses, etc. La diététique lui va donc comme un gant ! Par ailleurs, Claudine doit faire preuve de leadership ; de plus, elle doit avoir une bonne capacité de gestion, le sens de l'organisation et de la planification ainsi qu'une grande facilité à travailler en équipe. Claudine doit également faire preuve d'une grande rigueur, car son travail a des répercussions directes sur la santé des patients et des patientes.

Pour exercer son métier, Claudine a obtenu un diplôme d'études collégiales en techniques de diététique.

DOMAINES CONNEXES

Formation secondaire professionnelle
- Gastronomie
- Service de restaurant traiteur

Formation collégiale
- Techniques de nutrition clinique
- Supervision des services alimentaires

Formation universitaire
- Diététique
- Diététique de la nutrition communautaire
- Direction du service de diététique
- Cuisine scientifique

Dossier 5 > Le système digestif

Salivez-vous à la vue de ces fruits délicatement enfilés sur des brochettes de bois ? Quand vous mangez, la salive présente dans votre bouche entame déjà le processus de digestion. Au cours de ce processus, votre organisme transforme la nourriture en substances facilement assimilables en lui faisant subir diverses transformations mécaniques et chimiques. Il procure ainsi aux cellules les nutriments nécessaires à une bonne santé tout en rejetant les déchets.

{ Jour après jour, les médias (télévision, panneaux publicitaires, etc.) vous incitent à consommer biscuits, barres tendres, pizzas, yogourt et autres aliments. Même qu'aux heures des repas, les messages publicitaires annonçant des aliments ou des restaurants abondent ! Vous laissez-vous influencer par toute cette publicité ou bien savez-vous choisir quotidiennement les aliments qui vous fourniront les nutriments et l'énergie nécessaires à vos activités ? }

Vous avez probablement déjà entendu parler des changements climatiques. Ceux-ci sont causé par l'augmentation de la température moyenne [illegible] la Terre depuis le XXe siècle. D'après les scientifiqu[illegible] ce réchauffement devrait se poursuivre au XXIe siè[illegible] Or, certains scientifiques croient que les chang[illegible]ments climatiques pourraient affecter le systèm[illegible] digestif des êtres humains.

Comment votre système digestif pourrait-il être touché par les changements climatiques?

Dans ce dossier

L'être humain

Liens >

... et la matière

Dossier 7 > Les transformations de la matière

Lors de la digestion, les aliments subissent deux types de transformations : mécaniques et chimiques. Quels indices peuvent vous permettre de classer une transformation dans l'une ou l'autre de ces catégories ?

p. 120

... et la technologie

Dossier 9 > Les matériaux

L'être humain a besoin de ses dents pour se nourrir. Avec le temps, les dents s'usent, se carient et certaines se cassent. Quels matériaux sont utiles pour combler le besoin des êtres humains à mastiquer leurs aliments ?

p. 156

Le tube digestif

L'étude du corps humain réserve bien des surprises. Connaissez-vous la longueur de votre tube digestif ? De la bouche à l'anus, le tube digestif de l'être humain mesure entre 7 m et 9 m ! Ce long canal regroupe plusieurs organes qui, avec les glandes digestives, vous permettront de bien assimiler la nourriture que vous consommez. On pourrait le comparer à un tapis roulant sur lequel les aliments progressent lentement, en subissant diverses transformations.

Figure 5.1 > La denture d'une personne adulte
Les dents assurent la mastication des aliments, première étape de la digestion.

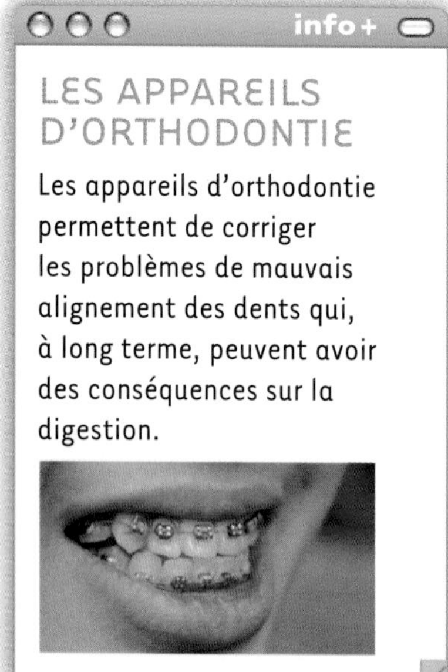

info+

LES APPAREILS D'ORTHODONTIE

Les appareils d'orthodontie permettent de corriger les problèmes de mauvais alignement des dents qui, à long terme, peuvent avoir des conséquences sur la digestion.

La bouche

La **bouche**, aussi appelée *cavité buccale*, est l'endroit par lequel entre la nourriture. C'est l'organe d'entrée du tube digestif. On y trouve notamment les dents, la langue et la luette.

La **denture** – l'ensemble des dents – est une structure annexe du tube digestif. À l'adolescence, elle comporte 28 dents permanentes. Ce nombre passera à 32 lorsque pousseront les dents de sagesse, entre 17 et 21 ans. Chez certaines personnes, cependant, les dents de sagesse ne pousseront jamais.

Les 32 dents que compte habituellement la denture d'une personne adulte sont réparties ainsi : 8 incisives, 4 canines, 8 prémolaires et 12 molaires (voir la figure 5.1). Ces quatre types de dents présentent des formes différentes selon les rôles qu'ils remplissent. Les incisives, minces et plates, servent à couper les aliments. Les canines, pointues et perçantes, servent à les déchirer. Quant aux prémolaires et aux molaires, rondes et aplaties, elles servent à écraser et à broyer les aliments. Cette denture est adaptée à l'alimentation de l'être humain, un omnivore. En observant la denture d'une vache, un herbivore, on remarque qu'elle ne possède pas tous ces types de dents... des canines lui seraient bien inutiles !

La **langue** est un muscle recouvert de papilles servant à capter les saveurs et les sensations. Son rôle à l'intérieur du tube digestif consiste à pousser les aliments mâchés vers le fond de la bouche afin qu'ils soient avalés. La **luette**, un petit muscle situé à l'arrière du palais, se contracte alors et se relève (voir la figure 5.2). Elle vient ainsi bloquer les fosses nasales pour que la nourriture (surtout les liquides) n'y pénètre pas.

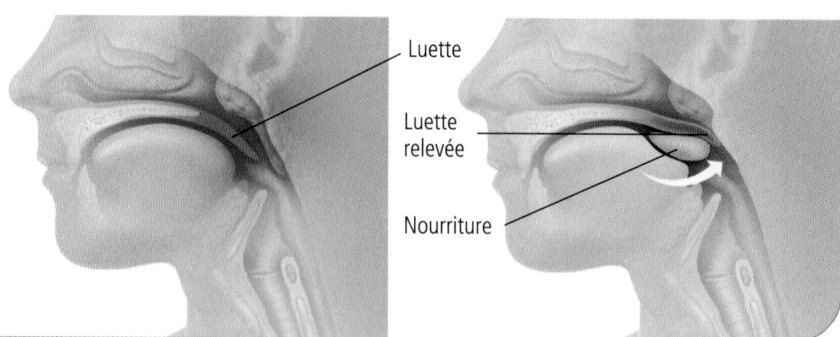

Figure 5.2 > Le mouvement de la luette
La luette sert à bloquer le passage des aliments dans les fosses nasales au cours de la déglutition.

La bouche est également l'endroit où on trouve la salive. Celle-ci contient des substances qui amorcent le processus de la digestion. En humidifiant et en amollissant les aliments, la salive facilite aussi leur entrée dans le pharynx.

Le pharynx

Le pharynx, communément appelé *gorge*, est un canal fait de muscles. C'est dans sa partie inférieure que se séparent les voies respiratoires et les voies digestives. Le passage vers l'une ou l'autre de ces voies est assuré par une languette cartilagineuse, l'**épiglotte**. En fait, en l'absence de nourriture, l'épiglotte est toujours relevée, permettant à l'air de s'engouffrer librement dans la trachée. C'est seulement lorsque l'on avale que l'épiglotte s'abaisse par un mouvement réflexe du pharynx (voir la figure 5.3). Avez-vous déjà avalé de travers ? C'est probablement parce que vous aviez mangé trop vite et que ce mouvement réflexe n'avait pas eu le temps de se produire. Un peu de nourriture s'engage alors dans les voies respiratoires, on s'étouffe, et la nourriture en ressort immédiatement pour reprendre son chemin vers l'œsophage.

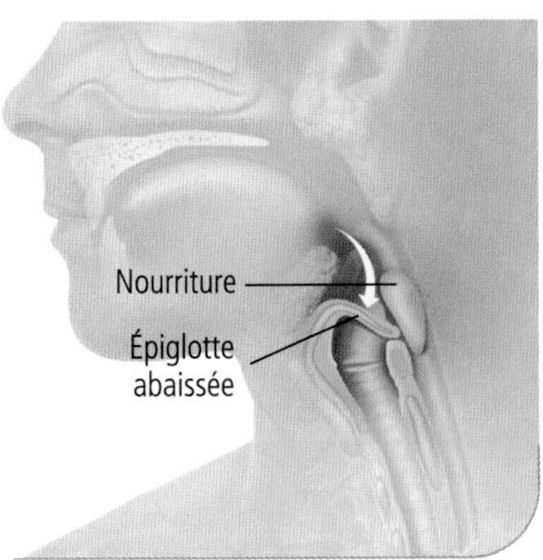

Figure 5.3 > Le pharynx et le mouvement de l'épiglotte
L'épiglotte permet de diriger la nourriture vers l'œsophage et l'air vers la trachée.

L'œsophage

L'œsophage est un canal, long de 25 cm, reliant le pharynx à l'estomac. Il est situé immédiatement devant la colonne vertébrale et tout juste derrière la trachée. Ce sont les contractions involontaires des muscles entourant l'œsophage qui permettent aux aliments d'y progresser. Ce mouvement réflexe se nomme péristaltisme (voir la figure 5.4).

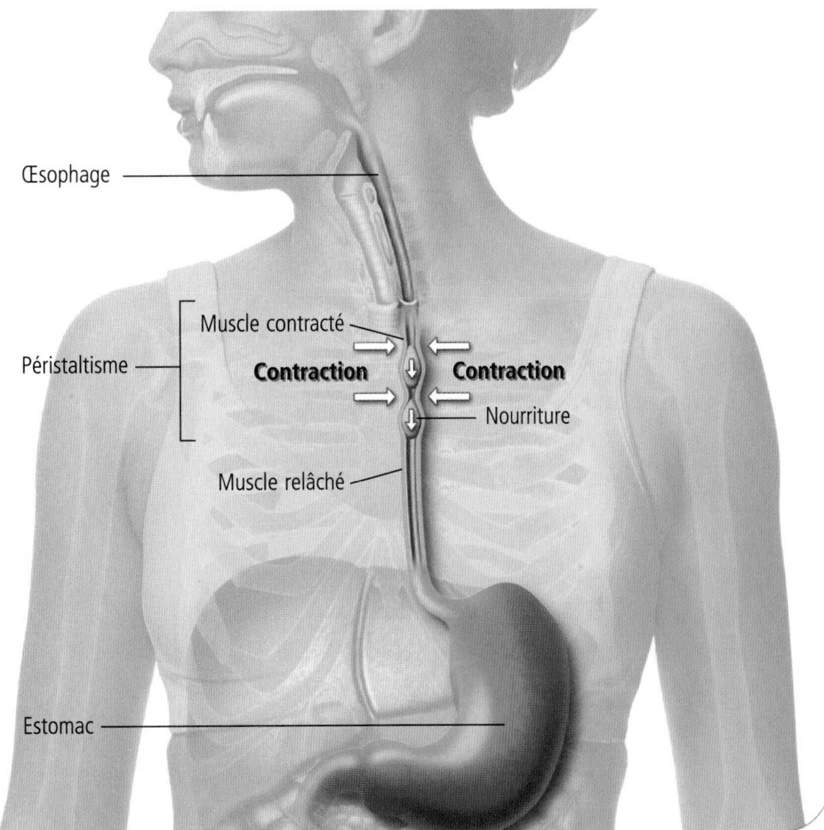

Figure 5.4 > L'œsophage et le péristaltisme
Le péristaltisme œsophagien accélère la progression des aliments vers l'estomac.

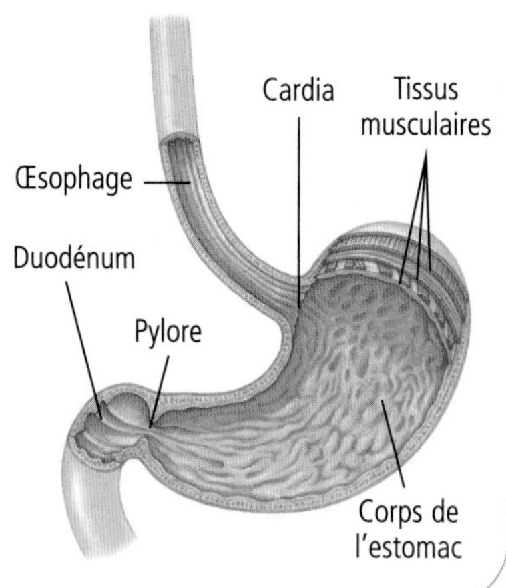

Figure 5.5 > L'estomac
Au cours de leur séjour dans l'estomac, les aliments sont partiellement digérés.

L'estomac

L'**estomac** est une grande poche en forme de J située du côté gauche de l'abdomen (voir la figure 5.5). Cet organe contient en moyenne 1,3 L de nourriture, mais il peut se dilater et en contenir jusqu'à 4 L. La nourriture à digérer pénètre dans l'estomac par le cardia, un orifice contrôlé par un muscle circulaire appelé **sphincter**. L'estomac lui-même est constitué de trois couches de tissus musculaires qui se contractent dans des directions différentes. Ces mouvements assurent le brassage et le malaxage de la nourriture. C'est également dans l'estomac qu'on trouve le suc gastrique nécessaire au bon déroulement de la digestion. Le **suc gastrique** est un liquide sécrété par les glandes gastriques de l'estomac. Il contient entre autres de l'acide chlorhydrique, des enzymes et du mucus. La nourriture partiellement digérée ressort ensuite de l'estomac par le pylore, un orifice aussi contrôlé par un sphincter. Elle s'engage alors dans le duodénum, la première partie de l'intestin grêle.

L'intestin grêle

L'**intestin grêle**, aussi appelé *petit intestin*, est un tube mesurant entre 5 m et 7 m de longueur (voir la figure 5.7). Il offre ainsi une grande surface permettant une absorption maximale des nutriments. Cette surface mesure environ 200 m^2, c'est-à-dire la taille d'un terrain de tennis ! Cependant, afin d'occuper moins d'espace, l'intestin grêle est replié sur lui-même. Ainsi, son parcours dans l'abdomen présente une quinzaine de virages. Sa face interne est tapissée d'une muqueuse produisant le **suc intestinal**. Le duodénum est la première partie de l'intestin grêle. On y trouve une petite ouverture où se rejoignent deux conduits provenant du foie et du pancréas. C'est aussi dans le duodénum que se déversent le suc pancréatique et la bile, soit d'autres liquides nécessaires au bon déroulement de la digestion.

info+

LES SPHINCTERS DU TUBE DIGESTIF

Vomir : quelle expérience désagréable ! Lorsque vous avez des vomissements, les muscles abdominaux et le diaphragme se contractent violemment et repoussent la nourriture vers le haut. Le cardia s'ouvre alors, il y a reflux : le contenu de l'estomac remonte dans l'œsophage jusque dans la bouche. Pour en réduire le risque, on apprend la modération dans l'alimentation et les bonnes habitudes d'hygiène. Excepté dans certaines maladies et la gloutonnerie, les vomissements sont heureusement plutôt rares !

En effet, le système digestif est constitué d'un « dispositif » qui règle la circulation de la nourriture. Il compte plusieurs sphincters, situés autour du cardia, du pylore et de l'anus. Ces sphincters sont des muscles circulaires qui jouent le rôle de portier à divers endroits du tube digestif et empêchent les aliments de refluer lorsqu'ils sont fermés. Le sphincter cardial évite le reflux vers l'œsophage. Le sphincter pylorique permet le passage de petites quantités de nourriture de l'estomac à l'intestin grêle. Le sphincter anal doit retenir les matières fécales jusqu'à la défécation.

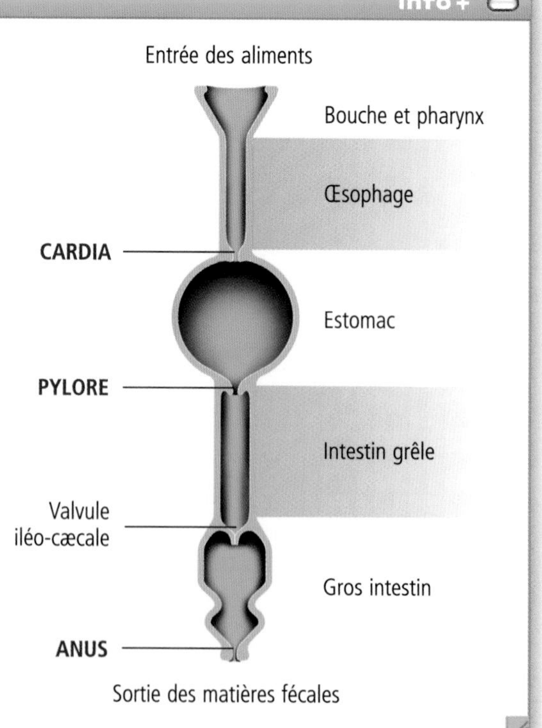

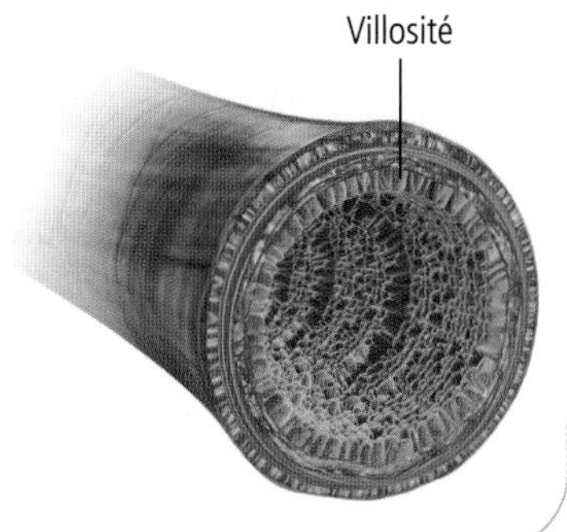

Figure 5.6 > Les villosités
Les villosités intestinales permettent l'absorption des nutriments, transportés ensuite par le sang jusqu'aux multiples cellules du corps.

L'intestin grêle possède un diamètre qui varie de 2,5 cm à 4 cm. Il est enveloppé de tissus musculaires dont le mouvement – le péristaltisme intestinal – entraîne le déplacement des substances alimentaires. La paroi interne de l'intestin grêle est recouverte de grands plis, les valvules. Ces grands plis sont à leur tour tapissés de millions de petits replis, les **villosités** (voir la figure 5.6). Elles servent à absorber les nutriments.

Les substances qui n'ont pas été absorbées durant leur passage dans l'intestin grêle s'engagent finalement dans le gros intestin, en franchissant une petite valve appelée *valvule iléo-cæcale.*

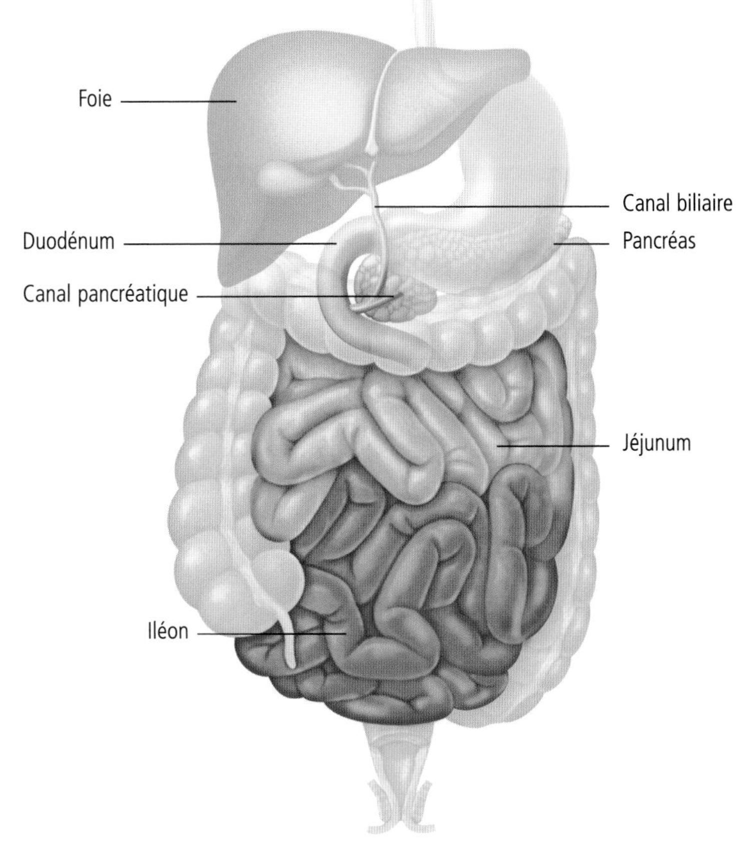

Figure 5.7 > L'intestin grêle
L'intestin grêle se compose de trois sections : le duodénum, le jéjunum et l'iléon. Deux conduits, provenant du foie et du pancréas, aboutissent dans le duodénum ; ce sont le canal biliaire et le canal pancréatique.

ZOOM sur la santé

LA GASTROENTÉRITE

Avez-vous déjà fait une gastroentérite ? C'est une inflammation causée par une bactérie ou un virus qui entraîne une diarrhée et des vomissements. Connaissez-vous son mode de transmission ? L'agent infectieux qui cause la gastroentérite se transmet souvent par contact avec des matières fécales ou des vomissures présentes sur les mains. On ne le répétera jamais assez : se laver les mains souvent, c'est important ! De plus, il faut savoir qu'une personne est contagieuse dès l'apparition des symptômes, et le demeure jusqu'à 48 heures après leur disparition.

Le gros intestin

Le **gros intestin** est le dernier organe du tube digestif (voir la figure 5.9). Il mesure entre 1,5 m et 2 m. Son diamètre est de 5 cm à 7 cm, soit près de deux fois celui de l'intestin grêle. Sa forme ressemble à un U inversé qui contourne ce dernier. Le gros intestin est, lui aussi, enveloppé de tissus musculaires permettant notamment aux substances de se déplacer vers le haut, soit à l'encontre de la gravité. Le gros intestin contient un nombre impressionnant de bactéries : environ 100 000 milliards (voir la figure 5.8). Ces bactéries contribuent à la digestion des nutriments et à la synthèse de certaines vitamines. L'eau est en grande partie absorbée dans le gros intestin et les résidus sont évacués sous forme de matières fécales par un dernier orifice, l'**anus**.

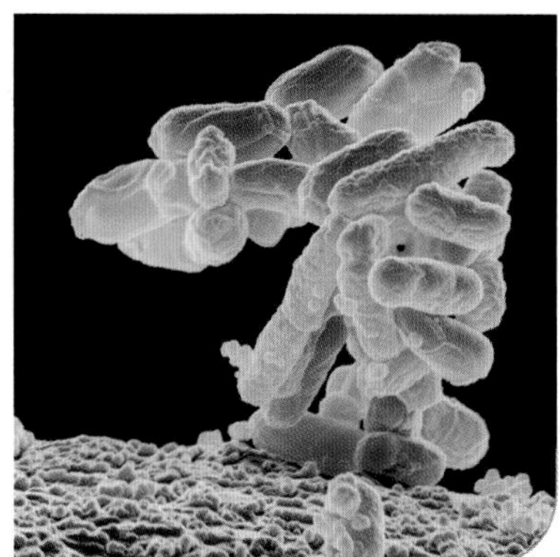

Figure 5.8 > La bactérie *E. coli*
La bactérie *E. coli* est une bactérie intestinale commune chez l'être humain.

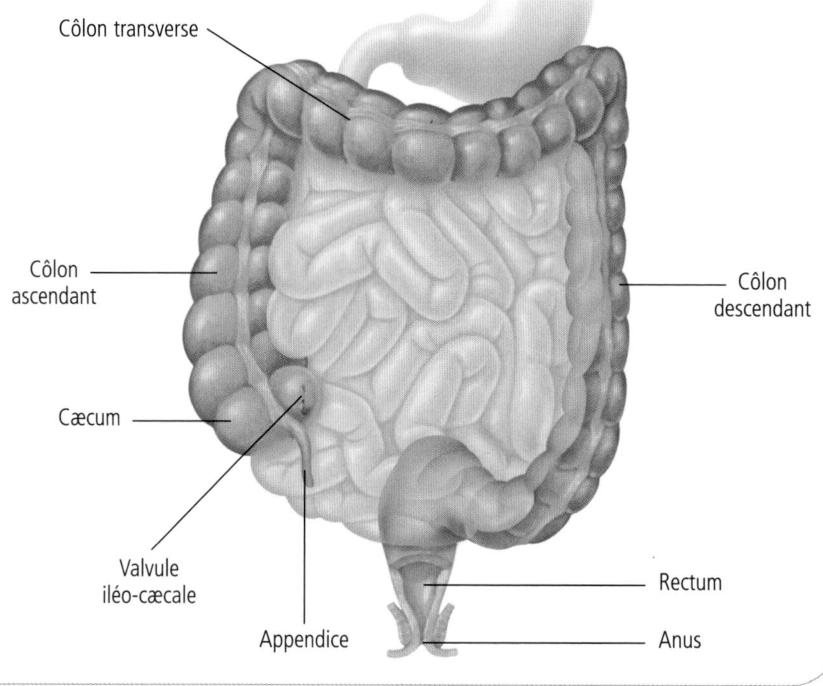

Figure 5.9 > Le gros intestin
Les substances qui n'ont pas été digérées et absorbées par l'intestin grêle passent dans le côlon. Elles sont alors partiellement asséchées et dirigées vers le rectum.

Le choléra est une maladie tropicale contagieuse, causée par une bactérie qui perturbe le système digestif. Comme la chaleur favorise la reproduction de cette bactérie, le réchauffement de la planète pourrait répandre cette très grave maladie en Amérique du Nord.

info+

LA COLOSCOPIE

La coloscopie est un examen médical du gros intestin. Cet examen s'effectue avec un colofibroscope, un petit tube flexible d'environ 1 cm de diamètre et de 180 cm de long, constitué de fibre optique et muni d'une vidéopuce. Le médecin insère ce tube dans l'anus du patient ou de la patiente, puis le pousse dans le gros intestin. Il peut ainsi voir la paroi interne de l'intestin et déceler une éventuelle anomalie. La coloscopie est utilisée pour chercher les causes de certains problèmes, comme du sang dans les selles ou des douleurs abdominales. Elle permet aussi de dépister le cancer du côlon et du rectum ou cancer colorectal.

Appareil servant à effectuer une coloscopie

Les glandes digestives

ADO

Les dangers du stress

Sentez-vous le stress vous gagner à l'idée d'un examen, d'une compétition sportive ou d'un rendez-vous ? Le stress ajoute quand même un peu de piment à la vie, n'est-ce pas ? Cependant, un stress important ou étalé sur une longue durée peut avoir des effets néfastes sur votre santé, notamment en provoquant l'apparition d'un ulcère gastroduodénal. La pepsine et l'acide chlorhydrique contenus dans le suc gastrique peuvent détruire la muqueuse qui protège l'estomac et le duodénum. Il y a alors formation d'un ulcère. Comment pouvez-vous éviter les ulcères d'estomac ? D'abord, il faut éviter certains produits, comme le café. Ensuite, il faut apprendre à vous détendre !

>>> OUTIL 4, p. 186

Votre organisme est une véritable usine de transformation des aliments ! Les glandes digestives jouent un rôle primordial dans ce processus de transformation; elles produisent des enzymes qui rendent les aliments assimilables par le corps. Ainsi, la nourriture que vous mangez subit d'importantes transformations non seulement mécaniques, mais aussi chimiques.

Les types de glandes digestives

Une **glande** est un ensemble de cellules qui ont pour fonction de sécréter une substance chimique particulière. Il existe deux types de glandes digestives: les glandes annexes et les glandes intégrées.

Les **glandes annexes** sont situées à l'extérieur du tube digestif. Elles déversent leurs sécrétions dans le tube digestif grâce à de petits canaux excréteurs. Ce sont les glandes salivaires, le foie et le pancréas.

Les **glandes intégrées** sont incorporées à la paroi du tube digestif et y déversent directement leurs sécrétions. Ce sont les glandes gastriques de la paroi de l'estomac et les glandes intestinales de la paroi de l'intestin grêle.

Les glandes salivaires

La salive est la première substance qui transforme la nourriture durant le processus de la digestion. Cette substance est sécrétée par les **glandes salivaires** (voir la figure 5.10). Il existe trois paires de glandes salivaires: une paire sous les oreilles, une sous la langue et une autre sous la mâchoire inférieure. Les glandes salivaires ressemblent à de petites grappes de raisins. Chaque jour, ces glandes peuvent sécréter jusqu'à 1 L de salive.

La salive joue différents rôles:

- mettre en solution les substances solubles contenues dans la nourriture afin d'en libérer les saveurs;
- permettre d'avaler plus facilement les aliments;
- combattre et détruire les bactéries nuisibles introduites dans la bouche;
- protéger les dents en neutralisant les acides et en aidant à reformer l'émail.

Du point de vue de la digestion, le rôle principal de la salive est d'amorcer la digestion de l'amidon provenant de la nourriture. La salive contient en effet une enzyme appelée *amylase*. Les enzymes impliquées dans la digestion sont des molécules contenues dans les sucs digestifs. Elles favorisent la décomposition des substances nutritives, c'est-à-dire les glucides, les protides et les lipides. L'amylase permet donc la dégradation de l'amidon, une molécule constituée d'une longue chaîne de glucose. L'amylase salivaire transforme cette longue chaîne de glucose en sucres simples, c'est-à-dire en de courtes chaînes de glucose.

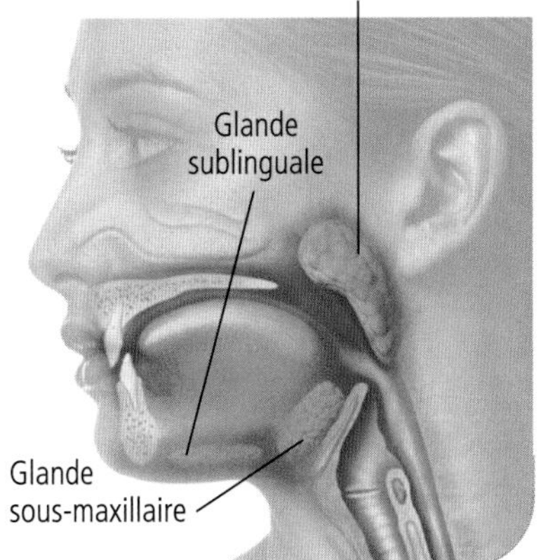

Figure 5.10 > Les trois paires de glandes salivaires
La salive produite par les glandes salivaires permet d'enclencher la première étape du processus de digestion.

Outil 4, p. 186

Les glandes gastriques

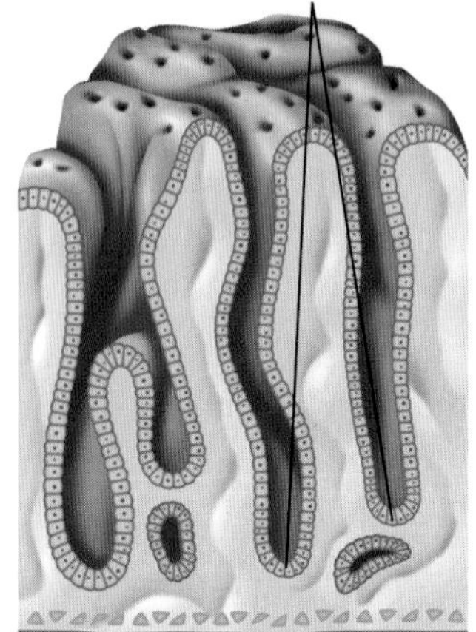

Figure 5.11 > Les cellules des glandes gastriques
Les glandes gastriques sécrètent le suc gastrique, essentiel à la digestion.

Les glandes gastriques sont situées dans la paroi interne de l'estomac (voir la figure 5.11). On compte environ 35 millions de ces glandes, qui sécrètent chaque jour entre 1,3 L et 3 L de **suc gastrique**. Le suc gastrique contient notamment la pepsine, une enzyme qui permet d'amorcer la digestion des protides – des protéines – dans l'estomac. Sous l'action de la pepsine et d'autres protéases, les protides, constitués de longues chaînes d'acides aminés, sont transformés chimiquement en petites chaînes d'acides aminés. Notons que les protéases sont un type d'enzymes qui décomposent les protides.

Le suc gastrique contient aussi de l'acide chlorhydrique (HCl). C'est cette substance qui cause une forte acidité du contenu de l'estomac, qui a un pH de 2. En comparaison, la nourriture au niveau de l'œsophage a un pH de 6,4. Le pH est une échelle de mesure variant de 0 à 14, qui sert à déterminer le niveau d'acidité ou de basicité d'une substance. À partir d'un pH 7, plus on s'approche du 0, plus une substance est acide. Cette acidité au niveau de l'estomac contribue à détruire les micro-organismes nuisibles provenant des aliments.

Les glandes gastriques sécrètent également une substance claire et visqueuse appelée mucus. Celui-ci protège la paroi interne de l'estomac en empêchant le suc gastrique d'en digérer les tissus.

Le foie

Le foie est l'un des plus gros organes du corps humain. Il pèse 1,5 kg et est situé du côté droit de l'abdomen. Il est de couleur brunâtre, car il contient beaucoup de sang. Le foie est divisé en deux lobes de grosseurs différentes. Le lobe droit

ZOOM sur la santé

PRENEZ SOIN DE VOTRE SYSTÈME DIGESTIF !

Le système digestif joue un rôle déterminant dans le bon fonctionnement de l'organisme. Par vos choix alimentaires et vos habitudes de vie, vous pouvez influer directement sur la santé de votre système digestif. Voici quelques règles d'hygiène et de prévention à suivre.

- Buvez beaucoup d'eau. L'eau facilite grandement la digestion des aliments, l'absorption des nutriments et l'élimination des déchets.
- Prenez le temps de manger. La mastication et la salivation sont des étapes importantes et préalables à une bonne digestion.
- Ne prenez pas des repas trop copieux, sinon votre estomac peut être surchargé et avoir de la difficulté à travailler adéquatement.
- Évitez de manger juste avant d'aller au lit. La digestion est un processus long qui s'étale sur plusieurs heures. Or, la nuit, le métabolisme est ralenti, ce qui peut nuire à la digestion.
- Incluez des fibres alimentaires dans votre alimentation. Les fibres, qui ne sont pas digérées par les différentes enzymes contenues dans le tube digestif, aboutissent dans le gros intestin. Elles absorbent l'eau et ramollissent les matières fécales, ce qui facilite leur élimination.

info+

L'ODEUR, UN SIGNE DE SANTÉ !

Saviez-vous que les bactéries présentes dans votre intestin sont responsables des gaz que vous émettez à l'occasion ? Votre intestin produit environ 500 ml de gaz par jour ! Ces gaz proviennent de la fermentation de certains sucres complexes sous l'action de bactéries. Les gaz produits par ces bactéries sont aussi responsables de l'odeur de vos selles. Des selles inodores ou ayant une odeur très forte peuvent signifier un déséquilibre passager des bactéries dans l'intestin.

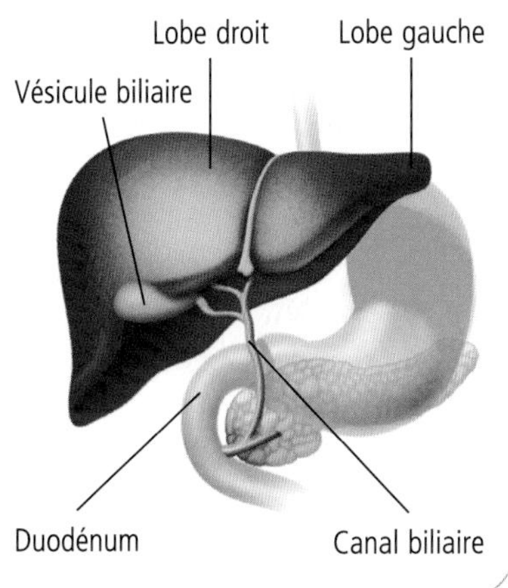

Figure 5.12 > Le foie
Le foie, véritable laboratoire chimique, est un des organes les plus importants du corps humain.

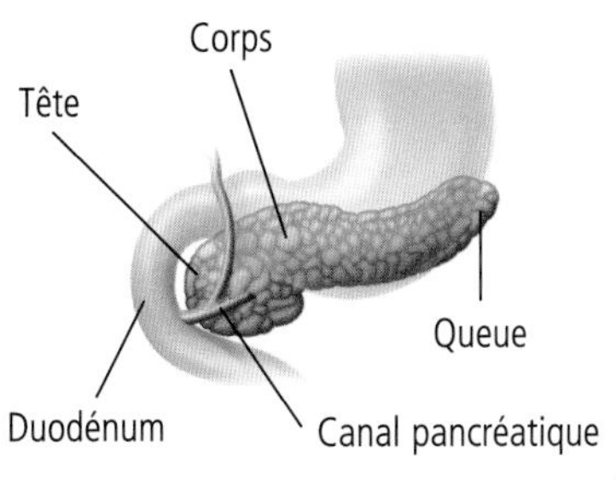

Figure 5.13 > Le pancréas
À l'arrivée des aliments dans l'estomac, le pancréas commence à produire le suc pancréatique.

est plus volumineux que le lobe gauche (voir la figure 5.12). Le foie remplit plusieurs rôles très importants dans différents systèmes du corps humain :

- il stocke le glucose (obtenu de la digestion des glucides), le fer et les vitamines ;
- il élimine les substances toxiques contenues dans le sang, comme l'alcool et les médicaments ;
- il fabrique le cholestérol, un lipide que l'on trouve normalement dans le sang et dans tous les tissus du corps ;
- il produit la bile.

Dans le système digestif, le foie joue le rôle d'une glande. En effet, le foie fabrique la **bile**, un liquide jaune-vert destiné à émulsionner, c'est-à-dire à fractionner les lipides pour faciliter leur digestion. Le foie peut produire jusqu'à 1 L de bile par jour. La bile est emmagasinée dans la vésicule biliaire, une petite poche de 7 cm à 10 cm située sous le foie. Lorsque des aliments passent de l'estomac au petit intestin, la bile se déverse dans le duodénum par le canal biliaire.

Le pancréas

Le **pancréas** ressemble un peu à une feuille d'arbre allongée (voir la figure 5.13). Il mesure de 13 cm à 18 cm et est situé derrière l'estomac. Cette glande sécrète le **suc pancréatique** qui se déverse dans le duodénum via le canal pancréatique. Ce liquide protège l'intestin grêle en neutralisant l'acidité des substances provenant de l'estomac. Cette acidité est si élevée qu'elle pourrait désagréger du fer ! Grâce au suc pancréatique, le pH de ces substances passe de 2 à 7,6 ; ce qui facilite le travail des enzymes de l'intestin puisqu'elles sont plus actives dans un milieu faiblement basique.

Le suc pancréatique contient également des enzymes capables de poursuivre la digestion des glucides et des protides, et d'amorcer la transformation chimique des lipides en acides gras et en glycérol.

Le pancréas est aussi le lieu de fabrication d'hormones, l'**insuline** et le **glucagon**. Ces deux hormones sont responsables de la régulation du taux de sucre dans le sang.

Les glandes intestinales

Les **glandes intestinales** sont situées dans la paroi intérieure de l'intestin grêle. Elles sécrètent le **suc intestinal** qui sert à achever la digestion des protides et des glucides. Le suc intestinal travaille aussi avec la bile et le suc pancréatique pour assurer la transformation des lipides en acides gras et en glycérol.

info+

LA DIGESTION DES ALIMENTS

La digestion des aliments se fait entre autres grâce à des transformations chimiques qui utilisent les enzymes de la salive, du suc gastrique, du suc pancréatique, du suc intestinal et de la bile.

Le fonctionnement du système digestif

Comment le système digestif arrive-t-il à transformer les aliments en nutriments, ces substances que votre organisme peut assimiler ?

Le processus de transformation des aliments dans le système digestif comporte quatre grandes phases : l'ingestion, la digestion, l'absorption et l'élimination.

ZOOM sur la santé

LE YOGOURT : LES BIENFAITS DES BACTÉRIES

Vous aimez le yogourt ! Bravo ! Le yogourt est un produit obtenu de la fermentation du lait et qui contient au moins deux différentes souches de bactéries lactiques. Ces bactéries sont de précieuses alliées pour vous, car elles agissent positivement sur la flore intestinale, assurant ainsi un bon fonctionnement de vos intestins. Or, la plupart de ces bactéries sont détruites par l'acidité du suc gastrique lors de leur passage dans l'estomac. C'est ici que les yogourts auxquels on a ajouté des probiotiques deviennent intéressants. Les probiotiques sont des bactéries capables de résister au milieu acide et peuvent ainsi survivre jusque dans l'intestin. Les probiotiques pourront améliorer entre autres votre système immunitaire et empêcher certaines bactéries pathogènes, comme celles causant les diarrhées, d'adhérer aux parois de votre intestin.

L'ingestion

La phase de l'**ingestion** comprend deux processus distincts. Le premier implique la **mastication** et la **salivation**. Les dents se chargent de la mastication en déchirant, en coupant et en broyant les aliments. Ceux-ci subissent alors une **transformation mécanique**, qui change la forme des aliments. Au même moment s'effectue la salivation. Les glandes salivaires produisent de la salive qui se déverse dans la bouche. L'amylase contenue dans la salive amorce la digestion de l'amidon présent dans la nourriture en lui faisant subir une **transformation chimique**, qui change la nature de l'aliment. La bouillie qui en résulte, appelée *bol alimentaire*, est par la suite dirigée vers le fond de la bouche à l'aide de la langue.

C'est alors que commence le deuxième processus de l'ingestion, soit la **déglutition**. Le bol alimentaire pénètre dans le pharynx pour amorcer sa descente. Il s'engage ensuite dans l'œsophage, qu'il franchit en quelques secondes, pour aboutir dans l'estomac (voir la figure 5.14).

La digestion

La **digestion** des aliments, amorcée dans la bouche, s'effectue surtout dans l'estomac et l'intestin grêle. C'est dans ces deux organes que la nourriture est transformée en nutriments assimilables par l'organisme. Dans l'estomac, le suc gastrique poursuit la digestion des sucres, en plus de s'attaquer aux protides. L'estomac procède au **brassage** et au **malaxage** du bol alimentaire durant deux à quatre heures. Le bol alimentaire en ressort sous la forme d'une bouillie homogène nommée *chyme*.

Le chyme pénètre ensuite dans l'intestin grêle. À cet endroit se déversent la bile et le suc pancréatique qui, à l'aide du suc intestinal, s'affairent à digérer les graisses contenues dans le chyme et à poursuivre la digestion des glucides et des protides.

L'absorption

Le chyme poursuit son chemin dans l'intestin grêle grâce au péristaltisme. Il y séjournera de une à quatre heures. Les protides, les glucides et les lipides contenus dans le chyme sont maintenant décomposés en nutriments. Les protides sont transformés en acides aminés, les glucides en sucres simples, et les lipides en acides gras et en glycérol.

C'est dans l'intestin grêle, plus précisément dans le jéjunum et dans l'iléon, que seront absorbés ces nutriments. L'**absorption** est le passage de ces nutriments du tube digestif vers le sang et la lymphe, un liquide qu'on trouve dans les vaisseaux lymphatiques. Une fois absorbés, les nutriments seront transportés dans tout le corps grâce au sang.

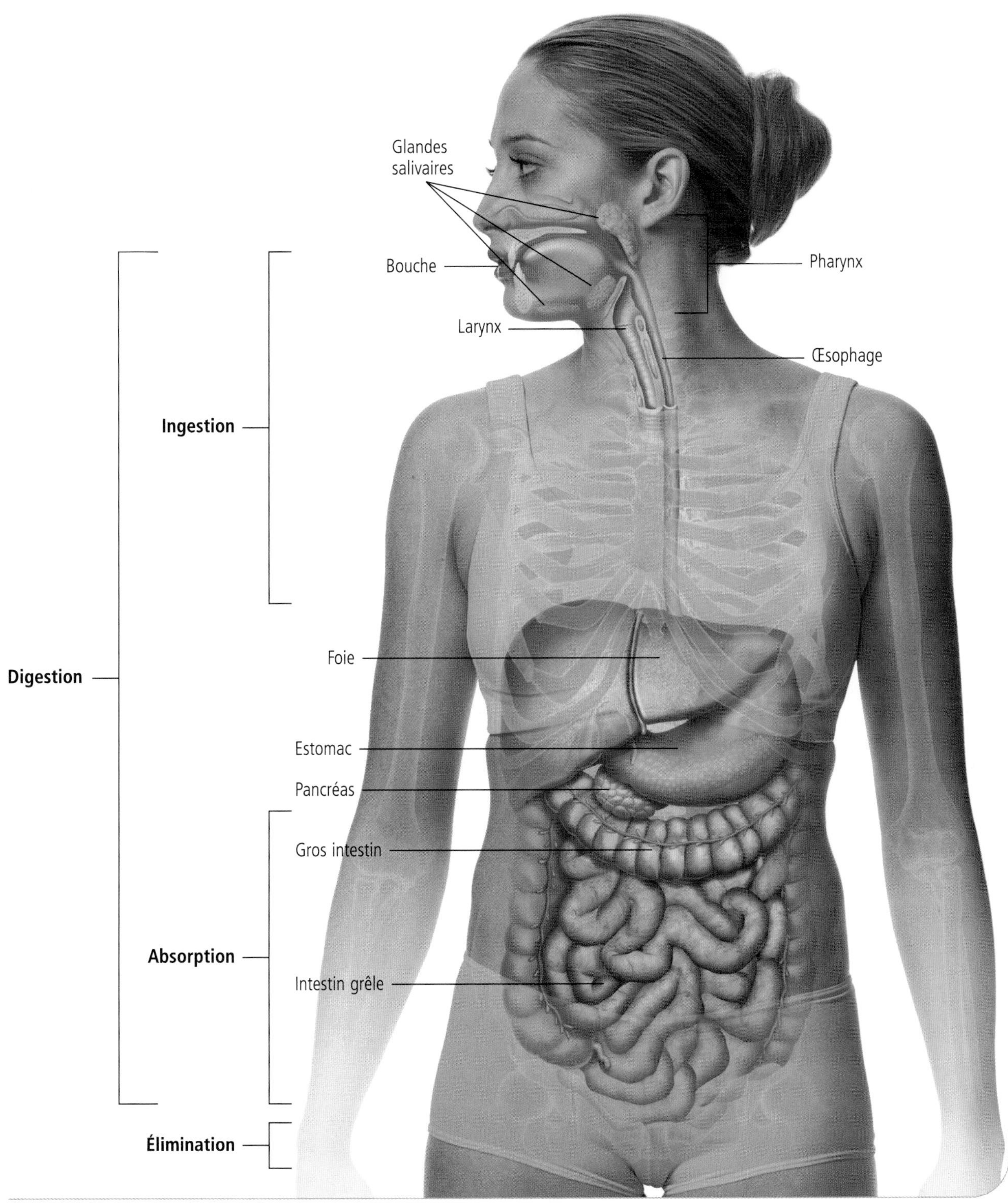

Figure 5.14 > Le traitement de la nourriture par le système digestif: l'ingestion, la digestion, l'absorption et l'élimination.

Figure 5.15 > La cellulase chez les ruminants
Le système digestif des ruminants possède de la cellulase, l'enzyme capable de digérer les fibres végétales.

Certaines vitamines et certains sels minéraux sont également absorbés lors de leur passage dans l'intestin grêle et le gros intestin. Quant à l'eau contenue dans le chyme, elle sera absorbée à 95 % dans l'intestin grêle.

L'élimination

Le chyme, qui se retrouve dans le gros intestin, est pris en charge par les milliards de bactéries qui constituent la flore intestinale. Ces bactéries permettent la fermentation de la cellulose, ou fibres végétales. Cette cellulose parvient intacte dans le gros intestin, car le corps humain ne possède pas l'enzyme, la cellulase, capable de la digérer (voir la figure 5.15).

Les résidus obtenus et les bactéries de la flore intestinale forment les fèces, ou matières fécales. Les matières fécales séjournent dans le rectum jusqu'à ce qu'elles soient éliminées par l'anus lors de la défécation. Tout le processus d'**élimination** peut durer plus de 10 heures.

info+

LA TRANSFORMATION DE LA NOURRITURE

La nourriture se transforme au fil de son parcours dans le tube digestif. C'est pourquoi différents termes sont utilisés pour la désigner.

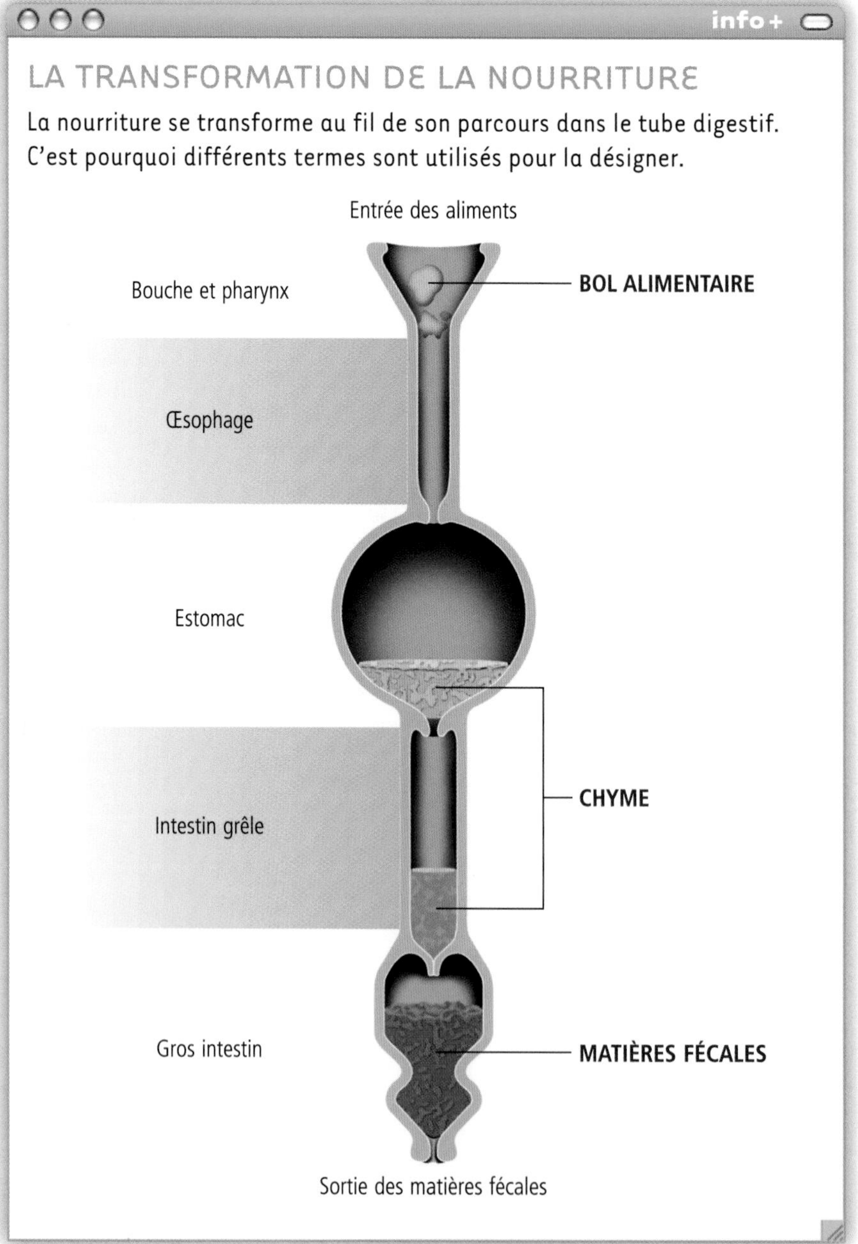

Les diverses transformations subies par les aliments dans le système digestif les rendent assimilables par l'organisme. Le tableau 5.1 fait une synthèse de ces transformations.

Les changements climatiques risquent d'entraîner des épisodes de plus en plus fréquents de précipitations abondantes. Or, les pluies fortes ont pour effet d'augmenter la turbidité de l'eau. En étant plus trouble, l'eau réagit moins bien aux traitements pour la rendre potable, surtout dans les localités dépourvues d'une technologie moderne. Il en résulte une augmentation des cas de maladies gastro-intestinales.

Tableau 5.1 > Les transformations subies par les aliments dans le tube digestif

ORGANES DU SYSTÈME DIGESTIF		TRANSFORMATIONS MÉCANIQUES	TRANSFORMATIONS CHIMIQUES
Tube digestif	Glandes		
Bouche	Glandes salivaires	• Broyage de l'aliment lors de la mastication. • Fragmentation de la bouchée en un bol alimentaire lors de la déglutition.	Transformation de l'amidon en courtes chaînes de glucose sous l'action de l'amylase, une enzyme salivaire.
Estomac	Glandes gastriques	Malaxage du bol alimentaire et du suc gastrique en chyme grâce aux contractions des muscles de l'estomac.	Transformation des protides en petites chaînes d'acides aminés sous l'action de la pepsine, une enzyme gastrique.
Intestin grêle	Foie	Émulsion des lipides par la bile.	
	Pancréas		Sous l'action des enzymes… • Transformation des glucides en glucose. • Transformation des protides en acides aminés. • Transformation des lipides en acides gras et en glycérol.
	Glandes intestinales	Mélange du chyme grâce au péristaltisme.	
Gros intestin		Compactage des matières fécales grâce au péristaltisme.	

Concepts clés

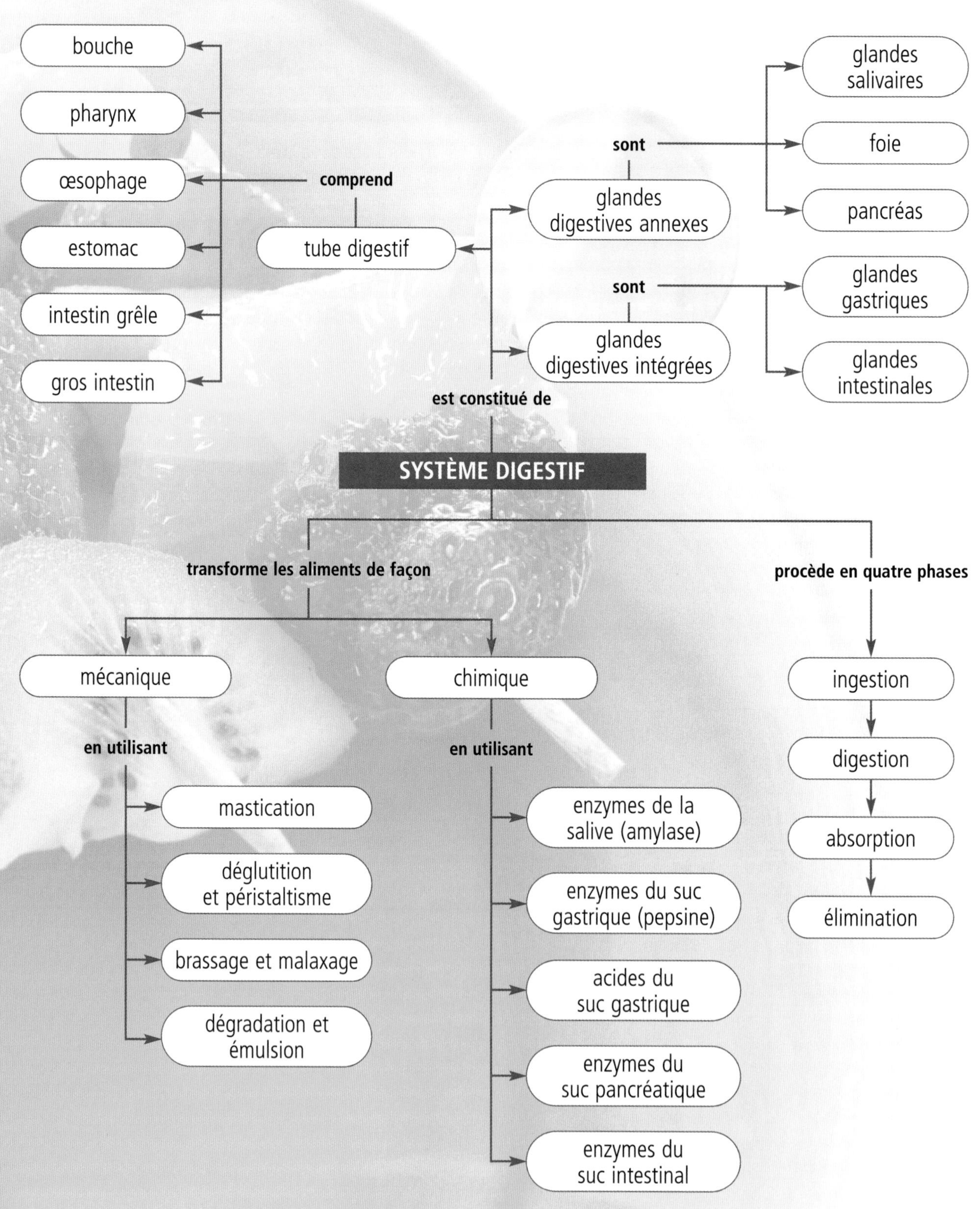

.exe >>>

1 Le système digestif contribue à assurer le bon fonctionnement de notre organisme.

Il nécessite des intrants et produit des extrants.

Comment nomme-t-on les intrants et les extrants du système digestif ?

2 Indiquez l'étape de la digestion à laquelle est associé chacun des organes (ou parties d'organes) énumérés ci-dessous.

a) Estomac
b) Jéjunum
c) Pharynx
d) Anus
e) Pancréas
f) Luette
g) Côlon
h) Vésicule biliaire

Choix de réponses
INGESTION
DIGESTION
ABSORPTION
ÉLIMINATION

3 Lorsque vous mangez, il arrive que vous vous étouffiez. Qu'est-ce qui explique ce phénomène ?

4 Il existe deux types de glandes digestives : les glandes intégrées et les glandes annexes.

a) Quelles sont les ressemblances entre les glandes annexes et les glandes intégrées ?

b) Construisez un tableau qui montre les différences entre les glandes annexes et les glandes intégrées.

5 Identifiez les organes (ou parties d'organes) dans le schéma suivant.

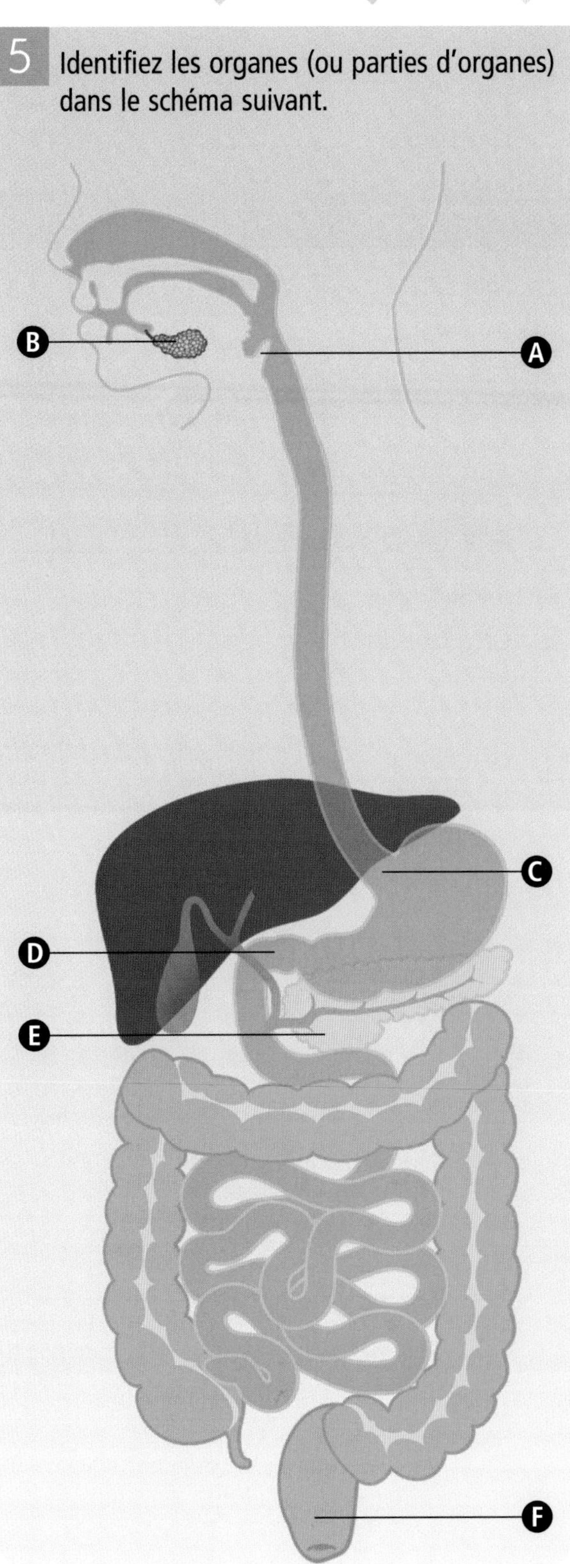

6

Nommez les sécrétions produites par les glandes digestives énumérées ci-dessous.

a) Glandes salivaires
b) Glandes gastriques
c) Foie
d) Pancréas
e) Glandes intestinales

7

Quelles substances sont absorbées dans les organes suivants ?

a) Intestin grêle
b) Gros intestin

9

Parmi les organes énumérés ci-dessous, identifiez ceux qui abritent des glandes digestives pouvant sécréter une enzyme et nommez cette enzyme.

a) Bouche
b) Œsophage
c) Estomac
d) Pancréas
e) Gros intestin

10

Que deviennent les substances nutritives suivantes après la digestion ?

a) Glucides
b) Lipides
c) Protides

8

Le graphique suivant illustre la mesure du pH dans le tube digestif en fonction de la distance approximative parcourue par les aliments dès que commence l'ingestion.

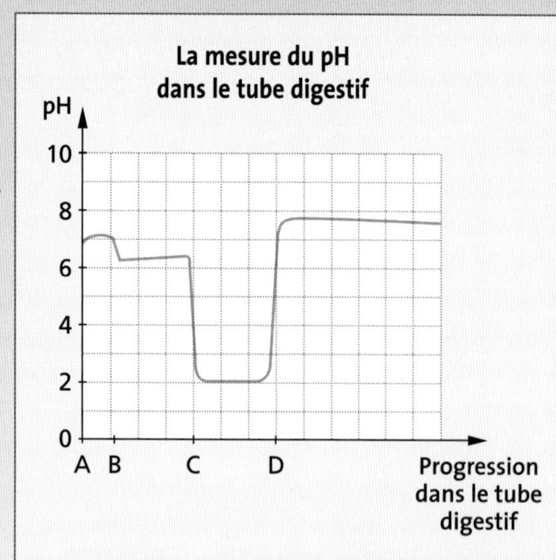

Servez-vous du graphique ci-contre pour répondre aux questions suivantes.

a) Dans quel intervalle trouve-t-on l'œsophage ? Justifiez votre réponse.
b) Dans quelle partie du tube digestif a-t-on mesuré une forte acidité ? Nommez cet organe.
c) Qu'ont en commun les deux organes situés au point C et au point D ?
d) Quel est le pH approximatif de la salive ? Expliquez comment vous procédez pour trouver la réponse.
e) Qu'est-ce qui explique l'élévation de la courbe à partir du point D ?

11 En vous référant à ce que vous avez vu dans ce dossier, nommez :

a) deux transformations mécaniques que subissent les aliments dans le tube digestif.

b) deux transformations chimiques que subissent les aliments dans le tube digestif.

12 Vérifiez votre compréhension du système digestif.

À la lumière de ce que vous avez appris sur la digestion, expliquez pourquoi il est préférable de prendre un déjeuner consistant et un souper plus léger, contrairement aux habitudes de nombreuses personnes.

13 Quel genre de diète conseilleriez-vous à une personne qui produit peu de bile ? Rédigez un court texte qui permettrait à cette personne de comprendre pourquoi vous lui prodiguez ce conseil.

14 Expliquez pourquoi on affirme qu'une mauvaise dentition peut avoir des conséquences sur la digestion.

15 Montrez que vous comprenez le rôle de l'intestin grêle en répondant aux questions suivantes.

a) Pourquoi peut-on affirmer que l'intestin grêle est l'organe qui a la capacité de transférer le plus de nutriments au corps ?

b) Nommez cinq intrants et six extrants de l'intestin grêle.

16 Le système digestif fonctionne en interrelation avec les autres systèmes du corps humain. Décrivez brièvement des liens entre le système digestif et les systèmes musculaire, circulatoire et nerveux.

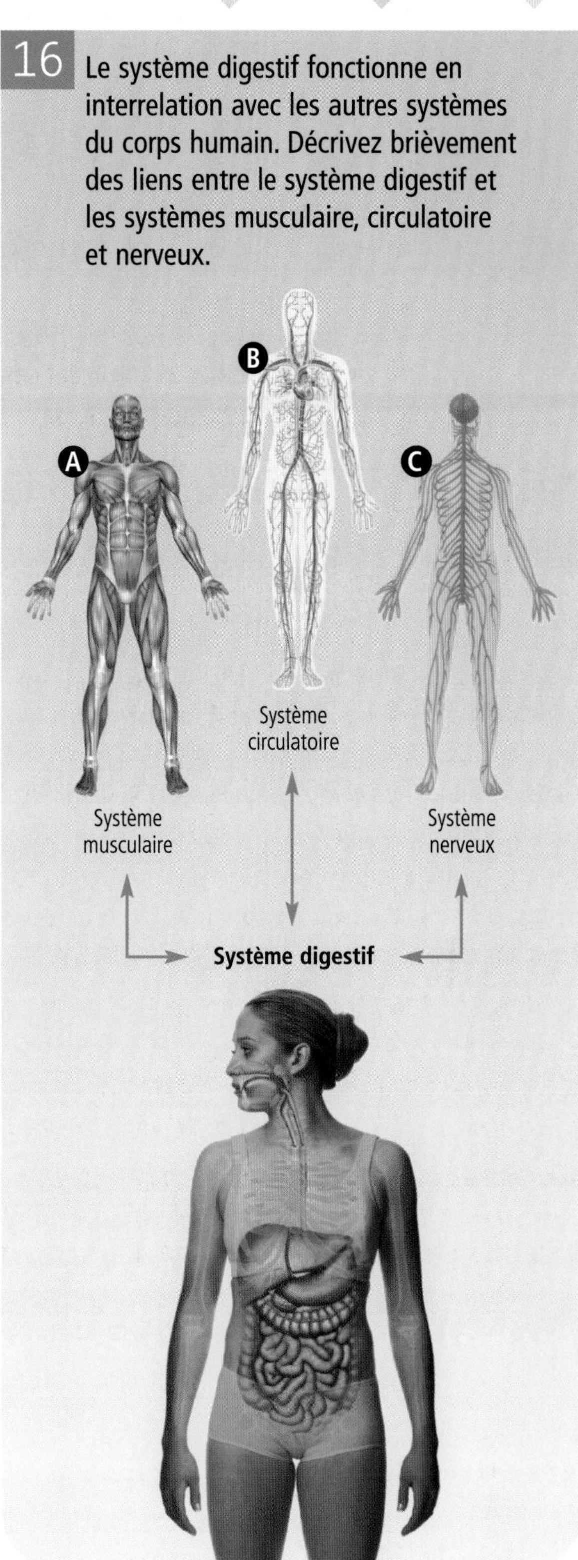

hist O2

> LA PETITE HISTOIRE DE LA DÉCOUVERTE DU MÉCANISME DIGESTIF

René-Antoine Ferchault de Réaumur (1683-1757)

Nous sommes au XVIIIe siècle. Un Français, René-Antoine Ferchault de Réaumur, tente de prouver que la digestion n'est pas qu'un simple processus mécanique de l'estomac. Il entreprend des tests sur des rapaces en leur faisant avaler des tubes métalliques troués et remplis de viande. Résultat: les oiseaux rejettent les tubes intacts, mais sans la viande. Réaumur conclut à une action chimique de l'estomac sur les aliments.

Un abbé italien professeur d'histoire naturelle, Lazzaro Spallanzani (1729-1799), poursuit les travaux. Il réalise une digestion *in vitro* en prélevant le suc gastrique de l'estomac d'un oiseau après sa dissection. Spallanzani, voulant démontrer que ce processus est le même chez l'être humain, décide d'avaler des petits tubes de bois percés et remplis de viande. Comme prévu, il retrouve dans ses selles les tubes intacts, mais vides.

En 1822, Alexis Saint-Martin, un trappeur canadien, est atteint d'un coup de fusil. Son ventre et son estomac sont percés. La cicatrisation de la plaie soude les bords du trou de l'estomac à ceux de la peau, laissant une petite ouverture qui permet de voir le contenu de l'estomac d'Alexis. William Beaumont, un chirurgien militaire américain, décide de faire d'Alexis son cobaye. Il étudie ainsi la durée de digestion de divers aliments et démontre la présence d'acide chlorhydrique dans le suc gastrique.

Claude Bernard (1813-1878)

Enfin, Claude Bernard, un chercheur français, démontre que la digestion ne se limite pas à l'estomac, mais qu'elle se poursuit dans l'intestin.

techno O2

> LA ROBOTIQUE MÉDICALE

Depuis le printemps 2003, une nouvelle technologie a fait son entrée au Canada, à l'Hôpital du Sacré-Cœur de Montréal. Il s'agit du robot Da Vinci. Mis au point en Californie, cet appareil est constitué d'une console pour chirurgien et d'un robot doté de deux bras et d'une caméra. Les bras sont faits de tiges métalliques à têtes flexibles auxquelles on fixe des objets chirurgicaux. Leurs mouvements reproduisent parfaitement ceux des doigts et des poignets, et sont contrôlés par le chirurgien ou la chirurgienne depuis la console. Une petite caméra, qui s'insère dans le corps des patients, transmet une image 3D grossie jusqu'à 10 fois.

Ce robot peut servir à traiter des cancers de l'œsophage, à effectuer des interventions au niveau des intestins, ou même à faire l'ablation de certains organes, comme la vésicule biliaire. Les avantages de ce robot sont multiples. Pour le chirurgien ou la chirurgienne, il évite les tremblements, limite la fatigue et permet d'intervenir dans des endroits jusqu'alors difficiles ou impossibles à atteindre. Comme le robot permet de faire de plus petites incisions, la personne opérée subit moins de douleur et de pertes de sang. Cela réduit le temps d'hospitalisation et de convalescence. Enfin, cette technologie permet à des personnes habitant des régions éloignées de bénéficier de soins spécialisés sans avoir à se déplacer.

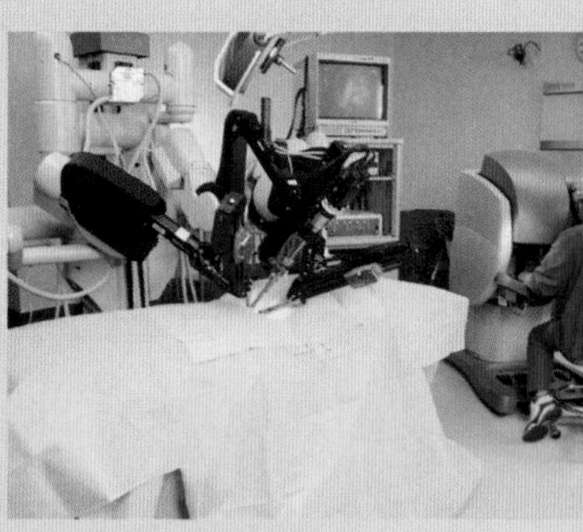

Le robot Da Vinci
Le chirurgien ou la chirurgienne opère en position assise, depuis sa console.

ZOOM sur l'avenir

GASTROENTÉROLOGUE

Il n'est pas rare que, dans notre entourage, des gens se plaignent de malaises digestifs. Lorsqu'une personne ressent de tels malaises, son médecin peut la référer à un ou une gastroentérologue, médecin spécialiste de tout l'appareil digestif (œsophage, estomac, intestin grêle et côlon, foie, pancréas et vésicule biliaire).

Kim Anh est gastroentérologue depuis cinq ans. Elle partage son horaire entre l'hôpital et son propre bureau. Lorsqu'elle est à l'hôpital, elle assure le suivi de ses patients et patientes, effectue des examens variés et travaille en équipe avec d'autres médecins ou professionnels et professionnelles de la santé. Elle possède son bureau dans une clinique médicale où elle rencontre aussi ses patients et patientes. Ses journées sont donc très diversifiées et peuvent parfois être assez épuisantes, selon les urgences auxquelles elle doit faire face.

Le rôle de Kim Anh n'est pas seulement de traiter des maladies liées au système digestif, mais également de faire de la prévention auprès de ses patients et patientes afin de les inciter à adopter de bonnes habitudes de vie. En effet, la consommation d'alcool, l'usage du tabac et la mauvaise alimentation sont souvent des facteurs qui favorisent l'apparition de troubles digestifs.

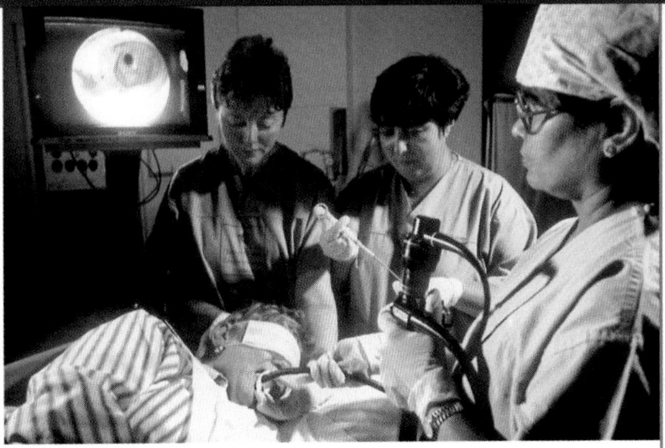

Kim Anh est une personne qui aime venir en aide aux autres. Elle est généreuse de son temps et est à l'écoute des besoins de ses patients et patientes. Elle a de la facilité à entrer en relation avec les gens et à communiquer avec eux. Ce sont des qualités humaines qui sont essentielles à l'exercice de la profession de gastroentérologue. De plus, Kim Anh doit constamment faire preuve d'une grande rigueur intellectuelle, car son travail exige qu'elle mette en application une quantité impressionnante de connaissances. Elle doit également être capable de prendre des décisions importantes pour la santé de ses patients et patientes.

La gastroentérologie est une spécialité de la médecine. Pour devenir gastroentérologue, Kim Anh a dû faire neuf ans d'études universitaires en médecine.

DOMAINES CONNEXES

Formation secondaire professionnelle
- Assistance et soins infirmiers

Formation collégiale
- Soins infirmiers
- Technologie d'analyses biomédicales (hématologie)
- Technologie d'analyses biomédicales (biochimie)

Formation universitaire
- Chirurgie
- Diététique
- Radiologie
- Hématologie

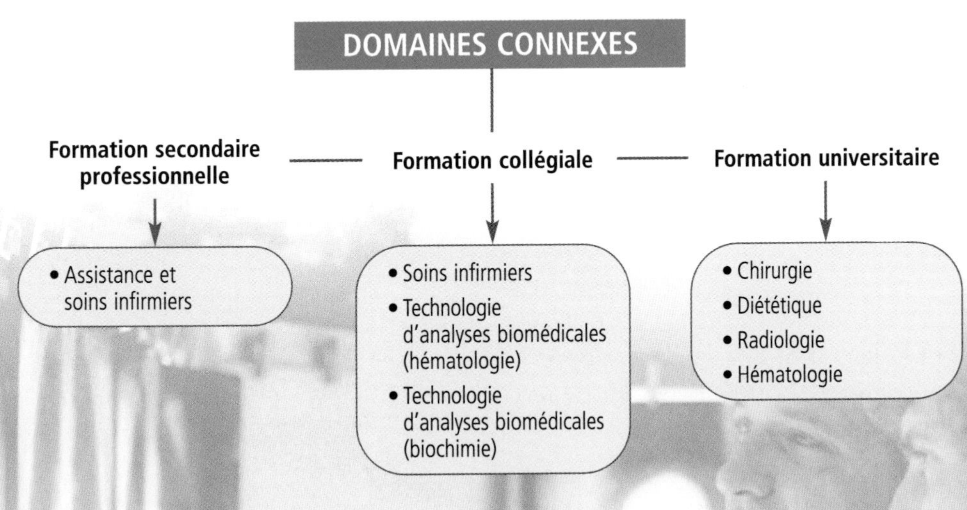

> UNIVERS MATÉRIEL

L'être humain et la matière

Regardez autour de vous : les arbres, les plantes, l'eau que vous buvez, l'air que vous respirez, votre vélo, vos vêtements sont constitués d'atomes. Votre corps aussi, d'ailleurs.

Quatre éléments constitutifs de la matière – l'oxygène, l'hydrogène, le carbone et l'azote – forment 96 % de votre masse corporelle. Différents systèmes du corps y absorbent, transportent ou transforment la matière pour assurer votre survie. Pour mieux comprendre votre corps, il faut saisir comment ces éléments s'organisent et se réorganisent en substances permettant la vie. Pour « voir » les comportements de la matière, vous aurez besoin autant de votre logique que de votre imagination.

DOSSIERS DE L'UNIVERS MATÉRIEL

Dossier 6 > L'organisation de la matière

Les êtres vivants, ainsi que tous les objets ou corps inertes, sont faits de matière. Pour arriver à s'expliquer simplement la matière, on utilise un modèle appelé *modèle particulaire*. Toute la matière peut se diviser en deux familles. D'un côté, la famille des substances pures, de l'autre, celle des mélanges. Les substances que l'on retrouve dans le corps humain sont des mélanges. L'équilibre du corps dépend, entre autres, de la concentration de certains de ces mélanges.

L'eau embouteillée est souvent présentée, à tort, comme une eau pure contenant uniquement des molécules H_2O. Il faudrait considérer avec soin cette publicité, car cette eau nous priverait d'une source importante de sels minéraux, composés essentiels à notre santé. Buvez-vous de l'eau embouteillée ou de l'eau du robinet ?

Dans ce dossier

L'eau est une substance essentielle au maintien de la vie. Soixante-dix pour cent de la surface de la Terre en est recouverte. Cependant, seulement 1 % de cette eau est disponible pour répondre aux besoins de la population mondiale, le reste étant salé (97 %) ou gelé (2 %). L'eau douce provient des eaux de surface (rivières, lacs) et des eaux souterraines.

Comment les changements climatiques pourraient-ils affecter les réserves d'eau douce de la Terre ?

L'être humain

Liens

... dans le cosmos

Dossier 1 > L'espace

Les objets qui forment l'Univers et notre système solaire sont représentés à l'aide d'un modèle. En connaissez-vous les diverses composantes ?

p. 4

... vu de l'intérieur

Dossier 3 > Les cellules du corps humain

Les cellules de notre corps sont invisibles à l'œil nu. On les représente par un modèle. Sauriez-vous dessiner le modèle d'une cellule en y indiquant des composantes et leurs fonctions ?

p. 42

... et la matière

Dossier 7 > Les transformations de la matière

Pour arriver à séparer un composé en éléments, il faut avoir recours à des transformations chimiques, tandis que pour séparer les constituants des mélanges, de simples transformations physiques suffisent. Qu'est-ce qui distingue une transformation chimique d'une transformation physique ?

p. 120

La composition chimique des substances

Tout ce qui nous entoure – que ce soit l'air, une fleur, une voiture ou notre propre corps – est constitué d'atomes. Ce sont les unités de base de la matière. La matière désigne tout corps ayant une réalité tangible, c'est-à-dire possédant une masse et occupant un espace.

Il est difficile de réaliser à quel point les atomes sont minuscules. Leur diamètre est environ un million de fois plus petit que celui d'un cheveu ! Savez-vous combien le corps renferme d'atomes ? Des milliards de milliards de milliards (soit environ 1×10^{27}) ! Existe-t-il des endroits totalement dépourvus d'atomes ? Même lorsqu'on dit qu'un verre est vide, il contient de l'air. En physique, le vide se définit comme un espace dans lequel les atomes sont très rares. Par exemple, autour des étoiles, on compte environ un atome de gaz par centimètre cube !

Les modèles scientifiques

Avez-vous déjà examiné une cellule à l'œil nu ? Bien sûr que non... C'est beaucoup trop petit ! Par contre, vous avez certainement déjà vu l'illustration d'une cellule : un cercle contenant un point noir en guise de noyau. Ce dessin est un **modèle scientifique**. Ces modèles nous aident à représenter une réalité abstraite ou imperceptible. Selon ce qu'on souhaite représenter, ils prennent diverses formes : dessin, symbole, description ou maquette (voir la figure 6.1). Les modèles sont construits à partir de nombreuses **observations** et évoluent au gré des connaissances ; ils peuvent être raffinés, remis en question ou, au besoin, remplacés.

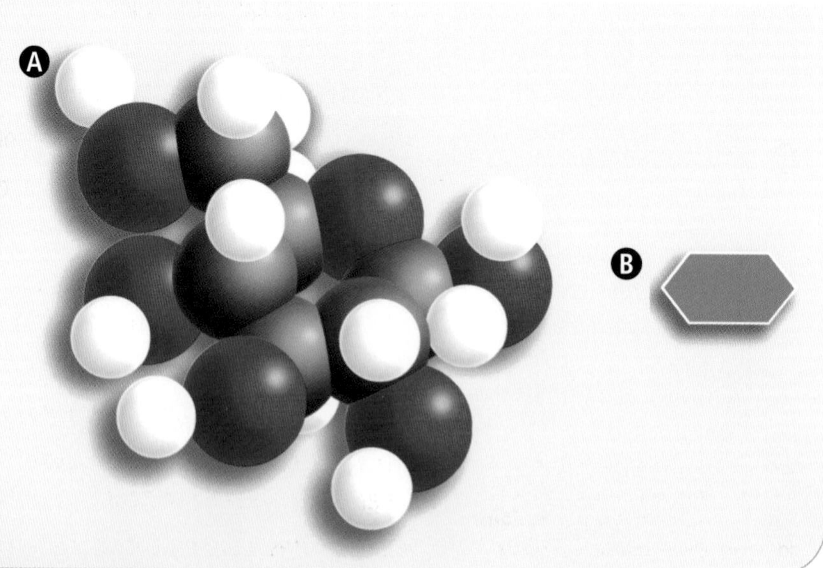

Figure 6.1 > Une substance, plusieurs modèles
Pour représenter le glucose, on peut faire appel au modèle particulaire A, mais on utilise souvent un modèle basé sur la structure B. Dans ce second modèle, le glucose ($C_6H_{12}O_6$) est représenté par un hexagone en raison de sa structure moléculaire.

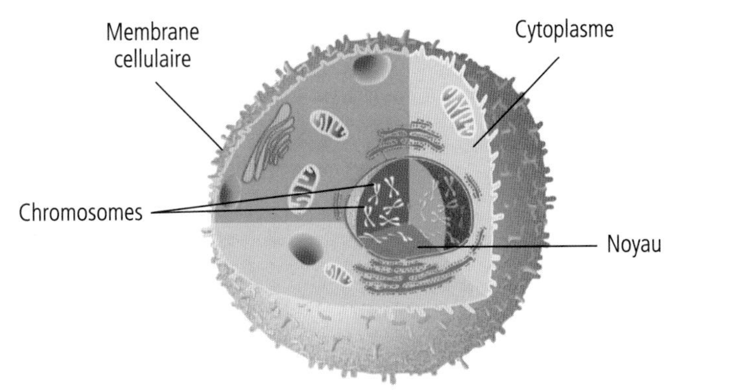

Figure 6.2 > Le modèle d'une cellule humaine
Ce modèle permet d'établir des liens entre les structures d'une cellule ainsi que d'expliquer et de prédire ses comportements. En outre, il est reconnu par la communauté scientifique et peut être modifié au fil des découvertes.

OUTIL 1, p. 179

Les qualités d'un bon modèle

Le modèle de cellule humaine (voir la figure 6.2) possède les quatre qualités essentielles à un bon modèle.

- Il permet d'**expliquer les comportements observés**.
- Il **fait ressortir les liens** entre les différentes observations.
- Il permet de **prédire les nouveaux comportements**.
- Il est **perfectible**, c'est-à-dire qu'il peut être amélioré pour tenir compte de comportements non prédits.

Le modèle particulaire

Votre corps est constitué de matière. Pour représenter la matière, on peut utiliser le **modèle particulaire** élaboré au XIXe siècle par John Dalton (voir la figure 6.1 A). Ce chimiste et physicien britannique a établi son modèle sur les cinq postulats suivants.

- La matière est composée de petites particules, invisibles à l'œil nu et indivisibles, nommées *atomes*.
- Les atomes d'une même substance sont identiques, y compris pour leur masse.
- Les atomes d'éléments différents ont des propriétés et des masses différentes.
- Les atomes ne peuvent pas être créés ni détruits au cours de transformations physiques ou chimiques.
- Les atomes peuvent s'unir dans un rapport simple pour former des molécules.

Le modèle particulaire de Dalton présente plusieurs caractéristiques, dont les plus importantes sont les suivantes (voir la figure 6.3).

- Les particules constituant la matière (les atomes) sont représentées par des sphères de couleur.
- Les sphères représentant un même type d'atomes sont identiques.
- Les sphères représentant des atomes de types différents sont de couleurs et de tailles différentes.
- Des sphères réunies indiquent que les atomes sont liés.

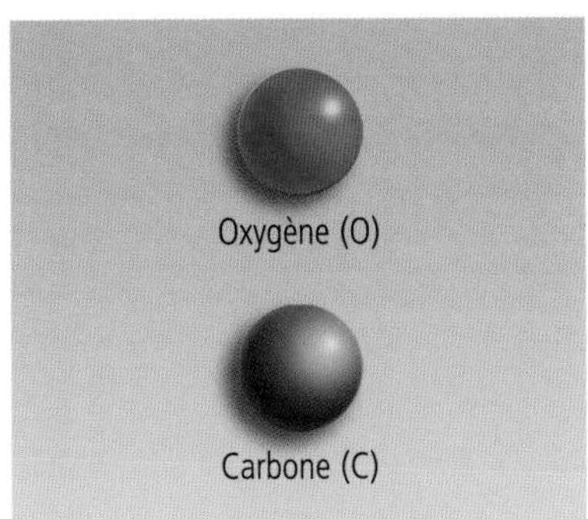

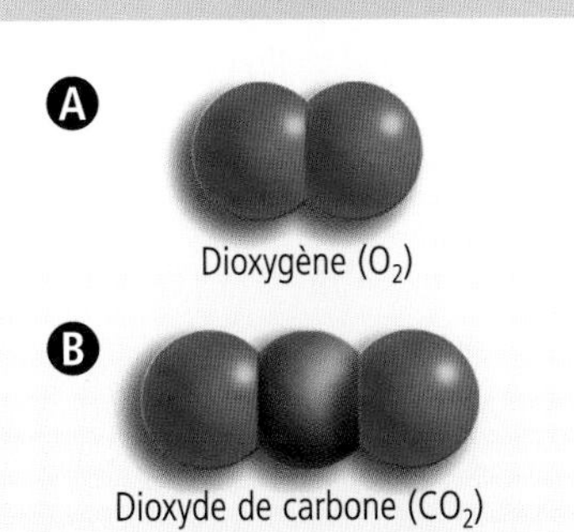

Figure 6.3 > Une représentation de deux gaz à l'aide du modèle particulaire
Le dioxygène A est constitué de deux atomes d'oxygène, tandis que le dioxyde de carbone B est la combinaison d'un atome de carbone et de deux atomes d'oxygène. Ces deux gaz se retrouvent dans le corps humain.

Les atomes et les éléments

L'**atome** est l'unité de base de toute matière, vivante ou non. D'ailleurs, le mot atome vient du grec *atomos* qui signifie indivisible. La nature des atomes définit ce qu'on appelle les **éléments chimiques** ou, plus simplement, **éléments**. Ces derniers sont constitués d'un ou de plusieurs atomes de même nature. Il existe plus de 110 éléments différents représentés par un **symbole chimique** et regroupés dans le **tableau périodique des éléments** (voir la figure 6.4 B). Six éléments chimiques représentent à eux seuls 98,5 % de la masse du corps humain (voir la figure 6.4 A).

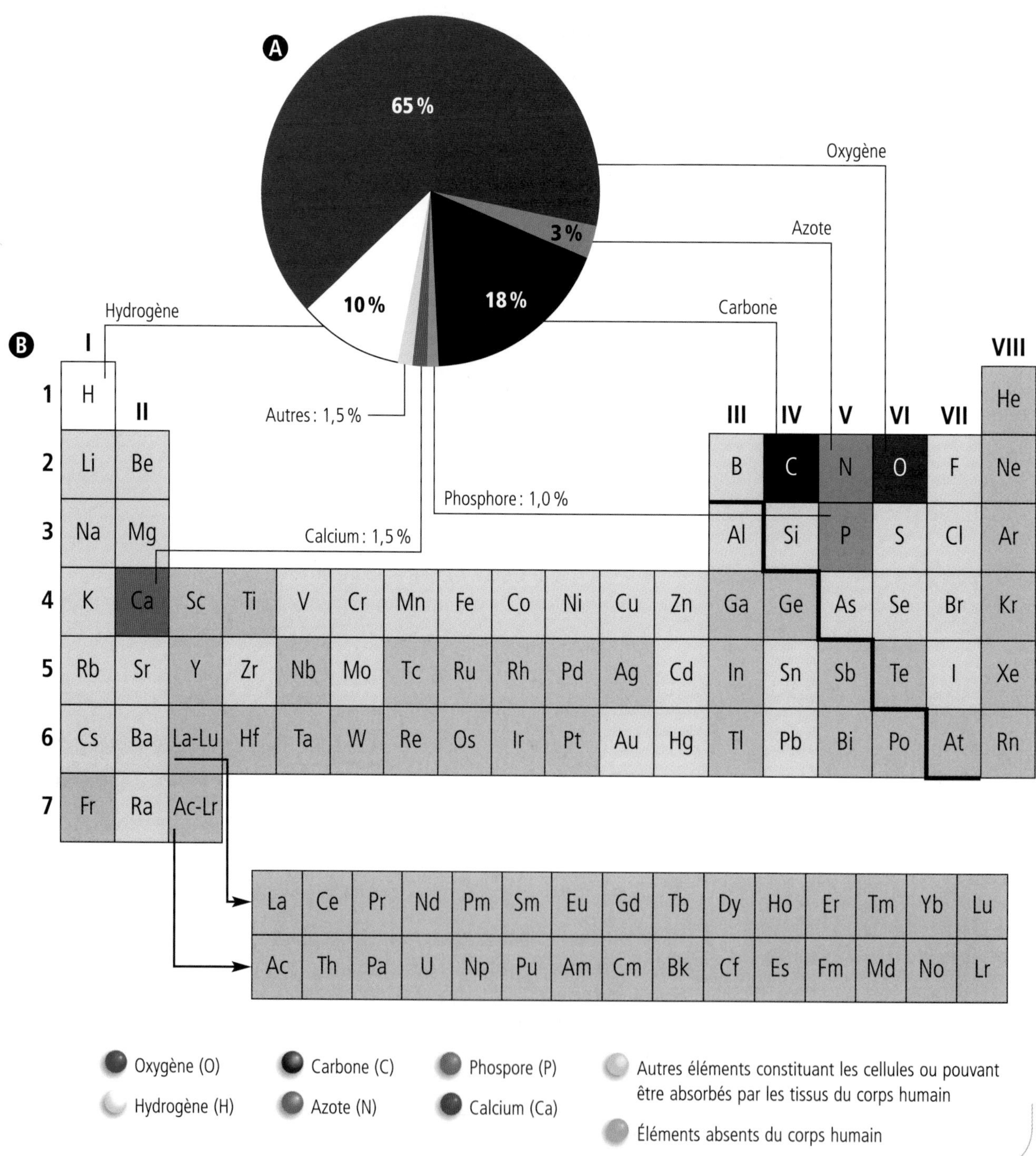

Figure 6.4 > Le tableau périodique des éléments

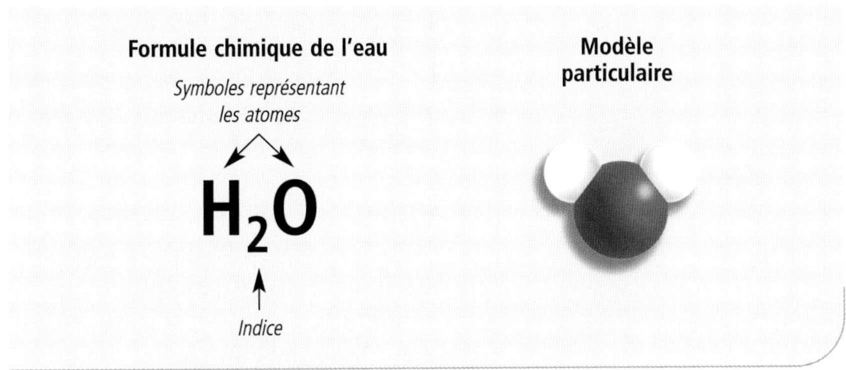

Figure 6.5 > La formule chimique et le modèle particulaire d'une molécule d'eau
La molécule d'eau est formée d'atomes d'hydrogène (H) et d'oxygène (O).
L'indice 2 signifie qu'il y a **deux** atomes d'hydrogène pour **un** atome d'oxygène.

Les molécules et les composés

Les atomes qui constituent le corps sont organisés en **molécules**. Ainsi, le squelette est fait de diverses molécules, dont les molécules d'osséine, de carbonate de calcium et de phosphate de magnésium. Quant aux cheveux, aux poils et aux ongles, ils sont principalement formés de molécules de kératine. Les molécules sont des regroupements d'atomes unis par des **liaisons chimiques**.

Une molécule a les caractéristiques suivantes.

- Elle est formée d'au moins deux atomes.
- Ces atomes peuvent être de nature identique ou différente.

On représente une molécule par une formule chimique ou à l'aide du modèle particulaire (voir la figure 6.5).

Les **composés** sont constitués d'une ou de plusieurs molécules identiques formées d'au moins deux atomes d'éléments différents.

info+

DU SEL, DU SUCRE ET DE L'EAU POUR SAUVER LA VIE

La recette paraît toute simple et pourtant, c'est l'une des percées médicales les plus importantes du XXe siècle. Pas étonnant, puisque les sels de réhydratation orale (SRO) sauvent chaque année la vie de millions d'enfants qui souffrent de graves diarrhées et de déshydratation. Les SRO s'achètent en pharmacie, mais il est également possible de les préparer soi-même. Il faut respecter la recette à la lettre : 4 cuillérées à thé rases de sucre, 1/2 cuillérée à thé rase de sel, 1 L d'eau. Dans les pays en voie de développement, un médicament aussi simple et peu coûteux fait des miracles. Mais attention ! Trop de sucre ou de sel peut aggraver la diarrhée alors qu'un produit trop dilué est sans effet.

L'héritage oublié de Rosalind Franklin

Rosalind Franklin (1920-1958)

Comment l'héritage génétique des parents se transmet-il aux enfants ? James Watson, Francis Crick et Maurice Wilkins annoncèrent, en 1953, la découverte de l'ADN et de sa structure en hélice. Ils avaient réussi à mettre le doigt sur la « carte d'identité génétique » de l'être humain. Cette découverte leur valut le prix Nobel de médecine en 1962 et les rendit célèbres. Cependant, ils oublièrent de remercier Rosalind Franklin à qui ils devaient pourtant une partie de leur succès. En effet, cette biologiste moléculaire britannique avait réussi à « photographier », grâce à un appareil à rayons X, la structure en double hélice de l'ADN. Les lauréats du prix Nobel avaient mis la main sur l'un de ses clichés et avaient terminé leurs propres travaux à l'aide d'un rapport d'analyse de Rosalind Franklin.

Les constituants des substances

Les atomes sont en quelque sorte les « briques » qui constituent la matière. Cette métaphore s'applique non seulement aux objets, mais également aux êtres vivants. Le corps renferme diverses substances chimiques. Certaines y sont présentes naturellement, comme le fluor dans les dents ou le fer dans le sang. D'autres substances, telles que les BPC ou le mercure, sont des polluants qui ont pénétré dans l'organisme par l'alimentation ou la respiration. Mais ces substances sont-elles toutes de même nature ?

info+

LES EXCEPTIONS

Toutes les règles possèdent leurs exceptions. La chimie n'y échappe pas. L'une de ces règles affirme que les éléments ne peuvent être décomposés. Une autre soutient que les composés sont faits d'au moins deux éléments différents. Qu'advient-il alors des gaz comme le dioxygène (O_2) ou le diazote (N_2) ? Ils sont bel et bien constitués de molécules, mais ces dernières ne sont formées que d'une seule sorte d'atome. On les appelle *éléments diatomiques*. Une façon élégante de contourner le problème !

Les types de substances

Les substances chimiques se divisent en deux catégories : les substances pures et les mélanges. Lorsqu'une substance contient **uniquement des particules identiques** (atomes ou molécules), on a affaire à une **substance pure**. Par contre, lorsqu'une substance comprend **plus d'un type de particules** (atomes ou molécules), on parle de **mélange** (voir la figure 6.6).

Les substances pures

On subdivise les substances pures en deux groupes : les éléments et les composés.

Les éléments ne peuvent être décomposés en substances plus simples. Le sodium (Na), le potassium (K) et le carbone (C) sont des exemples de substances pures.

Ⓐ Le sodium pur (Na) est un métal blanc très réactif. Afin de l'empêcher de réagir avec le dioxygène, on le conserve dans l'huile.

Ⓑ Le sel non iodé est un composé, le chlorure de sodium (NaCl). Cette substance pure provient d'un minéral, l'halite.

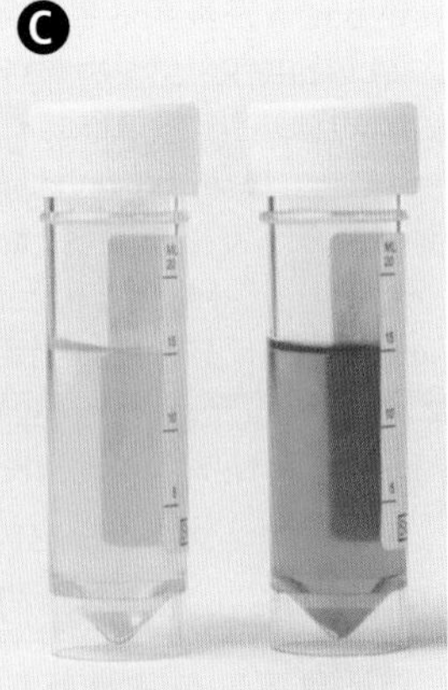

Ⓒ L'urine produite par les reins est un mélange comprenant, entre autres, de l'eau, de l'urée et des minéraux (sodium, potassium, chlore).

Figure 6.6 > Des exemples de substances pures et de mélanges
Le sodium (Na) Ⓐ fait partie d'une substance pure (NaCl) dans l'halite Ⓑ, mais il fait partie d'un mélange dans l'urine Ⓒ.

Tableau 6.1 > Les différences entre atome, molécule, élément et composé

SUBSTANCES PURES DONT L'UNITÉ EST L'ATOME	SUBSTANCES PURES DONT L'UNITÉ EST LA MOLÉCULE	
Éléments	Éléments diatomiques (formés d'éléments identiques)	Composés (formés d'éléments différents)
Carbone (C) Sodium (Na)	Dioxygène (O_2) Dihydrogène (H_2) Dichlore (Cl_2)	Eau (H_2O) Dioxyde de carbone (CO_2) Chlorure de sodium (NaCl) Méthane (CH_4)

On a vu précédemment que les composés comprennent au moins deux éléments différents (ex. : acide chlorhydrique HCl dans l'estomac, acide carbonique H_2CO_3 dans le sang). Toutefois, dans le corps, ces composés sont toujours à l'intérieur d'un mélange et non sous la forme d'une substance pure. Les **propriétés** d'un composé diffèrent de celles des éléments qui le composent. Par exemple, l'eau (H_2O) n'a pas les mêmes propriétés que l'oxygène et l'hydrogène. Pour en savoir plus sur les différences entre atome, molécule, élément et composé, consultez le tableau 6.1.

Le réchauffement de la planète accélère la fonte des glaciers, ce qui provoquera une hausse du niveau des océans. Les pays les plus susceptibles d'être touchés sont ceux bordés par les océans. C'est le cas du Canada qui est limité par trois océans. En pénétrant dans les terres, l'eau salée risque d'envahir les cours d'eau et les eaux souterraines, qui sont nos sources d'approvisionnement en eau douce.

Les mélanges

Lorsque l'on combine physiquement des substances pures, on obtient un mélange. Comme les molécules présentes dans le mélange ne sont pas toutes identiques, il ne s'agit pas d'une substance pure. La plupart du temps, chacune

Le travail, c'est la santé !

Ferrocyanure de potassium ou rouge de méthyle. Pentacarbonyle de fer ou morpholine. Ces produits au nom un peu bizarre, vous les avez peut-être vus dans un milieu de travail et vous vous demandez s'ils peuvent être dangereux pour votre santé. Saviez-vous qu'il existe un outil pour vous permettre d'y voir plus clair ? Il s'agit du SIMDUT, le Système d'information sur les matières dangereuses utilisées au travail. C'est un répertoire d'information sur plusieurs matières dangereuses qu'on retrouve fréquemment dans les milieux de travail. Quelques clics sur le site de la Commission de la santé et de la sécurité du travail (CSST), et vous trouverez la réponse à vos questions.

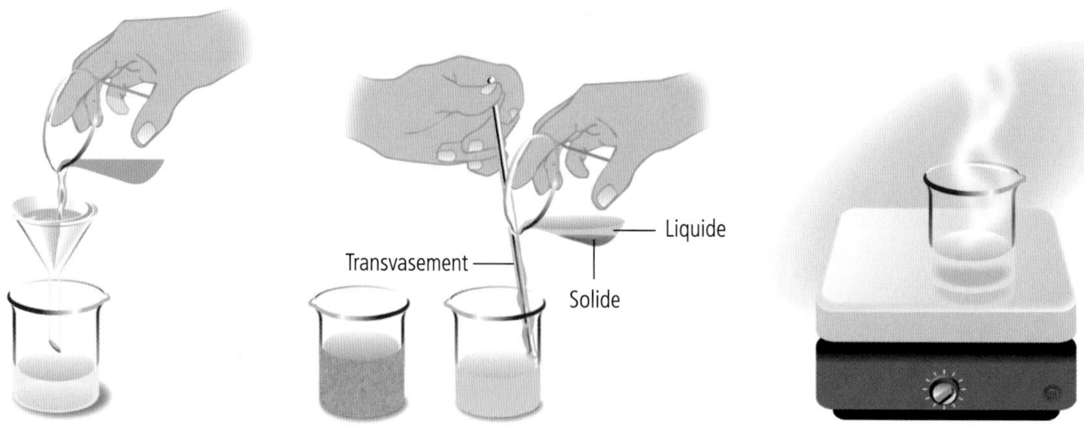

Filtration

Transvasement

Liquide

Solide

Décantation

Évaporation

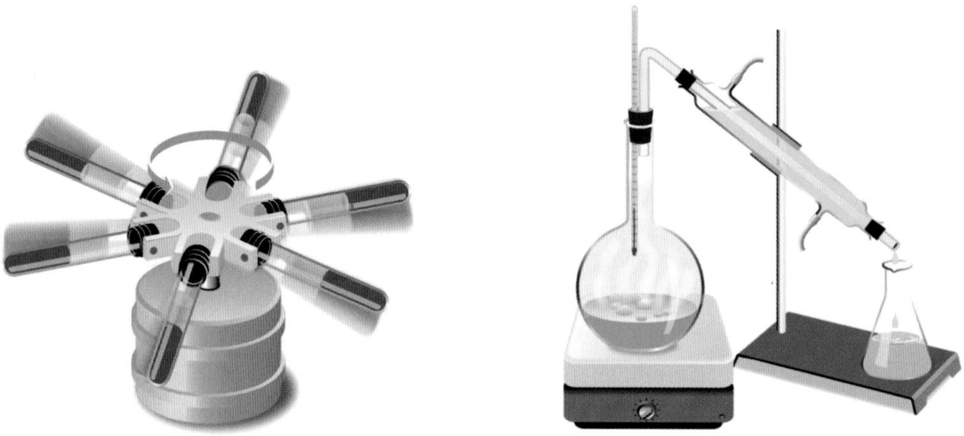

Centrifugation

Distillation

Figure 6.7 > Les procédés physiques de séparation des mélanges

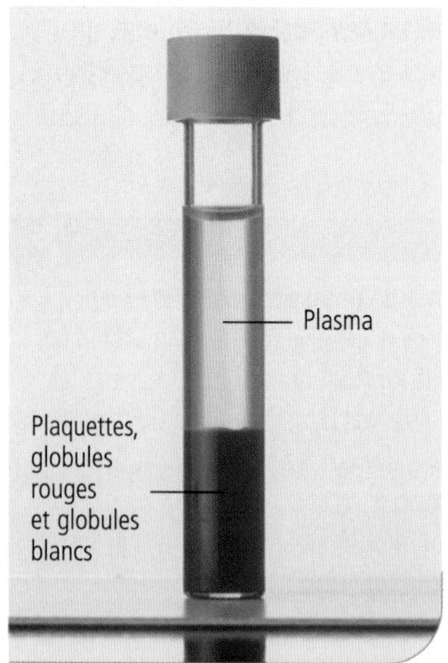

Figure 6.8 > Le sang, un mélange hétérogène

des substances qui composent le mélange conserve ses propriétés caractéristiques, c'est-à-dire les propriétés qui permettent de l'identifier. Les constituants d'un mélange peuvent être séparés par des **procédés physiques simples**, tels que la filtration, la décantation, l'évaporation, la distillation et la centrifugation (voir la figure 6.7).

Il y a deux types de mélanges : les mélanges hétérogènes et les mélanges homogènes.

LES MÉLANGES HÉTÉROGÈNES

Le sang est un mélange nécessaire au maintien de la vie d'un être humain. Il est constitué d'un liquide jaunâtre appelé *plasma*, de globules rouges, de globules blancs et de plaquettes. Quand on laisse un échantillon de sang au repos assez longtemps, ses constituants se séparent en deux couches : les plaquettes et les globules sédimentent au fond de l'éprouvette, tandis que le plasma flotte sur le dessus. Le sang est donc un **mélange hétérogène** (voir la figure 6.8).

Les particules qui composent un **mélange hétérogène** sont distinguables à l'œil nu ou à la loupe. Chacune des parties d'un mélange hétérogène

Figure 6.9 > Les phases de quelques mélanges hétérogènes
L'eau minérale Ⓐ contient une phase gazeuse et une phase liquide. Le smog Ⓑ a une phase solide et une phase gazeuse. Le granite Ⓒ présente au moins deux phases solides.

se nomme phase. Si on laisse le mélange reposer suffisamment longtemps, les différentes phases se sépareront. Un mélange hétérogène contient au moins deux phases (voir la figure 6.9). Celles-ci peuvent être solides, liquides ou gazeuses.

Les mélanges homogènes

L'air que nous respirons est un mélange de différents gaz. Ces gaz, principalement du diazote (N_2) et du dioxygène (O_2), ne peuvent être distingués les uns des autres à l'œil nu. Ils forment un **mélange homogène**.

Contrairement aux substances d'un mélange hétérogène, celles qui composent un mélange homogène se fondent parfaitement ensemble (voir la figure 6.10). Il n'y a qu'**une phase** visible. Les constituants d'un mélange homogène peuvent être solides, liquides ou gazeux. Ainsi, un alliage tel que l'acier est formé d'au moins deux substances solides, soit le fer et le carbone. Dans une solution, le solvant peut être solide ou gazeux, mais il est généralement liquide. Quant au soluté qui y est dissous, il peut être solide, liquide ou gazeux. Par exemple, dans une solution d'eau salée, l'eau est le solvant et le sel dissous dans l'eau est le soluté.

Ⓐ

Solution composée d'eau et de cristaux à saveur de fruits

Ⓑ

Médaille de bronze : alliage de cuivre (Cu) et d'étain (Sn)

Figure 6.10 > Des exemples de mélanges homogènes
Dans la solution Ⓐ, le soluté est solide et le solvant, liquide. Dans la solution Ⓑ, le soluté et le solvant sont tous les deux solides. Ces deux exemples de mélanges homogènes montrent une seule phase.

info +

Les émulsions : mélanges hétérogènes ou homogènes ?

Une émulsion est un mélange hétérogène formé de deux liquides non miscibles, c'est-à-dire qui ne se mélangent pas naturellement. Pour lui donner un aspect homogène, on doit y ajouter une troisième substance, appelée *émulsifiant*. Le rôle de l'émulsifiant est de disperser l'un des liquides sous forme de gouttelettes. Il stabilise ainsi le mélange. La mayonnaise, les crèmes hydratantes pour la peau et les crèmes à raser sont des émulsions.

Les solutions aqueuses

Dans la vie de tous les jours, nous utilisons une foule de solutions: du jus, du shampoing, du savon à vaisselle, du sirop contre la toux, etc. Notre organisme lui-même contient ou produit des solutions, telles que les larmes, l'urine ou la sueur. Quelles sont les caractéristiques des solutions que l'on trouve dans notre corps? Comment mesurer ou calculer la concentration d'une solution?

SO2S

Les changements climatiques accélèrent le processus naturel d'évaporation de l'eau. Selon les études, d'ici 2050 les Grands Lacs du Canada connaîtront une baisse de niveau de 30 cm à 100 cm.

Les caractéristiques des solutions aqueuses

La majorité des solutions que nous utilisons quotidiennement, de même que celles que nous trouvons dans notre corps, ont l'eau pour solvant. C'est pourquoi on les appelle **solutions aqueuses** (du latin *aqua*, signifiant eau).

Les solutions peuvent être plus ou moins concentrées; cela dépend des quantités de soluté et de solvant qu'elles contiennent. La **concentration** d'une solution aqueuse est le rapport entre la quantité de soluté et le volume total de la solution.

$$\text{Concentration} = \frac{\text{quantité de soluté}}{\text{volume total de solution}}$$

La concentration s'exprime selon différentes unités qui dépendent de la quantité des constituants et de leur état (solide, liquide ou gazeux).

Les unités de mesure de la concentration

Pour diagnostiquer certaines maladies, les médecins demandent diverses analyses de laboratoire pour vérifier, entre autres, la concentration sanguine de glucose, de cholestérol et de globules rouges. On pourrait interpréter les résultats comme suit.

- À jeun, un taux de glucose dans le sang supérieur ou égal à 1,26 g/L est un signe de diabète.
- Chez la femme, le taux normal de globules rouges dans le sang varie de 120 g/L à 140 g/L. S'il est inférieur, cela peut être un signe d'anémie.

Les tests sanguins sont aussi utiles au travail des policiers. L'automobiliste ayant un taux d'alcool dépassant 0,08 % m/V (0,08 g d'alcool pur pour 100 ml de sang) fera face à une accusation de conduite avec facultés affaiblies.

info+

LE « NATUREL » PEUT ÊTRE TOXIQUE !

On croit souvent à tort que les produits naturels ne sont pas dangereux et que seuls les produits chimiques sont toxiques. C'est faux ! Il suffit de penser à des champignons comme l'amanite tue-mouche qui est tellement toxique qu'on l'utilise comme insecticide ! Qu'on parle de produits chimiques ou naturels, tout est question de quantité. Il faut donc faire preuve de prudence. Et quand il s'agit de médicaments, chimiques ou naturels, il est toujours mieux d'en parler avec un pharmacien ou une pharmacienne.

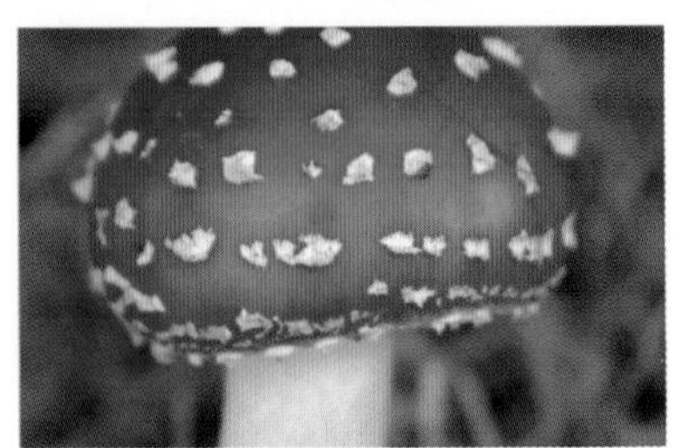

L'amanite tue-mouche

La concentration d'une solution peut s'exprimer au moyen de différentes unités. Dans ce manuel, les concentrations sont calculées en grammes par litre (g/L) et en pourcentage (%). La concentration exprimée en pourcentage, c'est la quantité de soluté, en grammes ou en millilitres, contenue dans 100 ml de solution. L'unité de mesure de la concentration varie selon l'état du soluté (voir le tableau 6.2, p. 114).

Le calcul de la concentration

Compte tenu des différentes unités de mesure, pour exprimer une concentration, il faut préciser celles qui seront utilisées dès l'écriture de l'équation.

$$C\,(\text{g/L}) = \frac{m\,(\text{g})}{V\,(\text{L})}$$

$$C\,(\text{g/100 ml}) = \frac{m\,(\text{g})}{V\,(\text{ml})}$$

$$C\,(\text{ml/100 ml}) = \frac{V\,(\text{ml})}{V\,(\text{ml})}$$

Où

C : Concentration
m : Masse
V : Volume

Voici des exemples de calculs pour déterminer la concentration de divers types de solutions.

OUTIL 5, p. 188

LE CALCUL D'UNE CONCENTRATION EN GRAMMES PAR LITRE

Vous désirez préparer une solution d'eau sucrée. Dans un bécher vide, vous mettez 20 g de sucre. Puis, tout en agitant, vous ajoutez de l'eau pour dissoudre le sucre et atteindre la marque de 0,40 L. Quelle est la concentration de cette solution ?

Note : La masse du soluté doit être exprimée en grammes et le volume de la solution, en litres. Il faut donc faire les conversions, s'il y a lieu.

$$C\,(\text{g/L}) = \frac{m\,(\text{g})}{V\,(\text{L})}$$

$$C = \frac{20\text{ g}}{0{,}40\text{ L}}$$

$$C = 50\text{ g/L}$$

LE CALCUL D'UNE CONCENTRATION EN GRAMMES POUR CENT MILLILITRES (POURCENTAGE MASSE/VOLUME)

Une solution saline de 1,28 L contient 32 g de sel. Quelle est la concentration de cette solution en pourcentage (% m/V) ?

$$V\,(\text{ml}) = V\,(\text{L}) \times \frac{1\,000\text{ ml}}{1\text{L}}$$

$$V\,(\text{ml}) = 1{,}28\,(\text{L}) \times \frac{1\,000\text{ ml}}{1\text{L}}$$

$$V = 1\,280\text{ ml}$$

$$C\,(\text{g/100 ml}) = \frac{m\,(\text{g})}{V\,(\text{ml})}$$

$$C = \frac{32\text{ g}}{1\,280\text{ ml}}$$

$$C = \frac{0{,}025\text{ g}}{1\text{ ml}} \times \frac{100}{100}$$

$$C = 2{,}5\text{ g/100 ml}$$

$$C = 2{,}5\,\%\text{ m/V}$$

Le calcul d'une concentration en millilitres pour cent millilitres (pourcentage volume/volume)

Le vinaigre blanc est une solution d'acide acétique pur et d'eau. Une bouteille de 120 ml de vinaigre blanc contient 6,0 ml d'acide acétique pur. Quelle est la concentration de cette solution en pourcentage (% V/V) ?

$$C\,(\text{ml/100 ml}) = \frac{V\,(\text{ml})}{V\,(\text{ml})}$$

$$C = \frac{6{,}0\text{ ml}}{120\text{ ml}}$$

$$C = \frac{0{,}05\text{ ml}}{1\text{ ml}} \times \frac{100}{100}$$

$$C = 5{,}0\text{ ml/100 ml}$$

$$C = 5{,}0\,\%\text{ V/V}$$

Tableau 6.2 > Les unités de mesure de la concentration

État du soluté	Unité de mesure de la concentration		
	g/L	% m/V	% V/V
Solide	•	•	
Liquide		•	•
Gazeux	•		•

AD

Du pep en canette : à boire avec modération

Pour faire la fête ou pour aiguiser sa concentration avant un examen, les boissons énergisantes sont de plus en plus populaires. Si elles améliorent la mémoire et rendent l'esprit plus alerte, c'est grâce à la caféine et au sucre qu'elles contiennent. Mais, trop en boire peut aussi causer des nausées ou des vomissements voire altérer le rythme cardiaque. Ne confondez pas ces liquides avec les boissons pour sportifs.

Prise en grande quantité, la caféine contenue dans les boissons énergisantes déshydrate ! L'effet contraire de celui recherché lorsqu'il s'agit d'étancher sa soif ! Bref, il est préférable de ne consommer ces boissons qu'à l'occasion.

Concepts clés

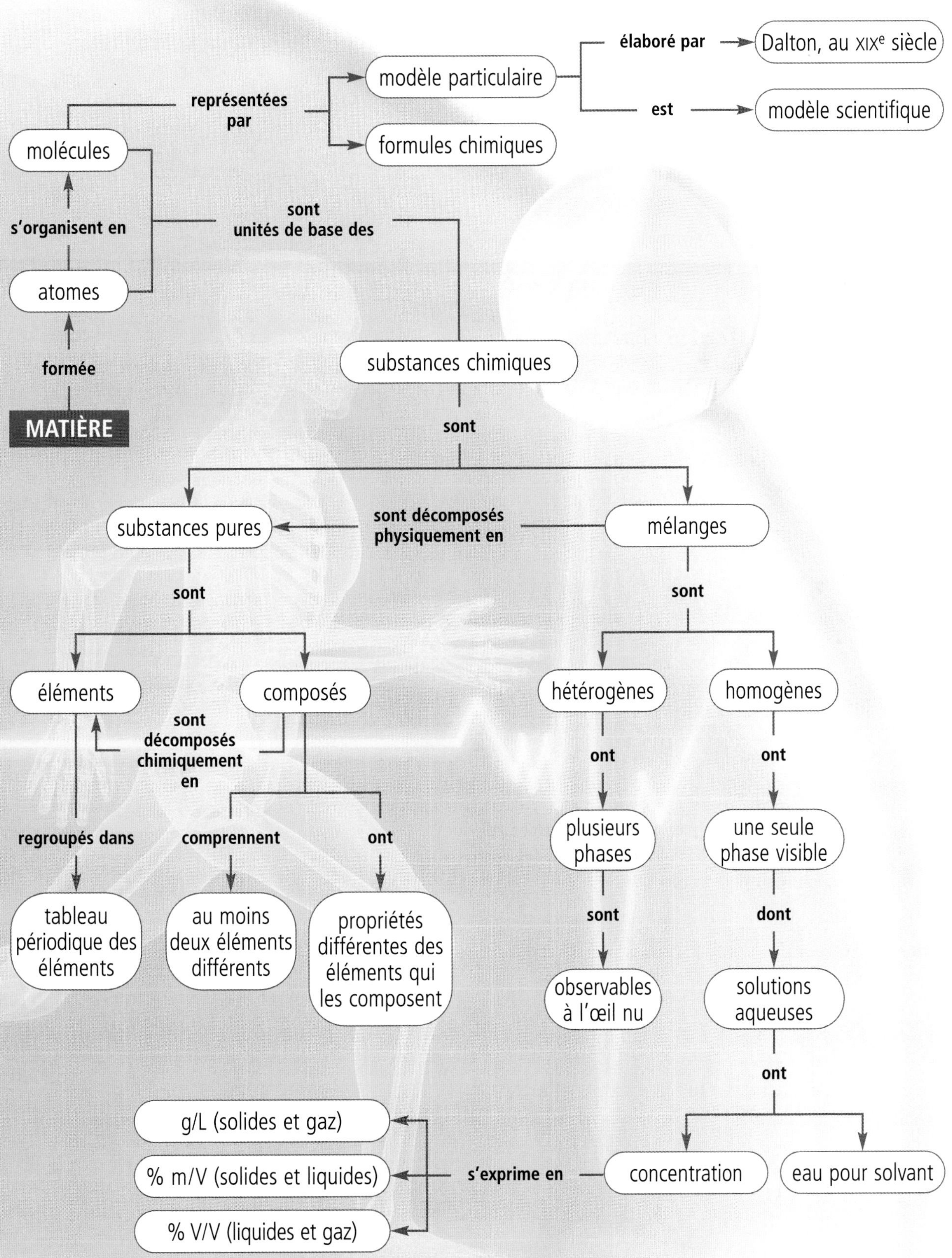

1 Qui suis-je ?

a) Je suis la plus petite particule qui compose toute matière.

b) Je ne suis pas une substance pure, mais je suis formée de l'union de deux ou plusieurs de ces substances.

c) Je suis fait de plusieurs atomes et je contiens au moins deux sortes d'éléments différents.

d) Je ne suis pas une substance pure et je contiens des phases.

e) Je compte parmi plus de 110, répertoriés dans un tableau.

2 Nommez les quatre qualités essentielles d'un bon modèle.

3 Représentez les molécules ou les atomes suivants à l'aide du modèle particulaire.

a) NH_3

b) P_4

c) Na

d) CO

4 Déterminez si les substances suivantes sont des atomes ou des molécules.

a) He

b) H_2SO_4

c) N_2

d) CO

e) Co

f) $C_6H_{12}O_6$

g) S_8

h) NH_3

5 Observez les illustrations suivantes. Indiquez si elles représentent un mélange hétérogène ou un mélange homogène.

c) d) e)

6 Indiquez si les substances suivantes sont des substances pures ou des mélanges.

a) Un poteau de fer.

b) Du jus de fruits.

c) L'air.

d) De la crème glacée aux brisures de chocolat.

e) Le dioxygène dont le corps a besoin pour vivre.

f) Le calcium.

7 Transformez les unités de mesure de masse et de volume suivantes.

a) 3 000 ml en litres.

b) 52 g en milligrammes.

c) 560 ml en litres.

d) 0,5 L en millilitres.

e) 153 mg en grammes.

f) 0,76 mg en grammes.

g) 37,5 L en millilitres.

h) 2,18 g en milligrammes.

8 Vous préparez une solution aqueuse de 1,20 L qui contient 25,0 g de bicarbonate de soude. Calculez la concentration de la solution en % m/V. Gardez les traces de votre démarche et inscrivez les unités de mesure dans votre réponse.

9 Le vinaigre blanc est une solution d'acide acétique et d'eau. Le volume d'une bouteille de vinaigre est de 4 L. Sur l'étiquette, on indique que la concentration est de 5 % V/V.

Quel volume d'acide acétique a été utilisé pour faire ce vinaigre ? Gardez les traces de votre démarche et inscrivez les unités de mesure dans votre réponse.

10 Voici une série d'opérations de laboratoire que vous pouvez faire sur une solution d'eau salée contenue dans un bécher :

1. Ajouter du sel.
2. Ajouter de l'eau.
3. Faire évaporer une partie de l'eau.
4. Verser une partie de la solution dans un autre contenant.

Parmi les opérations précédentes, indiquez celle(s) que vous devez choisir si vous désirez :

a) réduire la quantité de soluté contenue dans le bécher ;

b) augmenter la concentration de la solution ;

c) augmenter la quantité de solvant dans le bécher ;

d) augmenter le volume de la solution.

11 Le bébé que vous gardez a le nez bouché. Sa mère vous demande de préparer une solution d'eau salée. Pour ce faire, vous devez produire 650 ml d'une solution aqueuse qui contient 10,0 g de sel.

a) Quelle sera la concentration, en pourcentage, de la solution ? Gardez les traces de votre démarche et inscrivez les unités de mesure dans votre réponse.

b) Quelle sera la concentration, en grammes par litre, de la solution ? Gardez les traces de votre démarche et inscrivez les unités de mesure dans votre réponse.

12 Utilisez le modèle particulaire pour illustrer les substances suivantes.

a) Une solution obtenue à partir d'un élément dissous dans un composé formé de deux éléments.

b) Un composé formé de trois éléments différents.

c) Un mélange hétérogène fait à partir de deux composés quelconques.

13 Vous versez 6,0 g de sucre dans un bécher. Jusqu'à quel niveau doit-on verser de l'eau pour obtenir une concentration de 40 g/L ?

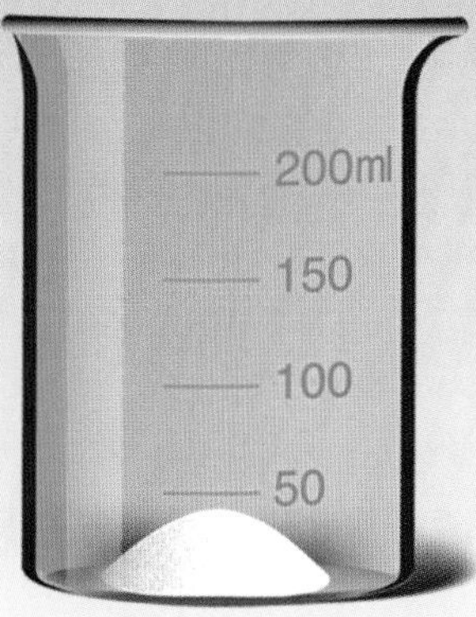

6,0 g de sucre

histo2

> L'évolution du modèle atomique

Depuis longtemps, les êtres humains tentent d'expliquer la constitution de la matière. De nombreux scientifiques ont consacré leur vie à ce problème, qui a donné lieu à plusieurs théories.

Les premières théories émises sur la matière, dont on a trace, furent celles de deux philosophes grecs du IVe siècle av. J.-C. Démocrite avançait une théorie de la discontinuité. Il affirmait que la matière était constituée de particules infiniment petites, identiques, indivisibles et évoluant dans le vide, qu'il nommait *atomos*. Aristote émettait une théorie complètement opposée, soit la théorie de la continuité. Selon lui, la matière était constituée de quatre éléments de base : le feu, l'air, la terre et l'eau. Il rejetait l'existence du vide. La théorie d'Aristote rencontra un vif succès et fut utilisée pendant plus de 2 000 ans.

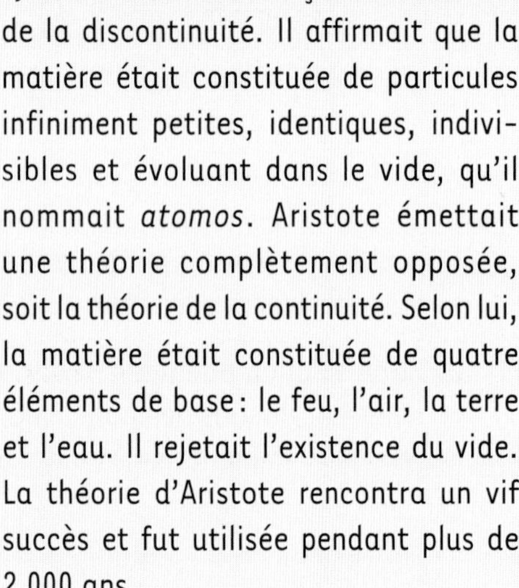

John Dalton (1766-1844)

C'est John Dalton, chimiste et physicien britannique, qui ramena la théorie de la discontinuité de Démocrite. À cette époque, Dalton étudiait le comportement des gaz. Il tentait de découvrir les composantes de l'air. Ses travaux débouchèrent sur l'élaboration de sa théorie atomique, dans laquelle il affirmait que les atomes constituaient les plus petites particules de la matière. Le modèle particulaire naissait.

Cette théorie marque un moment important dans l'histoire des sciences, de par son contenu, mais aussi parce qu'elle reposait sur des expérimentations. Dalton est d'ailleurs surnommé le *père de la théorie atomique*. Puis, à partir des nouvelles observations de plusieurs scientifiques, sa théorie fut reprise et améliorée.

techno2

> Deux robots en mission

C'est en janvier 2004, lors de la mission étasunienne *Mars Explorer Rover* (MER), que deux robots, *Spirit* et *Opportunity*, se sont posés sur Mars. Avec un budget de plus de 820 millions de dollars américains, la mission avait pour objectif de détecter si de l'eau avait pu, dans le passé, être présente assez longtemps sur le sol martien pour permettre le développement de la vie. Au départ, la mission devait durer 90 jours, mais les robots étaient toujours opérationnels trois ans après.

Comparée aux missions précédentes sur Mars, MER utilise des robots possédant une grande autonomie. Ce sont des véhicules appelés *rovers*. Ils ont une masse de 185 kg, soit huit fois plus faible que celle d'une automobile. Avec l'énergie provenant de leurs panneaux solaires, les *rovers* explorent la surface de Mars. Ils possèdent chacun six roues pouvant effectuer des rotations de 360°. En plus de leur mobilité, les *rovers* possèdent un équipement ultrasophistiqué. Ils peuvent extraire et analyser des roches à l'aide d'un bras robotisé et de spectromètres. Ils possèdent chacun neuf caméras, conçues et fabriquées en Estrie, leur permettant de naviguer, de prendre des photos, de filmer et de faire des enregistrements sonores. Pour communiquer avec la Terre, ils utilisent trois antennes ainsi que leur ordinateur de bord capable de traiter jusqu'à 20 millions d'unités d'informations par seconde.

Bien qu'on sache que Mars présente plus que de simples traces d'eau à sa surface, aucun composé contenant du carbone, élément nécessaire à la vie telle que nous la connaissons, n'a été détecté jusqu'à aujourd'hui.

Le robot *Spirit*

ZOOM sur l'avenir

CHIMISTE

Duyên est chimiste dans une entreprise pharmaceutique. Ses tâches sont très variées. Ainsi, elle travaille souvent au laboratoire d'analyse où on lui demande de contrôler la qualité de tous les produits achetés et fabriqués par cette entreprise. De plus, elle est appelée à prendre des décisions afin de résoudre les problèmes de production de médicaments. Par exemple, lorsqu'un appareil de laboratoire est défectueux, elle doit rapidement trouver une solution temporaire afin d'éviter un arrêt de production. Duyên fait aussi de la recherche sur la composition et la structure chimique de la matière. Elle étudie les propriétés et suit l'évolution des procédés de transformation dans le but d'améliorer les produits et d'inventer de nouveaux médicaments.

Afin de bien remplir tous ses mandats, Duyên travaille en équipe avec les autres scientifiques de l'entreprise. Elle doit faire preuve d'une très grande minutie, car une erreur pourrait nuire grandement à la production des médicaments. Duyên est une personne très patiente ; au laboratoire, elle doit souvent refaire les mêmes opérations. De plus, les résultats recherchés ne s'obtiennent généralement pas du premier coup. Par ailleurs, son grand sens de l'organisation lui est fort utile pour être efficace.

Pour devenir chimiste, Duyên a obtenu un baccalauréat en chimie. Ses camarades de classe ont, tout comme elle, rapidement trouvé un travail après leurs études. Plusieurs exercent leur profession dans l'industrie des pâtes et papiers, alors que d'autres travaillent dans l'industrie alimentaire, pétrochimique ou plastique, ou encore dans une entreprise de fabrication de produits chimiques. Le travail de chimiste exige une grande souplesse ! Pour exercer la profession de chimiste et en porter le titre, Duyên a dû devenir membre de l'Ordre des chimistes du Québec.

DOMAINES CONNEXES

Formation secondaire professionnelle	Formation collégiale	Formation universitaire
• Fabrication du plastique • Préparation d'asphalte pour couverture	• Technologie chimique • Technologie en génie chimique • Technologie en génie pétrochimique	• Production alimentaire • Biochimie • Génie chimique

Dossier 7 > Les transformations de la matière

Les adages liés à l'alimentation ne manquent pas : « les carottes sont bonnes pour la vue », « le poisson rend intelligent », « qui mange une pomme tous les jours vit 100 ans », « la respiration profonde fait disparaître les crampes abdominales », « boire un grand verre d'eau fait disparaître le hoquet », etc. À votre avis, cette pensée populaire repose-t-elle sur des fondements scientifiques ?

Pour mieux comprendre la complexité de la vie, les scientifiques s'intéressent depuis longtemps aux transformations chimiques et physiques de la matière et de l'énergie. Selon vous, peut-on décrire la vie uniquement à l'aide de ces transformations ?

Certains déchets domestiques sont dangereux pour l'environnement. Ainsi, il ne faut pas jeter avec les ordures ménagères les piles épuisées, les huiles usées ou les restes de peinture, car ils peuvent constituer une importante source de pollution des sols et des nappes phréatiques. D'ailleurs, de nombreuses municipalités du Québec ont un règlement qui interdit de jeter ces produits avec les ordures ménagères. Comment votre municipalité s'y prend-elle pour traiter ces déchets ?

Dans ce dossier

S O₂ S

Le mercure est un métal qui se trouve naturellement dans le sol. Contrairement à d'autres métaux, comme le fer, le mercure n'a aucune fonction dans le corps. Au-delà d'une certaine concentration dans l'organisme, il peut entraîner de nombreux troubles de santé.

Savez-vous comment le mercure peut se retrouver dans votre organisme?

Liens > L'être humain

... vu de l'intérieur

Dossier 5 > **Le système digestif**

Dans le tube digestif, il se produit des transformations physiques et des transformations chimiques. Sauriez-vous décrire les différentes transformations que subissent les aliments que vous mangez tout au long de leur parcours dans le tube digestif ?

p. 80

... et la matière

Dossier 8 > **Les propriétés de la matière**

Une femme dépose quelques gouttes de son urine sur une bandelette de détection. Si elle est enceinte, la bandelette change de couleur. Ce changement de couleur est-il une propriété physique ou chimique ?

p. 138

... et la technologie

Dossier 9 > **Les matériaux**

L'hiver québécois est rigoureux. Grâce à la technologie, on peut cependant s'en accommoder confortablement ! Certains articles de sports d'hiver sont le fruit d'années de recherches sur des matériaux aussi simples que le bois ou le métal. Connaissez-vous les propriétés des matériaux utilisés dans la fabrication de ces articles ?

p. 156

Les deux types de transformations

Avez-vous remarqué les transformations que la matière subit autour de vous ? Vous aussi, vous êtes une source de transformations chimiques : vous faites la cuisine, vous digérez des aliments, vous respirez, etc. Pouvez-vous décrire d'autres transformations de la matière ? Une transformation, c'est ce qui se produit quand un facteur externe agit sur une substance : la chaleur ambiante fait fondre un glaçon que l'on sort du congélateur et favorise la rouille des clous d'une clôture. On distingue deux types de transformations : les transformations physiques et les transformations chimiques.

Dans un lac, le mercure (Hg) réagit avec des bactéries et se transforme en méthylmercure ($CH_3Hg_{(aqueux)}$), assimilable par les végétaux, puis par les animaux. Tout au long de la chaîne alimentaire, le mercure s'accumule dans les organismes vivants.

Le mercure dans l'organisme peut causer des dommages au cerveau, à la moelle épinière, aux reins, au foie et il peut nuire au développement du fœtus.

Les caractéristiques d'une transformation physique

La **nature** de chaque substance impliquée dans une **transformation physique** **demeure inchangée**. Ainsi, même si l'apparence de la substance est modifiée, la composition des molécules et la masse totale ne changent pas. Comme la substance qui subit une transformation physique conserve ses propriétés caractéristiques (les propriétés qui permettent de l'identifier), l'utilisation d'un procédé physique simple permet, dans la plupart des cas, de lui redonner son aspect initial. Une transformation physique est donc **réversible**. Par exemple, si on remet au congélateur l'eau d'un glaçon fondu, elle gèlera de nouveau.

Le modèle particulaire illustre très bien la transformation physique d'une substance dissoute dans une autre : les deux substances restent les mêmes (voir la figure 7.1).

Les caractéristiques d'une transformation chimique

Au cours d'une **transformation chimique**, la **nature** des substances initiales **change**. Il y a création de nouvelles substances lorsque les atomes des substances initiales se réorganisent pour créer de nouveaux groupements d'atomes. Les propriétés caractéristiques des nouvelles substances sont

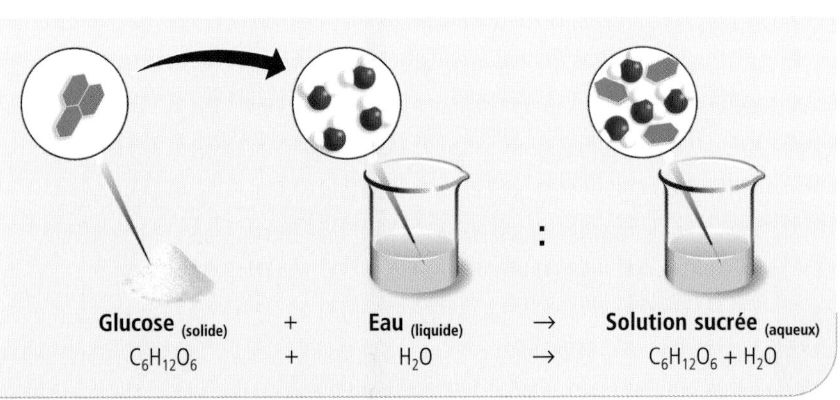

Figure 7.1 > Une transformation physique
Si l'on dissout du sucre dans de l'eau, le mélange contient toujours… du sucre et de l'eau !

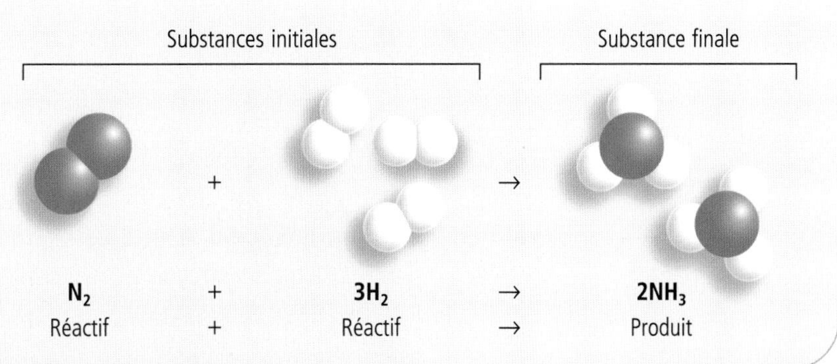

Figure 7.2 > Une transformation chimique
En combinant du diazote (N_2), un gaz inerte, et du dihydrogène (H_2), un gaz explosif, on obtient une nouvelle substance dont la composition chimique est différente : de l'ammoniac (NH_3), un gaz très irritant et corrosif.

différentes de celles des substances initiales (voir la figure 7.2). Tout comme dans les transformations physiques, la masse totale demeure inchangée.

Puisque la structure moléculaire est modifiée, des méthodes de séparation des mélanges ne permettent pas de retrouver les substances initiales. Pour y parvenir, il faut nécessairement déclencher une autre transformation chimique. Une transformation chimique est donc **irréversible**.

Pour représenter une transformation chimique, on établit une **équation chimique** à l'aide des symboles des éléments. Une substance initiale est un **réactif**, alors qu'une substance finale est un **produit** (voir la figure 7.2).

Une équation chimique se lit toujours de gauche à droite. Par exemple, l'équation de la figure 7.2 se traduit ainsi : une molécule de diazote (N_2) réagit avec trois molécules de dihydrogène (H_2) et se transforme en deux molécules d'ammoniac (NH_3). Dans toute réaction chimique, le type et le nombre d'atomes sont conservés : de chaque côté de la flèche, il y a deux atomes d'azote et six atomes d'hydrogène.

C'est là une application de la **loi de la conservation de la matière** énoncée par Lavoisier : « Rien ne se perd, rien ne se crée, tout se transforme. » Quand on représente une transformation chimique à l'aide d'une équation, il faut en vérifier l'équilibre à l'aide de la démarche suivante.

AD

Des trésors empoisonnés

Attention aux bijoux dangereux pour la santé ! En effet, certains bijoux qui se vendent en distributrice ou en magasin peuvent contenir du plomb. Vous pourriez vous intoxiquer en portant à votre bouche un de ces bijoux ou même en effleurant vos lèvres avec vos mains après l'avoir touché. Les symptômes sont les suivants : vomissements, perte d'appétit, maux de ventre, constipation, fatigue, insomnie et maux de tête. Les bijoux ne sont pas tous précieux !

En mangeant des poissons ou d'autres animaux qui ont accumulé du mercure dans leurs tissus, l'être humain devient lui aussi contaminé.

L'Organisation mondiale de la santé (OMS) recommande de limiter sa consommation à un repas de poisson par semaine. Il ne faut pas pour autant exclure le poisson de son alimentation ! L'important, c'est d'avoir une alimentation équilibrée.

La démarche à suivre pour vérifier l'équilibre d'une équation

1. Dresser la liste des symboles des éléments qui composent les formules chimiques des réactifs et des produits.
2. Compter le nombre d'atomes pour chaque élément du côté des réactifs et pour chaque élément du côté des produits.
3. Si le nombre d'atomes des réactifs et des produits est le même, alors l'équation est équilibrée. L'équation représente comment la réorganisation des atomes se produit.

Voyons un exemple.

$$H_{2\,(gaz)} + O_{2\,(gaz)} \rightarrow H_2O_{\,(liquide)} \text{ (formation de l'eau)}$$
$$\text{Réactif} + \text{Réactif} \rightarrow \text{Produit}$$
$$\text{2 atomes (H)} + \text{2 atomes (O)} \neq \text{2 atomes (H)} + \text{1 atome (O)}$$

Le décompte d'atomes permet de constater que l'équation ne respecte pas la loi de la conservation de la matière. Par contre, l'équation suivante est équilibrée.

$$2H_{2\,(gaz)} + O_{2\,(gaz)} \rightarrow 2H_2O_{\,(liquide)}$$
$$\text{Réactif} + \text{Réactif} \rightarrow \text{Produit}$$
$$\text{4 atomes (H)} + \text{2 atomes (O)} = \text{4 atomes (H)} + \text{2 atomes (O)}$$

Cette transformation se lit comme suit : deux molécules de dihydrogène (H_2) réagissent avec une molécule de dioxygène (O_2) pour former deux molécules d'eau (H_2O).

Les transformations chimiques ont donc des caractéristiques qui les distinguent des transformations physiques (voir le tableau 7.1).

Tableau 7.1 > Les caractéristiques des transformations de la matière

TRANSFORMATION PHYSIQUE	TRANSFORMATION CHIMIQUE
Le cuivre coulé dans des moules a la même nature que le cuivre solide. Le pliage ne change pas la nature de la substance.	Le mélange de deux substances peut produire un gaz. La combustion transforme le bois en cendre.
La nature des substances est inchangée.	La nature des substances est changée.
Le nombre d'atomes de chaque substance demeure inchangé.	Le nombre d'atomes de chaque substance demeure inchangé.
La masse totale est conservée.	La masse totale est conservée : celle des produits est égale à celle des réactifs.
Chaque substance conserve ses propriétés caractéristiques.	Les produits sont de nouvelles substances qui possèdent leurs propres propriétés caractéristiques.
On peut retrouver les substances initiales par des procédés physiques.	Il est impossible de retrouver les substances initiales par des procédés physiques.

Les transformations physiques

Saviez-vous que de nombreuses transformations physiques s'effectuent dans votre organisme ? Au cours de ces transformations, les molécules de la matière restent intactes. Les transformations physiques les plus courantes dans l'organisme humain sont le changement de forme, la dissolution, la dilution et le changement d'état. Examinons les trois dernières.

Figure 7.3 > La dissolution
Beaucoup de boissons que nous consommons ont été préparées en effectuant la dissolution d'un solide, d'un liquide ou d'un gaz dans l'eau.

La dissolution

Chaque fois que vous inspirez et expirez, un phénomène vital se produit dans votre corps. Au cours de l'inspiration, du dioxygène (O_2) pénètre dans le corps et parvient aux poumons. L'intérieur des poumons est très humide, ce qui favorise la dissolution du dioxygène dans l'eau. Une fois dissout, le dioxygène est transporté par les globules rouges à toutes les cellules de votre corps.

De façon générale, la **dissolution** est le processus par lequel une substance, le soluté, est incorporée dans une autre, le solvant, pour former un mélange homogène, la solution (voir la figure 7.4). Le soluté peut être solide, liquide ou gazeux (voir la figure 7.3). Le solvant peut lui aussi être solide, liquide ou gazeux.

La dilution

Avez-vous déjà remarqué la soif intense qu'on ressent après avoir mangé un aliment très salé ? Comment s'explique cette sensation ? Lorsque le taux de sel augmente dans votre organisme, les cellules ont tendance à se vider de leur eau afin de diluer le sel du milieu extracellulaire. C'est le phénomène de l'osmose. Ensuite, comme elles manquent d'eau, vos cellules envoient à votre cerveau un message de soif... et vous cherchez à vous désaltérer !

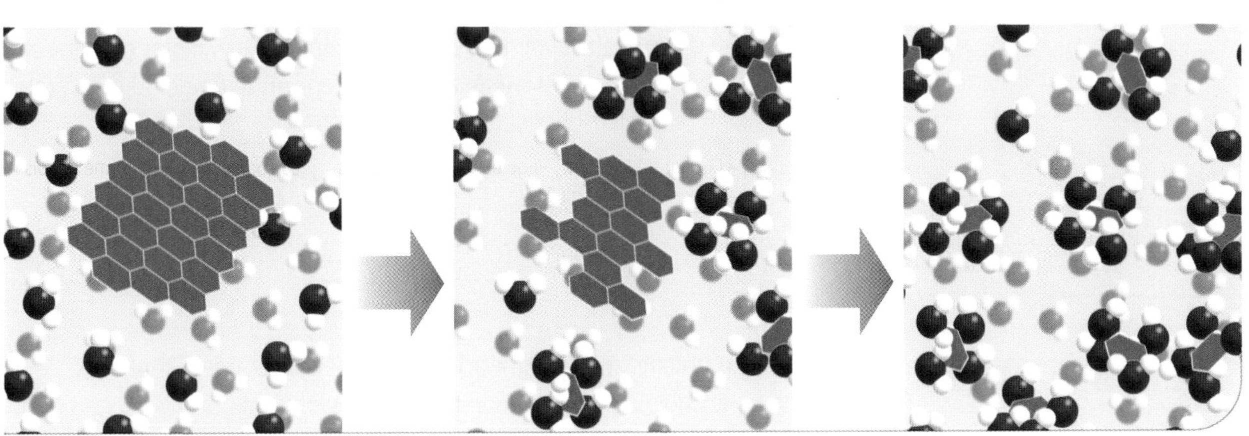

Figure 7.4 > Une solution
Lors de la dissolution, les molécules du soluté se dispersent uniformément dans le solvant.

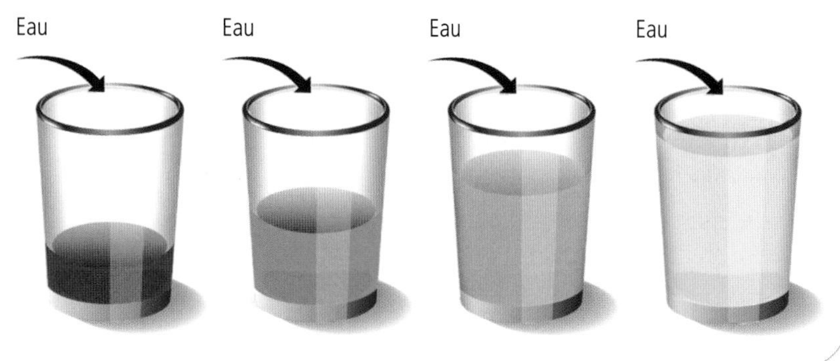

Figure 7.5 > La dilution
L'ajout d'un solvant (eau) dans une solution réduit sa concentration en soluté (colorant).

La **dilution** consiste à ajouter du solvant dans une solution pour réduire sa concentration en soluté (voir la figure 7.5). Le processus ne change pas les molécules, mais il modifie le rapport entre les molécules de soluté et les molécules de solvant.

Le calcul servant à effectuer une dilution

Le calcul servant à effectuer une dilution repose sur l'équation suivante.

$$C_1 \times V_1 = C_2 \times V_2$$

Où

C_1 : Concentration de la solution initiale
V_1 : Volume de la solution initiale
C_2 : Concentration de la solution finale
V_2 : Volume de la solution finale

Les concentrations C_1 et C_2 doivent avoir la même unité de mesure, de même que les volumes V_1 et V_2. De plus, pour utiliser cette équation, il faut connaître la valeur de trois des quatre variables qu'elle contient.

Voici un exemple d'application de cette équation :

Supposons qu'on ait 25 ml d'une solution initiale dont la concentration est de 150 g/L. On souhaite avoir une solution finale trois fois moins concentrée que la solution initiale, c'est-à-dire ayant une concentration de 50 g/L. Quel volume de solvant doit-on ajouter ?

$$C_1 \times V_1 = C_2 \times V_2$$
$$150\text{ g/L} \times 25\text{ ml} = 50\text{ g/L} \times V_2$$
$$V_2 = \frac{150\text{ g/L} \times 25\text{ ml}}{50\text{ g/L}}$$
$$V_2 = 75\text{ ml}$$

Donc, pour obtenir une solution trois fois moins concentrée, il faut diluer le soluté dans un volume de solution, V_2, trois fois plus grand.

V_2 étant le volume de la solution finale, il faudra donc ajouter 50 ml (75 ml – 25 ml = 50 ml) de solvant aux 25 ml de la solution initiale.

UN CALCUL VITAL

La notion de dilution est fondamentale dans la prescription des médicaments. En effet, leur efficacité repose souvent sur une concentration précise dans le corps. La dose prescrite varie donc selon chaque personne, puisque la quantité d'eau présente dans le corps varie en fonction de la masse corporelle : plus il y a de cellules, plus il y a d'eau !

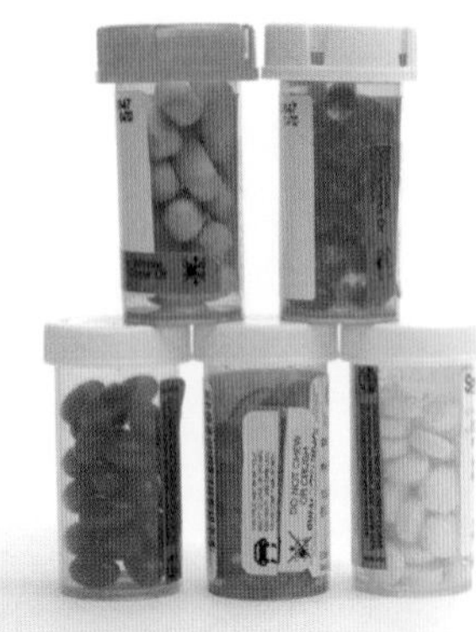

Les changements d'état

Quand nous faisons une activité physique intense, nous transpirons : la sueur (liquide) se forme à la surface de notre peau. Principalement constituée d'eau, cette sueur se transforme en vapeur (gaz) et se dissipe dans l'air ambiant. Ce passage de l'état liquide à l'état gazeux est un **changement d'état**.

La matière peut se présenter sous trois états : solide, liquide ou gazeux. L'état d'une substance est déterminé par l'organisation et le comportement de ses atomes (ou molécules).

- Dans un solide, les atomes (ou les molécules) sont **rapprochés** et **s'agitent peu**.
- Dans un liquide, les atomes (ou les molécules) sont **relativement rapprochés**, mais ils **s'agitent**.
- Dans un gaz, les atomes (ou les molécules) **s'agitent beaucoup** et **s'éloignent les uns des autres** en changeant constamment de position.

Il faut un transfert de l'énergie pour faire passer une substance d'un état à un autre (voir la figure 7.6). Ainsi, un gain d'énergie active les particules de matière, alors qu'une perte d'énergie stabilise la matière.

Retenez votre respiration !

En août 1988, Saint-Basile-le-Grand, en Montérégie, connaît l'une des pires catastrophes écologiques de l'histoire du Québec. Des dizaines de milliers de litres de biphényles polychlorés (BPC) s'enflamment à la suite d'un incendie criminel, créant un gigantesque nuage de fumée toxique.

Les BPC, des composés liquides utilisés surtout dans la fabrication de matériel électrique, sont difficiles à détruire. Libérés dans l'environnement, ils s'accumulent dans les cellules animales par la respiration et ils nuisent à la santé. Le feu les transforme en aérosols et le vent peut les transporter sur de longues distances. Les catastrophes écologiques ne sont pas toujours aussi visibles que dans la photographie ci-dessous.

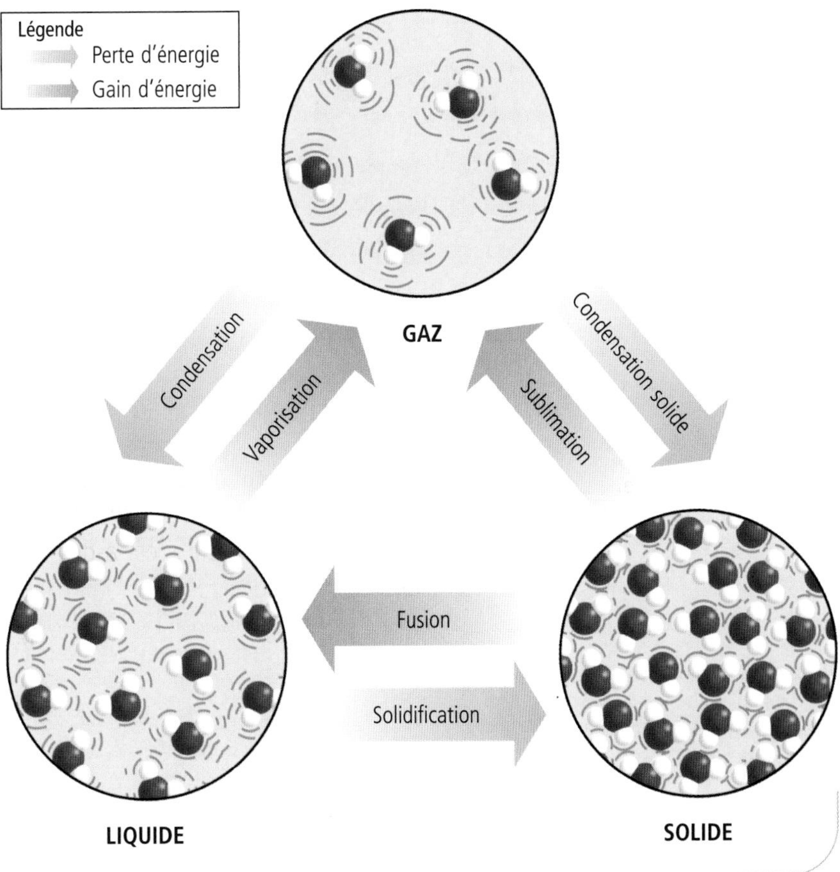

Figure 7.6 > Les changements d'état
Une variation d'énergie (par la variation de la chaleur disponible ou par la variation de la pression ambiante) provoque un changement d'état.

Les transformations chimiques

Comme nous l'avons vu précédemment, une transformation chimique crée de nouvelles substances à partir d'une autre ou d'un mélange de substances différentes. Pour qu'une telle transformation se produise, il faut modifier les liaisons entre les atomes.

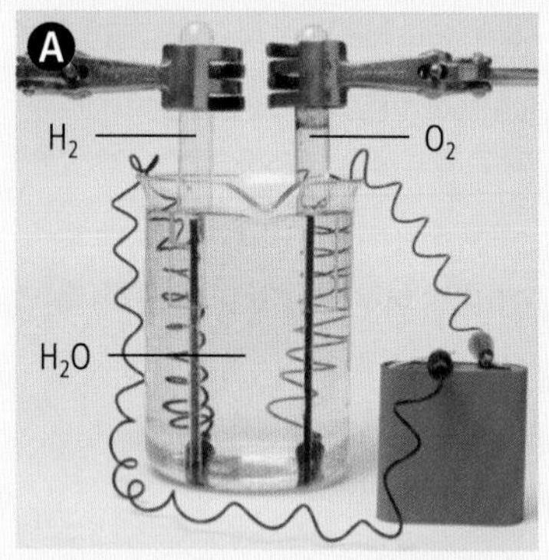

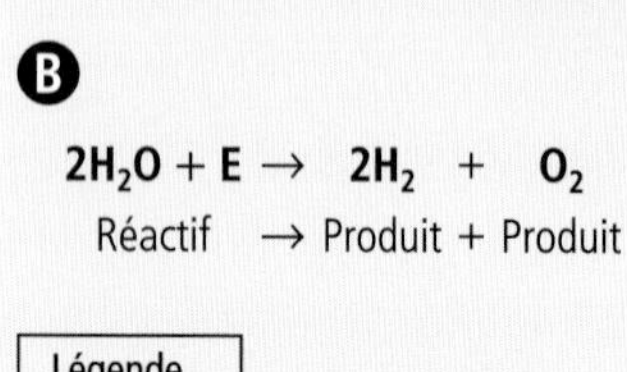

Figure 7.7 > La décomposition de l'eau
L'électrolyseur produit du dioxygène et du dihydrogène à partir de l'eau.

Une transformation chimique peut nécessiter un apport d'énergie (par exemple, de la chaleur ou de l'électricité) ou la présence d'un **catalyseur**, une substance qui augmente la vitesse de transformation.

De nombreuses transformations chimiques se produisent dans votre corps ; par exemple, quand vous digérez de la nourriture. Les transformations chimiques les plus courantes sont la décomposition, la synthèse, l'oxydation et la précipitation.

La décomposition

Le corps sécrète des enzymes qui se retrouvent dans le tube digestif et jouent un rôle important dans la digestion. Les enzymes sont des catalyseurs biologiques. Elles accélèrent la transformation des aliments en nutriments, c'est-à-dire en substances plus simples que l'organisme peut utiliser pour fonctionner. On peut donc dire que la digestion décompose les aliments ingérés.

La **décomposition** est une transformation chimique qui sépare les molécules complexes en molécules plus simples. Pour favoriser la décomposition de la molécule d'eau, on utilise l'électricité. Ce procédé est appelé *électrolyse de l'eau* (voir la figure 7.7 A).

La décomposition chimique transforme un seul réactif en plusieurs produits. Par exemple, dans la décomposition de l'eau, la molécule d'eau (H_2O) – c'est le réactif – se décompose en deux gaz : le dihydrogène (H_2) et le dioxygène (O_2) – ce sont les produits (voir la figure 7.7 B).

La synthèse

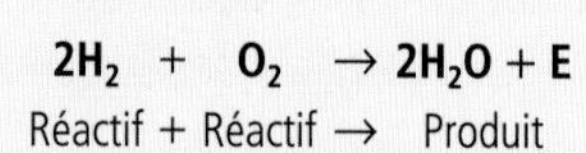

Figure 7.8 > La synthèse de l'eau
Le dihydrogène (H_2) et le dioxygène (O_2) réagissent ensemble pour former de l'eau (H_2O).

Le corps humain tire son énergie des nutriments, essentiellement des glucides et des lipides. Il peut utiliser rapidement cette énergie ou la stocker pour l'utiliser au besoin. À partir des nutriments transportés par le sang, le foie fabrique des substances plus complexes, comme le glycogène.

Ce processus qui consiste à transformer des molécules simples en une molécule complexe est appelé *synthèse*. La **synthèse** implique **au moins deux réactifs**, pour former **un seul produit** (voir la figure 7.8). La synthèse et la décomposition sont des transformations chimiques inverses.

L'oxydation

L'oxygène est l'un des éléments les plus réactifs. C'est pourquoi il est impliqué dans de nombreuses transformations chimiques autant dans le corps (comme la respiration) que dans l'environnement.

La **respiration cellulaire** est la transformation du glucose dans la cellule en présence de dioxygène. Ce phénomène provoque l'oxydation du glucose, ce qui libère l'énergie nécessaire au fonctionnement du corps.

L'**oxydation** est une transformation chimique : c'est la combinaison d'une molécule avec un ou plusieurs atomes d'oxygène. Par exemple, la rouille est le résultat de l'oxydation du fer (voir la figure 7.9).

Outil 4, p. 186

La précipitation

La **précipitation** est une transformation chimique qui crée une substance qui n'est pas soluble dans le solvant (généralement, de l'eau).

L'utilisation de l'eau de chaux pour détecter la présence de dioxyde de carbone est un bon exemple de transformation chimique avec formation d'un précipité. L'eau de chaux, une solution d'hydroxyde de calcium, réagit avec le dioxyde de carbone pour produire du carbonate de calcium et de l'eau. Le carbonate de calcium n'est pas soluble dans l'eau, il se précipite au fond du mélange.

Hydroxyde de calcium (soluble dans l'eau)	+	**Dioxyde de carbone** (gaz)	→	**Carbonate de calcium** (non soluble dans l'eau)	+	**Eau** (liquide)
$Ca(OH)_2$	+	CO_2	→	$CaCO_3$	+	H_2O

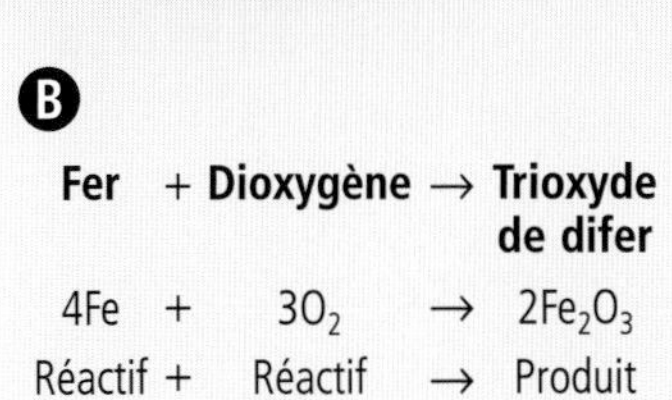

Fer	+ Dioxygène	→ Trioxyde de difer
4Fe +	$3O_2$	→ $2Fe_2O_3$
Réactif +	Réactif	→ Produit

Figure 7.9 > L'oxydation du fer
On appelle couramment *rouille* le trioxyde de difer.

Les indices d'une transformation chimique

Les transformations chimiques ne sont pas observables à l'œil nu. C'est pourquoi on recourt à divers indices pour en déceler la nature : la formation d'un précipité, le changement de couleur, le dégagement d'énergie ou le dégagement d'un gaz.

La formation d'un précipité. Un **précipité** est une substance solide qui se forme dans une solution, généralement à la suite d'un mélange (voir la figure 7.10).

Figure 7.10 > La formation d'un précipité
Ici, le précipité est une substance solide qui se forme dans un liquide.

info+

LA LUTTE DU BLEUET CONTRE LE VIEILLISSEMENT

Il n'y a pas que le fer qui s'oxyde. En fait, l'oxydation est indispensable à l'assimilation de la nourriture, à la vie. Cependant, quand elle est trop prononcée, elle est nuisible, elle endommage les cellules et certaines molécules, telles que les acides aminés et les acides nucléiques, qui forment les protéines et l'ADN.

Certains aliments ont des propriétés antioxydantes, c'est-à-dire qu'ils agissent sur les cellules du corps humain en neutralisant le processus d'oxydation, ce qui prévient le vieillissement prématuré des cellules.

On considère le bleuet comme l'un des principaux aliments antioxydants. L'exploitation de cette ressource offre de belles perspectives économiques. Le Saguenay–Lac-Saint-Jean en est la principale région productrice du Québec.

Figure 7.11 > Le changement de couleur
Au moins un réactif a une couleur différente de celles des produits.

Figure 7.12 > Le dégagement d'énergie
Les bâtons lumineux émettent de la lumière : c'est de la chimioluminescence.

Figure 7.13 > Le dégagement d'un gaz
Quand on plonge des morceaux de calcaire dans de l'acide chlorhydrique, il se forme des bulles : la transformation chimique des deux substances produit une effervescence.

LE CHANGEMENT DE COULEUR. Comment savez-vous que le fer forgé d'un balcon a rouillé ? Le changement de couleur en est un bon indice. Certaines transformations chimiques impliquent en effet un changement de couleur (voir la figure 7.11). La substance finale (le produit) est alors d'une couleur différente de celles des substances initiales (les réactifs).

LE DÉGAGEMENT D'ÉNERGIE. Certaines transformations chimiques dégagent de l'énergie qui peut se manifester sous forme de chaleur ou de lumière (voir la figure 7.12). Par exemple, les bâtons lumineux utilisés dans les fêtes contiennent des substances qui réagissent ensemble. Lorsque la membrane qui les sépare est brisée, une série de réactions chimiques finissent par libérer de l'énergie, transmise ensuite à un colorant. C'est ce colorant qui émet la lumière.

LE DÉGAGEMENT D'UN GAZ. Certaines transformations chimiques dégagent un gaz (voir la figure 7.13). Comment peut-on déceler la présence d'un gaz ? Par une odeur, un petit nuage de vapeur ou des bulles dans le liquide. La formation de telles bulles s'appelle *effervescence* et il ne faut pas la confondre avec la formation des bulles de vapeur dans l'eau bouillante ou l'effervescence qui survient lors de la décompression d'une bouteille de boisson gazeuse.

info+

DES GAZ D'ÉCHAPPEMENT UN PEU PLUS « VERTS »

Comme vous le savez, la consommation d'essence contribue au réchauffement de la planète en rejetant des gaz polluants. Or, le nombre de véhicules ne cesse d'augmenter. On a donc conçu le convertisseur catalytique d'oxydation pour traiter les gaz d'échappement avant leur libération dans l'air. Par réaction chimique, l'oxygène et les métaux présents dans le convertisseur transforment les gaz toxiques en vapeur d'eau et en dioxyde de carbone, un polluant moins nocif. L'automobile pourra-t-elle un jour ou l'autre devenir tout à fait écologique ?

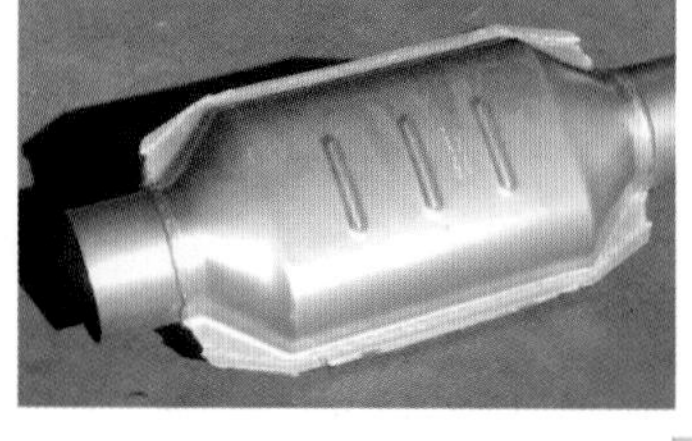

Le tatouage : un « pensez-y bien »

Les pigments de couleurs utilisés en tatouage ne doivent pas contenir de mercure. Si vous croyez que les tatouages au henné sont plus sûrs, détrompez-vous ! Pour faire tenir plus longtemps cette teinture, on lui ajoute parfois du paraphénylènediamine (PPD). Les réactions allergiques à ce produit chimique peuvent être graves : éruptions cutanées, dermites de contact, démangeaisons, cloques, plaies et cicatrices. Des scientifiques s'interrogent sérieusement au sujet des effets à long terme des tatouages sur la santé. La prudence est donc de mise !

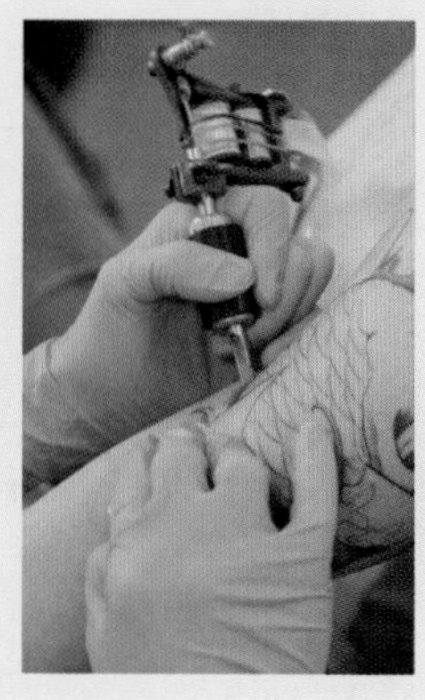

Les formes d'énergie essentielles à la vie

L'énergie est vitale : pour se maintenir en vie, les organismes vivants doivent constamment transformer l'énergie. L'énergie, c'est la capacité de produire du travail. L'énergie n'est pas de la matière, mais elle peut transformer la matière et être elle-même transformée en une autre forme d'énergie. Les quatre formes d'énergie essentielles à la vie sont l'énergie chimique, l'énergie mécanique, l'énergie thermique et l'énergie rayonnante.

L'énergie chimique

Quelle est votre principale source d'énergie ? Bien sûr, c'est la nourriture que vous mangez. Les aliments sont faits de composés chimiques ; c'est pourquoi on dit que c'est une source d'énergie chimique.

L'**énergie chimique** peut être emmagasinée dans les molécules de l'organisme, puis libérée par la réorganisation des atomes au cours d'une réaction chimique, ce qui la rend directement utilisable. Votre organisme se procure l'énergie chimique au cours de la respiration cellulaire par l'oxydation du glucose (voir la figure 7.16).

Figure 7.14 > L'énergie mécanique
Le mouvement est une manifestation de l'énergie mécanique.

L'énergie mécanique

Quand vous vous grattez le nez, vous utilisez votre énergie mécanique. Le sport, la marche, l'écriture au stylo ou au clavier de l'ordinateur sont tous des activités qui sollicitent vos muscles.

L'**énergie mécanique** est une forme d'énergie que possède un corps lorsqu'il est en mouvement ou qui est emmagasinée dans un corps dans le but de produire un mouvement (voir la figure 7.14). Quand vous bougez, quand vous déplacez un objet, vos muscles transforment l'énergie chimique en énergie mécanique.

Figure 7.15 > L'énergie thermique
Le corps humain dépense beaucoup d'énergie pour maintenir sa température.

L'énergie thermique

La température normale du corps humain est de 37 °C (voir la figure 7.15). Un écart de quelques degrés à peine peut entraîner des conséquences graves, comme les engelures causées par l'hypothermie, des convulsions provoquées par une forte fièvre ou un coma survenant à la suite d'un coup de chaleur.

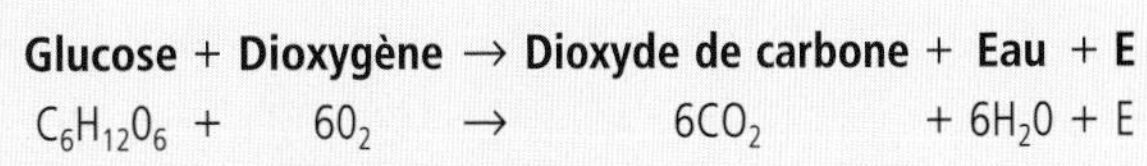

Figure 7.16 > La respiration cellulaire
Au cours de cette réaction chimique, la réorganisation des atomes libère une énergie chimique (E) nécessaire à d'autres activités vitales.

La Terre n'est pas un dépotoir à ciel ouvert !

Que doit-on faire des piles électriques épuisées ? Comment se débarrasse-t-on d'un ordinateur désuet ou d'un vélo irréparable ? Et comment récupérer ses vêtements trop petits ? La règle de base est simple : ne rien jeter de tout cela à la poubelle !

Au Québec, en 2006, 74 écocentres permettaient la récupération, le recyclage ou le réemploi de très nombreux objets. En ne jetant pas tout à la poubelle, on diminue la masse des déchets dans les dépotoirs.

Figure 7.17 > L'énergie rayonnante
Dans le four à micro-ondes, l'énergie rayonnante (micro-ondes) se transforme en énergie thermique (chaleur) et en énergie chimique (cuisson).

En fait, la température d'un corps est une mesure indirecte du degré d'agitation de ses molécules. On appelle **énergie thermique** cet état d'agitation moléculaire.

L'énergie rayonnante

Votre corps est doté de capteurs d'énergie rayonnante : vos yeux captent la lumière et votre peau capte l'infrarouge. Il existe différents types d'énergie rayonnante, entre autres les rayons gamma, les rayons X, les ondes radio, les rayons UV et les micro-ondes (voir la figure 7.17).

L'**énergie rayonnante** est une forme que prend l'énergie lorsqu'elle se déplace sous forme d'ondes électromagnétiques.

L'énergie chimique, l'énergie mécanique, l'énergie thermique et l'énergie rayonnante sont étroitement liées entre elles. Tout comme la matière, l'énergie est conservée lorsqu'elle passe d'un corps à un autre. En effet, l'énergie n'est ni perdue ni créée : elle ne fait que changer de forme (voir le tableau 7.2).

Tableau 7.2 > Des transformations d'énergie

TRANSFORMATIONS	EXEMPLE
Dans le compost, les déchets organiques sont décomposés par des bactéries. Il se produit alors des transformations chimiques qui libèrent de la chaleur. énergie chimique → énergie thermique	La vapeur qui se dégage du compost montre que la transformation chimique des déchets organiques libère de l'énergie thermique.
Le corps humain emmagasine l'énergie qu'il tire des composés chimiques présents dans sa nourriture. Les muscles transforment l'énergie chimique en mouvement. Le bras communique son mouvement au marteau. L'énergie mécanique du marteau est transmise au clou qui s'enfonce dans la pièce de bois. Celle-ci absorbe l'énergie mécanique du clou et les deux corps deviennent plus chauds. énergie chimique → énergie mécanique → énergie thermique	Le simple fait d'enfoncer un clou fait intervenir plusieurs transferts et transformations d'énergie.

Concepts clés

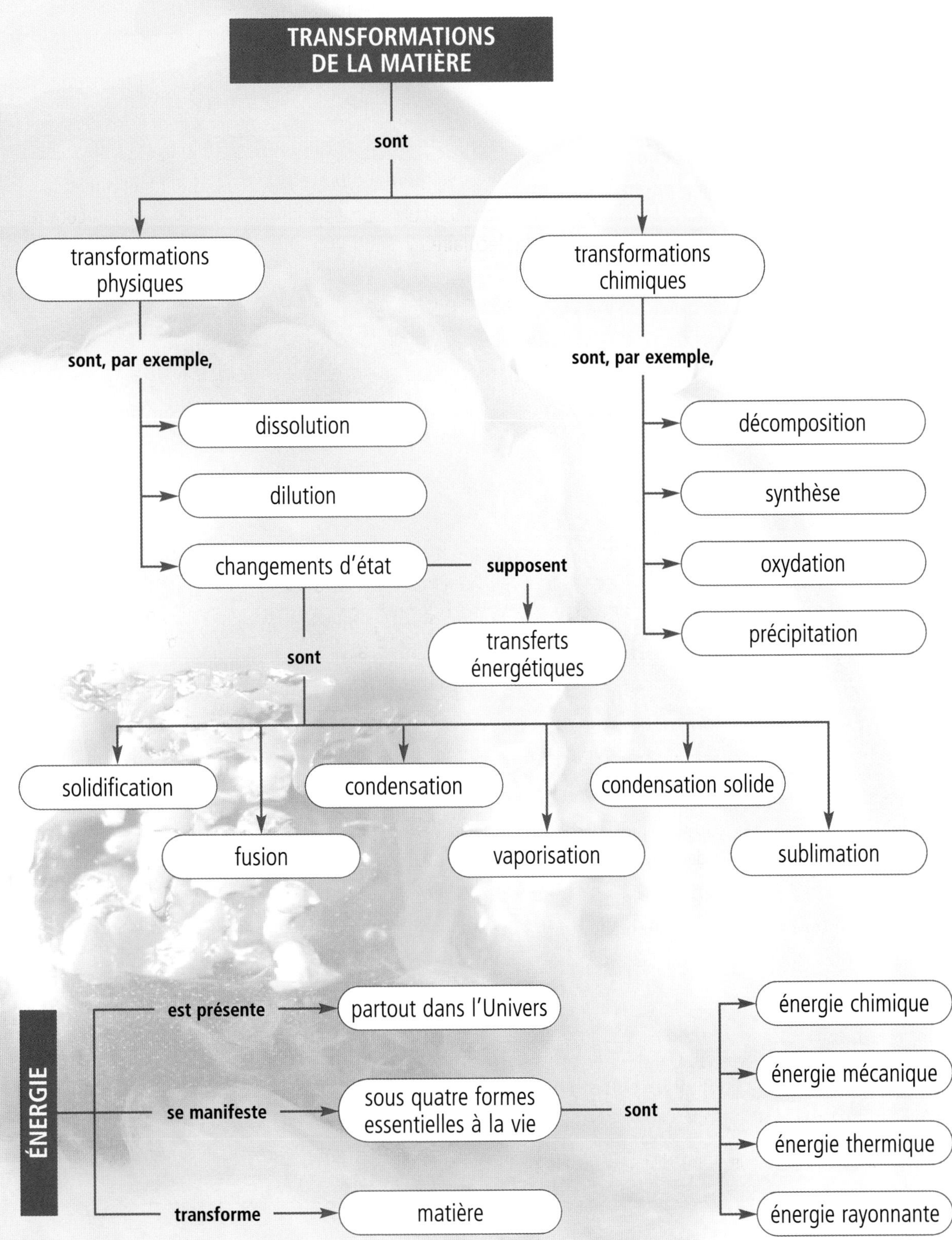

.exe >>>

1

Dans chaque cas, déterminez si la transformation est chimique ou physique.

a) Une bûche de bois brûle.
b) Vous mordez dans une pomme.
c) On ajoute du lait dans du chocolat chaud.
d) On verse du chlore dans l'eau d'une piscine.
e) Vous mettez du fromage râpé sur des pâtes chaudes.
f) Un fruit noircit à la température ambiante.
g) Une dent carie par manque d'hygiène.
h) Une chaîne de bicyclette rouille.

2

Les trois illustrations suivantes représentent les molécules de trois substances fictives.

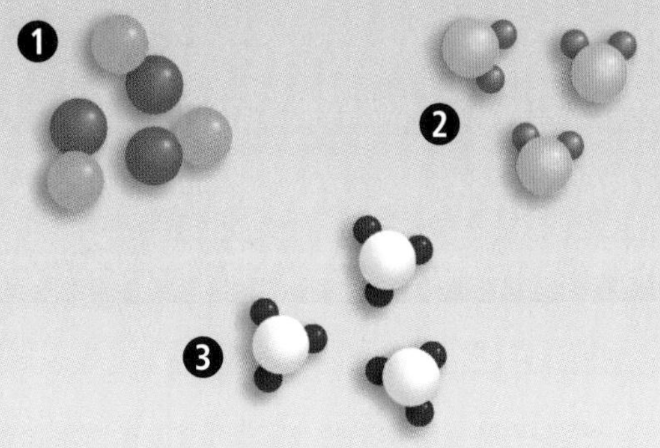

a) Utilisez le modèle particulaire pour représenter une transformation physique entre deux de ces substances.
b) Utilisez le modèle particulaire pour représenter une transformation chimique entre deux de ces substances.

3

Nommez et décrivez dans vos mots les quatre indices d'une transformation chimique.

4

Dans chaque cas, précisez la nature de la transformation physique impliquée : dissolution, dilution ou changement d'état.

a) Vous ajoutez de l'eau à un concentré de jus d'orange.
b) Au printemps, la neige accumulée sur le sol fond.
c) Pour sa fille qui souffre d'une gastroentérite, un père prépare une boisson avec les ingrédients suivants : du sel, de l'eau bouillie et du jus d'orange.
d) Vous versez le contenu d'un sachet de chocolat en poudre dans un bol de lait bien chaud.
e) Les vêtements que vous avez étendus sur la corde à linge sont enfin secs.
f) Vous cuisinez une sauce à spaghetti : vous décidez d'y ajouter du jus de tomates parce qu'elle est trop piquante.

5

Dans chaque cas, déterminez si l'équation chimique est équilibrée.

a) $C + O_2 \rightarrow CO_2$
b) $2H_2O \rightarrow 2H_2 + O_2$
c) $2P_4 + 5O_2 \rightarrow 4P_2O_5$
d) $2Al + 2HCl \rightarrow 2AlCl_3 + H_2$
e) $S_8 + O_2 \rightarrow 8SO_2$

6

Écrivez le nom de chaque changement d'état à l'endroit approprié.

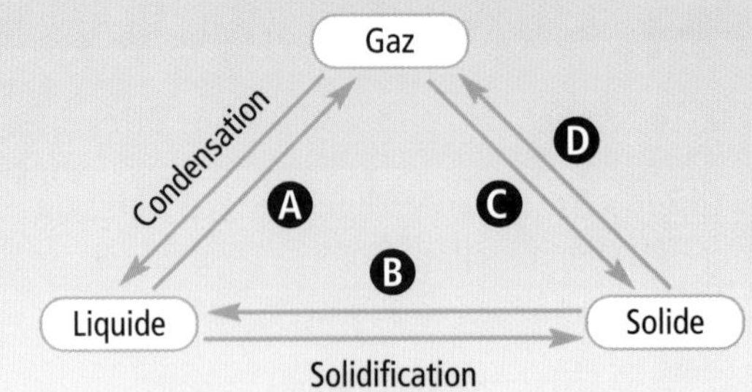

7

Dans chaque cas, déterminez si le modèle de transformation chimique est équilibré.

a) 

b) 

c) 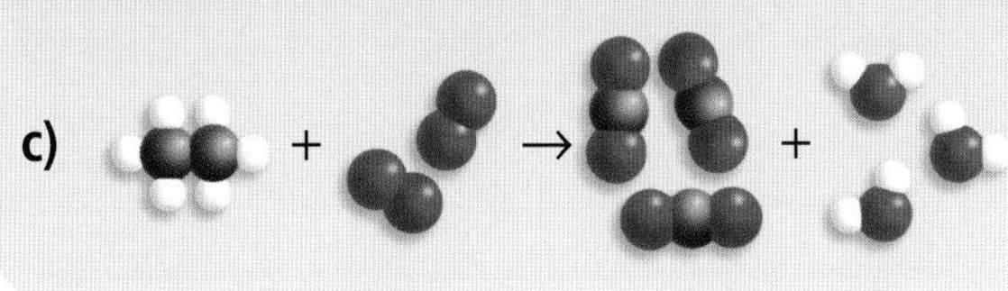

8

Dans chaque cas, précisez la nature de la transformation chimique : décomposition, synthèse ou oxydation. Note : Il peut y avoir plus d'une réponse possible.

a) $2Al + 3\ Cl_2 \rightarrow 2\ AlCl_3$

b) $N_2 + 2O_2 \rightarrow 2NO_2$

c) $2N_2O_5 \rightarrow 4NO_2 + O_2$

d) $C_6H_{12}O_6 + 6O_2 \rightarrow 6CO_2 + 6H_2O$

e) $4HNO_3 \rightarrow 4NO_2 + 2H_2O + O_2$

9

Vous devez effectuer une dilution à partir d'une solution A. Le volume de la solution A est de 56 ml et sa concentration, 70 g/L. Vous la diluez en y ajoutant 28 ml d'eau. Vous obtenez ainsi une solution B.

a) Quel est le volume de la solution B ?

b) Quelle est la concentration de la solution B ?

c) Comparez la concentration de la solution initiale avec celle de la solution finale.

10

On vous a probablement déjà dit que vous risquiez d'attraper un coup de froid si vous sortiez avec les cheveux mouillés par temps frais ou venteux. Selon vous, cette mise en garde est-elle fondée ? Justifiez votre réponse.

11

Dans chaque cas, précisez la forme d'énergie en cause.

a) Vous placez vos bottes près d'une plinthe électrique pour les faire sécher.

b) Une personne se réchauffe auprès du feu de bois dans la cheminée.

c) Une dynamiteuse fait détoner une charge d'explosif dans un chantier de construction.

d) Le soleil réchauffe l'eau d'une piscine.

e) Un adolescent pousse sa petite sœur assise sur une balançoire.

12

L'entraînement intense élève la température corporelle. Pour contrer cette augmentation de température, le corps transpire.

a) Nommez les formes et les transformations d'énergie impliquées dans ce processus.

b) Expliquez comment la transpiration abaisse la température corporelle.

13

Quand on skie, la semelle des skis glisse sur la neige. Ce sport fait intervenir une transformation physique : la fusion.

À l'aide de cette information et de ce que vous avez appris sur l'énergie, expliquez pourquoi une personne légère glisse moins bien qu'une personne plus lourde avec la même paire de skis.

histo2

> Lavoisier : plus qu'une citation

Au ve siècle avant notre ère, le philosophe et savant grec Anaxagore dit : « Rien ne naît ni ne périt, mais des choses déjà existantes se combinent, puis se séparent de nouveau. » Deux millénaires plus tard, le chimiste français Antoine Laurent de Lavoisier (1743-1794) reprend cette idée dans une phrase qui deviendra célèbre : « Rien ne se perd, rien ne se crée, tout se transforme. » L'héritage scientifique laissé par ce chimiste français dépasse cependant de beaucoup cette simple citation.

« Rien ne se perd » : Lavoisier pressent que chaque atome a un rôle à jouer dans une réaction chimique. Il est le premier à utiliser systématiquement une balance dans ses expériences. Il pèse les réactifs au début d'une expérience et constate ensuite que la masse est conservée malgré les transformations de la matière. C'est ainsi qu'il découvre que l'air contient de l'azote.

« Rien ne se crée » : Lavoisier ne croit pas à la magie en science. Il réalise que la combustion de l'hydrogène produit de l'eau. Il approfondit la question et établit que l'eau est synthétisée au cours de la combustion. En associant l'oxygène à cette transformation, Lavoisier démontre que l'eau est composée d'hydrogène et d'oxygène. Alors, d'où vient donc l'oxygène ? Lavoisier en déduit que cet élément est aussi l'un des constituants de l'air.

Antoine Laurent de Lavoisier

Lavoisier apporte à la chimie la nouveauté de la rigueur et de la logique. Il s'intéresse par ailleurs à bien d'autres domaines, tels que les mathématiques, la finance, l'agriculture et l'éducation.

Lavoisier est guillotiné pendant la Révolution française. Après son exécution, son collègue mathématicien Joseph Louis de Lagrange (1736-1813) déclare : « Il ne leur a fallu qu'un moment pour faire tomber cette tête, et cent années peut-être ne suffiront pas pour en reproduire une semblable. »

techno2

> Les nanotechnologies

Les nanotechnologies regroupent de nombreuses disciplines scientifiques : médecine, chimie, physique, etc. À l'échelle du nanomètre (10^{-9} m, soit environ 1/1 000 000e du diamètre d'un cheveu), les propriétés des matériaux sont différentes. Par exemple, on peut rendre conducteurs certains isolants électriques en y introduisant des nanoparticules métalliques.

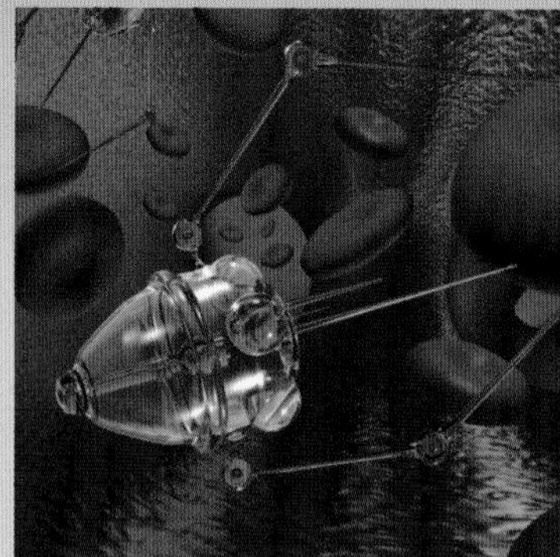
Les nanorobots
En assemblant des robots molécule par molécule, on rêve de fabriquer des robots si petits qu'ils pourront faire des interventions chirurgicales !

Les domaines d'application sont multiples. En électronique, la structure d'une puce ou d'un circuit intégré appartient déjà à l'infiniment petit. En médecine, on conçoit de minuscules instruments pour détecter des maladies ou administrer des médicaments. Ainsi, on prévoit utiliser bientôt des marqueurs pour faciliter la destruction de cellules cancéreuses et des nanomatériaux pour régénérer les tissus osseux ou autres.

Même si l'on ne connaît pas encore bien le risque pour la santé, on sait que les nanotechnologies envahiront notre quotidien, comme ces nanoparticules d'argent intégrées dans les chaussettes pour leurs propriétés anti-odeurs.

Les nanotechnologies sont les domaines où l'on manipule des matériaux au niveau moléculaire pour concevoir des objets aux caractéristiques uniques.

ZOOM sur l'avenir

DYNAMITEUR DYNAMITEUSE

Éric est dynamiteur. Il travaille dans des mines, des carrières ou des chantiers de construction où il est responsable de l'utilisation des charges explosives, par exemple pour permettre l'extraction de minerai.

C'est lui qui s'occupe du transport et de la manipulation de tous les explosifs. Il prend les décisions nécessaires, comme le type et la puissance des charges explosives ou le choix des lieux, et il fait détoner la charge. Éric travaille en étroite collaboration avec les foreurs, responsables de creuser les trous destinés aux explosifs.

Comme l'explosion d'une charge est une transformation chimique qui dégage une très grande quantité d'énergie, Éric doit être très prudent pour éviter le risque d'accident. Il lui faut respecter les normes afin d'assurer sa propre sécurité et celle des autres travailleurs et travailleuses. Par conséquent, Éric se doit d'être très vigilant, réfléchi, autonome et fiable. Par ailleurs, c'est un métier exigeant, souvent exercé à l'extérieur ; Éric doit donc maintenir une bonne condition physique. L'environnement de travail est généralement bruyant et exige d'Éric une excellente capacité de concentration. On ne peut pas interrompre facilement des travaux de dynamitage ; l'horaire de travail d'Éric est donc plutôt variable.

Éric a obtenu un diplôme d'études professionnelles (DEP), mais il a dû attendre d'avoir 18 ans pour exercer son métier.

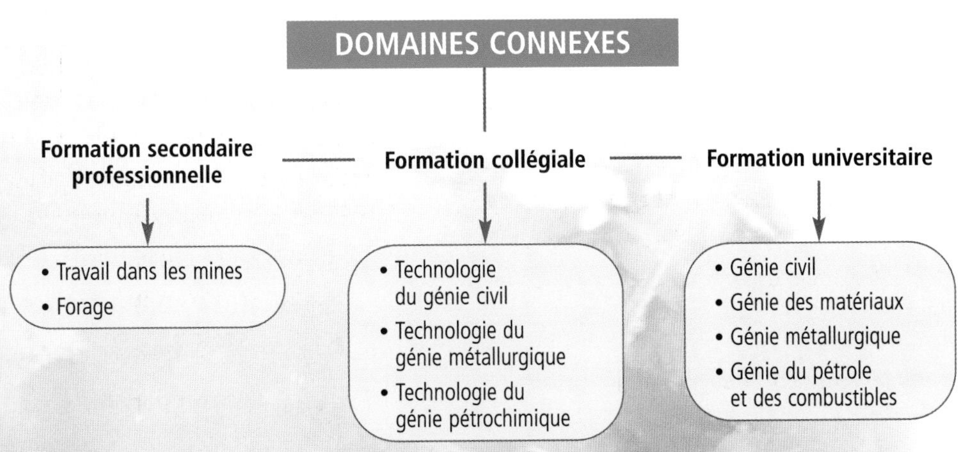

Dossier 8 > Les propriétés de la matière

Il importe de bien connaître les différentes propriétés caractéristiques physiques et chimiques des substances qui nous entourent. Pour fabriquer des objets servant à améliorer la qualité de vie ou des médicaments, les propriétés permettent des choix pratiques, économiques et sécuritaires. Par exemple, pour combattre une brûlure d'estomac due à l'acidité gastrique, on peut utiliser des médicaments appelés *antiacides*. Ces derniers possèdent la propriété de neutraliser les acides. La connaissance des propriétés des substances permet également de créer des feux d'artifice spectaculaires.

Certains minerais (fer, cuivre, zinc) sont très convoités au Québec à cause de leurs propriétés caractéristiques qui en font des substances essentielles à la fabrication d'objets de toutes sortes. Comment exploiter ces ressources naturelles dans le plus grand respect de l'environnement et de l'être humain ?

Dans ce dossier

Des propriétés pour identifier les substances

Qu'est-ce qu'une propriété ?

Les propriétés physiques caractéristiques

La solubilité
Le point de fusion
Le point d'ébullition
La masse volumique

Les propriétés chimiques caractéristiques

Une question de réactions
La réaction à des indicateurs

S2S

Le Canada possède un des plus hauts taux de production de déchets solides (ordures ménagères et déchets industriels) par habitant, dans le monde. Ces déchets, pouvant dans bien des cas être revalorisés, sont entassés dans des sites d'enfouissement. Au pays, il en existe des centaines, dont un peu plus de 60 au Québec seulement.

Connaissez-vous les conséquences de ces sites d'enfouissement sur l'environnement ?

L'être humain

Liens

... vu de l'intérieur

Dossier 4 > L'alimentation

Connaître les propriétés physiques et chimiques des substances nous aide à faire des choix en fonction de nos besoins. Lorsque l'on choisit un aliment, il faut entre autres tenir compte de ses propriétés, afin de combler nos besoins en énergie. Connaissez-vous le rôle joué dans votre corps par les différents aliments que vous consommez ?

p. 62

... et la technologie

Dossier 9 > Les matériaux

Une bonne connaissance des propriétés des matériaux permet de faire le bon choix. Dans la construction d'une maison, on fabrique les planchers en érable ou en chêne, alors que les charpentes sont surtout en pin. Sauriez-vous préciser les différences entre ces types de bois ainsi que leurs qualités respectives ?

p. 156

Des propriétés pour identifier les substances

Toutes les substances composant notre corps, ou présentes dans l'environnement, possèdent des propriétés. Un peu comme une signature ou un trait d'identité, les propriétés servent à décrire une substance ou à la distinguer d'une autre. Les propriétés décrivent en outre les comportements des substances sous diverses conditions. Quel est l'impact de ces comportements sur votre vie quotidienne ?

Qu'est-ce qu'une propriété ?

On distingue deux types de propriétés : physiques et chimiques. Les propriétés physiques se subdivisent à leur tour en deux catégories : les propriétés caractéristiques et les propriétés non caractéristiques. Avant d'aborder ces distinctions, il faut comprendre ce qu'est une propriété.

Une **propriété** est un trait propre à une substance qui permet, entre autres, de l'identifier. Par exemple, le muscle du cœur est le seul muscle du corps à posséder de petits noyaux cellulaires qui produisent eux-mêmes les stimulations électriques nécessaires aux battements cardiaques. Cette propriété différencie le muscle cardiaque de tous les autres muscles.

Des propriétés caractéristiques ou non caractéristiques

Bien que vitales dans certains cas, les propriétés de la matière n'ont pas toutes la même importance. Ainsi, les **propriétés non caractéristiques** d'une substance, telles que sa température ou parfois sa couleur ou son odeur, **ne permettent pas de la distinguer avec certitude** d'une autre substance, car elles touchent des aspects partagés par plusieurs substances. La couleur jaune d'un fruit, par exemple, ne nous permet pas d'identifier avec certitude de quel fruit il s'agit.

Par contre, les **propriétés caractéristiques** touchent des aspects précis qui n'appartiennent qu'à quelques substances, voire à une seule. Une combinaison d'au moins deux propriétés caractéristiques **permet donc d'identifier une substance avec certitude**. Ainsi, la température à laquelle un liquide entre en ébullition est une propriété caractéristique (ex. : l'eau pure bout à 100 °C). Les propriétés caractéristiques d'une substance – physiques ou chimiques – constituent les propriétés les plus utiles, car elles sont plus précises et, dans bien des cas, mesurables.

Les propriétés physiques caractéristiques

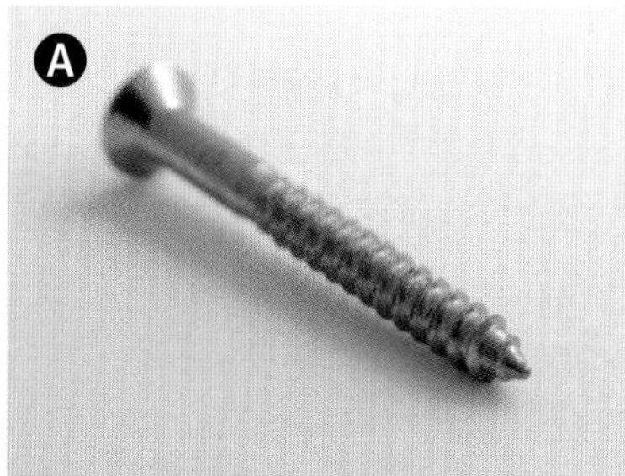

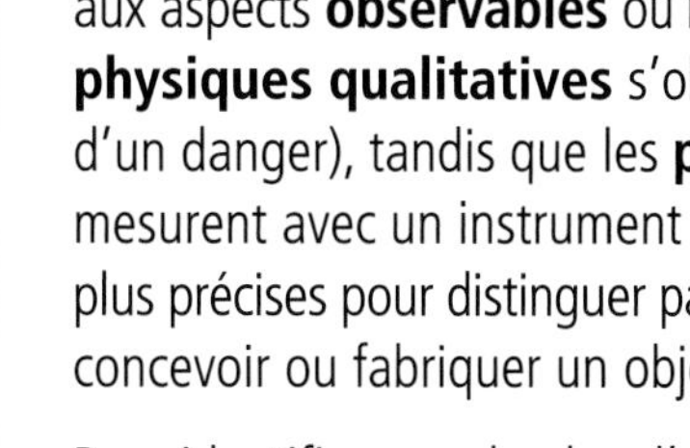

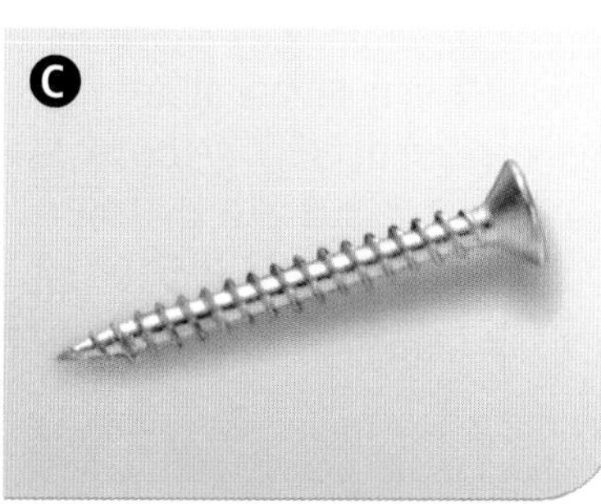

Figure 8.1 > Des objets semblables, mais différents
Ces vis se ressemblent, mais elles sont toutes faites d'un métal différent. Pour les utiliser efficacement, il faut savoir de quel métal il s'agit : Ⓐ en aluminium, Ⓑ en nickel et Ⓒ en zinc.

Une bougie qui se consume, un iceberg flottant sur l'eau, une bouteille d'eau minérale… chacune de ces situations traduit, dans un contexte particulier, une ou des propriétés physiques caractéristiques. De quelles propriétés physiques s'agit-il ?

Les propriétés physiques caractéristiques d'une substance renvoient aux aspects **observables** ou **mesurables** d'une substance. Les **propriétés physiques qualitatives** s'observent avec les sens (à moins d'indications d'un danger), tandis que les **propriétés physiques quantitatives** se mesurent avec un instrument (voir le tableau 8.1). Ces dernières sont donc plus précises pour distinguer parfaitement une substance d'une autre et pour concevoir ou fabriquer un objet (voir la figure 8.1).

Pour identifier avec le plus d'exactitude possible une substance, nous devons, entre autres, considérer les propriétés physiques de la matière telles que la **solubilité**, le **point de fusion**, le **point d'ébullition** et la **masse volumique**. Ces propriétés ont l'importante particularité d'être mesurables au cours d'une manipulation ou d'une transformation physique de la matière (ex. : lorsque nous la chauffons ou la plongeons dans l'eau). Mises ensemble, ces quatre propriétés deviennent alors l'équivalent de la signature d'une substance. Une signature inimitable !

Tableau 8.1 > Quelques propriétés physiques de la matière

	PROPRIÉTÉS PHYSIQUES QUALITATIVES	PROPRIÉTÉS PHYSIQUES QUANTITATIVES
Non caractéristiques	• Couleur • Forme • Odeur • État	• Masse • Température • Volume
Caractéristiques	• Conductibilité électrique • Conductibilité thermique • Magnétisme	• Solubilité • Point de fusion • Point d'ébullition • Masse volumique

Figure 8.2 > Un mélange de cristaux de saveur se dissolvant dans l'eau

La solubilité

La solubilité est une **propriété physique caractéristique** des solutés. Par exemple, lorsque l'on ajoute de plus en plus de soluté (ex. : des cristaux de saveur) dans un solvant (ex. : de l'eau), on atteint un point où le soluté ne se dissout plus (voir la figure 8.2).

La **solubilité** correspond à la quantité maximale de soluté que l'on peut dissoudre dans une quantité donnée de solvant. Lorsque l'on atteint cette quantité maximale, on obtient une **solution saturée**.

La solubilité d'une substance dépend de trois facteurs : la **nature du solvant**, la **température du solvant** et la **pression du milieu**. L'eau constitue le solvant de la majorité des solutions. Par exemple, la solubilité d'une substance varie selon la nature du solvant (eau, huile, etc.).

La solubilité des solutés, qu'ils soient solides, liquides ou gazeux, varie également selon la température. Pour certaines substances, cette variation peut être très importante. C'est le cas du sucre. Quand la température de l'eau passe de 20 °C à 80 °C, la quantité de sucre qu'il est possible de dissoudre dans 100 ml passe de 204 g à... 362 g ! La solubilité du sucre augmente avec la température de l'eau (voir la figure 8.3).

Par contre, la variation est minime dans le cas du sel. Pour deux échantillons d'eau, dont l'un a une température de 0 °C et l'autre, une température de 100 °C, la solubilité du NaCl augmente peu, passant de 35,7 g/100 ml à 39,2 g/100 ml. Pour un gaz comme le dioxygène, c'est le contraire : plus la température augmente, plus sa solubilité diminue, jusqu'à atteindre 0 g/100 ml lorsque l'eau est à 100 °C (voir le tableau 8.2).

Lorsque le soluté est un gaz, sa solubilité dépend aussi de la pression subie. Les eaux minérales ou les boissons gazeuses contiennent par exemple du dioxyde de carbone (CO_2). C'est un gaz qui provoque la sensation de « picotements » sur la langue. Le CO_2 est soluble dans l'eau, mais encore faut-il que la pression soit assez grande pour qu'il puisse s'y dissoudre.

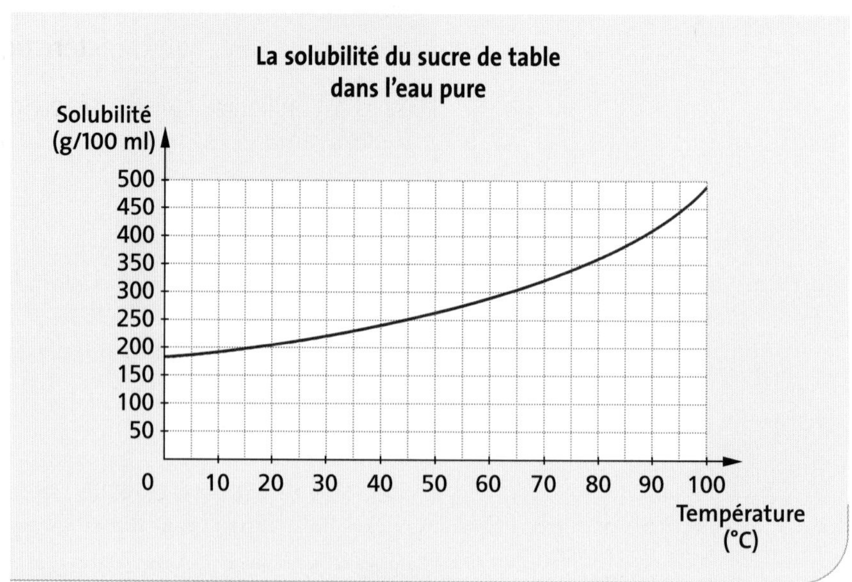

Figure 8.3 > La solubilité du sucre de table

ZOOM sur la santé

DU SUCRE QUI N'EN EST PAS

Des boissons gazeuses sans sucre et à saveur sucrée, ça existe ! Ce phénomène est possible grâce aux édulcorants, tels que l'aspartame, le sucralose, l'acésulfame, la thaumatine, le sorbitol, le mannitol, le maltitol, la saccharine et le cyclamate. Ces substituts aux noms étranges donnent un goût sucré aux aliments tout en ayant une faible valeur calorifique. C'est que leur pouvoir sucrant atteint jusqu'à 400 fois celui du sucre. Puisqu'une toute petite quantité suffit, ils sont idéals pour les diabétiques, car ils les aident à observer leur régime sans renoncer à la sensation sucrée. Les édulcorants se sont révélés sans danger pour la santé, mais comme toute chose, il faut éviter de les consommer de façon excessive !

Tableau 8.2 > La solubilité dans l'eau pure du dioxygène, du chlorure de sodium et du sucrose

	DIOXYGÈNE (g/100 ml)	CHLORURE DE SODIUM (sel de table) (g/100 ml)	SUCROSE (sucre de table) (g/100 ml)
À 0 °C	0,001 456	35,7	179,2
À 50 °C	0,000 550	36,8	260,5
À 100 °C	0	39,2	487,2

Figure 8.4 > Des boissons contenant des gaz sous pression
Les gaz dissous dans les boissons gazeuses ne libèrent aucune bulle à cause de la pression élevée maintenue par l'étanchéité du bouchon.

Dans le processus d'embouteillage des boissons gazeuses, on crée artificiellement une pression sur le gaz qui s'y trouve, permettant ainsi sa dissolution. Cette pression est maintenue tant que le bouchon demeure en place. En décapsulant la bouteille, on réduit d'un seul coup cette pression et, conséquemment, le degré de solubilité du gaz. Résultat : le gaz s'échappe de la solution sous forme de bulles (voir la figure 8.4).

À température constante, plus la pression est élevée, plus un gaz pourra se dissoudre dans un liquide. C'est ce que l'on appelle la **loi de Henry**. Au début du XIXe siècle, le Britannique William Henry avait en effet observé que la quantité de gaz dissoute dans un liquide est proportionnelle à la pression que ce gaz exerce sur le liquide. La solubilité dépend en outre de la nature du gaz et de celle du solvant, généralement liquide (voir la figure 8.5).

Figure 8.5 > Attention à la maladie des caissons !
La maladie des caissons survient à la suite d'une plongée sous-marine, si l'organisme est exposé à une diminution significative de la pression au cours de la remontée. Le diazote présent dans le sang et les tissus forme alors de minuscules bulles qui peuvent provoquer un engourdissement, une douleur articulaire, voire la mort.

Le point de fusion

Le point de fusion est la température précise à laquelle s'effectue le **passage de l'état solide à l'état liquide**. Une substance pure possède un point de fusion qui lui est propre. C'est ce qui fait du point de fusion une **propriété physique caractéristique**.

Le sang est un liquide qui se détériore rapidement à la température de la pièce. Même réfrigéré, il ne peut se conserver que 21 jours. Si la réfrigération ne suffit pas, que font alors des organismes comme Héma-Québec avec les milliers de dons de sang ? Simple : ils les congèlent ! Le liquide rouge devient alors… un solide rouge ! La substance sanguine passe de l'état liquide à l'état solide.

Par contre, le sang n'a pas de point de fusion qui lui est propre, car ce n'est pas une substance pure. Son point de fusion dépend de la concentration des substances qu'il contient.

La paraffine des bougies est dotée de son propre point de fusion. À une certaine température, elle se met à s'égoutter lentement sur le gâteau. Ce que nous voyons dans ce processus, c'est la paraffine qui entre en fusion, autrement dit qui passe de l'état solide à l'état liquide.

Le point d'ébullition

L'air que nous respirons contient du diazote à l'état gazeux. Par contre, ce gaz à l'état liquide est très utile en médecine. Il sert à éliminer les verrues. Pour obtenir du diazote liquide, communément appelé *azote liquide*, il faut abaisser sa température sous la barre des −196 °C. Cette température est un point critique. Dès que le diazote se réchauffe, il change d'état et redevient gazeux.

Comme le point de fusion, le point d'ébullition est une **propriété physique caractéristique**. Il s'agit de la température précise à laquelle s'effectue le **passage de l'état liquide à l'état gazeux**. Le point d'ébullition le plus familier est certainement celui de l'eau, qui est de 100 °C. Le point d'ébullition change considérablement selon la pression. En effet, l'eau bout à une température inférieure à 100 °C en altitude. Par exemple, au sommet de l'Everest, la pression est plus faible que dans la classe et l'eau bout à 72 °C. Les spaghettis sont préparés pour cuire dans de l'eau bouillante (à 100 °C) pendant 8 ou 9 minutes. Sur l'Everest, l'eau bout à 72 °C : il faudrait prolonger le temps de cuisson en conséquence.

>>> OUTIL 7, p. 194

La courbe de chauffage d'une substance (voir la figure 8.6) nous permet de constater qu'au moment du passage d'un état à un autre (de solide à liquide Ⓐ ou de liquide à gaz Ⓑ), la température d'une substance reste la même pendant un certain temps. À ce moment-là, deux états se côtoient : la substance est à la fois solide et liquide et, plus tard, à la fois liquide et gazeuse.

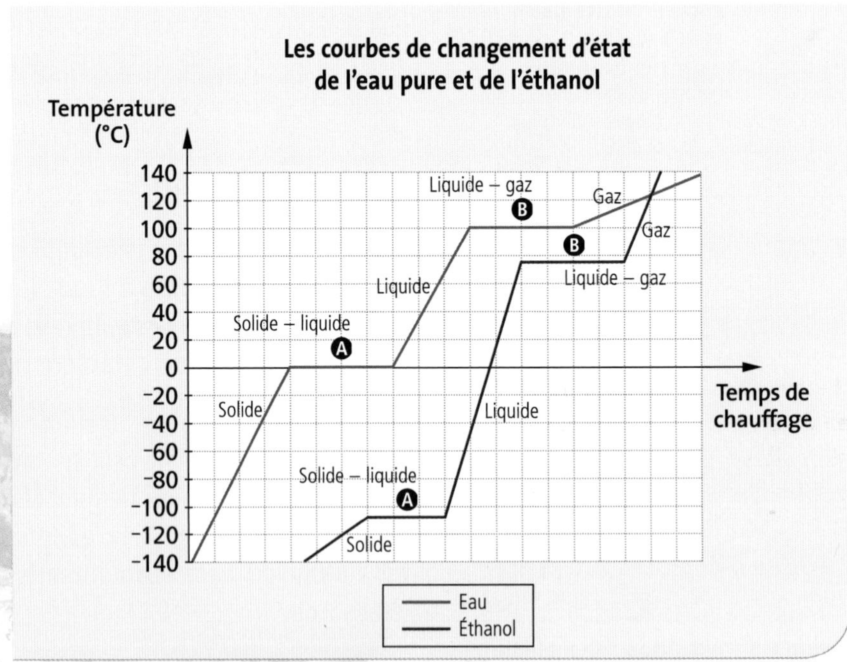

Figure 8.6 > Des courbes de chauffage montrant les points de fusion et d'ébullition de l'eau pure et de l'éthanol

Les points de fusion Ⓐ et d'ébullition Ⓑ sont des points critiques où la matière change d'état.

Une consommation toxique

Vous connaissez peut-être quelqu'un qui consommait tellement de cocaïne et d'alcool qu'il a perdu ses amis et son emploi, puis s'est retrouvé à la rue. Les effets de la consommation de drogues et de la dépendance sont dévastateurs sur la santé physique et mentale d'une personne, mais aussi sur son entourage. La toxicomanie peut mener la meilleure des personnes à commettre des gestes terribles. Pourquoi ? Les toxicomanes consomment de la drogue de façon abusive parce qu'ils ne se sentent pas bien sans elle : c'est la dépendance. Cesser d'en prendre règle une partie du problème, mais il ne faut pas s'arrêter là. Il faut chercher de l'aide pour arriver à retrouver une vie normale. C'est primordial.

>>> **OUTIL 5**, p. 188

Tableau 8.3 > La masse volumique de quelques substances

SUBSTANCE	MASSE VOLUMIQUE (g/cm³)
Plomb	11,34
Fer	7,86
Cire	0,9
Pétrole	0,8
Balsa	0,2

La masse volumique

La **masse volumique** est utile pour distinguer une substance d'une autre. Elle exprime un lien étroit entre deux aspects de la matière : la masse et le volume. Elle permet de comparer la masse de substances différentes lorsque l'on en prélève un volume identique, généralement 1 cm³ (voir le tableau 8.3). Chaque substance pure solide ou liquide a une masse volumique propre qui est constante quelle que soit la grosseur de l'échantillon. C'est ce qui rend cette **propriété physique caractéristique** si utile. Par contre, il est moins facile de faire appel à la masse volumique pour distinguer des gaz, car leur masse volumique varie en fonction de la pression.

Le calcul de la masse volumique d'une substance

Pour calculer la masse volumique (ρ) d'une substance, on utilise la formule suivante :

$$\rho = \frac{m}{V}$$

Où

m : Masse de la substance (en g)
V : Volume de la substance (en cm³, si c'est un solide ; en ml, si c'est un liquide ou un gaz)
ρ : Masse volumique (en g/cm³, si c'est un solide ; en g/ml, si c'est un liquide ou un gaz)

Pour les calculs qui suivent, il est bon de se rappeler que 1 ml équivaut à 1 cm³. Voici un exemple d'application pour le calcul de la masse volumique d'un solide.

Vous devez calculer la masse volumique d'un bloc d'aluminium de 50,00 g. Si vous utilisez la **méthode par déplacement d'eau**, le résultat obtenu, soit 18,5 ml, correspond au volume du bloc. Comme 1 ml équivaut à 1 cm³, le volume du bloc d'aluminium est donc de 18,5 cm³. Quelle est la masse volumique de l'aluminium ?

$$\rho = \frac{m}{V}$$
$$\rho = \frac{50{,}00\ \text{g}}{18{,}5\ \text{cm}^3}$$
$$\rho = 2{,}70\ \text{g/cm}^3$$

La masse volumique de l'aluminium est de 2,70 g/cm³.

LE CALCUL DE LA MASSE VOLUMIQUE D'UN LIQUIDE

Pour calculer la masse volumique (ρ) d'un liquide, la méthode est légèrement différente.

OUTIL 5, p. 188

Vous devez calculer la masse volumique du lait. Vous déterminez la masse d'un cylindre gradué vide, puis celle du même cylindre contenant 10,0 ml de lait. La différence entre les deux pesées, soit 10,30 g, correspond à la masse de cette quantité de lait. Quelle est la masse volumique du lait ?

$$\rho = \frac{m}{V}$$

$$\rho = \frac{10{,}30 \text{ g}}{10{,}0 \text{ ml}}$$

$$\rho = 1{,}03 \text{ g/ml}$$

La masse volumique du lait est de 1,03 g/ml.

L'usage que l'on fait des substances qui nous entourent, que ce soit pour construire un objet courant ou pour mettre au point de nouveaux matériaux, s'appuie sur les propriétés physiques des substances en elles-mêmes, c'est-à-dire leurs caractéristiques internes ou leur comportement au cours de transformations physiques. Le tableau 8.4 rassemble, pour quelques substances communes, les données chiffrées de trois de leurs propriétés physiques caractéristiques.

Les déchets solides déchargés dans les sites d'enfouissement se décomposent en polluant les eaux souterraines qui alimentent les lacs et les rivières. Ce phénomène irréversible a déjà détruit des écosystèmes aquatiques complets et des sites d'approvisionnement en eau potable.

Tableau 8.4 > Des propriétés physiques caractéristiques de certaines substances communes

	POINT DE FUSION (°C)	POINT D'ÉBULLITION (°C)	MASSE VOLUMIQUE (g/ml)
Diazote (N_2)	-210	-196	0,001 25
Dihydrogène (H_2)	-259	-253	0,000 090
Dioxygène (O_2)	-219	-183	0,001 43
Hélium (He)	-272	-269	0,000 18
Eau (H_2O)	0	100	1,0
Alcool (éthanol, C_2H_6O)	-117	78,5	0,79
Alcool (méthanol, CH_3OH)	-98	65	0,79
Aluminium (Al)	660	2 467	2,70
Cuivre (Cu)	1 083	2 567	8,92
Fer (Fe)	1 535	2 750	7,86
Paradichlorobenzène ($C_6H_4Cl_2$)	53	173	1,46

Note : Les données du tableau sont valables dans des conditions normales de température et de pression. Il s'agit de conditions expérimentales fixes pour mesurer les données de façon à pouvoir les comparer avec d'autres. La température normale est 0 °C et la pression normale est 101,3 kPa. La masse volumique peut aussi s'exprimer en grammes par centimètre cube (g/cm³). C'est d'ailleurs l'unité généralement utilisée pour les solides.

Les propriétés chimiques caractéristiques

Les propriétés chimiques caractéristiques renvoient à la façon dont certaines substances se comportent au contact d'autres substances. En effet, les propriétés chimiques caractéristiques ne se manifestent que lorsqu'il y a transformation chimique, c'est-à-dire quand une substance se transforme au contact d'une ou de plusieurs autres substances, produisant alors lumière, chaleur, bruit ou encore une autre substance. Par exemple, dans un feu d'artifice, le fer, le magnésium et d'autres éléments métalliques contenus dans une fusée pyrotechnique entrent en contact avec du dioxygène.

Une question de réactions

Les **propriétés chimiques caractéristiques** sont des comportements de substances (éléments ou composés) qui se produisent lors d'une **transformation chimique** (ex. : comportement au cours de la combustion, réaction avec un acide, réaction avec du dioxygène, réaction aux indicateurs). C'est la connaissance des transformations chimiques des substances entre elles qui permet de créer toutes sortes de nouvelles substances utiles dans la vie courante. Par exemple, en réunissant trois atomes d'hydrogène, un atome de bore et trois atomes d'oxygène, on produit un acide doux, l'acide borique (H_3BO_3), qui a la propriété de nettoyer et de désinfecter les yeux. On fait aussi appel aux propriétés chimiques caractéristiques pour l'imperméabilisation des matériaux, l'application des colorants capillaires, la fabrication des cosmétiques, etc. (voir la figure 8.7).

Figure 8.7 > Les propriétés chimiques caractéristiques dans la vie courante
Pour obtenir des mèches de couleurs différentes, il faut faire appel aux propriétés chimiques caractéristiques de plusieurs substances.

La connaissance des propriétés chimiques caractéristiques des substances permet d'éviter des accidents et les blessures qui en découlent.

- Si l'on plonge du sodium métallique dans l'eau, il s'ensuit une réaction chimique violente, sous la forme de flammes. Deux substances sont alors produites, soit l'hydroxyde de sodium (NaOH) et le dihydrogène. Le dihydrogène réagit avec le dioxygène présent dans l'air en s'enflammant.
- Le cyanamide de calcium ($CaCN_2$) est surtout utilisé comme engrais dans les fermes. Au contact de l'eau, cette substance se décompose et peut libérer de l'ammoniac, une substance nocive pour les voies respiratoires et les yeux.
- Le noir de carbone (C) est utilisé comme pigment dans les encres d'imprimerie. Sous forme de poudre très fine, il a la propriété chimique d'être très réactif avec l'air, au point de devenir explosif. Les fumées qui s'en dégagent contiennent des oxydes de soufre, des substances toxiques.

Par ailleurs, il est bien connu qu'il est dangereux de mélanger certains médicaments. En effet, les substances chimiques qui composent les médicaments peuvent réagir négativement : c'est ce qu'on appelle des *interactions médicamenteuses*. De même, certaines substances chimiques composant les aliments que nous consommons ont des effets négatifs ou positifs sur d'autres aliments ou sur l'absorption de certains nutriments par le système

Si vous avez des questions…

Vous avez des questions, des inquiétudes, un besoin d'y voir plus clair ? L'équipe d'intervention professionnelle de Tel-jeunes est là pour vous, 24 heures par jour, 7 jours sur 7, au téléphone et sur Internet. Il y a quelqu'un pour vous écouter sans vous juger et vous orienter vers les ressources appropriées. C'est confidentiel, gratuit et accessible partout au Québec. N'hésitez pas à appeler, ça peut faire toute la différence.

Quand il est question de drogues et de dépendance, le centre Dollard-Cormier, qui vient en aide aux jeunes toxicomanes, est aussi une bonne ressource à consulter. Tel-jeunes vous orientera vers ce centre, ou vers une autre ressource pertinente, au besoin.

TEL-JEUNES
www.teljeunes.com
1 800 263-2266

OUTIL 2, p. 182

OUTIL 4, p. 186

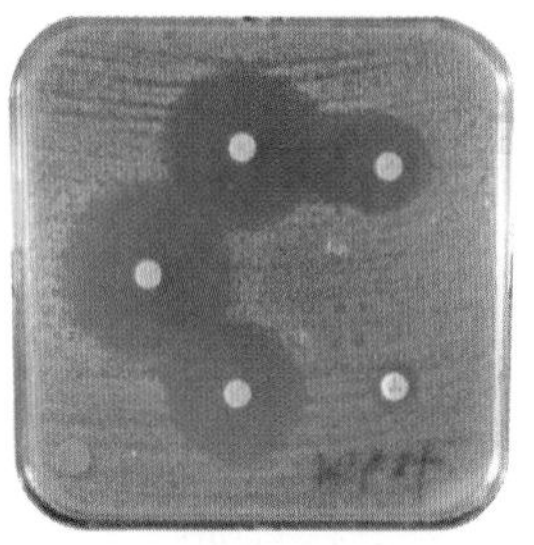

Figure 8.9 > Un indicateur appelé antibiogramme
Plus les cercles noirs sont grands, plus la bactérie est sensible à l'antibiotique, et plus celui-ci est efficace !

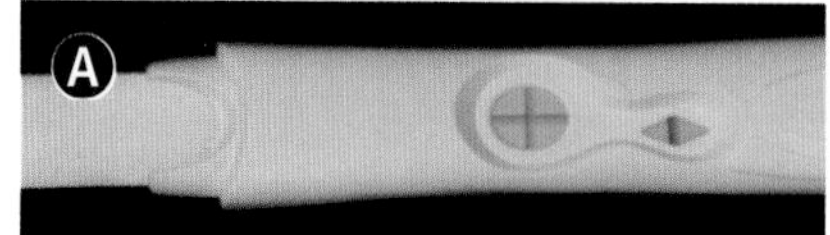

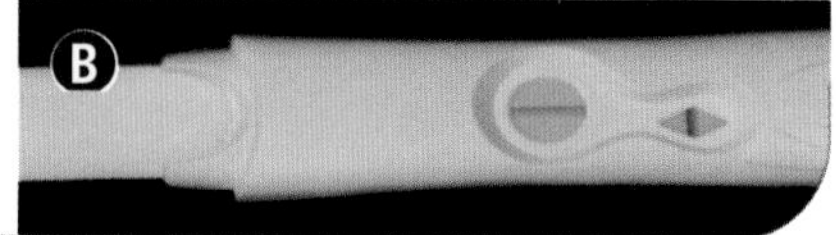

Figure 8.8 > Un test de grossesse
L'indicateur de gauche Ⓐ a réagi positivement à l'hormone de grossesse, ce qui indique que la femme est enceinte ; celui de droite Ⓑ a réagi négativement.

digestif. C'est le cas du jus de pamplemousse, qui annule ou réduit les effets des antidépresseurs ou de la vitamine C, qui favorise la fixation du fer.

La réaction à des indicateurs

Comme les transformations chimiques ne sont pas toutes explosives, donc observables à l'œil nu, il existe des **indicateurs** – bandelettes ou liquides – qui, au contact d'une substance, renseignent sur la nature des réactions ou l'apparition de nouvelles substances. Comment les indicateurs remplissent-ils cette fonction ? En changeant de couleur !

Par exemple, l'urine d'une femme contient une hormone sécrétée environ huit jours après la fécondation. Afin de confirmer rapidement une grossesse, une femme peut se procurer un test en pharmacie. Elle doit alors déposer une goutte d'urine sur une bandelette de détection. Si l'hormone est détectée, la bandelette se colore ou laisse apparaître un symbole « + » (voir la figure 8.8).

L'une des applications des indicateurs est de déterminer le caractère acide, neutre ou basique d'une substance liquide. On peut bien sûr déterminer l'acidité d'un citron en y goûtant. Il est cependant hors de question de goûter des solutions inconnues ! Elles peuvent représenter un danger pour la santé, causer des brûlures graves, voire un empoisonnement.

Il est alors préférable d'utiliser des **tests indicateurs** – papier de tournesol, indicateur universel, etc. – qui, grâce aux propriétés chimiques caractéristiques, mèneront au même résultat (voir la figure 8.10). Par exemple, il est possible de détecter la présence d'un acide dans une solution à l'aide d'un papier de tournesol. Celui-ci prend alors une couleur rose.

D'autres outils, comme les antibiogrammes, font un travail semblable. Ce sont des papiers enduits d'un antibiotique qui noircissent en présence d'une bactérie donnée (voir la figure 8.9).

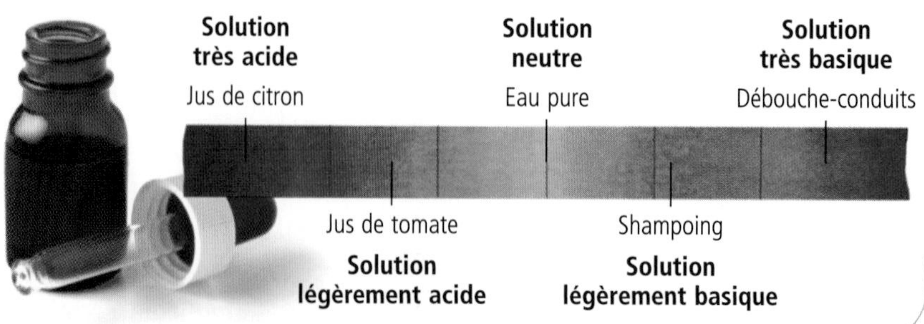

Figure 8.10 > L'indicateur universel
L'indicateur universel est un liquide qui prend une teinte allant du rouge au violet lorsqu'il entre en contact avec une solution. On utilise une échelle comme celle-ci pour interpréter le résultat.

Concepts clés

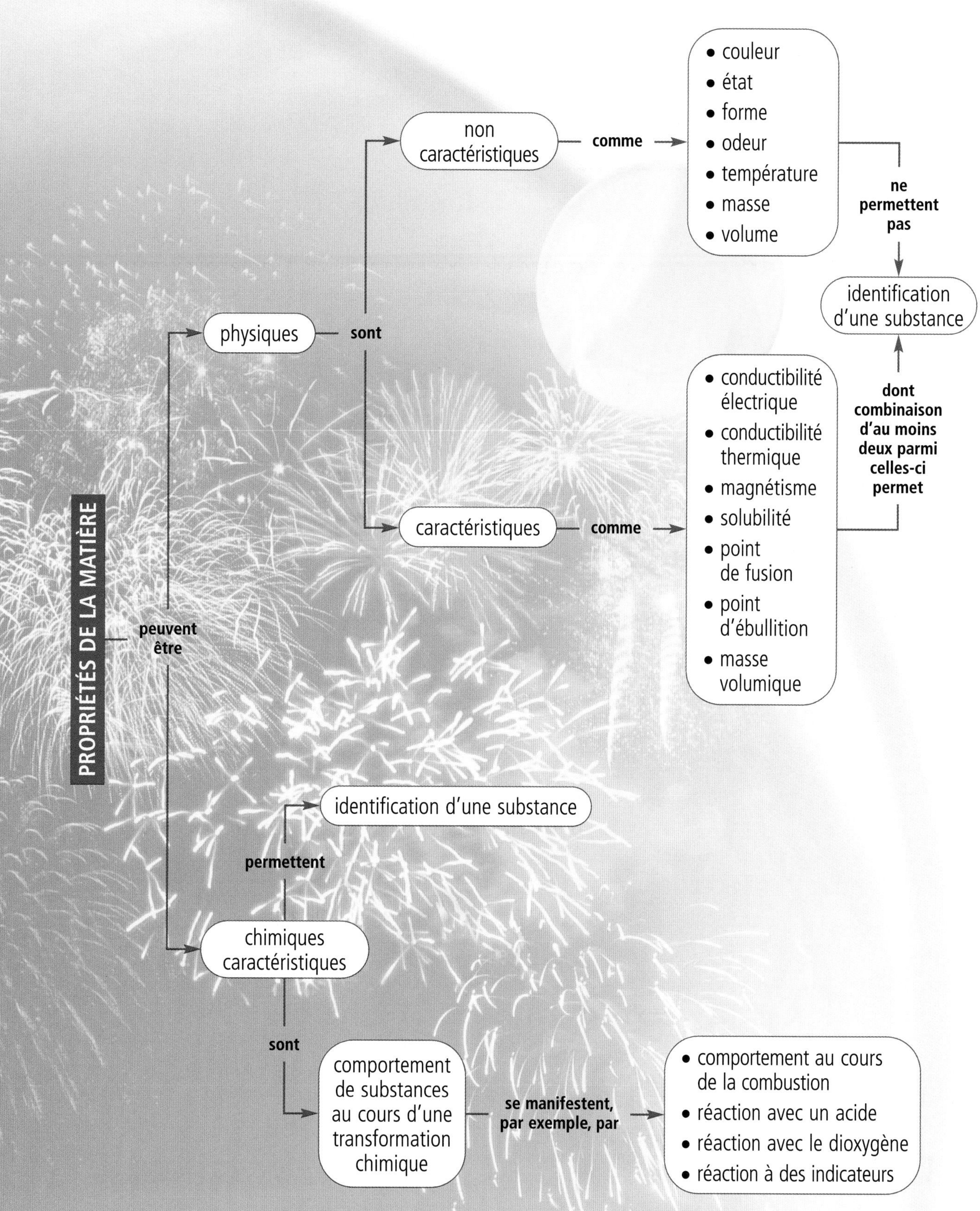

.exe >>>

1 Parmi les propriétés suivantes, indiquez par un ***P*** celles qui sont physiques et par un ***C*** celles qui sont chimiques.

a) Mélanie a une masse de 61 kg.
b) Le fer rouille au contact de l'eau.
c) La solubilité du sel dans l'eau à 20 °C est d'environ 35 g/100 ml.
d) L'eau est un liquide incolore et transparent.
e) Lorsque l'on met du dihydrogène en contact avec une flamme, il se produit une explosion.
f) L'eau bout à 100 °C.
g) Un papier de tournesol rougit au contact d'une solution acide.
h) Le cuivre est un métal conductible utilisé pour fabriquer des fils électriques.
i) Le chlorure de sodium a un goût salé.
j) Si on approche de l'ammoniac (NH_3) d'une solution contenant de l'acide chlorhydrique (HCl), une fumée blanche se dégage.

3 Votre enseignant ou enseignante vous demande de mesurer précisément 15,0 g d'un liquide appelé *glycérine*. Or, la balance est brisée. En consultant une table des masses volumiques, vous trouvez que celle de la glycérine est 1,26 g/ml.

Comment vous y prendrez-vous pour réaliser la tâche demandée ? Gardez les traces de votre démarche et inscrivez les unités de mesure dans tous vos calculs.

4 Le zéro de l'échelle de température en degrés Celsius, ainsi que sa graduation, reposent sur des propriétés physiques caractéristiques d'une substance essentielle à la vie.

a) Quelle est cette substance ?
b) De quelles propriétés physiques caractéristiques s'agit-il ?

2 À partir de la courbe de solubilité d'un sel, le chlorure de potassium (KCl), répondez aux questions suivantes.

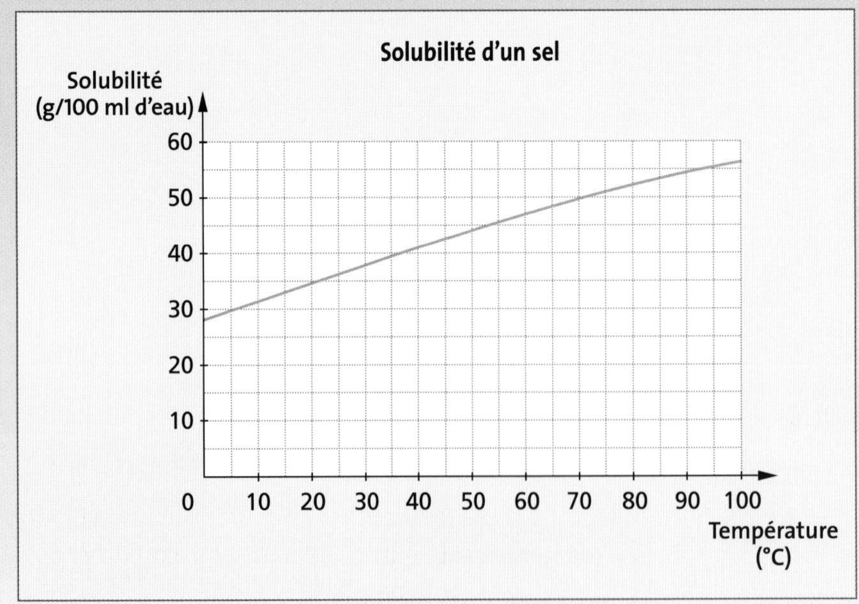

a) Quelle est la solubilité du sel à 60 °C ?
b) Combien peut-on dissoudre de sel dans 200 ml d'eau à 20 °C ?
c) On a dissous une quantité maximale de 17 g de sel dans 50 ml d'eau. Quelle était la température de l'eau ?

5

Parmi la liste des propriétés physiques suivantes, lesquelles sont caractéristiques ?

a) La masse.
b) La température.
c) La conductibilité électrique.
d) Le point d'ébullition.
e) La masse volumique.
f) L'éclat métallique.
g) La taille.
h) La couleur.
i) Le volume.

6

Vous avez devant vous un bloc d'argent dont la masse est 283,5 g. Vous mesurez le volume de votre bloc comme suit.

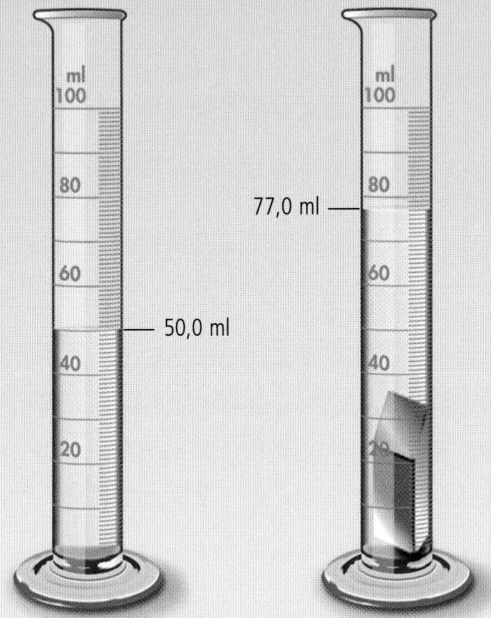

Quelle est la masse volumique de l'argent ? Gardez les traces de votre démarche et inscrivez les unités de mesure dans votre réponse.

7

Hugo possède trois blocs fabriqués chacun d'un métal différent : aluminium, cuivre et fer. Ils sont tous trois recouverts d'une mince couche de peinture identique. Hugo ne souhaite pas abîmer la peinture, mais il désire déterminer le métal de chaque bloc.

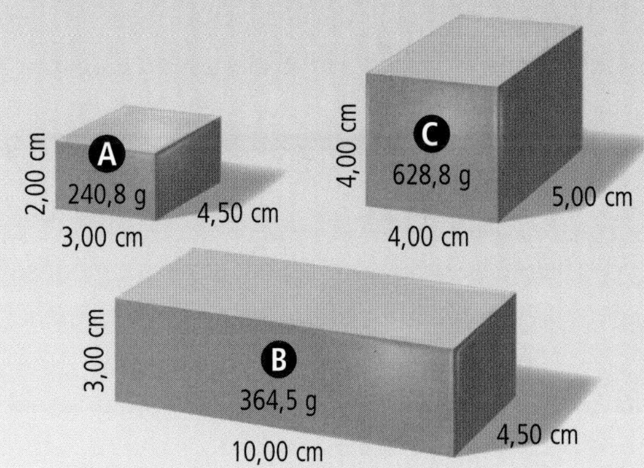

a) À l'aide des informations fournies, précisez quelle propriété permettra de déterminer le métal de chaque bloc.
b) Effectuez les opérations nécessaires à l'identification du métal de chaque bloc.

8

Vous devez classer quatre solutions inconnues. Vous utilisez l'indicateur universel. Voici ce que vous obtenez :

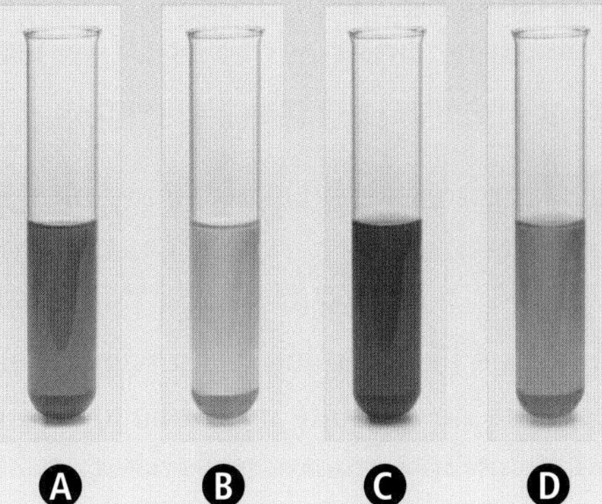

Classez les solutions de la plus acide à la plus basique à l'aide de l'échelle de la page 148.

histo₂

> La pénicilline : de moisissure à antibiotique

La découverte de la pénicilline, un antibiotique encore largement utilisé (dans le traitement de la pneumonie, de la méningite, etc.), fut au départ le fruit d'un accident.

Alexander Fleming (1881-1955)

En 1928, Alexander Fleming, un bactériologiste britannique, partit en vacances en abandonnant ses boîtes de Pétri contenant des cultures bactériologiques. À son retour, ses boîtes de Pétri avaient été envahies par des moisissures, une forme de champignon. Curieusement, autour des moisissures, les bactéries ne s'étaient pas développées. Ce champignon, issu de la classe du *Penicillium notatum*, agissait comme antibiotique contre les bactéries. Fleming le nomma *pénicilline*.

Le chercheur n'a pu poursuivre ses recherches, car la pénicilline était difficile à cultiver et à isoler. En 1938, les chercheurs britanniques Howard Florey et Ernst Chain reprirent ses expériences et réussirent à isoler la pénicilline et à en obtenir une forme stable. Comme l'Angleterre était en guerre, ils se rendirent aux États-Unis afin de trouver l'aide nécessaire pour la produire.

Dans un laboratoire de l'Illinois, Florey eut accès à un melon contaminé par de la moisissure. Ce champignon pouvait produire 200 fois plus de pénicilline que l'échantillon de Fleming. Il était alors possible de produire la pénicilline et, dès 1943, on l'a utilisée comme traitement.

À ce jour, on estime à plus de 200 millions le nombre de vies sauvées par cet antibiotique. Fleming, Florey et Chain reçurent un prix Nobel en 1945 pour la découverte de la pénicilline.

techno₂

> La capture et le stockage du dioxyde de carbone

Le dioxyde de carbone (CO_2) est un gaz à effet de serre qui contribue au réchauffement climatique. Le CO_2 émis provient des véhicules de transport, du chauffage résidentiel, des industries et des centrales électriques. Pour enrayer le problème d'émission de CO_2, on utilise la technique de captage et de stockage.

Le captage du CO_2 contenu dans la fumée produite par les industries s'effectue de deux façons : la postcombustion et l'oxycombustion. Ces procédés consistent à faire réagir la fumée avec différents solvants afin de séparer le CO_2 des autres gaz. Dans le cas de l'oxycombustion, le solvant est de l'oxygène pur. Il existe un troisième procédé appelé *précombustion*, mais il est peu utilisé à cause de son coût élevé.

Le stockage du CO_2 s'effectue par enfouissement dans des veines de charbon, dans des eaux souterraines salées et profondes ou dans des gisements épuisés de pétrole et de gaz. Ces derniers sont les plus exploités présentement, car le CO_2 stimule la production de combustibles fossiles.

Pour transporter le CO_2 des lieux de captage aux lieux de stockage, on utilise des camions, des wagons-citernes, des bateaux, mais surtout des pipelines.

Les coûts du captage et du stockage du dioxyde de carbone sont encore élevés. De plus, il faut s'assurer que les réserves de CO_2 stockées ne peuvent être libérées, car elles projetteraient d'un seul coup des quantités énormes de ce gaz dans l'atmosphère.

Le site de stockage de Sleipner, en Norvège

ZOOM sur l'avenir

CUISINIER CUISINIÈRE

Jamal est chef cuisinier dans le restaurant d'un grand hôtel de Montréal. Il travaille dans ce domaine depuis 14 ans. Jamal a toujours eu un faible pour la nourriture en général, la variété des saveurs, les recettes originales faites à partir d'ingrédients peu connus, etc. C'est pour cette raison qu'à l'âge de 16 ans, il a décidé de s'inscrire au programme d'études professionnelles en cuisine d'établissement, pour ensuite poursuivre ses études dans le programme d'études professionnelles en cuisine actualisée.

L'obtention de deux diplômes lui a permis de devenir chef cuisinier et de vivre sa passion pour la cuisine. Jamal est un innovateur. C'est pourquoi il consacre beaucoup de temps aux nouvelles façons d'apprêter la nourriture. Il se renseigne sur les nouveaux produits sur le marché québécois et expérimente des mets avec des ingrédients qui viennent de plusieurs pays du monde. Il fait ainsi découvrir à la clientèle de l'hôtel toutes les nuances de l'art de la cuisine. Pour ce faire, il doit connaître à fond les propriétés des aliments. C'est donc lui qui choisit et élabore le menu du restaurant de l'hôtel où il travaille. Comme chef cuisinier, il voit à la coordination du personnel des cuisines. Il est aussi responsable d'estimer les besoins en aliments ainsi que les coûts qui s'y rattachent. De plus, il fait les commandes de nourriture et supervise la préparation des mets. Finalement, c'est lui qui doit s'assurer de l'entretien de l'équipement des cuisines afin de garantir la sécurité et la propreté. On peut donc dire que les responsabilités de Jamal l'occupent beaucoup !

Pour bien mener toutes ses tâches de front, Jamal se doit d'être très organisé. Comme il travaille en équipe et qu'il doit veiller à la satisfaction des clients de l'hôtel, Jamal est très courtois ; il a de plus de la facilité à communiquer avec les autres. Enfin, Jamal fait preuve de beaucoup de créativité et c'est un trait de personnalité qui fait de lui un excellent chef cuisinier. On peut le remarquer par la qualité et la variété des mets proposés au menu de cet hôtel.

DOMAINES CONNEXES

Formation secondaire professionnelle
- Service traiteur
- Boulangerie
- Pâtisserie
- Fromagerie

Formation collégiale
- Inspection des produits alimentaires
- Technologie des produits alimentaires

Formation universitaire
- Génie alimentaire
- Science des produits alimentaires

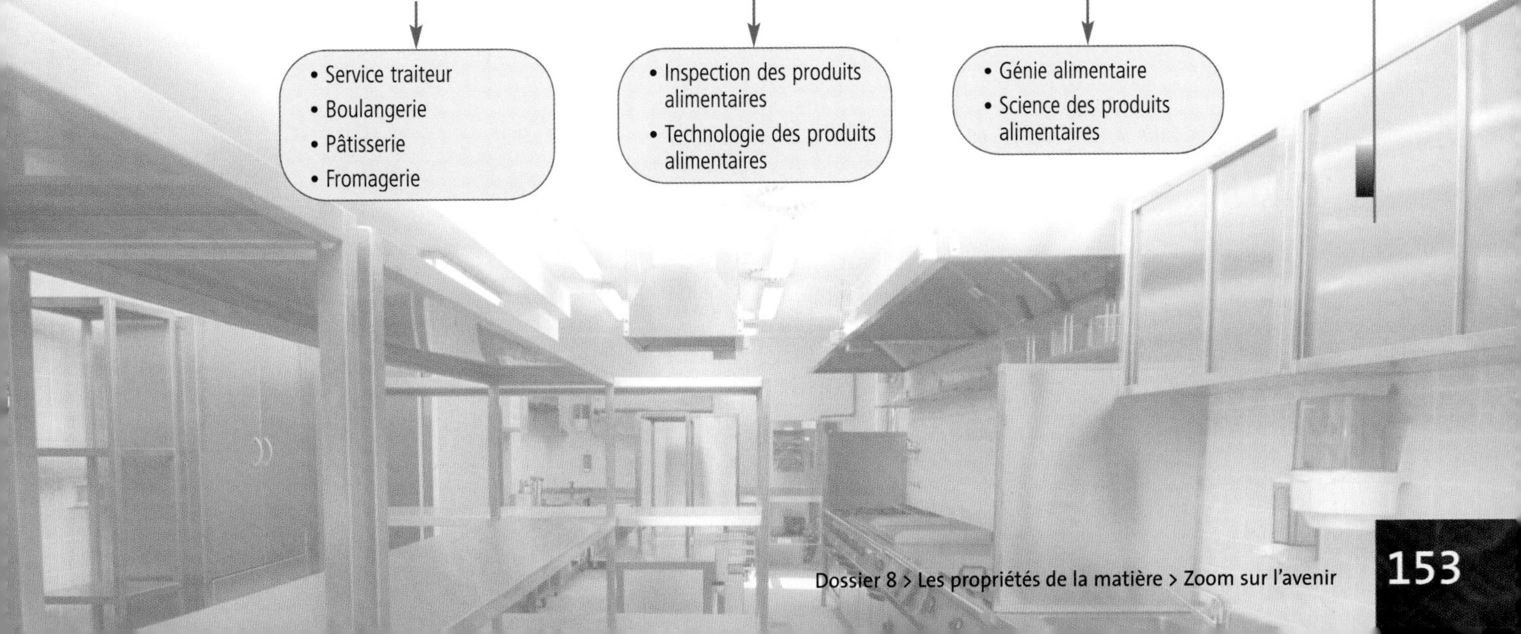

L'être humain et la technologie

Depuis toujours, l'Univers se transforme sans l'intervention des vivants : les vagues grugent les falaises, faisant reculer les côtes ; le Soleil fusionne l'hydrogène dont il est constitué pour le transformer en hélium ; les roches se métamorphosent sous l'effet de la pression et de la chaleur.

Mais les vivants, eux, semblent dotés d'un besoin insatiable d'utiliser et de transformer leur environnement. Depuis l'apparition de l'être humain, le rythme de transformation s'accélère constamment. Nos ancêtres ont créé un éventail de matériaux et ont sans cesse inventé de nouveaux objets : des systèmes de leviers qui aident à soulever de lourdes charges ; le micro-ondes et le lave-vaisselle, qui permettent de s'acquitter plus aisément de plusieurs tâches domestiques ; la voiture qui permet de parcourir rapidement de grandes distances. Toutes ces inventions rendent la vie plus agréable, plus confortable, mais elles ne sont pas sans incidences sur l'environnement. L'être humain agit sur son environnement. Il fait preuve de génie artistique autant que de génie scientifique et technologique. C'est ce dernier que vous explorerez dans les pages suivantes.

DOSSIERS DE L'UNIVERS TECHNOLOGIQUE

Dossier 9 > Les matériaux

La perte d'une jambe, d'un œil, d'une main à la suite d'un accident change irrémédiablement une vie. Des scientifiques et des technologues collaborent étroitement pour mettre au point des prothèses qui redonnent aux accidentés une bonne qualité de vie. Quels matériaux utilise-t-on ? Quelles en sont les qualités ? Le choix des matériaux dépend de l'usage de l'objet, des contraintes auxquelles il sera soumis et des propriétés souhaitées. Ainsi, une jambe artificielle doit être constituée de matériaux à la fois souples et résistants. Une cornée artificielle doit pouvoir retenir jusqu'à 80 % d'eau. La mise au point de ces matériaux demande souvent de longues années de recherche.

En 1987, le rapport Brundtland publié par la Commission mondiale sur l'environnement et le développement définissait le développement durable comme « un développement qui répond aux besoins du présent sans compromettre la capacité des générations futures de répondre aux leurs ». Les gouvernements devraient-ils limiter la transformation des ressources naturelles lorsque les matériaux produits servent à fabriquer des biens non durables ?

Dans ce dossier

S2S

En 2007, 4,79 % du territoire québécois faisait partie d'aires protégées où aucune exploitation minière et forestière n'est possible.

Connaissez-vous l'impact environnemental de l'exploitation minière ou forestière sur la santé des êtres humains ?

Liens > L'être humain

... dans le cosmos

Dossier 2 > L'histoire du vivant

L'être humain transforme depuis longtemps les matériaux pour en faire des outils ou des bijoux. On trouve d'ailleurs les premières traces de technologie chez l'*Homo habilis*. Connaissez-vous l'évolution du genre humain ?

p. 20

... vu de l'intérieur

Dossier 4 > L'alimentation

On dit que le fer, le magnésium et le zinc sont des substances nutritives essentielles. Pourtant, vous ne mangez pas les métaux en barre ! Dans quels aliments et sous quelle forme les trouve-t-on ?

p. 62

... et la matière

Dossier 8 > Les propriétés de la matière

Lorsque l'on choisit un matériau pour construire un objet, il faut d'abord tenir compte de ses propriétés mécaniques. Connaissez-vous d'autres propriétés, physiques ou chimiques, qui caractérisent les substances ?

p. 138

Les familles de matériaux

Un matériau est une substance qui permet de construire un objet pour répondre à un besoin. Les matériaux peuvent être d'origine naturelle, c'est-à-dire qu'ils se trouvent presque tels quels dans la nature, ou d'origine synthétique, c'est-à-dire qu'ils sont fabriqués par l'être humain. Les matériaux ne sont pas tous simples à fabriquer ou à façonner. Vous n'avez qu'à penser au bois, au métal, au verre ou au plastique. Sauriez-vous dire quelle matière première doit être exploitée pour produire les matériaux qui vous entourent ?

AD

Perçage corporel : le bon choix, sinon rien !

Craquer pour un perçage n'est pas sans danger. Les risques d'allergie et d'infection sont réels ! Alors, quels matériaux choisir ? Acier inoxydable, titane poli, niobium, alliage d'or 18 carats ou 24 carats, platine. Il faut opter pour ceux qui sont approuvés par l'Association américaine de tests et matériaux (ASTM) dans les implants chirurgicaux. Il faut éviter absolument l'argent, qui s'oxyde rapidement et le plaqué or, qui pourrait se détacher. Par dessus-tout, retenir les services d'une personne réputée pour ses méthodes de travail sécuritaires (stérilisation du matériel).

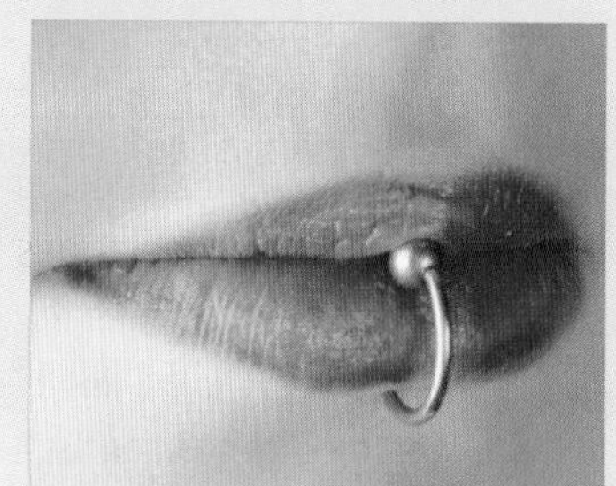

La classification

La Terre possède de grandes richesses. Depuis fort longtemps, l'être humain explore son environnement et exploite les matières premières qu'il y découvre. On appelle **matière première** toute substance naturelle transformable en matériaux. Grâce à son ingéniosité, l'être humain modifie les matériaux afin d'en fabriquer de nouveaux qui lui conviennent davantage (voir le tableau 9.1).

Tableau 9.1 > La classification des matériaux solides

MATIÈRES PREMIÈRES	MATÉRIAUX NATURELS	MATÉRIAUX SYNTHÉTIQUES
Matière animale	• Cuir • Laine • Os • Corne • Ivoire	• Aucun
Matière ligneuse	• Bois de résineux • Bois de feuillus	• Panneaux de bois modifiés
Minéraux métalliques	• Métaux à l'état naturel	• Alliages ferreux • Alliages non ferreux
Minéraux non métalliques	• Pierre • Argile	• Brique • Plâtre • Verre • Céramique
Pétrole	• Aucun	• Plastiques • Caoutchouc synthétique
Mélange de différentes matières premières	• Aucun	• Matériaux composites • Béton armé

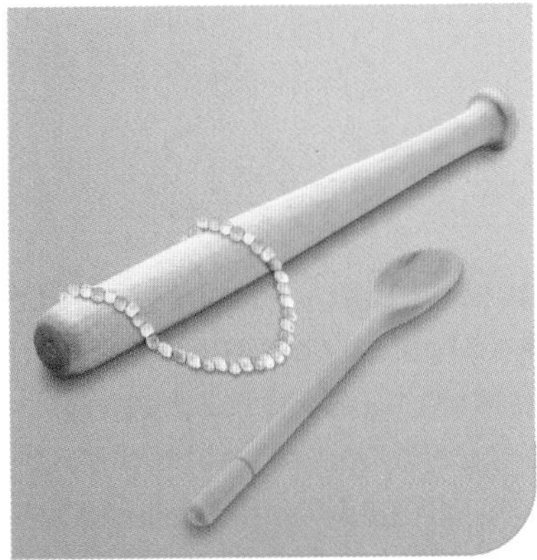

Figure 9.1 > L'utilisation du bois
Le simple usinage produit des objets courants et peu coûteux.

Les matériaux d'origine vivante

Les **matériaux d'origine animale** ont été parmi les premiers matériaux transformés par nos ancêtres pour répondre à leurs besoins. Les **matériaux ligneux**, qui proviennent de l'exploitation de la forêt, l'ont été également et le sont encore. Le tronc de l'arbre est la partie qui a le plus de valeur commerciale. À partir du tronc, on produit des planches, des poutres et des madriers. Ces matériaux sont ensuite transformables en produits variés. La majorité des peuples de la planète utilise le bois pour répondre à un grand nombre de leurs besoins : habitations, déplacements, outils, etc. (voir la figure 9.1).

Les matériaux métalliques

Les **matériaux métalliques** sont extraits des minéraux métalliques. On a mis au point de nombreux procédés industriels pour séparer le métal de la roche qui le contient. Certains métaux sont utilisés à l'état pur. C'est le cas du titane, du cuivre et de l'aluminium (voir la figure 9.2 Ⓐ). Par contre, pour modifier certaines propriétés des métaux, et dans certains cas pour réduire les coûts, on mélange deux ou plusieurs métaux. C'est ce qu'on appelle des *alliages* (voir la figure 9.2 Ⓑ).

Les produits minéraux non métalliques

Les **minéraux non métalliques**, qui ne contiennent aucun métal, sont exploités depuis fort longtemps. La pierre et l'argile servent de matériaux de construction depuis des milliers d'années. Le verre provient du sable et de minéraux non métalliques fondus. Les céramiques sont des mélanges d'argile et de minéraux non métalliques chauffés au four. De nouvelles gammes de céramiques sont de plus en plus utilisées dans le monde médical. Par exemple, on utilise des biocéramiques au cours de chirurgies pour la réparation de hanches, de genoux, de coudes et autres articulations (voir la figure 9.2 Ⓑ).

Ⓐ

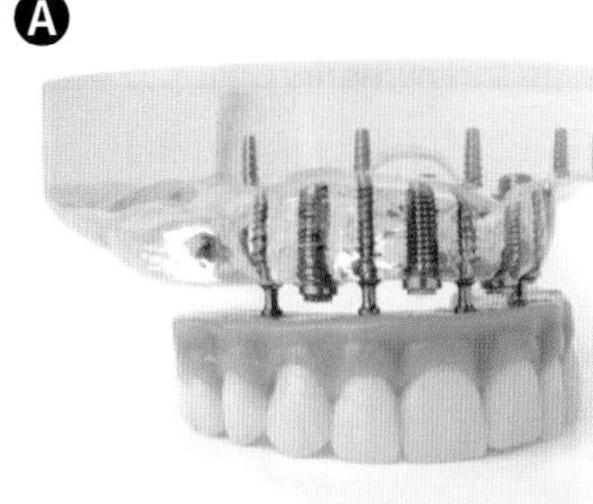

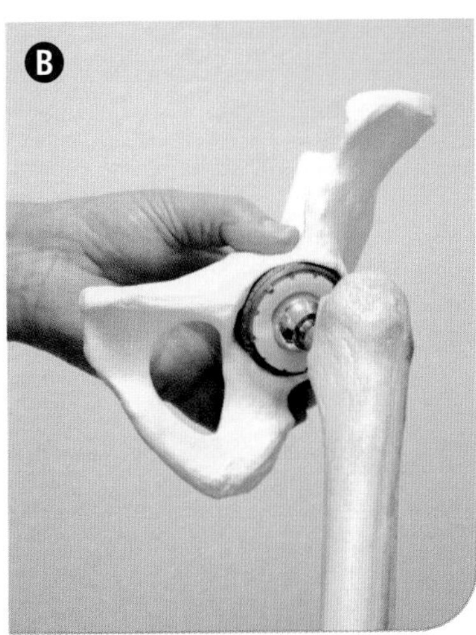

Figure 9.2 > Les matériaux métalliques et non métalliques
Ⓐ Implant dentaire. Des tiges de titane sont vissées dans l'os de la mâchoire pour servir de support à de nouvelles dents.
Ⓑ Prothèse de la hanche. La tête et le col du fémur sont remplacés par une pièce faite avec un alliage en acier inoxydable et une pièce en biocéramique.

Les plastiques et les matériaux composites

Les **plastiques** sont des matériaux synthétiques. Ils proviennent majoritairement de la transformation chimique du pétrole. Pour leur part, les **matériaux composites** sont obtenus par l'ajout de plusieurs constituants à un plastique. On considère généralement les matériaux composites comme des mélanges hétérogènes. Les matériaux ainsi formés possèdent de nouvelles propriétés que n'ont pas les éléments qui les composent et habituellement difficiles à trouver dans les matériaux conventionnels : par exemple, légèreté et robustesse, ou malléabilité et solidité.

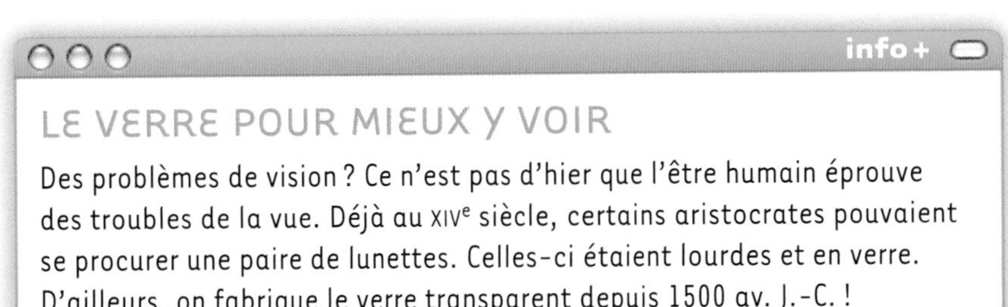

Les propriétés des matériaux

Figure 9.3 > La traction
Les sangles de cette grue doivent résister à une forte traction.

Les matériaux ne sont pas tous identiques ni interchangeables. Le choix d'un matériau pour fabriquer une pièce nécessite de bien en connaître l'usage et le contexte d'utilisation. Ce sont les propriétés des matériaux qui permettront alors de faire le bon choix. En particulier, les propriétés mécaniques, qui décrivent comment un matériau se comporte lorsqu'il est soumis à des contraintes. Dans une certaine mesure, quelques propriétés physiques et chimiques des matériaux peuvent également faciliter le choix. Quelles sont les propriétés utiles à la sélection d'un matériau ?

Les contraintes

En technologie, une **contrainte** est une action que subit un objet. Cette action tend à faire bouger deux parties de l'objet dans des directions différentes. L'objet soumis à une contrainte peut alors se déformer ou se briser.

La contrainte est d'autant plus importante que les forces en jeu sont grandes et que la portion de l'objet qui résiste est petite (voir la figure 9.3). Il existe plusieurs types de contraintes, telles que la **traction**, la **compression** ou la **torsion** (voir le tableau 9.2).

Tableau 9.2 > Les contraintes appliquées aux matériaux

CONTRAINTE	APPLICATION SUR UN MATÉRIAU	EXEMPLE D'APPPLICATION AU CORPS HUMAIN
Traction Action sur un corps suivant son axe et tendant à l'allonger.		Une jambe cassée mise sous traction
Compression Action qui tend à réduire le volume d'une partie d'un corps.		La mastication d'une gomme
Torsion Action qui tend à faire tourner des parties d'un corps dans des directions opposées.		La torsion d'une cheville entraînant une foulure

Les propriétés mécaniques des matériaux

Lorsqu'il s'agit de fabriquer une pièce qui fera partie d'un appareil, le choix du matériau est important. Personne n'aurait l'idée de fabriquer un essieu de voiture en papier, car les propriétés mécaniques du papier ne lui permettraient pas de résister aux contraintes auxquelles il serait soumis. Les **propriétés mécaniques** caractérisent le matériau soumis à une contrainte. Les propriétés mécaniques suivantes sont donc particulièrement importantes en technologie :

- La **rigidité**, qui est la résistance à l'étirement ou à la torsion.
- La **dureté**, qui est la résistance à la rayure ou à la compression.
- L'**élasticité**, qui est la reprise de la forme et du volume après la traction, la compression ou la torsion.
- La **ductilité**, qui est la capacité de s'étirer en fil sans se rompre.
- La **malléabilité**, qui est la capacité de s'étendre en feuille sous la pression.
- La **ténacité**, qui est la résistance à la rupture.

Ces propriétés sont étroitement liées à la résistance du matériau qui peut se briser lorsque la contrainte dépasse une certaine limite (voir le tableau 9.3).

Tableau 9.3 > Exemples de propriétés mécaniques

CONTRAINTES/PROPRIÉTÉS ET COMPORTEMENTS DU MATÉRIAU	TRACTION	COMPRESSION	TORSION
Rigidité Résiste à l'étirement ou à la torsion.	Le câble d'acier d'une grue est très rigide.		Un bâton de hockey rigide ne se tord pas dans un lancer frappé.
Dureté Résiste à la rayure ou à la compression.		Un plancher de danse en bois dur résiste à l'enfoncement des talons aiguilles.	
Élasticité Se déforme temporairement.	Une bande élastique reprend sa forme lorsqu'on la relâche.	Une balle de golf est suffisamment élastique pour reprendre sa forme après avoir été frappée.	Un hochet en caoutchouc peut être tordu entre les dents d'un bébé et reprendre sa forme.
Ductilité S'étire en fil sans se rompre.	La tire d'érable est très ductile et s'allonge sans effort.		Une barre de fer chauffée est plus ductile et peut se transformer en torsade.
Malléabilité S'étend en feuille sous la pression.		La pâte à modeler est assez malléable pour s'aplatir sous la pression sans fendiller.	
Ténacité Résiste à la rupture.	Le fil à pêche est beaucoup plus tenace que le fil à coudre.	Le granite est plus tenace que le béton et se fissure moins sous les coups répétés.	La tête d'une vis doit être tenace pour permettre une bonne liaison entre les matériaux.

LES PROPRIÉTÉS DU BÉTON ARMÉ

Le béton armé a été inventé vers 1850 par le Français Joseph Monier, qui a eu l'idée d'ajouter une armature d'acier au béton pour en augmenter la résistance.

Les propriétés mécaniques du béton et de l'acier se sont révélées très utiles, notamment dans la construction de ponts soumis à des charges importantes. En effet, le béton est très dur et possède une très grande résistance à la compression. Par contre, il est peu tenace et cède facilement sous la traction. À l'opposé, l'acier est rigide et tenace, et il possède une très grande résistance à la traction. Cependant, lorsqu'il est soumis à la compression, il a tendance à onduler.

En combinant les deux matériaux, on obtient un mélange aux propriétés complémentaires. Le béton tolère d'importantes contraintes de compression auxquelles l'acier ne pourrait pas résister. À l'opposé, l'acier supporte les contraintes de traction, ce qui empêche le béton de se fissurer. Le tout donne une structure suffisamment solide pour supporter le passage quotidien de milliers de véhicules !

L'exploitation d'un matériau naturel tel que le bois n'est pas complètement inoffensive. En effet, afin de préserver le bois contre la pourriture, il faut le sécher. Au cours du processus de séchage, le bois libère des composantes présentes naturellement dans ses fibres. Ainsi, le méthanol – une substance très toxique – et le formaldéhyde – un gaz cancérigène – sont rejetés dans l'atmosphère.

Les propriétés physiques des matériaux

Certaines propriétés physiques peuvent se révéler décisives dans le choix des matériaux. Elles peuvent, entre autres, jouer un rôle dans le confort d'utilisation de l'objet technique.

- La **masse volumique** a une influence sur la légèreté de l'objet.
- La **conductibilité électrique** est la capacité de transmettre le courant électrique.
- La **conductibilité thermique** est la propriété de transmettre la chaleur.
- La **dilatation thermique** est la capacité d'allonger sous l'effet de la chaleur.
- Le **magnétisme** est la capacité d'être attiré par un aimant.
- La couleur, l'odeur ou l'éclat sont des propriétés qui peuvent parfois influencer le choix d'un matériau.

Les propriétés chimiques des matériaux

Certaines propriétés chimiques peuvent également influencer la durabilité des matériaux.

- La résistance à l'oxydation, comme la rouille ou le vert-de-gris.
- La résistance aux acides qui pourraient désagréger le matériau.
- La résistance à la putréfaction.
- La résistance au feu.

Les matériaux usuels

Sur le plan des matériaux, quelles différences y a-t-il entre une chaise confectionnée de manière artisanale et celle fabriquée industriellement? Pouvez-vous nommer des matériaux inaccessibles aux artisans et aux artisanes? Certains matériaux peuvent être trop coûteux, exiger des machines particulières ou même être dommageables à l'environnement. Un choix plus restreint de matériaux, tout de même polyvalents, s'offre alors à nous. Par exemple, le bois et les panneaux de bois modifiés ainsi que les métaux et les alliages, en raison de leur résistance et de leur durabilité.

Le bois de résineux et le bois de feuillus

Il existe deux types de bois: le **bois de résineux** et le **bois de feuillus** (voir la figure 9.4). Les résineux, également appelés *conifères*, produisent en général du bois tendre qui peut être rayé facilement (voir le tableau 9.4, p. 164). Leur bois est facile à façonner, par exemple, celui du pin ou de l'épinette. À l'opposé, les feuillus produisent en général du bois dur (voir le tableau 9.5, p. 165). Leur bois est plus dense et résiste mieux aux contraintes, comme celui de l'érable ou du chêne. Les bois durs sont habituellement plus coûteux que les bois tendres.

info+

LE CAOUTCHOUC

Savez-vous d'où vient le caoutchouc? Bien qu'on réussisse à le fabriquer de façon synthétique, le caoutchouc naturel est le résultat de la coagulation de la sève d'un arbre appelé *hévéa*. Cet arbre, originaire de la forêt amazonienne, est entaillé pour que l'on puisse récolter sa sève, que l'on nomme *latex*.

Il n'y a donc pas que les érables qui ont une sève particulière!

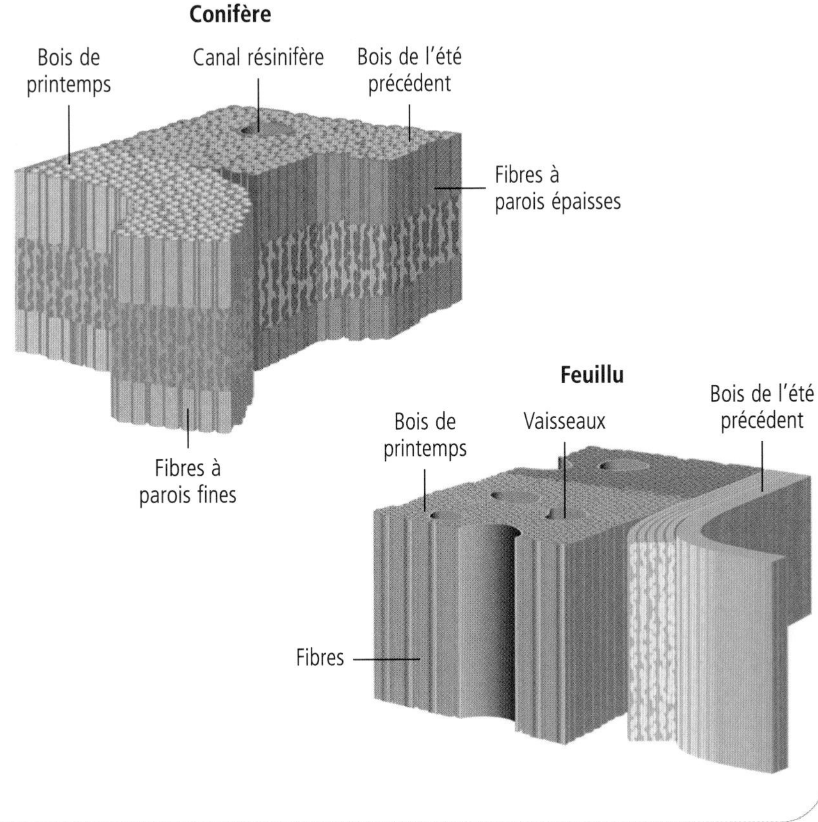

Figure 9.4 > Le bois des résineux et le bois des feuillus
La différence de dureté entre le bois des résineux et celui des feuillus s'explique par la structure cellulaire plus dense des feuillus. La différence de densité entre le bois d'été et celui de printemps permet de percevoir les cernes (anneaux de croissance).

Tableau 9.4 > Les principales essences de résineux

ESSENCES	PROPRIÉTÉS	UTILISATIONS
Épinette	• Mécaniques : très tendre, tenace • Physiques : de 0,35 à 0,55 g/cm^3, blanc clair, contient des poches de résine • Chimique : peu durable en plein air sans traitement	• Bois de construction • Contreplaqué • Instruments de musique
Mélèze	• Mécanique : moyennement dur • Physiques : de 0,55 à 0,70 g/cm^3, jaune-brun, cernes bien démarqués • Chimiques : durable, résistant à la pourriture	• Poteaux • Construction navale • Bardeaux • Cadres de fenêtres (finition) • Clôtures
Pin	• Mécaniques : tendre, peu tenace • Physiques : de 0,30 à 0,60 g/cm^3, jaunâtre, nœuds foncés, sèche bien • Chimiques : peu durable en plein air sans traitement, sensible aux champignons	• Bois de construction • Panneaux de particules • Portes et fenêtres • Mâts • Meubles
Pruche	• Mécaniques : moyennement dur, tenace • Physiques : 0,50 g/cm^3, brun pâle, cernes bien définis • Chimique : durable en plein air sans traitement	• Contreplaqué • Poutres (ponts) • Traverses de chemin de fer
Sapin	• Mécaniques : tendre, peu tenace • Physiques : de 0,40 à 0,50 g/cm^3, blanc clair, facile à imbiber, difficile à sécher, sans canaux résinifères, bois odorant • Chimique : peu durable en plein air sans traitement	• Bois de construction • Poteaux
Thuya (fautivement appelé *cèdre*)	• Mécanique : tendre • Physiques : de 0,33 à 0,40 g/cm^3, de brun chocolat à rose saumon, sans canaux résinifères, bois odorant • Chimiques : très durable, résistant à la pourriture	• Bardeaux • Clôtures • Terrasses • Meubles de plein air • Coffres à linge

Tableau 9.5 > Les principales essences de feuillus

ESSENCES	PROPRIÉTÉS	UTILISATIONS
Balsa	• Mécaniques : tendre, élastique, peu tenace, trop mou pour clouage et vissage • Physiques : de 0,10 à 0,25 g/cm³, jaune blanchâtre, finition difficile • Chimiques : résistant au feu, se colle très bien	• Maquettes • Modèles réduits • Décors de cinéma • Isolants sonores et thermiques
Bouleau jaune (fautivement appelé *merisier*)	• Mécaniques : dur, tenace, élastique • Physiques : de 0,50 à 0,70 g/cm³, jaunâtre • Chimiques : peu durable sans traitement, se peint facilement	• Contreplaqué • Parquets et boiseries • Meubles • Ustensiles de cuisine • Sculptures (sabots)
Cerisier	• Mécanique : moyennement dur • Physiques : 0,58 g/cm³, brun rougeâtre • Chimiques : stable, un des bois les plus durables	• Parquets et boiseries • Meubles • Pipes • Cercueils • Instruments de musique
Chêne	• Mécaniques : dur, tenace, élasticité moyenne • Physiques : de 0,70 à 0,80 g/cm³, brun-rouge, zones poreuses, rayons très visibles • Chimique : durable	• Tonneaux • Parquets et boiseries • Meubles • Ponts • Construction navale
Érable	• Mécaniques : moyennement dur, peu tenace • Physiques : de 0,55 à 0,75 g/cm³, blanc à reflets jaunâtres • Chimique : peu durable	• Panneaux de particules • Parquets et boiseries • Meubles • Ustensiles de cuisine • Instruments de musique
Frêne	• Mécaniques : dur, tenace • Physiques : 0,65 à 0,80 g/cm³, de blanc crème à brun selon les espèces, zones poreuses, inodore • Chimique : durable après traitement	• Panneaux de particules • Parquets et boiseries • Bâtons de hockey • Manches d'outils • Tonneaux
Noyer	• Mécanique : moyennement dur • Physiques : de 0,55 à 0,60 g/cm³, brun-gris • Chimiques : durable, très stable, résistant aux champignons	• Boiseries • Meubles • Manches d'outils • Instruments de musique
Peuplier	• Mécaniques : tendre, tenace, difficile à scier et à poncer • Physiques : de 0,40 à 0,50 g/cm³, blanc crème, cernes imperceptibles • Chimique : peu durable	• Bois d'œuvre • Contreplaqué • Panneaux de particules • Allumettes • Caisses de fruits
Tilleul	• Mécaniques : tendre, tenace • Physiques : de 0,40 à 0,45 g/cm³, blanc-beige, cernes imperceptibles, grain fin, inodore • Chimique : peu durable sans traitement	• Sculptures • Crayons • Bois d'œuvre • Cadres • Instruments de musique

Le bois modifié

Avec les résidus des coupes de troncs, il est possible de fabriquer une gamme de matériaux, les **bois modifiés** ou *agglomérés* (voir le tableau 9.6). On assemble des flocons de bois, et même de la sciure, à l'aide de colle ou par pression, pour former des panneaux tout usage.

OUTIL 10, p. 198

Choisir le bois approprié

Un projet de construction demande un grand nombre de décisions. S'agit-il d'un prototype ? Dans ce cas, les matériaux à portée de main seront suffisants. S'agit-il d'un objet à durée de vie limitée ? Certains bois, tel l'acajou, coûtent trop cher pour un tel usage. La figure 9.5 fait ressortir les propriétés du bois à considérer dans la fabrication d'un piano.

Tableau 9.6 > Les principaux types de bois modifiés

PANNEAUX	COMPOSITION	PROPRIÉTÉS	UTILISATIONS
Contreplaqué	Plusieurs couches de bois collées en alternant leur sens perpendiculairement	• Mécaniques : dur, rigide, peu élastique • Chimique : résistant à la pourriture	• Sous-planchers • Meubles • Aviation
Copeaux	Trois couches de copeaux de bois orientées en croisé et collées avec un peu de résine	• Mécaniques : dur, peu tenace • Physique : imperméable	• Structures de maisons • Toitures
Fibres moyenne densité	Fibres de bois, cire et résine pressées à haute température	• Mécaniques : tendre, peu tenace • Physiques : de 0,60 à 0,80 g/cm³, lisse, gonfle au contact de l'eau • Chimiques : peu résistant à la moisissure, émet des composés organiques volatiles (COV)	• Meubles • Moulures
Fibres haute densité	Fibres de bois humide écrasées par une forte pression	• Mécaniques : moyennement dur, peu tenace • Physiques : de 0,50 à 1,45 g/cm³, un côté lisse et un côté gaufré	• Panneaux perforés • Meubles (panneaux de fond)
Particules ou aggloméré	Résidus de sciage et de colle ; couche centrale grossière entourée de deux couches minces de plus grande densité	• Mécaniques : dur, peu tenace • Physiques : de 0,16 à 0,45 g/cm³, se dilate à l'humidité • Chimique : peu résistant à la moisissure	• Meubles • Portes • Comptoirs de cuisine

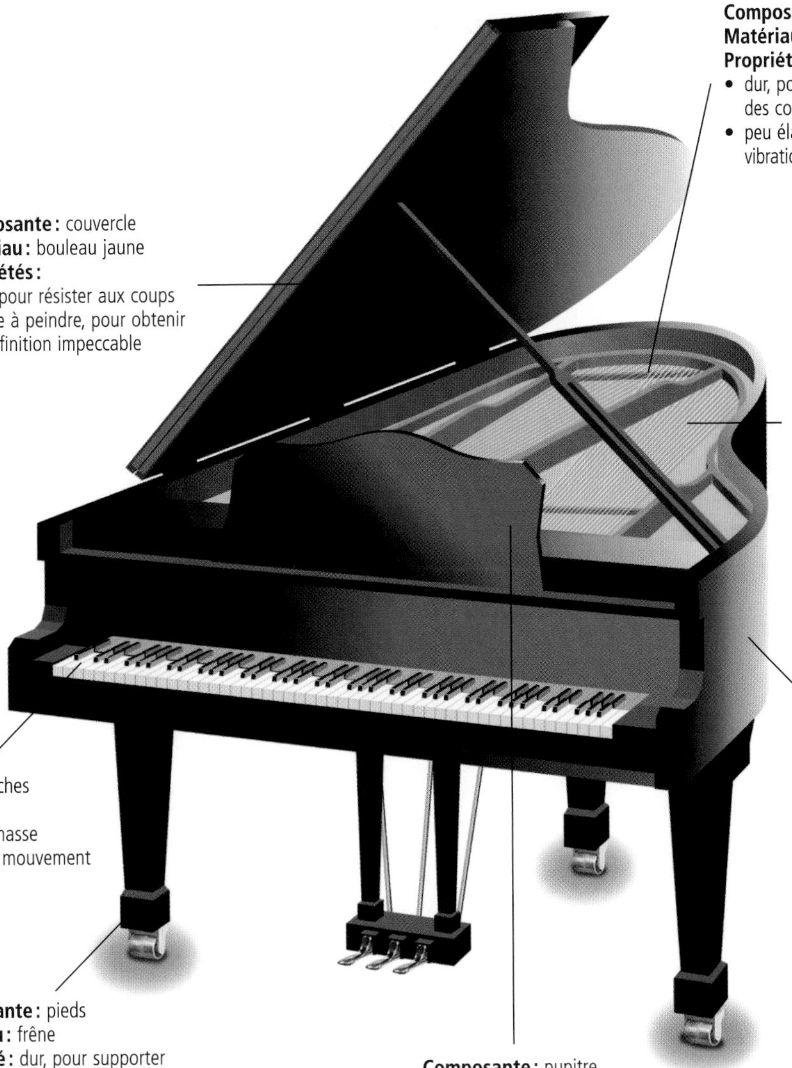

Composante : chevalet
Matériau : contreplaqué
Propriétés :
- dur, pour résister à la grande pression des cordes
- peu élastique, pour transmettre les vibrations des cordes à la table d'harmonie

Composante : couvercle
Matériau : bouleau jaune
Propriétés :
- dur, pour résister aux coups
- facile à peindre, pour obtenir une finition impeccable

Composante : table d'harmonie
Matériau : épinette
Propriété : très tendre, pour une planche plus mince sur les bords

Composante : touches
Matériau : tilleul
Propriété : faible masse volumique, pour un mouvement rapide des touches

Composante : ceinture
Matériau : noyer
Propriétés :
- moyennement dur, pour résister aux coups
- résistant aux champignons, pour le protéger des contacts avec les mains

Composante : pieds
Matériau : frêne
Propriété : dur, pour supporter une charge importante

Composante : pupitre
Matériau : tilleul
Propriété : tendre, pour une sculpture facile

Figure 9.5 > Le choix du bois approprié à chaque partie d'un piano

ZOOM sur la santé

DES MEUBLES QUI FONT… TOUSSER

Ils sont en bois modifié. Leur défaut ? Ils libèrent dans l'air un gaz irritant, le formaldéhyde, émanant principalement des colles synthétiques qui servent de liants dans les produits du bois. Présent en faible quantité dans les maisons ce gaz peut tout de même provoquer des irritations des yeux, du nez, des troubles respiratoires (toux, asthme) et des nausées. Mais à des degrés d'exposition importants, il devient cancérigène ! Il est donc préférable d'éviter ce genre de meubles. Sinon, il faut les choisir aux surfaces couvertes de plastique stratifié et masquer les surfaces non finies. Dernier conseil ? Bien aérer sa demeure. Il faut faire sortir les composés organiques volatiles (COV) de nos milieux de vie.

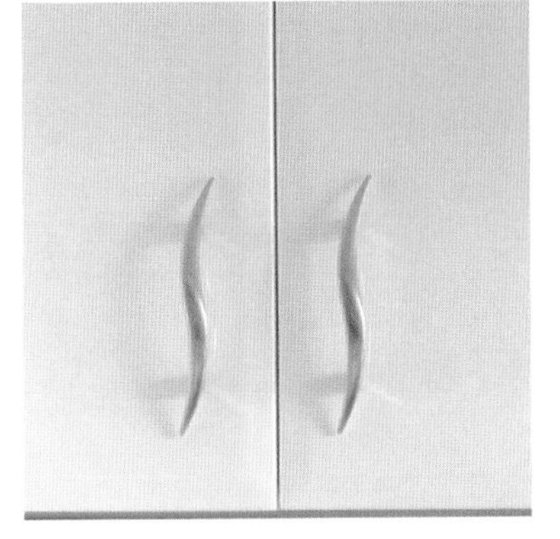

info+

LE VERT-DE-GRIS

Les magnifiques toitures vertes qui couvrent certains édifices semblent résister à l'usure du temps. Le produit miracle dont elles sont faites est tout simplement du cuivre. Les propriétés mécaniques et chimiques du cuivre sont tout indiquées pour cet usage.

Le cuivre est malléable, ce qui permet d'en faire des feuilles minces pour couvrir de grandes surfaces. Il peut également être martelé pour épouser les ondulations de certaines toitures.

Le cuivre est bactéricide et fongicide, ce qui empêche la croissance de mousse à l'ombre des nombreuses tourelles et lucarnes qui ornent souvent les toitures des grands édifices. Mais le cuivre se corrode. Pourtant, personne ne se voit attribuer la dangereuse tâche d'aller y appliquer une peinture protectrice, car la meilleure façon de protéger une toiture de cuivre de la corrosion est... de ne pas la protéger.

En effet, le cuivre réagit avec le dioxyde de carbone et les vapeurs d'eau présentes dans l'air pour former du vert-de-gris. Cette substance de couleur verdâtre est insoluble, imperméable et très adhérente. Il s'agit d'une véritable barrière à la corrosion.

Mais attention ! Le vert-de-gris est un poison extrêmement toxique.

L'exploitation minière bouleverse le territoire. Habituellement, une coupe à blanc est nécessaire pour le déplacement de la machinerie. Au cours de l'exploitation, plusieurs tonnes de poussières sont rejetées dans l'air. De nombreuses infections pulmonaires, telles que l'asthme et les pneumonies, peuvent alors incommoder les gens vivant dans les environs.

Les métaux

Les métaux sont des solides polycristallins, c'est-à-dire qu'ils sont composés de petits cristaux qu'on appelle *grains*. Les métaux purs ne se trouvent généralement pas à l'état naturel. La plupart de ces métaux sont en réalité combinés à d'autres matières dans des composés présents dans des minéraux (voir la figure 9.6). Une fois séparés des autres éléments, certains métaux peuvent être utilisés à l'état pur. D'autres ne le seront pas, à cause de leurs propriétés (voir le tableau 9.7).

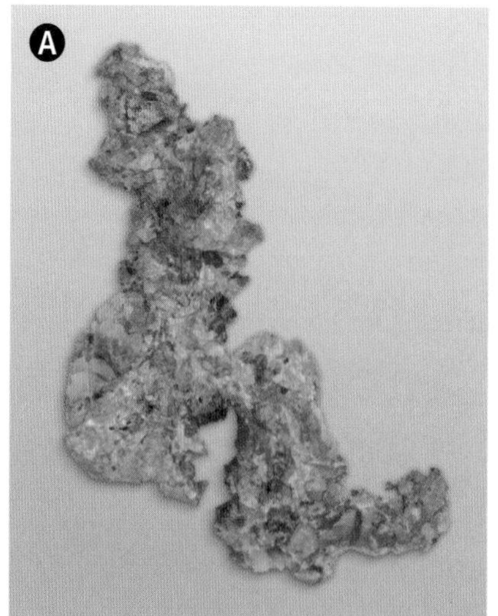

Figure 9.6 > Le cuivre
A Du minerai de cuivre.
B Un saxophone fait de cuivre.

Tableau 9.7 > Les principaux métaux

MÉTAUX	PROPRIÉTÉS	UTILISATIONS
Aluminium	• Mécaniques : mou, ductile, malléable, un peu élastique • Physiques : 2,70 g/cm^3, gris clair, bon conducteur de chaleur et d'électricité • Chimique : résistant à la corrosion	• Contenants alimentaires • Portes et fenêtres • Pièces d'avion • Chaloupes
Argent	• Mécaniques : mou, ductile, malléable • Physiques : 10,5 g/cm^3, excellent conducteur d'électricité • Chimique : s'oxyde (noircit)	• Bijoux • Monnaie • Miroirs
Chrome	• Mécaniques : mou, ductile • Physiques : 7,20 g/cm^3, argenté • Chimique : résistant à la corrosion	• Revêtement protecteur de métaux • Rasoirs
Cuivre	• Mécaniques : mou, malléable, ductile • Physiques : 8,92 g/cm^3, orangé, bon conducteur de chaleur et d'électricité • Chimique : s'oxyde (vert-de-gris)	• Tuyauterie • Casseroles • Fils électriques • Toitures
Étain	• Mécaniques : ductile, malléable • Physiques : 7,30 g/cm^3, gris clair • Chimiques : peu résistant aux acides, fongicide	• Boîtes de conserve • Ustensiles de cuisine • Soudure • Bijoux
Fer	• Mécaniques : dur, ductile, malléable • Physiques : 7,86 g/cm^3, gris, attiré par l'aimant • Chimiques : s'oxyde (rouille), peu résistant à la corrosion	Utilisé la plupart du temps dans un alliage. • Clôtures, rampes d'escalier • Charpentes de ponts et de gratte-ciel • Outils • Jouets
Magnésium	• Mécaniques : ductile, malléable, peu tenace • Physiques : 1,74 g/cm^3, argenté • Chimiques : réagit violemment avec l'eau ou les acides, combustion spontanée avec l'air	N'est jamais employé à l'état pur. • Jantes d'automobile • Aérospatiale
Molybdène	• Mécaniques : très dur, malléable • Physiques : 10,2 g/cm^3, très tenace	• Industrie nucléaire • Aérospatiale • Électronique
Nickel	• Mécaniques : dur, ductile, malléable • Physiques : 8,90 g/cm^3, blanc, attiré par l'aimant • Chimiques : résistant à la corrosion, cause de dermatite	• Monnaie • Piles rechargeables
Plomb	• Mécaniques : mou, malléable • Physiques : 11,4 g/cm^3, gris-bleu • Chimiques : s'oxyde à l'eau, toxique lorsqu'il est ingéré	• Accumulateur électrique • Protection contre les rayons X • Plombs (pêche)
Titane	• Mécanique : rigide • Physique : 4,51 g/cm^3 • Chimique : résistant à la corrosion	• Construction navale et aéronautique • Prothèses • Montures de lunettes
Zinc	• Mécaniques : dur, malléable • Physiques : 7,14 g/cm^3, blanc-bleu, bon conducteur de chaleur et d'électricité • Chimiques : s'oxyde (blanchit), résistant à la corrosion	• Laiton (lorsque lié au cuivre) • Gouttières • Vis

Les alliages

Un **alliage** est un mélange homogène de deux métaux ou plus. Il se peut également que des éléments qui ne sont pas des métaux entrent dans la composition du mélange. C'est le cas du carbone qui est présent dans les alliages d'acier.

On trouve deux grandes familles d'alliages métalliques: les alliages ferreux et les alliages non ferreux.

Les **alliages non ferreux** regroupent tous les alliages qui ne contiennent pas de fer. Comme il existe dans la nature une grande quantité de métaux différents, la composition de ces alliages est très variée (voir le tableau 9.8).

Tableau 9.8 > Les principaux alliages non ferreux

ALLIAGES	COMPOSITION (% m/m)	PROPRIÉTÉS	UTILISATIONS
Aluminium 7005 T6	Aluminium: de 91 à 94,7 Zinc: de 4 à 5 Magnésium: de 1 à 1,8 Autres: de 0,3 à 4	• Mécaniques: rigide, tenace • Physique: 2,79 g/cm^3 • Chimique: peu résistant à la corrosion	• Châssis de voiture • Aviation • Cadres de vélo
Argent sterling	Argent: 92,5 Cuivre: 7,5	• Mécaniques: ductile, rigide • Physique: 10,4 g/cm^3	• Coutellerie • Argenterie • Bijoux
Bronze	Cuivre: 88 Étain: 12	• Mécaniques: dur, peu malléable • Physiques: de 8,9 à 9,3 g/cm^3, faible coefficient de friction, bon conducteur de chaleur et d'électricité	• Cloches • Sculptures • Canons
Fil à souder	Étain: 63 Plomb: 37	• Mécaniques: mou, peu rigide, malléable • Physiques: 8,4 g/cm^3, point de fusion peu élevé • Chimique: toxique (plomb)	• Électronique • Plomberie • Vitraux
Laiton	Cuivre: de 54 à 63 Zinc: de 37 à 46	• Mécaniques: ductile, malléable • Physiques: de 7,3 à 8,4 g/cm^3, jaune • Chimiques: s'oxyde (vert-de-gris), germicide	• Instruments de musique • Robinetterie • Quincaillerie de portes
Nichrome	Nickel: 80 Chrome: 20	• Physiques: 8,4 g/cm^3, point de fusion très élevé • Chimique: résistant à la corrosion	• Éléments chauffants (grille-pain, séchoirs) • Système d'allumage de feux d'artifice
Nitinol	Nickel: 54 Titane: 46	• Mécanique: élastique • Physiques: 6,5 g/cm^3, mémoire de forme • Chimique: s'oxyde lentement	• Chirurgie (endoprothèses vasculaires) • Orthodontie • Montures de lunettes
Titane Ti6Al4V	Titane: 90 Aluminium: 6 Vanadium: 4	• Mécaniques: dur, tenace, très rigide • Physique: 4,43 g/cm^3 • Chimique: résistant à la corrosion	• Pièces d'avion • Coques de sous-marin • Voitures de course • Bijoux

Les **alliages ferreux** sont des alliages à base de fer, le métal le plus utilisé par l'industrie, notamment sous forme d'acier et de fonte. Ces alliages ont tous le fer comme solvant, ce qui signifie qu'il occupe la plus grande proportion de l'alliage (voir le tableau 9.9).

Tableau 9.9 > Les principaux alliages ferreux

ALLIAGES	COMPOSITION (% m/m)	PROPRIÉTÉS	UTILISATIONS
Acier	Fer : de 97,8 à 98,9 Carbone : de 0,25 à 0,29 Autres : de 0,84 à 1,89	• Mécaniques : ductile, dur, tenace • Physique : 7,8 g/cm^3 • Chimique : facilement soudable	• Clous • Poutres • Rails • Plaques
Acier inoxydable	Fer : de 67 à 71 Carbone : 0,08 Chrome : de 18 à 20 Nickel : de 8 à 12 Autres (vanadium) : 3	• Mécaniques : très dur, ductile, tenace, élastique • Physiques : 8,03 g/cm^3, bon conducteur de chaleur • Chimique : résistant à la corrosion	• Batteries de cuisine • Comptoirs de cuisine de restaurants
Acier rapide	Fer : de 77,2 à 87,8 Carbone : de 0,8 à 1,1 Chrome : de 3,8 à 4,2 Molybdène : de 5,0 à 9,5 Autres : de 2,6 à 8,0	• Mécanique : très dur • Physique : de 8,4 à 9,0 g/cm^3 • Chimique : s'oxyde (rouille)	• Outils et machinerie forestière • Embouts de tournevis • Lames de scie • Forêts
Chromoly	Fer : de 97,5 à 98 Carbone : de 0,28 à 0,33 Chrome : de 0,8 à 1,1 Molybdène : de 0,15 à 0,25 Autres : 0,8	• Mécaniques : malléable, très tenace, rigide • Physique : 7,9 g/cm^3 • Chimique : peu résistant à la corrosion	• Pièces de vélo
Fer forgé	Fer : > 99,85 Carbone : < 0,15	• Mécaniques : dur, ductile, malléable • Physique : 7,86 g/cm^3 • Chimique : facilement soudable	• Clôtures • Rivets • Fers à cheval
Fonte	Fer : de 93,3 à 98,3 Carbone : de 1,7 à 6,7	• Mécaniques : dur, peu tenace, peu ductile • Physiques : de 6,8 à 7,5 g/cm^3, bon conducteur de chaleur • Chimiques : difficilement soudable, peu résistant à la corrosion	• Moteurs de voiture • Canalisations • Haltères • Casseroles
Invar	Fer : 64 Nickel : 36	• Mécanique : malléable • Physiques : 8,05 g/cm^3, totalement résistant à la dilatation thermique	• Horlogerie • Soupapes • Citernes de méthaniers

OUTIL 10, p. 198

Choisir le métal approprié

Le travail du métal est bien plus difficile que le travail du bois. Il faut des instruments plus puissants, des techniques particulières. Par exemple, pour lier deux pièces métalliques, une colle ne sera pas suffisante. Vous devrez maîtriser la soudure. Au moment de choisir un métal ou un alliage, assurez-vous d'avoir bien défini vos besoins. La figure 9.7 fait ressortir les propriétés des métaux utilisés pour les pièces d'un vélo.

Figure 9.7 > Le choix du métal approprié à chaque pièce d'un vélo

ZOOM sur la santé

NE TOUCHEZ JAMAIS AU MERCURE !

Connaissez-vous le mercure ? On trouve ce métal dans les thermomètres, les piles, les tubes fluorescents, les composantes électriques, etc. À la température ambiante, il est liquide et a une très jolie couleur argentée. Brillant, oui, mais attention, il est très dangereux ! Une fois dans l'organisme, le mercure est toxique pour le cerveau, le système nerveux et les reins. Il faut également craindre les contenants de mercure qui ne sont pas parfaitement étanches. Comme l'eau, le mercure s'évapore à la température ambiante, mais, contrairement à l'eau, ses vapeurs sont toxiques.

Concepts clés

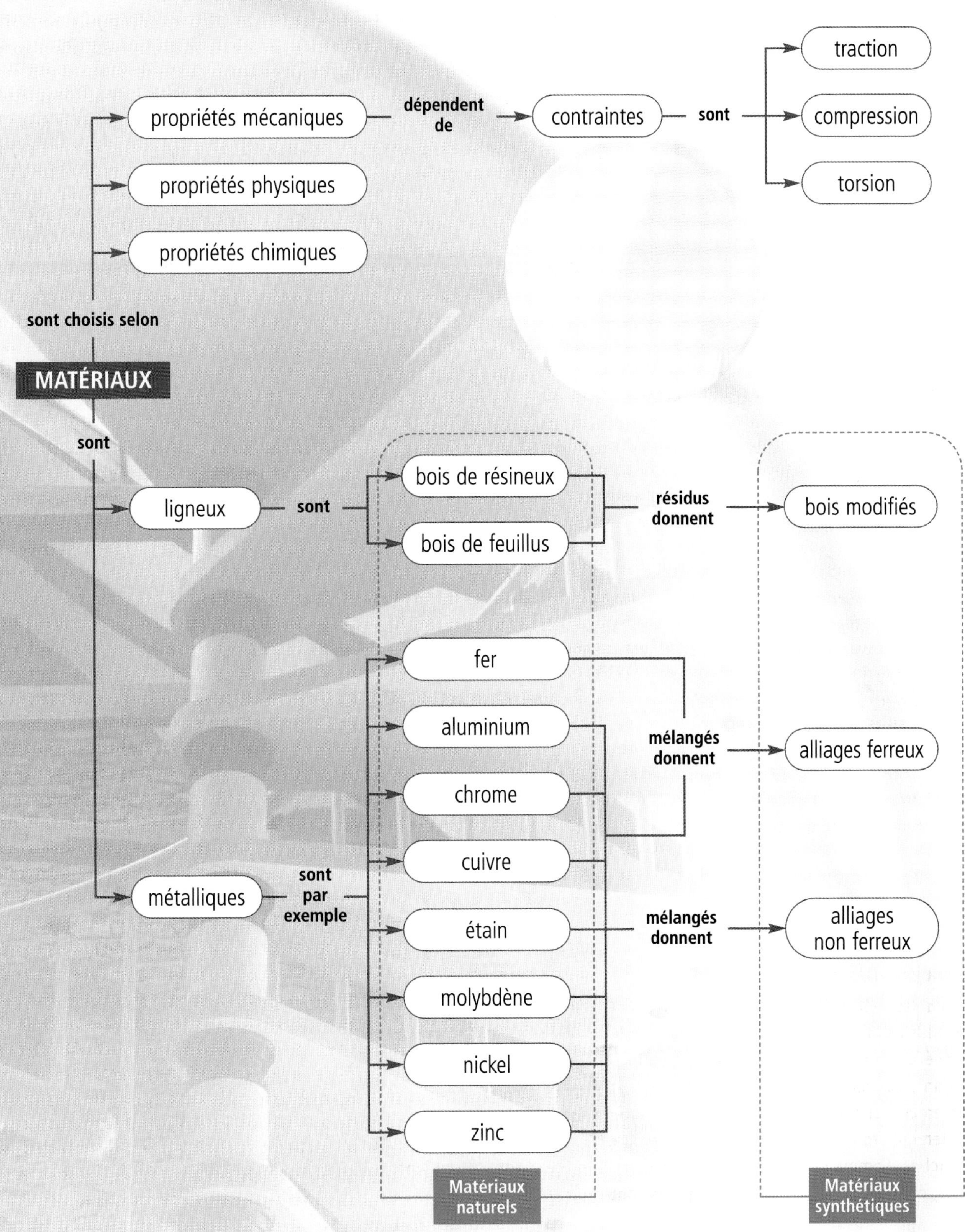

.exe >>>

1 Vérifiez votre compréhension du vocabulaire propre à la technologie en répondant aux questions suivantes.

a) Qu'est-ce qu'une matière première ?

b) Qu'est-ce qu'un matériau ?

2 Pour chacune des trois contraintes que peut subir un objet, donnez un exemple différent de ceux mentionnés dans ce dossier.

3 Marie cherche à étirer une tige de plastique en exerçant une force à chacune de ses extrémités.

a) Quelle observation vous permettrait d'affirmer que cette tige est rigide ?

b) Quelle observation vous permettrait d'affirmer qu'elle est élastique ?

c) Quelle observation vous permettrait d'affirmer qu'elle est ductile ?

4 Nommez trois éléments communs au bois de feuillus et au bois de résineux.

6 Observez bien l'illustration ci-contre qui montre deux pièces de bois de nature différente déposées sur la balance.

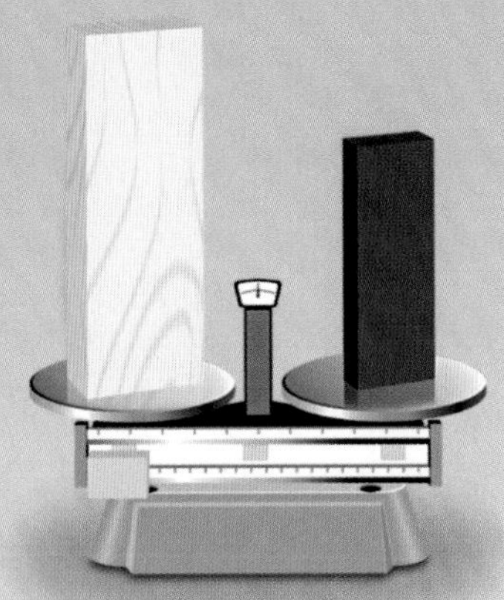

a) Si une sculptrice devait reproduire la même figurine dans chacun des bois représentés, quelles différences remarquerait-elle en effectuant son travail ? Expliquez toutes vos déductions à partir de l'illustration et des tableaux d'information.

b) Une fois les sculptures terminées, quelles différences pourrait-on observer à l'aide des sens et en les comparant ?

7 Un ami affirme que le bois de feuillus est également appelé *bois dur* alors que celui des résineux est appelé *bois tendre*. A-t-il raison ? Justifiez votre réponse.

5 Observez bien les paires de photographies suivantes. Le matériau de base des objets de la colonne de gauche est le bois, alors que celui des objets de la colonne de droite est le métal.

Dressez une liste de cinq propriétés des matériaux. À l'aide des propriétés des matériaux, indiquez le matériau à privilégier dans la fabrication de chacun des objets. Observez l'exemple ci-dessous.

PROPRIÉTÉS	BOIS	MÉTAL
Masse volumique	La pagaie en bois, car elle flotte sur l'eau.	Les raquettes à neige en aluminium, car elles sont plus légères que le bois.

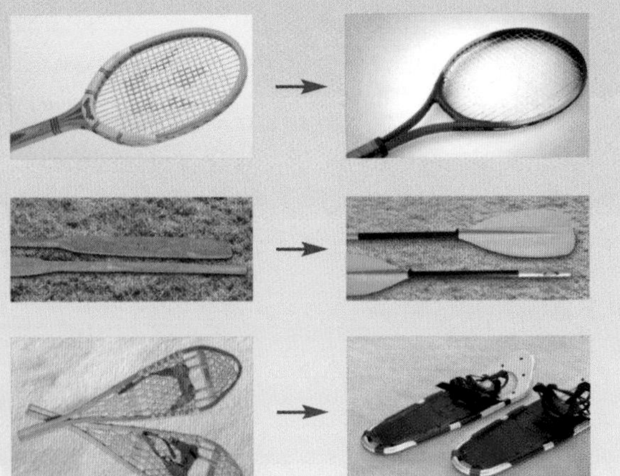

histo₂

> Les matériaux de la préhistoire

L'habileté à transformer des matériaux remonte à la préhistoire. On estime à plus de 2 millions d'années l'âge des premiers outils de pierre taillée. C'est bien avant l'apparition de notre espèce ! Il est démontré que l'*Homo habilis* utilisait une pierre pour en tailler une autre et ainsi fabriquer un « couteau ». Pour ce faire, l'outil devait être imaginé avant d'être réalisé. Les hominidés sont les seuls du règne animal à fabriquer de tels outils. Les outils fabriqués avec plusieurs matériaux sont beaucoup plus récents. Les haches et les flèches en pointe de silex ont été conçues par l'*Homo sapiens*, notre espèce, il y a environ 200 000 ans.

Des silex de l'âge de pierre

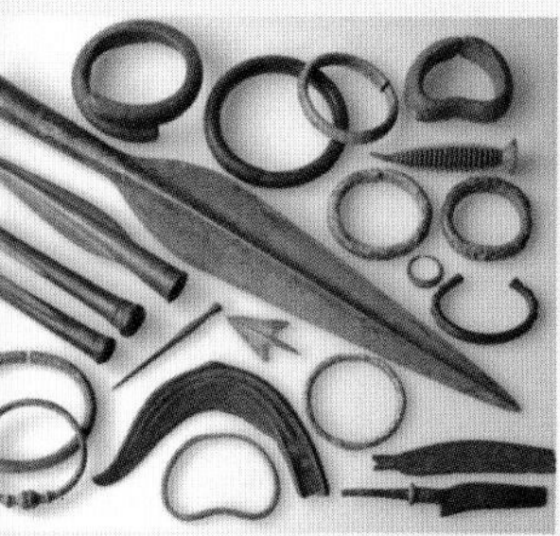

Des pointes de flèches et autres objets de l'âge de fer

Maîtrisant de mieux en mieux le feu, les êtres humains ont cuit l'argile pour faire des contenants de céramique. L'*art du feu* est essentiel au travail des métaux. On utilise aujourd'hui les diverses techniques de transformation des métaux pour nommer les différentes périodes de progrès des civilisations. Après l'âge de pierre se succédèrent l'âge du cuivre, l'âge de bronze et l'âge de fer. Le premier métal à être fondu pour fabriquer des objets est donc le cuivre. Des outils fins et délicats étaient produits avec ce matériau. Plus tard, une technique a permis la fabrication d'objets durs et solides en bronze : un alliage de cuivre et d'étain. La période la plus récente de la préhistoire se nomme l'âge de fer. La maîtrise de la technique permit la fabrication d'objets légers et résistants, comme l'épée. Cela transforma en profondeur les civilisations successives.

techno₂

> L'angioplastie

Les personnes souffrant d'un rétrécissement des artères, notamment par une accumulation de cholestérol, doivent subir une délicate opération pour nettoyer les vaisseaux qui amènent le sang au cœur. Ce type d'opération, tout comme le pontage coronarien qui permet de contourner une zone obstruée, comporte de nombreux risques.

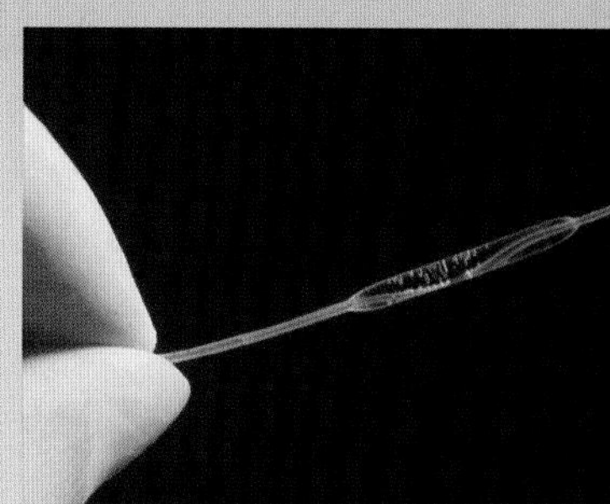

Une sonde à balonnet

Dans plusieurs cas, le chirurgien ou la chirurgienne préfère plutôt un autre type d'opération. On pratique une légère incision dans l'aine ou dans le bras, puis on introduit dans l'artère un tube de plastique, que l'on nomme *sonde à ballonnet*. Positionné au bon endroit, ce tube se gonfle comme un ballon, écartant ainsi les parois de l'artère. On appelle cette opération *angioplastie*. Elle permet de rétablir le calibre normal de l'artère sans avoir recours à une grande chirurgie.

Afin de maintenir le diamètre de l'artère, le ballonnet peut être recouvert d'une endoprothèse, petit cylindre en métal tressé dont le diamètre augmentera lorsque le ballonnet sera gonflé. L'acier inoxydable est souvent utilisé, mais il subit une perte de diamètre après la pose. À la place de l'acier inoxydable, certains proposent d'utiliser un alliage bien particulier, le nitinol, composé de nickel et de titane. Il s'agit d'un alliage « à mémoire de forme ». Il a la propriété de reprendre sa forme à partir d'une certaine température. On peut donc comprimer l'endoprothèse en modifiant sa température, puis l'introduire dans l'artère où elle reprendra sa forme lorsqu'elle atteindra la température du corps.

ZOOM sur l'avenir

TECHNOLOGUE EN MINÉRALURGIE

Jacques travaille dans les mines depuis longtemps. À 20 ans, il a été embauché comme mineur dans une mine où on exploite le cuivre. Pendant deux ou trois ans, il a travaillé à extraire du minerai à l'aide de machinerie et d'outils spécialisés.

Afin de se perfectionner et de se spécialiser davantage, Jacques a ensuite décidé de s'inscrire au programme en technologie minérale dans un établissement d'enseignement collégial de sa région. Cette formation lui a donc permis de devenir technologue en minéralurgie.

Jacques a toujours travaillé pour le même employeur, mais il occupe aujourd'hui un poste différent. C'est lui qui veille au contrôle des procédés d'extraction tels le concassage, le broyage, le tamisage et le séchage. Il s'occupe du traitement des résidus miniers et des analyses en laboratoire afin de déterminer les caractéristiques du minerai extrait des carrières. Jacques participe à l'amélioration des procédés de traitement du minerai dans le but d'en maximiser la production et le taux de récupération. On peut

donc dire qu'il contribue à améliorer les performances de l'usine.

Pour accomplir ses tâches, Jacques travaille en équipe avec d'autres technologues ainsi qu'avec des ingénieurs et des ingénieures. Il doit faire preuve d'une grande rigueur afin de réduire au minimum les erreurs qui pourraient avoir des conséquences néfastes sur la qualité de la production. L'expérience qu'il a acquise comme mineur lui est fort précieuse, car il connaît tout des opérations sur le terrain. Ses connaissances variées sont maintenant très utiles à son équipe.

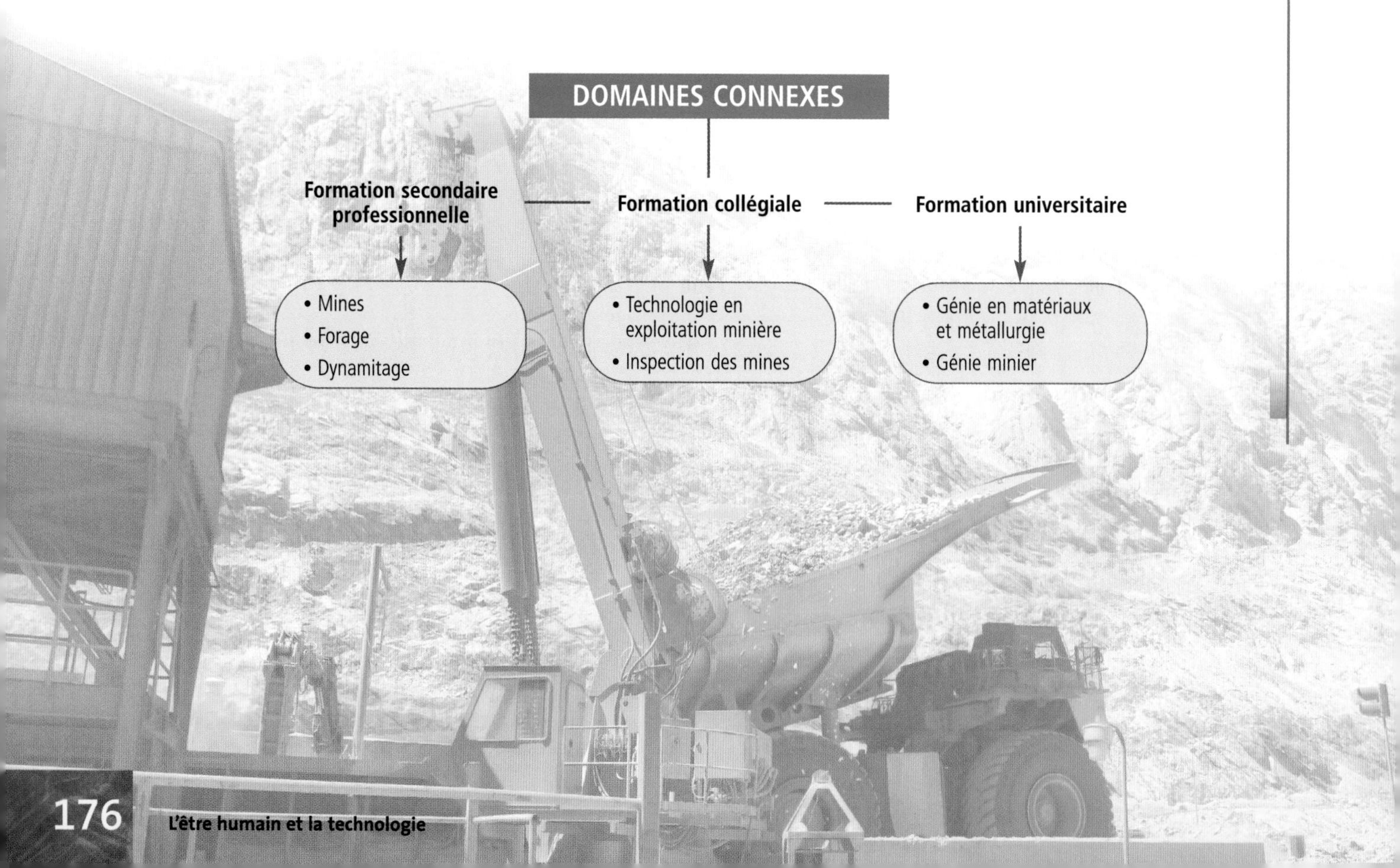

DOMAINES CONNEXES

Formation secondaire professionnelle
- Mines
- Forage
- Dynamitage

Formation collégiale
- Technologie en exploitation minière
- Inspection des mines

Formation universitaire
- Génie en matériaux et métallurgie
- Génie minier

outils

Les démarches en science et en technologie

Pour résoudre un problème ou pour répondre à un questionnement, on fait appel à des démarches. Les démarches permettent de travailler de façon ordonnée et cohérente. Bien que l'on puisse modifier certains aspects d'une démarche, on s'entend généralement sur cinq étapes :

- cerner le problème ;
- élaborer un plan d'action ;
- concrétiser le plan d'action ;
- analyser les résultats ;
- communiquer les connaissances acquises, les résultats ainsi que la démarche utilisée.

Grâce aux démarches utilisées en science et en technologie, de nouvelles connaissances sont acquises et des progrès sont faits dans ces domaines. Les questions sur les phénomènes naturels font progresser la science. Les questions visant à améliorer notre qualité de vie font progresser la technologie. Mais en quoi consiste la résolution d'un problème ? Y a-t-il plusieurs façons de résoudre des problèmes ou de trouver des réponses à des questions ?

Les principales démarches utilisées sont :

- la démarche de modélisation ;
- la démarche d'observation ;
- la démarche expérimentale ;
- la démarche empirique ;
- la démarche de construction d'opinion ;
- la démarche technologique de conception ;
- la démarche technologique d'analyse.

Ces démarches ne sont pas mutuellement exclusives : il arrive que l'on fasse appel à plusieurs démarches pour résoudre un problème ou pour répondre à un questionnement. Les démarches utilisées en science et en technologie ne sont pas linéaires. On peut revenir à l'une ou l'autre des étapes à tout moment de la démarche, quelle qu'elle soit. Certaines démarches partagent d'ailleurs des caractéristiques ou des étapes semblables, comme le montre le schéma suivant.

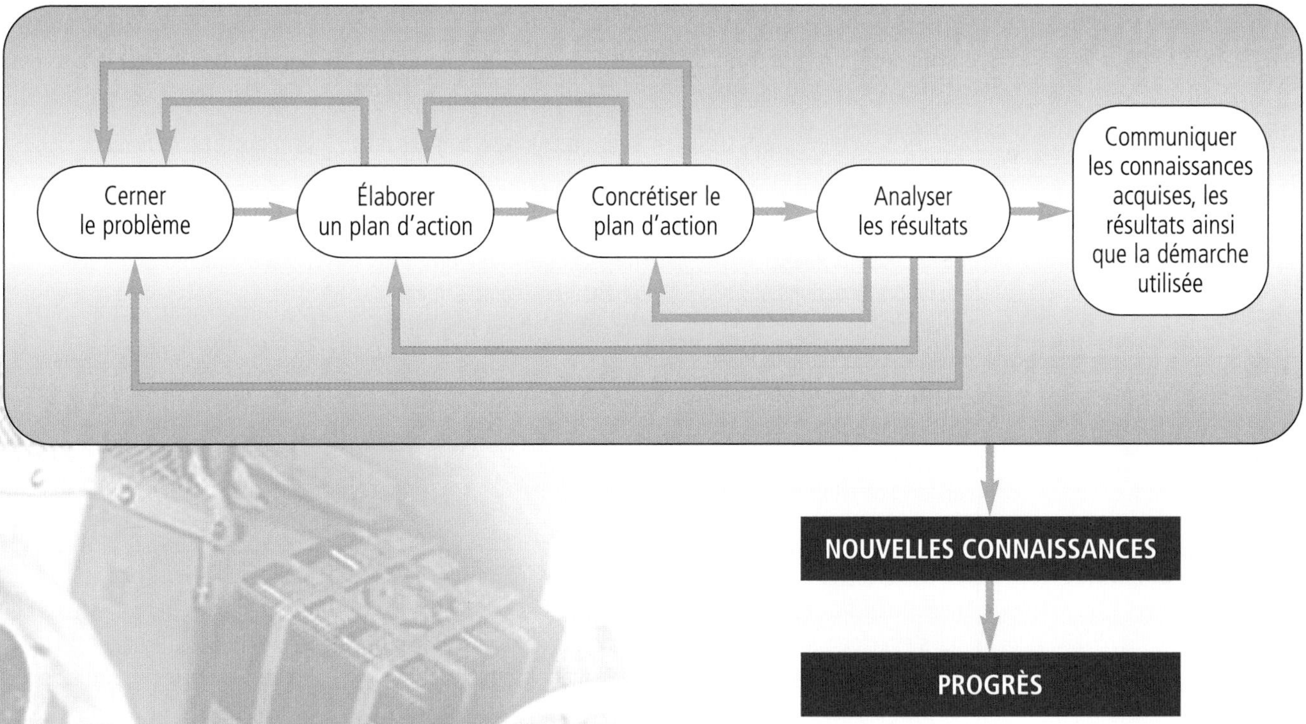

Cerner le problème → Élaborer un plan d'action → Concrétiser le plan d'action → Analyser les résultats → Communiquer les connaissances acquises, les résultats ainsi que la démarche utilisée

↓

NOUVELLES CONNAISSANCES

↓

PROGRÈS

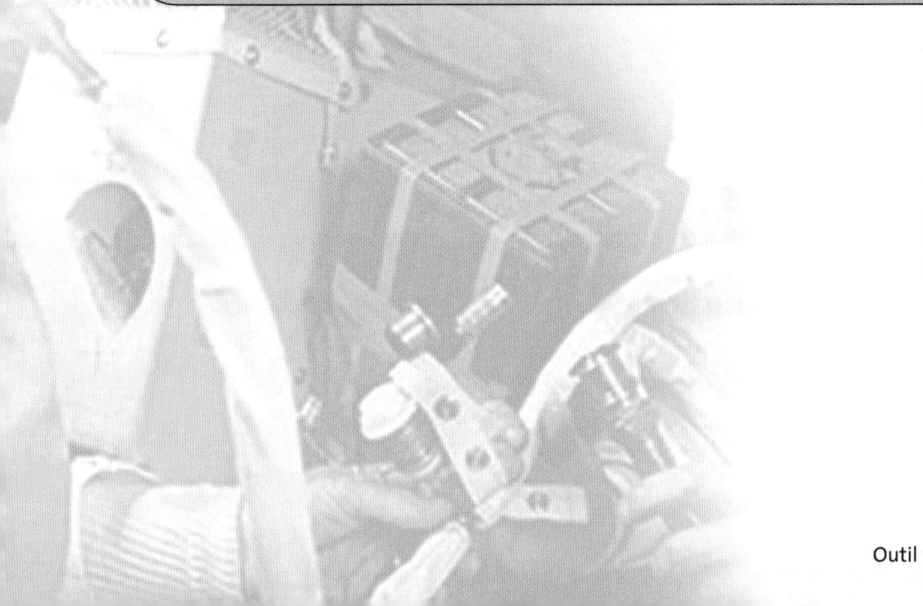

Le tableau synthèse des démarches utilisées en science et en technologie

DÉMARCHE	DÉFINITION	CONTEXTE D'UTILISATION	SOURCES D'INFORMATION ET PRINCIPAUX OUTILS DE COMMUNICATION
Démarche de modélisation	La démarche de modélisation vise à faciliter la compréhension de la réalité, à expliquer certaines propriétés d'un phénomène et à prédire d'autres phénomènes.	On l'utilise pour concrétiser ce qui est abstrait, difficilement accessible ou invisible. Comme il s'agit d'une représentation, le modèle peut évoluer et se complexifier. Il peut même être rejeté.	Sources d'information : Les résultats de recherches, les théories scientifiques, l'observation Outils de communication : Le rapport de recherche, la maquette, le schéma, le programme informatique, etc.
Démarche d'observation	La démarche d'observation permet de recueillir des informations et des données afin d'interpréter des phénomènes ou des situations au moment et à l'endroit où ils se produisent sans intention de les modifier. Elle requiert une préparation minutieuse, afin d'éviter d'influencer les résultats de l'observation.	On l'utilise pour observer un phénomène afin de mieux le comprendre, de découvrir de nouveaux comportements, de nouveaux faits. L'observation joue un rôle important en science. Elle permet de prendre conscience de la réalité. C'est une étape préalable à l'explication souvent plus abstraite des faits.	Sources d'information : Les résultats de recherches et d'observations effectuées par d'autres chercheurs et chercheuses, les données quantitatives (des mesures, des statistiques, etc.) et qualitatives (des descriptions du phénomène observé) recueillies Outil de communication : Le rapport de recherche
Démarche expérimentale	La démarche expérimentale se fait généralement en laboratoire, dans un environnement artificiel. Elle suppose la détermination et la manipulation d'une ou de plusieurs variables dans le contexte d'une expérimentation, en fonction d'une hypothèse que l'on veut vérifier.	On l'utilise pour comprendre un aspect pointu d'un phénomène complexe en reliant un effet à une cause.	Source d'information : Les manipulations Outil de communication : Le rapport de laboratoire
Démarche empirique	La démarche empirique est une démarche de recherche qui s'effectue sur le terrain, dans l'environnement naturel du phénomène que l'on souhaite étudier. Contrairement à la démarche expérimentale, elle n'implique aucune manipulation de variable.	On l'utilise fréquemment en phase exploratoire d'une recherche, lorsque l'on souhaite examiner et se représenter différentes facettes d'un phénomène. Cette démarche ouvre fréquemment la voie à de nouvelles avenues de recherche ou à de nouvelles hypothèses.	Sources d'information : Les sondages, les entrevues, les données statistiques, l'observation, les résultats de recherches et d'observations effectuées par d'autres chercheurs et chercheuses Outil de communication : Le rapport de recherche

Le tableau synthèse des démarches utilisées en science et en technologie (suite)

DÉMARCHE	DÉFINITION	CONTEXTE D'UTILISATION	SOURCES D'INFORMATION ET PRINCIPAUX OUTILS DE COMMUNICATION
Démarche de construction d'opinion	La démarche de construction d'opinion favorise l'élaboration d'une argumentation solide et la justification d'une conclusion. Pour construire son opinion, on fait appel à des raisonnements que l'on appuie sur des arguments. Cela implique de recueillir des informations, de les interpréter et de les confronter à d'autres qui peuvent être contradictoires. Dans notre compréhension et notre interprétation des faits, il faut par ailleurs prendre conscience de l'influence de nos valeurs, de nos croyances, de nos idées préconçues et de nos présupposés.	On l'utilise pour proposer une solution à un problème complexe tout en tenant compte de faits objectifs, de résultats de recherches sur le sujet et de principes éthiques.	Sources d'information : Les données statistiques recueillies par des organismes reconnus, les textes d'opinion reflétant différents points de vue Outils de communication : Le rapport de recherche, le texte d'opinion ou le débat
Démarche technologique de conception	La démarche technologique de conception est associée à l'ingénierie. La conception d'un objet technique est liée à un projet de construction. Elle vise à répondre à un besoin en respectant certaines contraintes, telles que les conditions de réalisation, le choix des matériaux et du matériel ainsi que le budget.	On l'utilise pour répondre à un besoin matériel complexe ou pour fabriquer un objet qui répond à certaines exigences.	Sources d'information : Le cahier de conception, qui comprend : le cahier des charges, le schéma de principe, le schéma de construction, la fiche des opérations (gamme de fabrication) et l'analyse des essais du prototype Outil de communication : L'objet technique conçu
Démarche technologique d'analyse	La démarche technologique d'analyse vise à effectuer l'analyse de la fonction globale d'un objet ainsi que de la fonction de ses sous-systèmes et de ses composantes.	On l'utilise pour déterminer l'utilité d'un objet, son fonctionnement, ses conditions de fonctionnement et le résultat produit ainsi que pour l'évaluer en tant qu'objet de consommation.	Sources d'information : L'objet à analyser, d'autres objets semblables, démontés ou non Outil de communication : Le rapport d'analyse

La prévention des accidents

La sécurité au laboratoire ou en atelier, comme partout d'ailleurs, repose sur un comportement responsable et le respect de certaines règles. En voici quelques-unes qui vous permettront d'éviter les accidents en classe de science et technologie.

Comportement général

- Au besoin, ne pas hésiter à demander de l'aide.
- Rester calme et travailler sans précipitation.
- Éviter de se déplacer inutilement; ne pas courir ni se bousculer.
- Ne pas déranger les autres.
- Signaler tout accident et faire soigner immédiatement toute blessure.
- Ne pas encombrer les surfaces de travail avec des objets personnels.
- Ne pas crier ni bavarder, de façon à maintenir un climat propice à la concentration et au travail.
- Prendre connaissance des manipulations à faire avant de commencer une expérience.
- Se laver soigneusement les mains avant et après les manipulations.

Code vestimentaire

- Attacher ses cheveux s'il y a lieu.
- Éviter les vêtements amples, les manches larges et traînantes, les pantalons dont le bord traîne sur le sol, les souliers instables, etc.
- Selon l'expérience menée, porter un équipement de protection adéquat: tablier, blouse de laboratoire, lunettes de sécurité, gants de protection, masque protecteur, etc.
- Avant d'entrer dans le laboratoire ou dans l'atelier, retirer colliers, bracelets, bagues et grandes boucles d'oreilles.

Outils, instruments, matériaux et substances

- Utiliser les instruments et les outils appropriés à chaque tâche; ne pas les utiliser pour un usage auquel ils ne sont pas destinés.
- S'assurer du bon état de chaque instrument ou outil avant de l'utiliser.
- S'il y a lieu, vérifier la solidité du manche d'un outil ou d'un instrument.
- Vérifier l'affûtage des outils de coupe avant de les utiliser.
- Transporter les outils en orientant le côté tranchant ou la pointe vers le sol.
- Manipuler les matériaux et les substances avec prudence.
- Bien fixer une pièce avant de l'usiner.
- Diriger la lame d'un outil ou d'un instrument dans la direction de la coupe.
- Ne jamais couper une pièce en plaçant la main devant la lame.
- Ranger les matériaux et les substances après usage.

Lieu de travail

- N'apporter aucune nourriture ni boisson dans le local.
- S'assurer d'une aération et d'un éclairage adéquats.
- Jeter les déchets aux endroits appropriés.
- Repérer l'avertisseur d'incendie et l'extincteur.
- Repérer la trousse de premiers soins.

Avant d'entreprendre une démarche, il vous faut évaluer les risques associés à chaque technique utilisée. On doit prendre l'habitude d'analyser le risque de blessure selon les cinq situations potentiellement dangereuses au laboratoire ou en atelier: les transformations chimiques, les mouvements mécaniques, les dégagements de chaleur, les réactions biologiques et les courants électriques. Le tableau de la page suivante précise les mesures de prévention à observer dans cinq situations potentiellement dangereuses au laboratoire et en atelier.

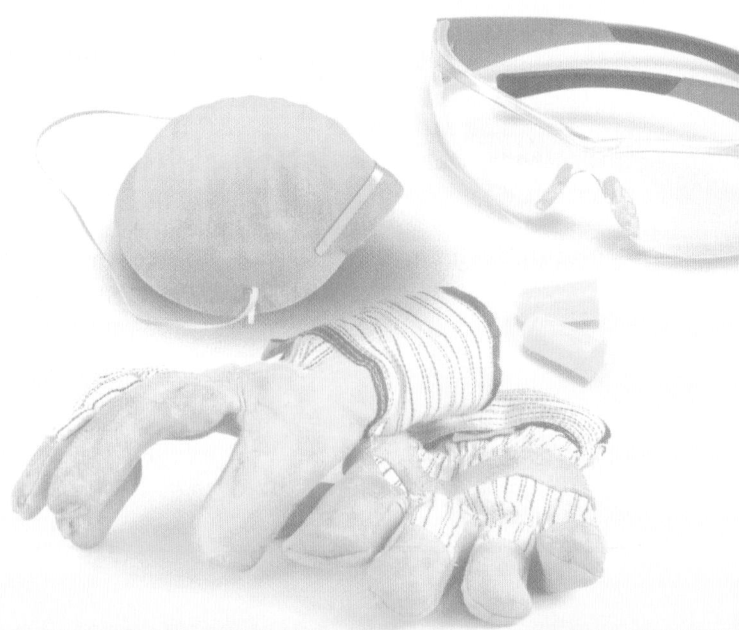

La prévention des accidents au laboratoire ou en atelier (quelques exemples)

SITUATIONS POTENTIELLEMENT DANGEREUSES	TECHNIQUES	SOURCES DE DANGER	ACCIDENTS À ÉVITER	MESURES PRÉVENTIVES
Transformations chimiques	Manipuler une poudre.	Substances chimiques	Empoisonnement	Se laver les mains après la manipulation. N'apporter aucune nourriture ni boisson dans le local.
	Coller.	Résidus de colle sur les doigts	Doigts ou paupières collés	Porter des gants et des lunettes de sécurité.
Mouvements mécaniques	Refroidir une solution.	Contenant en verre	Coupures, notamment au visage, causées par l'explosion du contenant	Ne pas plonger un contenant chaud dans une solution froide.
	Couper à l'aide d'une pince	Pince	Bouts de fil projetés vers les yeux	Manipuler la pince en dirigeant toujours la pointe vers le bas, jamais à la hauteur des yeux.
Dégagements de chaleur	Chauffer une éprouvette.	Liquide dans l'éprouvette	Brûlures, notamment au visage, causées par le débordement ou le renversement de l'éprouvette	Porter des lunettes de sécurité. Pencher l'éprouvette en ne dirigeant jamais l'ouverture vers soi.
	Couper et percer.	Pointe d'un instrument de coupe ou de perçage (foret)	Brûlures causées par le contact d'une partie du corps avec la pointe de l'instrument	Ne jamais toucher la pointe d'un instrument de coupe ou de perçage qui vient d'être utilisé.
Réactions biologiques	Porter des gants.	Latex	Réaction allergique	Porter des gants en caoutchouc nitrile.
	Sabler une pièce de bois.	Sciure de bois et poussière	Difficultés respiratoires ou crise d'asthme	S'assurer que la ventilation est adéquate. Porter un masque.
Courants électriques	Brancher un appareil électrique.	Évier ou récipient rempli d'eau	Électrocution	Ne pas approcher un appareil électrique d'une masse d'eau.
	Démonter un appareil électrique.	Pièces conductrices	Décharge électrique	Débrancher l'appareil et attendre que les condensateurs se déchargent.

Le microscope

Le microscope fournit une image agrandie d'un échantillon, ce qui facilite l'observation et l'analyse de ses composantes.

Le grossissement d'un échantillon

La plupart des microscopes sont munis de trois objectifs dont chacun a un grossissement propre : 4×, 10× et 40×. La valeur du grossissement total du microscope se calcule en multipliant la valeur gravée sur l'objectif utilisé par la valeur du grossissement de l'oculaire.

Grossissement total = **grossissement de l'objectif** × **grossissement de l'oculaire**

Les composantes du microscope

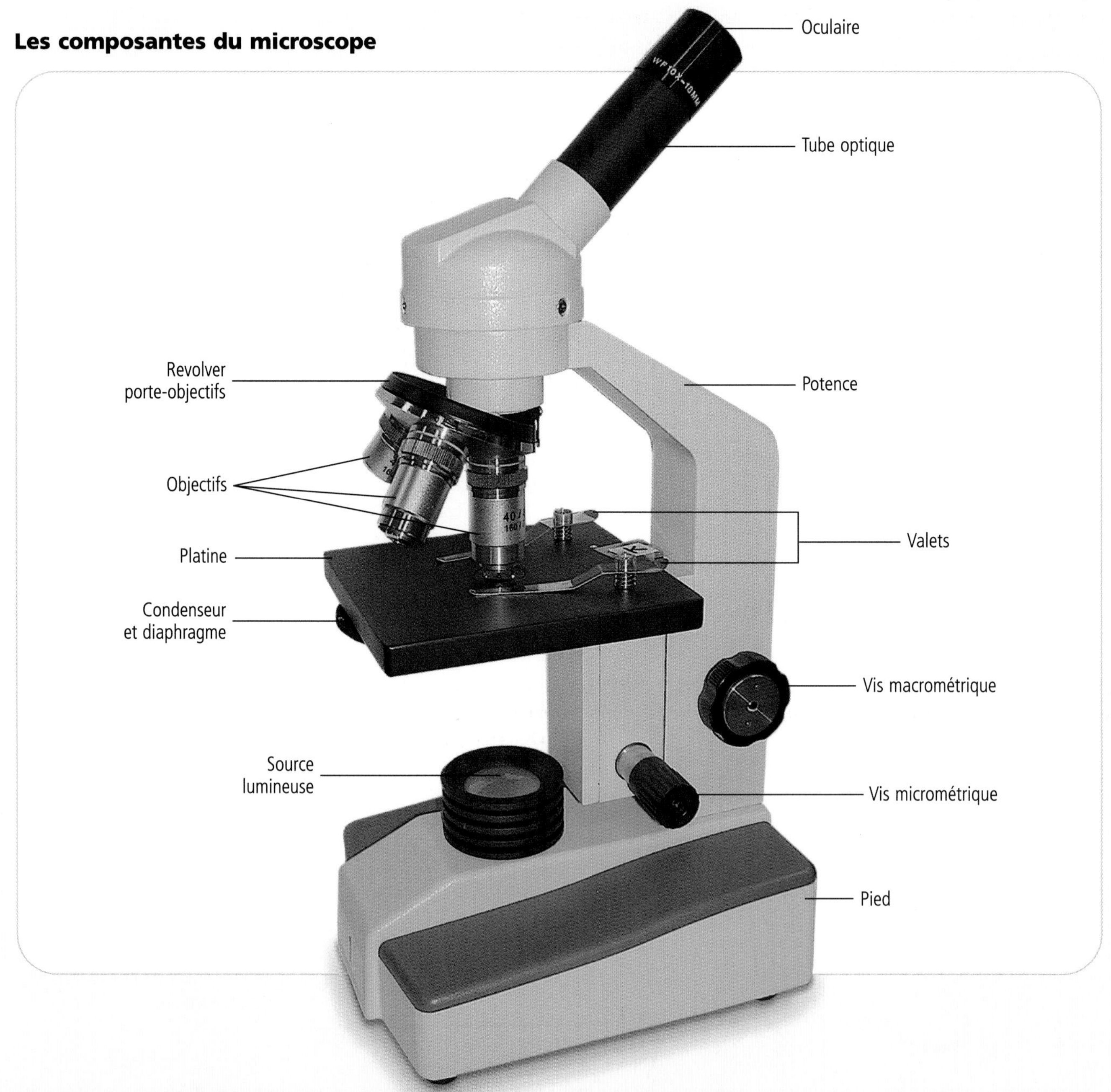

La préparation de l'échantillon

1. Manipuler la lame et la lamelle en les tenant par les bords, pour qu'elles restent propres.
2. Étaler l'échantillon à plat sur la lame à l'aide d'une pince ou d'un compte-gouttes.
3. Laisser tomber une goutte d'eau ou de solution colorante sur l'échantillon.

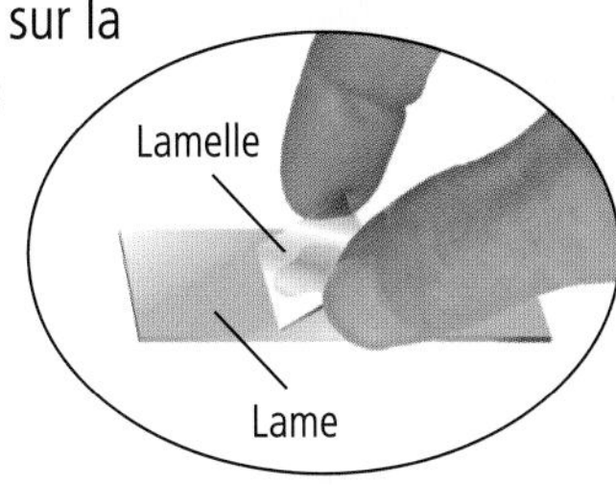

4. Placer la lamelle au-dessus de la lame à un angle de 45 °, puis la laisser tomber délicatement.
5. S'il y a lieu, absorber l'excédent de liquide à l'aide d'un papier buvard ou éliminer les bulles d'air emprisonnées en exerçant une légère pression sur la lamelle avec le bout non taillé d'un crayon.

La mise au point de l'objectif

1. Éloigner la platine de l'objectif.
2. Placer l'objectif de plus faible grossissement en position.
3. Déposer la préparation sur la platine, la centrer, puis la coincer entre les valets.
4. À l'aide de la vis macrométrique, rapprocher l'objectif le plus possible de la préparation.
5. Regarder dans l'oculaire et manipuler délicatement cette vis pour obtenir l'image la plus nette possible.
6. Parfaire la mise au point à l'aide de la vis micrométrique.
7. Régler la luminosité à l'aide du diaphragme.

La schématisation d'une observation au microscope

Un schéma est une représentation simplifiée des caractéristiques observables d'un être (organisme) ou d'un objet.

1. À l'aide d'un compas, tracer un cercle ayant un rayon de 25 mm à 50 mm.
2. Faire une ébauche fine à l'aide d'un crayon à mine bien taillé ; tracer les lignes droites à l'aide d'une règle.
3. Ne reproduire que ce qui est visible dans l'oculaire ; ne rien ajouter ; par ailleurs, il n'est nécessaire d'inclure tous les détails de l'observation dans le schéma.
4. Prendre soin de respecter les proportions des différents éléments de l'observation.
5. Indiquer le nom de chaque élément dans votre schéma.
6. Dans le coin supérieur gauche du schéma, écrire le nom de l'échantillon (habituellement, c'est le nom de l'être ou de l'objet observé).
7. Dans le coin supérieur droit, indiquer le grossissement utilisé pour l'observation.

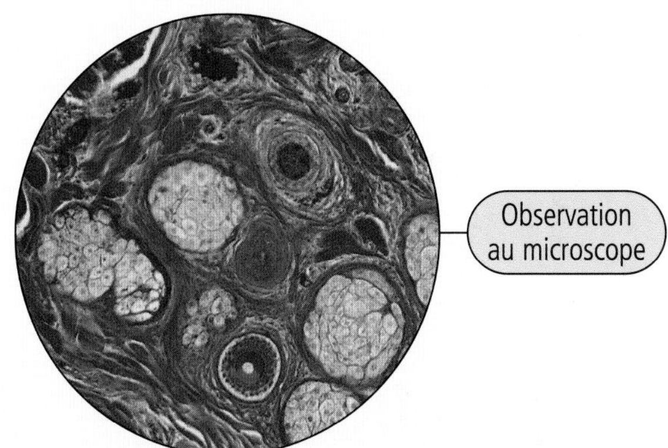

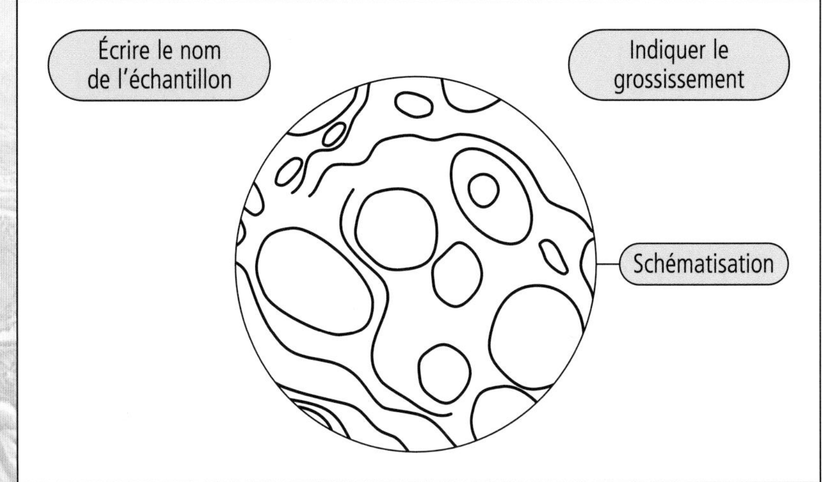

Test indicateur de sucre simple

Matériel

- Échantillon
- Eau
- Solution de Benedict
- Bécher de 250 ml
- Compte-gouttes gradué
- Éprouvette
- Plaque chauffante

Manipulation

1. Mettre de l'eau dans le bécher et l'amener à ébullition sur la plaque chauffante.
2. À l'aide du compte-gouttes gradué, verser 3 ml de l'échantillon dans l'éprouvette.
3. Ajouter 1 ml de solution de Benedict.
4. Placer l'éprouvette dans l'eau bouillante et attendre 2 min.

Observations et interprétations

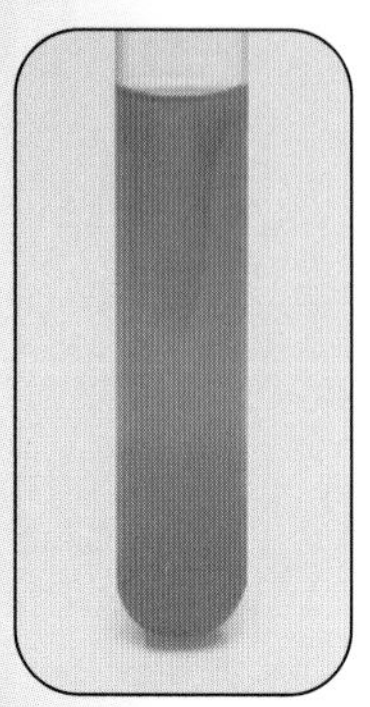

Si un précipité orangé ou brun apparaît, l'échantillon contient un sucre simple (glucose).

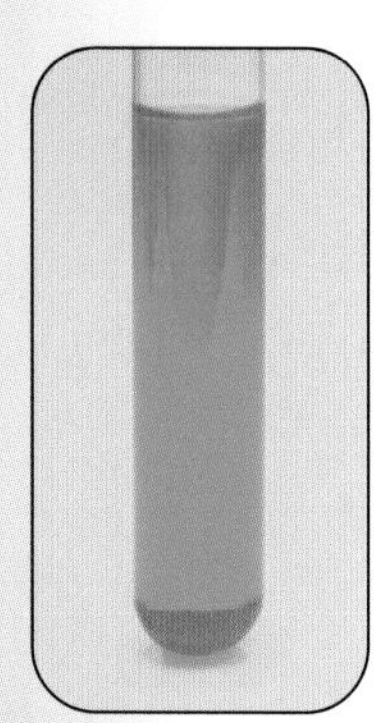

Si le mélange reste bleu, l'échantillon ne contient pas de sucre simple (glucose).

Test indicateur de lipide

Matériel

- Échantillon
- Solution Sudan IV
- Compte-gouttes gradué
- Éprouvette

Manipulation

1. À l'aide du compte-gouttes gradué, verser 3 ml de l'échantillon dans l'éprouvette.
2. Ajouter 5 gouttes de solution Sudan IV.

Observations et interprétations

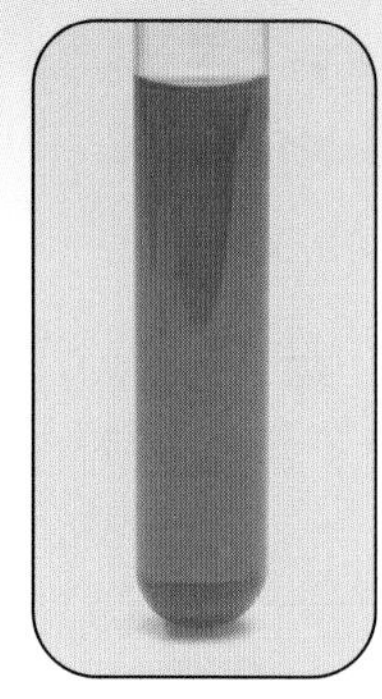

Si le mélange se colore, l'échantillon contient un lipide.

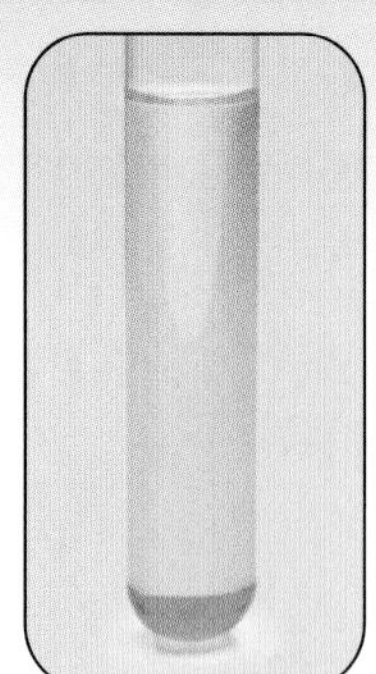

Si le mélange ne se colore pas, l'échantillon ne contient pas de lipide.

Test indicateur d'amidon

Matériel

- Échantillon
- Solution d'iode
- Compte-gouttes
- Plaque à godets

Manipulation

1. À l'aide du compte-gouttes, verser 3 gouttes de l'échantillon dans un des godets de la plaque.
2. Ajouter 1 goutte de solution d'iode à l'échantillon.

Observations et interprétations

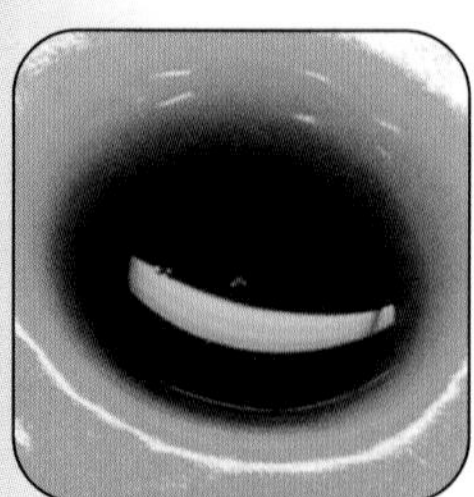

Si le mélange devient noir, l'échantillon contient de l'amidon.

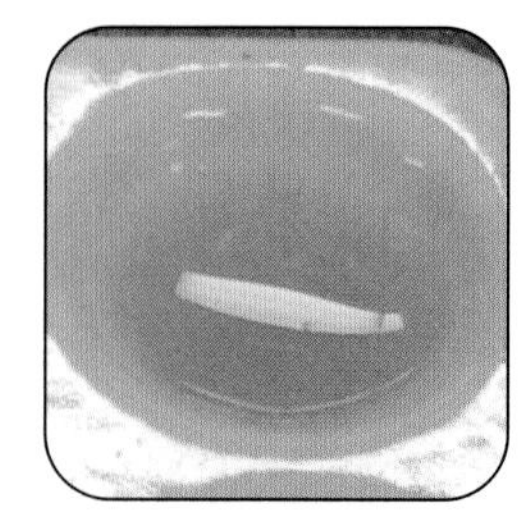

Si le mélange reste orangé, l'échantillon ne contient pas d'amidon.

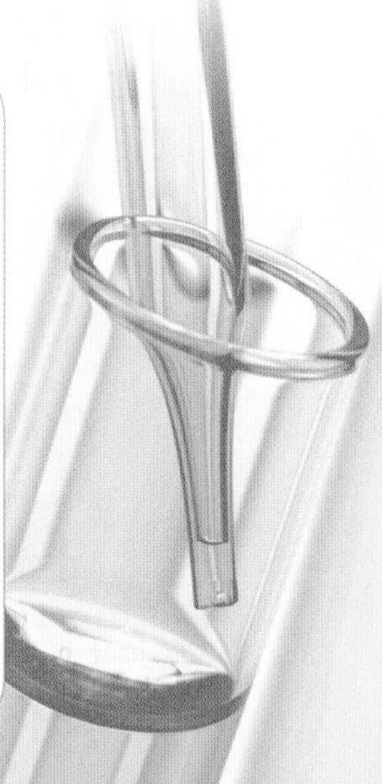

Test indicateur de protéine

Matériel

- Échantillon d'un liquide
- Réactif de biuret
- Éprouvette
- Compte-gouttes gradué

Manipulation

1. À l'aide du compte-gouttes gradué, verser 3 ml de l'échantillon dans l'éprouvette.
2. Ajouter 5 gouttes de réactif de biuret.

Observations et interprétations

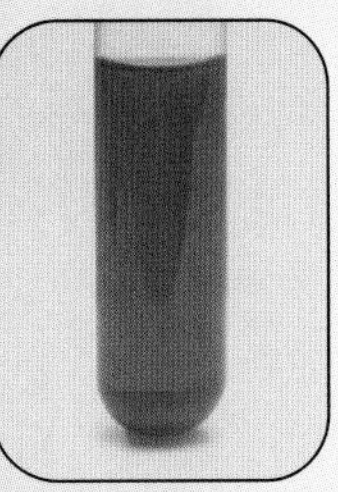
Si le mélange devient violacé, l'échantillon contient une protéine.

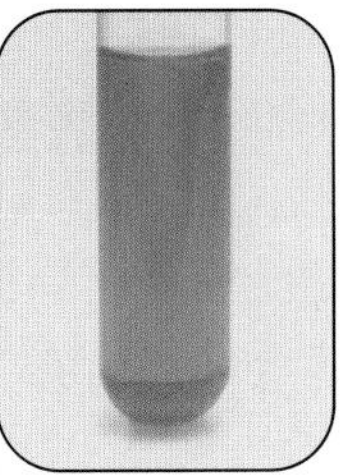
Si le mélange devient bleu, l'échantillon ne contient pas de protéine.

Test indicateur d'acide ou de base

Matériel

- Échantillon d'un liquide
- Papier de tournesol neutre

Manipulation

Tremper le tiers de la bandelette de papier tournesol neutre dans la solution à tester.

Observations et interprétations

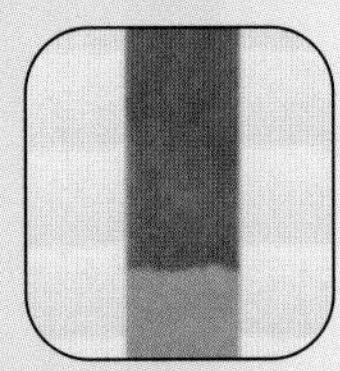
Si la bandelette devient rouge, la solution est acide.

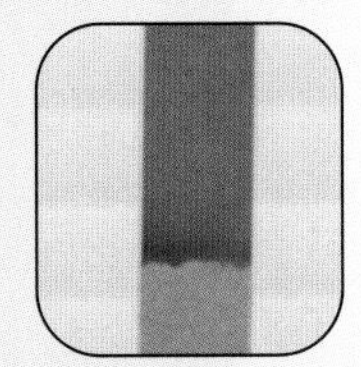
Si la bandelette reste violacée, la solution est considérée comme neutre.

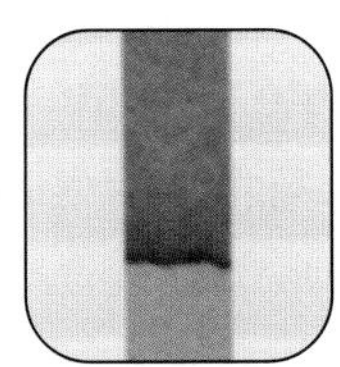
Si la bandelette devient bleue, la solution est basique.

Test indicateur de dioxyde de carbone

Matériel

- Eau de chaux
- Échantillon
- Bouchon
- Cylindre gradué
- Éprouvette

Manipulation

1. Déboucher l'éprouvette contenant le gaz.
2. À l'aide du cylindre gradué, verser 5 ml d'eau de chaux dans l'éprouvette.
3. Reboucher rapidement l'éprouvette.
4. Agiter délicatement.

Observations et interprétations

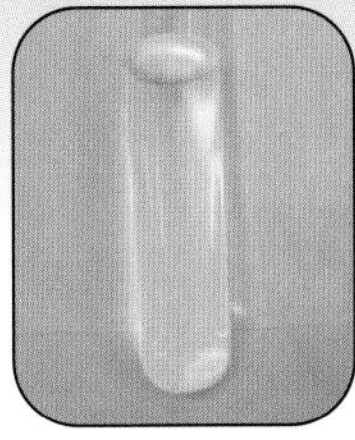
Si l'eau de chaux se brouille, l'échantillon contient une grande concentration de dioxyde de carbone.

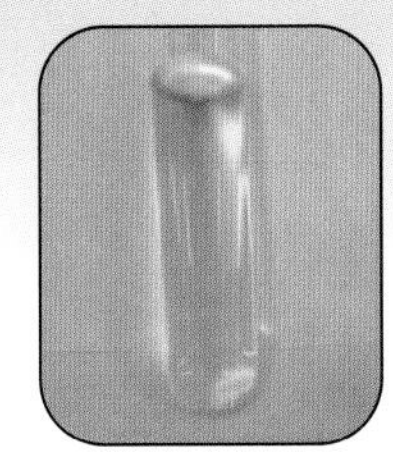
Si l'eau de chaux reste claire, l'échantillon contient peu ou pas de dioxyde de carbone.

Test indicateur d'eau

Matériel

- Échantillon d'un liquide
- Papier au dichlorure de cobalt

Manipulation

Tremper le tiers de la bandelette de papier au dichlorure de cobalt dans le liquide.

Observations et interprétations

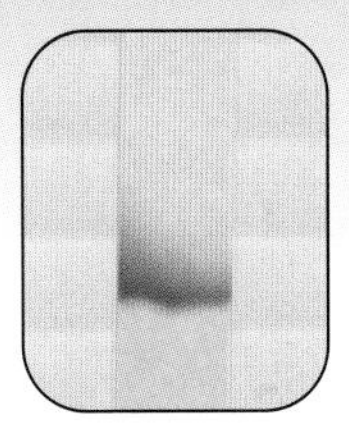
Si la bandelette de papier devient beige, la solution contient de l'eau.

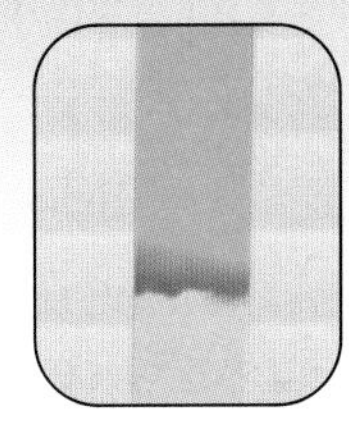
Si la bandelette de papier reste bleue, la solution ne contient pas d'eau.

La mesure de masses et de volumes

Mesurer, c'est évaluer avec une précision donnée une grandeur par rapport à une grandeur de référence. Une mesure présente toujours un certain degré d'imprécision.

La mesure de masses

Le concept de **masse** renvoie à la quantité de matière d'un corps. Dans le système international (SI), l'unité de base utilisée pour mesurer la masse est le kilogramme (kg), qui correspond à 1 000 g. Voici les opérations de base à effectuer pour obtenir de bonnes mesures ainsi que quelques méthodes pour mesurer la masse d'un solide ou d'un liquide.

Pour ajuster la balance

1. S'assurer que le plateau de la balance est propre et sec.
2. Veiller à ce que tous les curseurs soient à la position de départ et que l'extrémité du bras indique zéro.
3. Vérifier que la balance oscille librement et s'arrête à la position d'équilibre.
4. Au besoin, utiliser la vis d'ajustement.

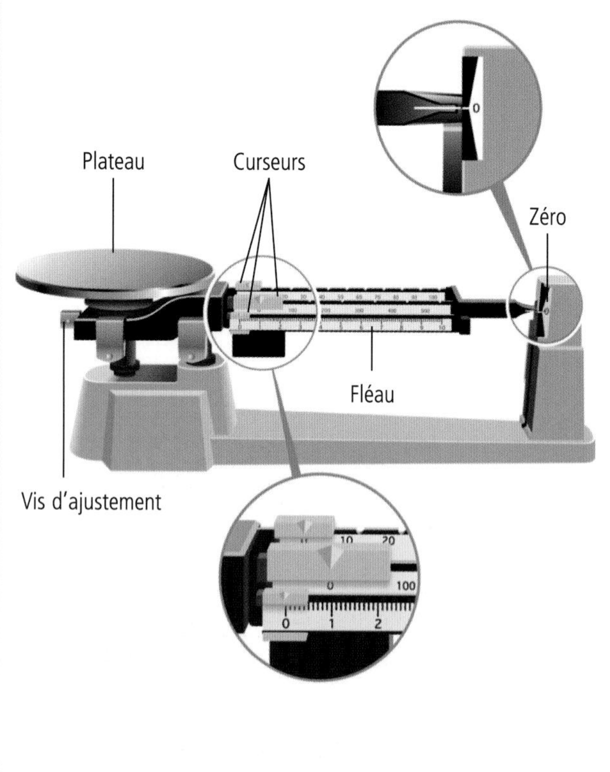

Pour mesurer la masse

1. Déposer délicatement l'objet sur le plateau de la balance.
2. Déplacer les curseurs en commençant par le plus gros et en passant d'une entaille à la suivante, sans dépasser l'équilibre.
3. Glisser doucement le curseur le plus petit jusqu'à l'équilibre.
4. Vérifier que la balance oscille librement avant de s'arrêter à l'équilibre.
5. Au besoin, refaire les étapes 3 et 4.

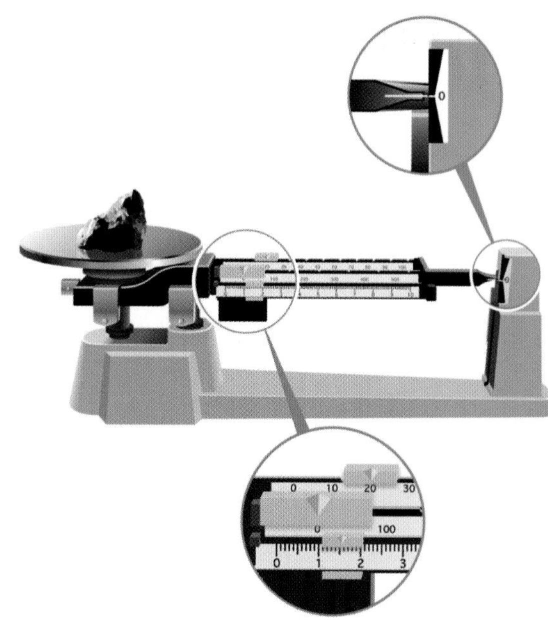

Pour faire la lecture

1. Additionner les valeurs de l'ensemble des curseurs et noter le résultat.
2. Au besoin, estimer la décimale représentant la fraction où s'est arrêté le curseur entre les divisions les plus fines. Si le curseur s'arrête exactement sur une ligne, la décimale suivante est un zéro.

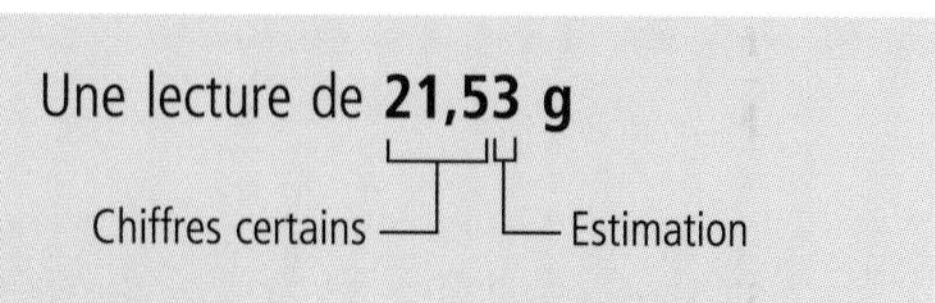

Note : La position du curseur entre les divisions permet d'affirmer que la masse est d'au moins 21,5 g et d'estimer la valeur de 21,53 g.

La méthode précédente convient pour la plupart des objets. Voici quelques techniques couramment utilisées pour les liquides et les solides granuleux.

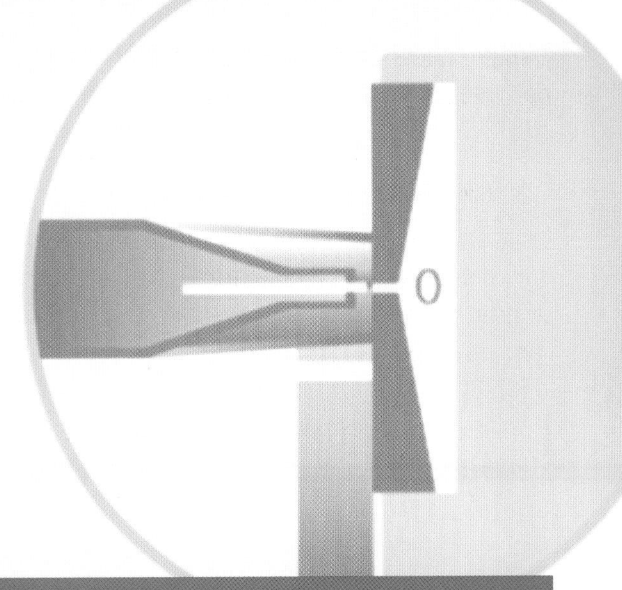

La mesure de la masse d'un liquide à l'aide d'une balance à fléau

1. S'assurer que le contenant est propre et sec.
2. Mesurer la masse du contenant vide.

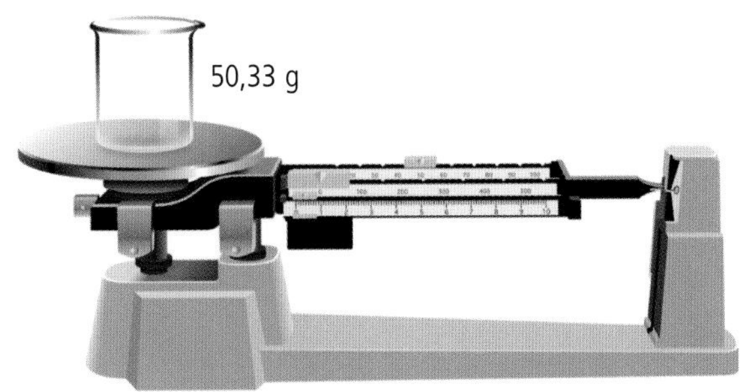

3. Mesurer la masse du contenant avec le liquide.

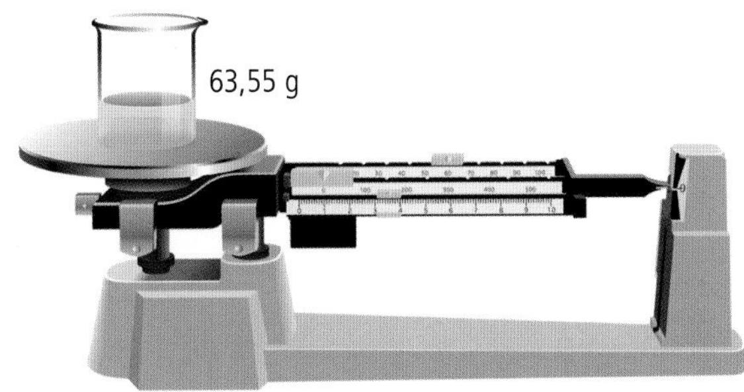

4. Calculer la masse du liquide.

Masse du contenant avec le liquide
− Masse du contenant vide
Masse du liquide

63,55 g − 50,33 g = 13,22 g de liquide

Note : Vous pouvez utiliser la même technique pour mesurer la masse d'un solide informe ou difficile à maintenir en place.

La mesure d'une masse donnée d'un solide granuleux à l'aide d'une balance à fléau

Certains mélanges exigent d'ajouter une masse donnée d'un solide granuleux. Il faut alors en mesurer la masse dans un contenant léger comme la nacelle de pesée. Voici la procédure à suivre.

1. S'assurer que la nacelle de pesée est propre et sèche.
2. Déposer sur le plateau une nacelle de pesée légère et en mesurer la masse.

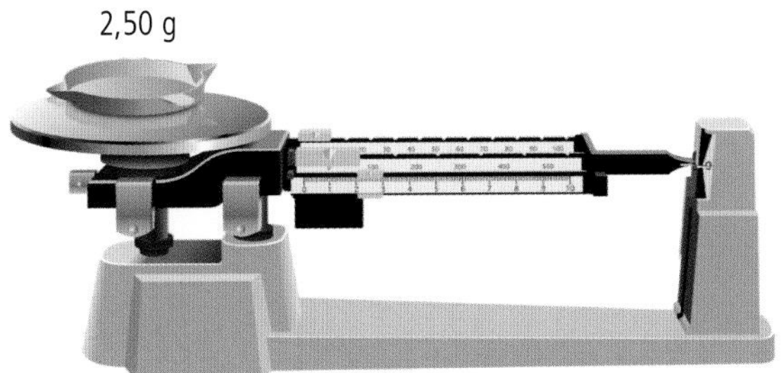

3. Calculer la masse qui sera indiquée par les curseurs en fonction de la masse voulue de substance.

Masse de la nacelle vide
+ Masse donnée de la substance
Masse qui sera indiquée par les curseurs

2,50 g + 1,70 g = 4,20 g de solide

La mesure d'une masse donnée d'un solide granuleux à l'aide d'une balance à fléau (suite)

4. Déplacer les curseurs le long des fléaux pour obtenir la masse de la substance calculée précédemment. Bien ancrer les curseurs dans les entailles de graduation.

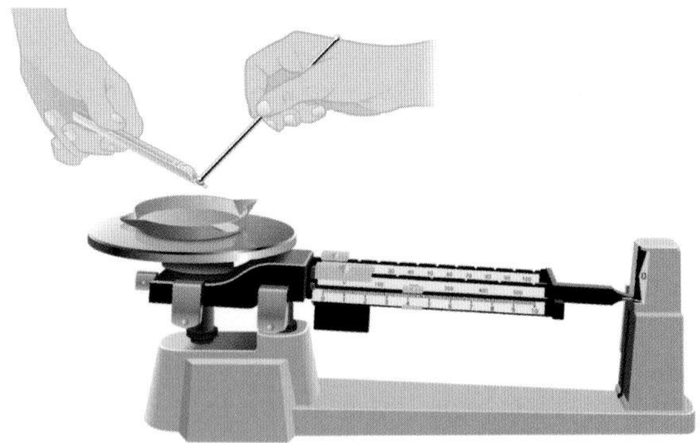

5. À l'aide d'une spatule, ajouter grain à grain la substance granuleuse dans la nacelle de pesée jusqu'à l'équilibre du fléau.

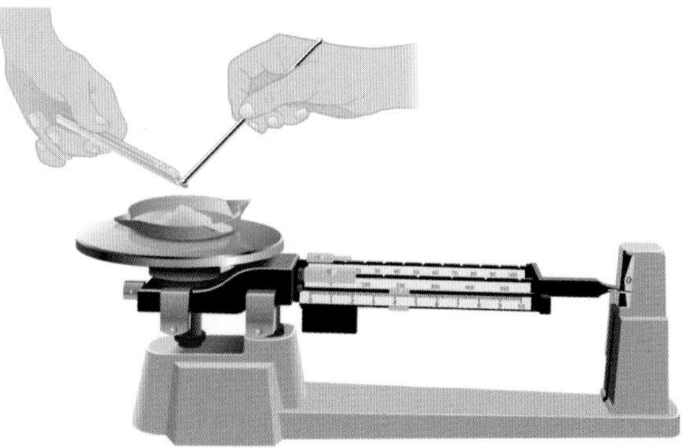

1,75 g

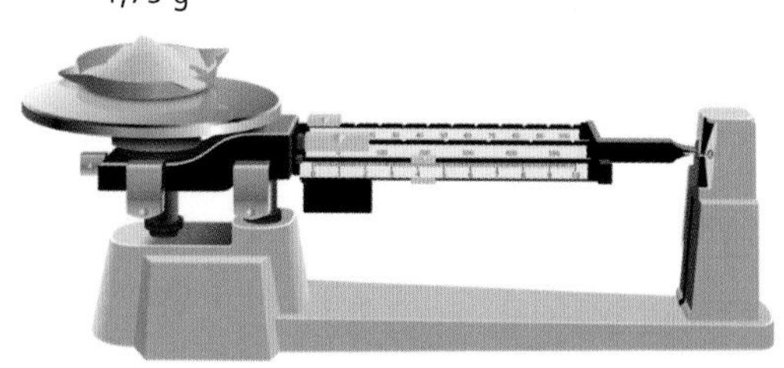

Note : Pour mesurer une masse donnée de liquide, on utilise la même méthode avec un contenant et un compte-gouttes plutôt qu'avec une nacelle de pesée et une spatule.

La mesure de volumes

Le concept de **volume** renvoie à l'espace occupé par un corps ou à la capacité d'un contenant. Dans le système international (SI), l'unité de base utilisée pour mesurer le volume d'un solide est le mètre cube (m^3), qui correspond à 1 000 000 cm^3 (1×10^6 cm^3). Pour la mesure du volume d'un liquide, l'unité usuelle est le litre (L) ; on utilise aussi le millilitre (ml).

1 cm^3 est équivalent à **1 ml**
1 dm^3 est équivalent à **1 L**
1 m^3 est équivalent à **1 000 L**

Voici trois méthodes pour mesurer le volume d'un solide ou d'un liquide.

La mesure du volume d'un liquide

Le bécher permet de mesurer grossièrement un volume lorsque la valeur précise importe peu. Pour mesurer plus précisément le volume d'un liquide, on utilise un cylindre gradué ou un compte-gouttes gradué. Par convention, il faut lire la mesure au bas du ménisque.

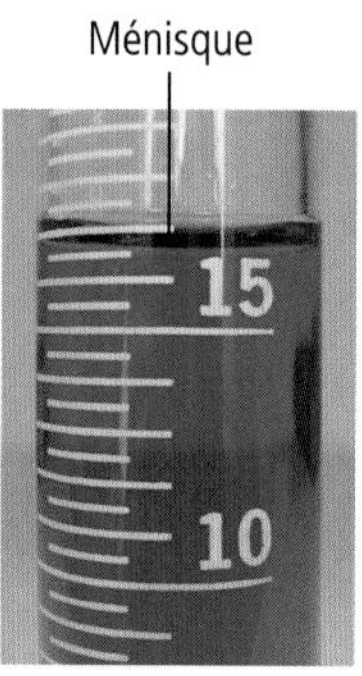

Une lecture de **16,7 ml**
Chiffres certains — Estimation

Note : La position du ménisque entre les graduations du cylindre permet d'affirmer que le volume est d'au moins 16 ml et d'estimer la valeur de 16,7 ml.

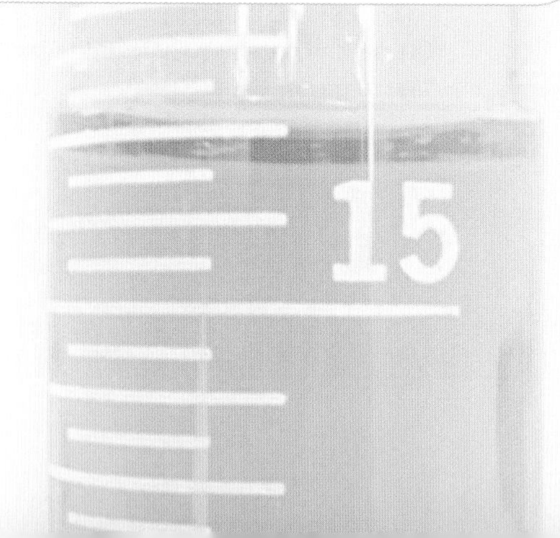

La mesure du volume d'un solide de forme complexe

Pour déterminer le volume d'un solide de forme complexe, les méthodes les plus courantes sont la différence de volume et le déplacement d'eau.

Méthode 1 > La différence de volume

1. Ajouter suffisamment d'eau dans le cylindre gradué pour pouvoir y immerger l'échantillon.
2. Noter la valeur du volume d'eau (volume initial).
3. Incliner légèrement le cylindre gradué, puis faire glisser l'échantillon dans l'eau.
4. Noter la valeur du volume d'eau avec l'échantillon (volume final).
5. Calculer le volume de l'échantillon.

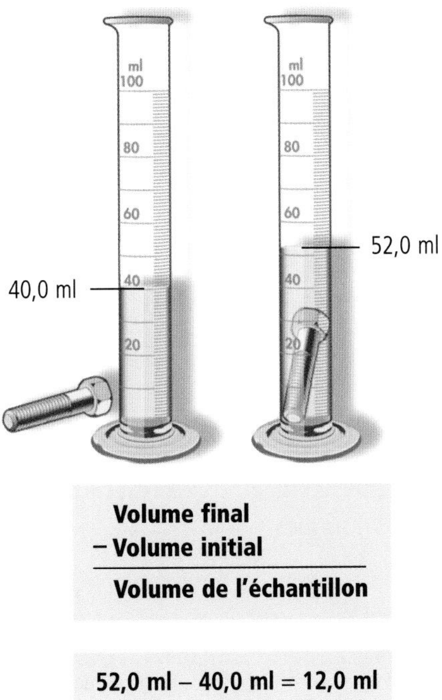

Volume final
– Volume initial
Volume de l'échantillon

52,0 ml – 40,0 ml = 12,0 ml

Méthode 2 > Le déplacement d'eau

1. Boucher avec un doigt le tuyau d'évacuation du vase de trop-plein.
2. Verser de l'eau dans le vase jusqu'à ce que le niveau dépasse l'ouverture du tuyau.
3. Retirer le doigt et laisser le trop-plein d'eau s'écouler dans un bécher.
4. Remplacer le bécher par un cylindre gradué vide, puis laisser glisser délicatement le solide dans l'eau.
5. Lire la mesure du volume de l'eau qui a coulé dans le cylindre gradué. Cette mesure est celle du volume de l'objet.

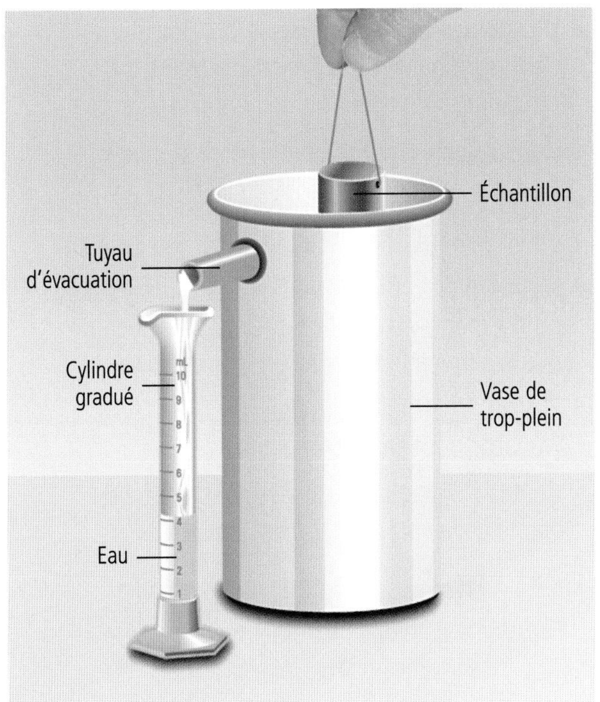

Le rapport de laboratoire

Le rapport de laboratoire est l'outil de communication d'une démarche expérimentale. Il présente de façon succincte l'ensemble de la démarche expérimentale, du début à la fin.

Un rapport de laboratoire doit comprendre les sections présentées ci-dessous.

1 Le titre du rapport de laboratoire

- Formuler un titre explicite qui rend simplement compte de l'expérimentation.

2 Le but

- Déterminer le sujet de l'expérience (préciser les objectifs).
- Présenter les faits que l'on propose de démontrer ou de vérifier.
- Exprimer le problème sous forme de question ou d'énoncé.
- Utiliser des termes propres à la science et s'assurer de comprendre tous les mots du problème à résoudre ou de l'énoncé à vérifier.

3 L'hypothèse

- Proposer une réponse qui sera confirmée ou infirmée par les résultats.
- Mentionner la propriété d'un fait d'observation ou d'expérience que l'on prévoit être la cause d'un changement (variable indépendante).
- Préciser la propriété qui devrait varier (variable dépendante).
- Appuyer l'hypothèse sur des connaissances personnelles ou des faits documentés.

4 Le matériel

- Dresser la liste des instruments, des objets et des substances nécessaires.
- Préciser les quantités (masse, volume, nombre) et les concentrations, s'il y a lieu.

5 La manipulation

- Faire un schéma du montage.
- Proposer des étapes de manipulation qui pourraient être suivies par une autre personne et qui décrivent :
  - la situation initiale ;
  - la manière de causer un changement ;
  - la façon de mesurer un changement ;
  - la manière de garder certaines propriétés constantes.
- Numéroter les principales étapes de la manipulation.
- Utiliser des verbes à l'infinitif (comme l'énumération que vous êtes en train de lire).
- Déterminer s'il y a des situations potentiellement dangereuses et modifier les consignes de manipulations, s'il y a lieu.

6 Les résultats

>>> Outil 7, p. 194

- Noter plusieurs observations et mesures.
- Présenter les observations et les mesures sous forme de tableau.
- Garder des traces des calculs.
- Présenter les mesures du tableau sous forme de diagramme.
- Utiliser les symboles des unités de mesure du système international (SI) et respecter les conventions dans les représentations graphiques.

7 L'analyse et la conclusion

- Faire des liens entre les résultats obtenus et le problème posé au départ.
- Évaluer la justesse des résultats.
- Proposer des liens entre les résultats et les savoirs théoriques.
- Utiliser des termes propres à la science.
- Confirmer l'hypothèse (elle est vraie) ou l'infirmer (elle est fausse).
- Accepter ou rejeter le fait que le changement décrit est dû seulement à la propriété modifiée.
- Proposer des situations semblables où les résultats pourraient s'appliquer.
- Proposer d'autres sujets qui pourraient s'inscrire dans le prolongement de votre expérience.

Le rapport type

En règle générale, un rapport de laboratoire comprend au moins quatre pages :

- une page titre qui précise le nom de l'élève, la classe ou le groupe, le nom de l'enseignant ou de l'enseignante, le titre du rapport, la date de remise, etc. ;
- une page où l'on énonce le but et les informations connues ainsi que l'hypothèse, le matériel et la manipulation ;
- une page où l'on décrit les résultats (observations, calculs, tableaux, diagrammes) ;
- une page où l'on présente son analyse et sa conclusion.

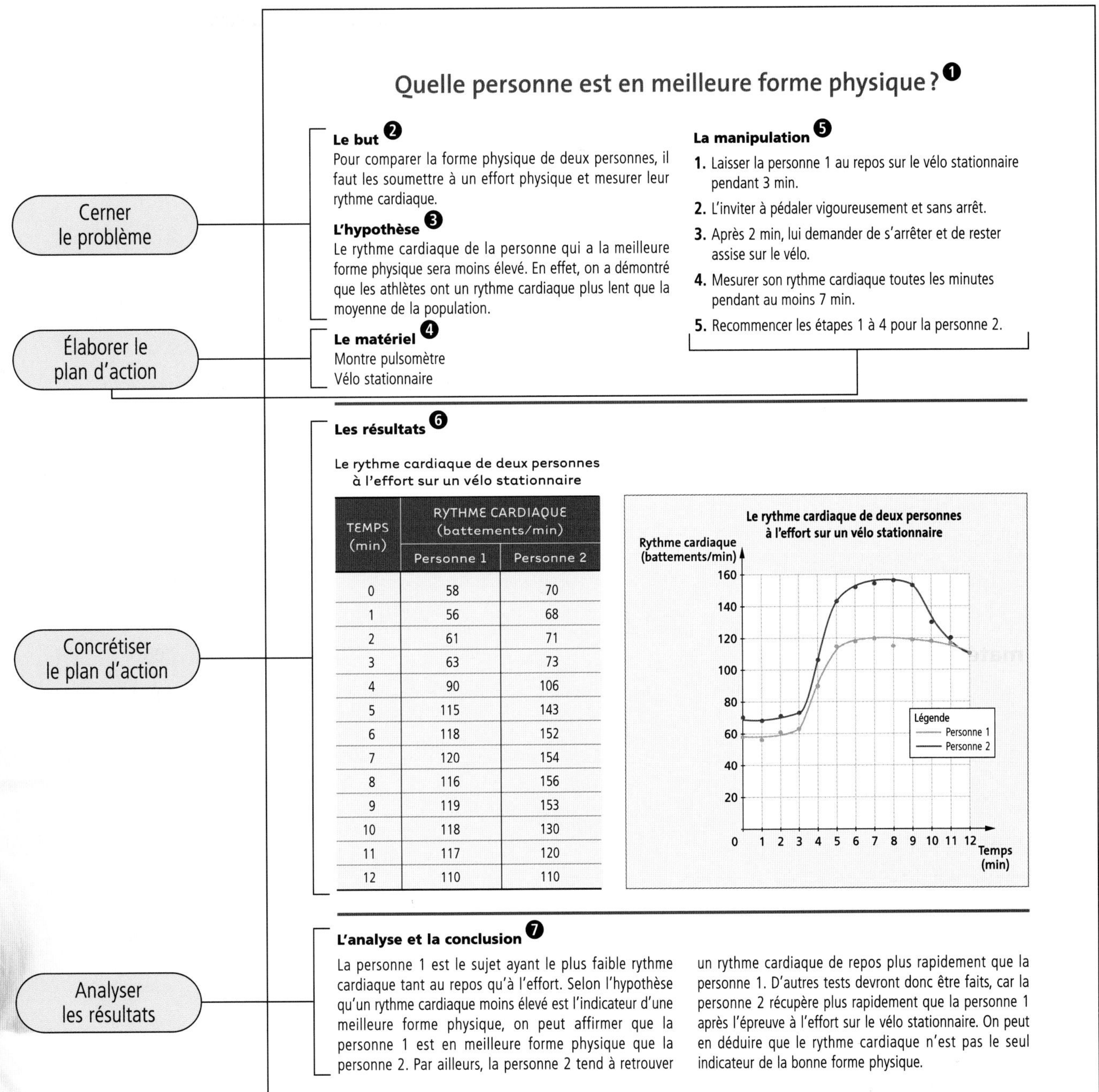

Quelle personne est en meilleure forme physique ? ❶

Le but ❷
Pour comparer la forme physique de deux personnes, il faut les soumettre à un effort physique et mesurer leur rythme cardiaque.

L'hypothèse ❸
Le rythme cardiaque de la personne qui a la meilleure forme physique sera moins élevé. En effet, on a démontré que les athlètes ont un rythme cardiaque plus lent que la moyenne de la population.

Le matériel ❹
Montre pulsomètre
Vélo stationnaire

La manipulation ❺
1. Laisser la personne 1 au repos sur le vélo stationnaire pendant 3 min.
2. L'inviter à pédaler vigoureusement et sans arrêt.
3. Après 2 min, lui demander de s'arrêter et de rester assise sur le vélo.
4. Mesurer son rythme cardiaque toutes les minutes pendant au moins 7 min.
5. Recommencer les étapes 1 à 4 pour la personne 2.

Les résultats ❻

Le rythme cardiaque de deux personnes à l'effort sur un vélo stationnaire

TEMPS (min)	RYTHME CARDIAQUE (battements/min)	
	Personne 1	Personne 2
0	58	70
1	56	68
2	61	71
3	63	73
4	90	106
5	115	143
6	118	152
7	120	154
8	116	156
9	119	153
10	118	130
11	117	120
12	110	110

L'analyse et la conclusion ❼
La personne 1 est le sujet ayant le plus faible rythme cardiaque tant au repos qu'à l'effort. Selon l'hypothèse qu'un rythme cardiaque moins élevé est l'indicateur d'une meilleure forme physique, on peut affirmer que la personne 1 est en meilleure forme physique que la personne 2. Par ailleurs, la personne 2 tend à retrouver un rythme cardiaque de repos plus rapidement que la personne 1. D'autres tests devront donc être faits, car la personne 2 récupère plus rapidement que la personne 1 après l'épreuve à l'effort sur le vélo stationnaire. On peut en déduire que le rythme cardiaque n'est pas le seul indicateur de la bonne forme physique.

La présentation des résultats

En science, les tableaux et les diagrammes servent à présenter des résultats de recherche. Ces outils suivent des règles et des conventions qui permettent d'interpréter les données de façon uniforme et efficace. Le tableau sert à présenter des séries de mesures prises au cours d'une recherche, alors que le diagramme facilite l'analyse des résultats.

La correspondance entre un tableau des résultats et un diagramme

Des tableaux des résultats types

Titre du tableau — Nom des mesures — Unité de mesure — Mesure sans unité

Tableau 1 > Le temps de réponse de deux élèves soumis à un signal visuel répété

ESSAI	TEMPS DE RÉPONSE (s)	
	Élève 1	Élève 2
1	0,50	0,80
2	0,40	0,60
3	0,38	0,40
4	0,33	0,20
5	0,30	0,22
6	0,28	0,19
7	0,20	0,21
8	0,22	0,20
9	0,18	0,20
10	0,20	0,22

Variable indépendante — Variables dépendantes

Tableau 2 > Le rythme cardiaque de deux personnes à l'effort sur un vélo stationnaire

TEMPS (min)	RYTHME CARDIAQUE (battements/min)	
	Personne 1	Personne 2
0	58	70
1	56	68
2	61	71
3	63	73
4	90	106
5	115	143
6	118	152
7	120	154
8	116	156
9	119	153
10	118	130
11	117	120
12	110	110

Variable indépendante — Variables dépendantes

La **première colonne** présente les valeurs de la **variable indépendante**: c'est la mesure de contrôle; généralement, elle augmente de façon régulière.

La **seconde colonne** présente habituellement les valeurs de la **variable dépendante**: c'est la mesure de l'effet du changement de la variable indépendante. Il peut y avoir plus d'une variable dépendante.

Le diagramme à bandes

Titre du diagramme

Le diagramme à ligne brisée

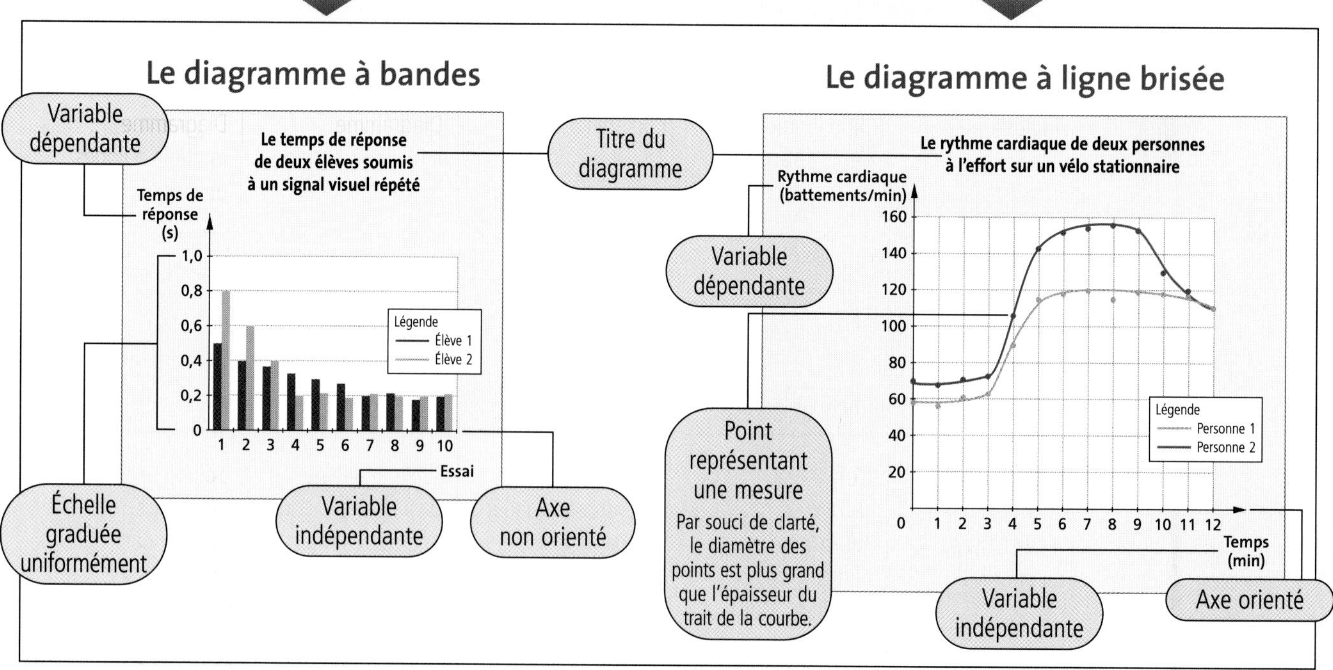

C'est le type de problème, de recherche ou de données qui détermine la forme d'un diagramme. Le tableau suivant en présente quelques utilisations.

Le choix d'un diagramme en fonction du type de données à illustrer

	DÉCRIRE L'IMPORTANCE DES COMPOSANTES D'UN SYSTÈME		COMPARER LES COMPOSANTES D'UN SYSTÈME SELON CERTAINES CARACTÉRISTIQUES		ANALYSER L'INTERACTION DE DEUX COMPOSANTES D'UN SYSTÈME
Données numériques discrètes ou continues	Données disproportionnées établies en fonction de **données nominales**	Données semblables établies en fonction de données nominales	Données établies en fonction de **données numériques discrètes**	Données établies en fonction d'un **regroupement de données numériques continues**	Données établies en fonction de données numériques continues
Exemples de situations où l'on ne compare pas les effets d'un changement	Diagramme à secteurs Nombre d'animaux de compagnie par espèce en 1980	Diagramme à bandes espacées Nombre de portions recommandées selon le groupe alimentaire pour les filles de 15 ans	Diagramme à ligne brisée Température moyenne à chaque étage d'un immeuble l'hiver	Diagramme à bandes collées Taille moyenne des enfants selon le groupe d'âge au Québec	Diagramme à ligne brisée Solubilité d'une substance dans l'eau selon la température
Exemples de situations où l'on compare les effets d'un changement	Multiples diagrammes à secteurs Nombre d'animaux de compagnie par espèce en 1980 et aujourd'hui	Diagramme à bandes séparées Nombre de portions recommandées selon le groupe alimentaire pour les filles et les garçons de 15 ans	Diagramme multiple à lignes brisées Température moyenne à chaque étage d'un immeuble l'été et l'hiver	Diagramme multiple à bandes collées Taille moyenne des enfants selon le groupe d'âge au Québec et en Chine	Diagramme multiple à lignes brisées Solubilité d'une substance dans l'eau et dans l'alcool selon la température

outil 8
Au laboratoire et en atelier

Le matériel de laboratoire

Voici du matériel de laboratoire fréquemment utilisé au cours d'une démarche expérimentale.

Pince et erlenmeyer

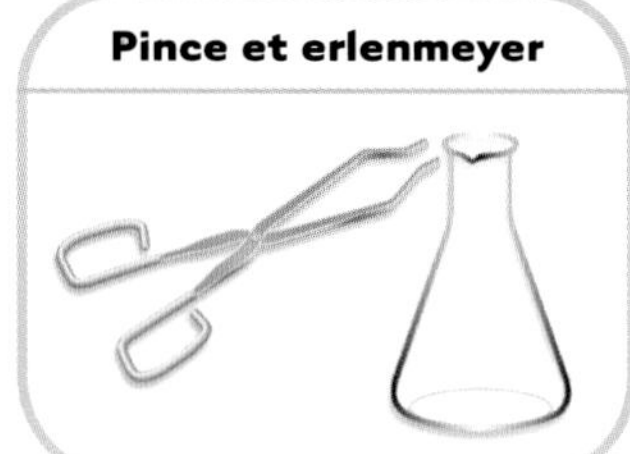

Boîte de Pétri

Creuset et cristallisoir

Brûleur Bunsen et briquet

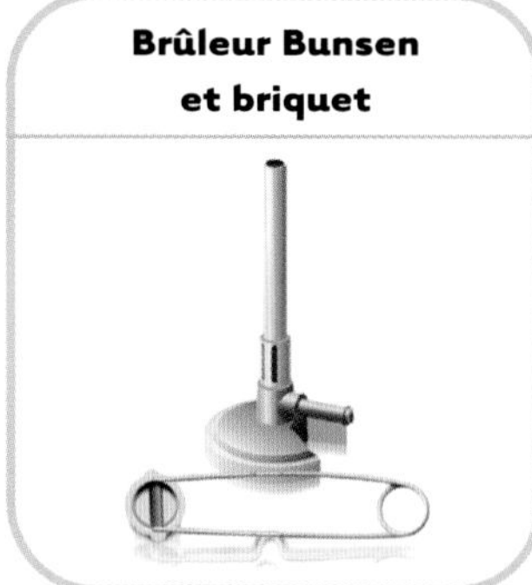

Support universel et pinces

Pince, éprouvettes et support

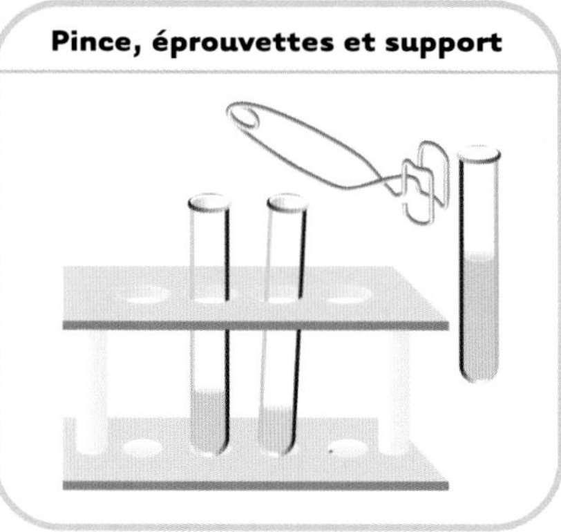

Compte-gouttes et compte-gouttes gradué

Spatules

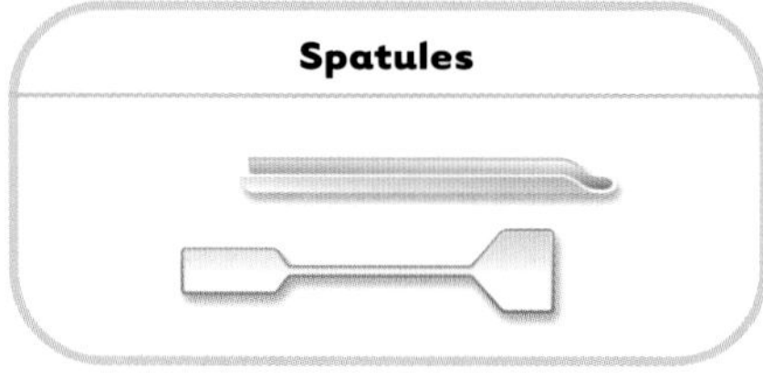

Ciseaux à dissection, pince et scalpel

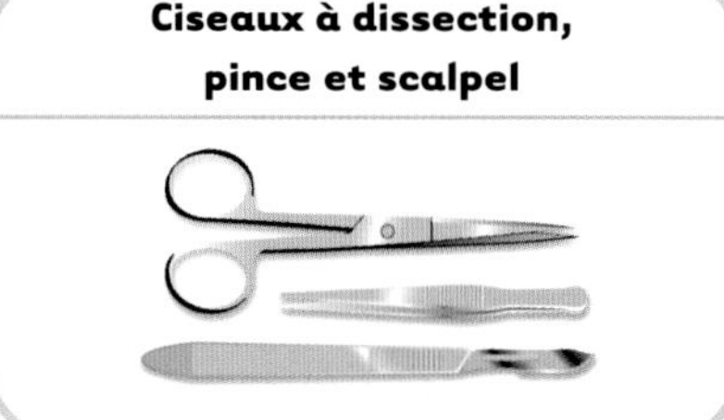

Triangle et toile métallique

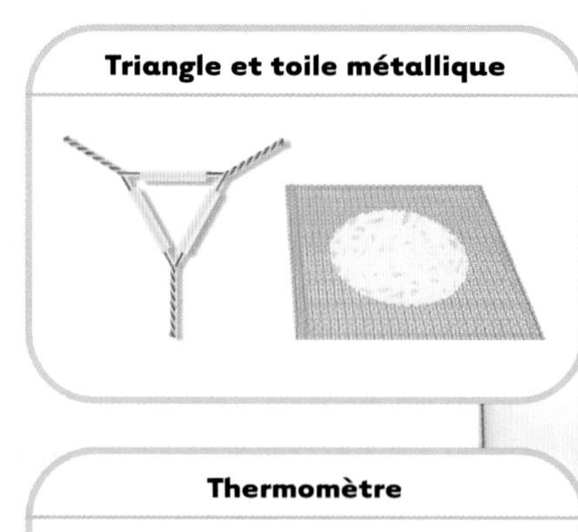

Thermomètre

Pince, bécher et agitateur

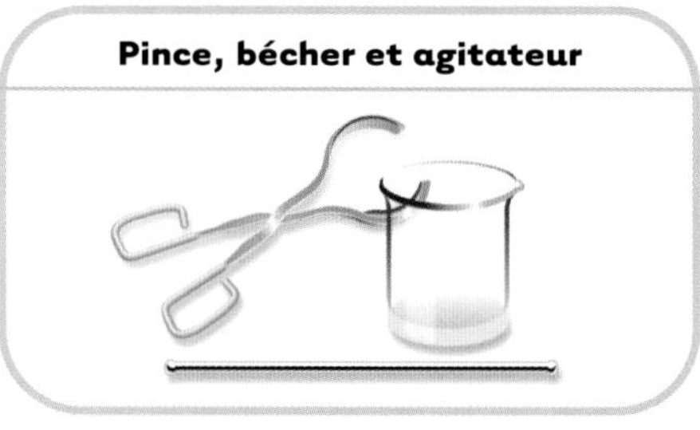

Bouchons et tubes de verre

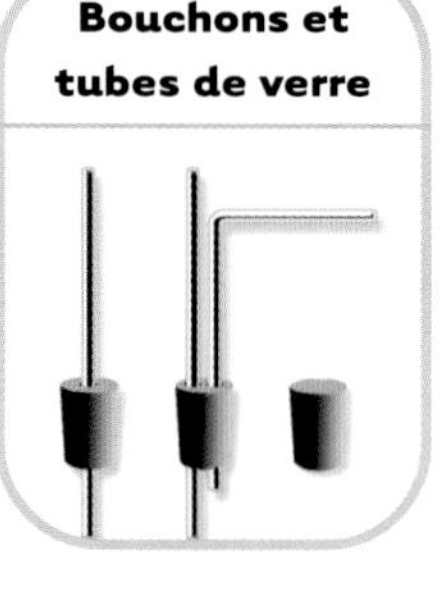

Pilon et mortier

Plaque chauffante

Nacelle de pesée

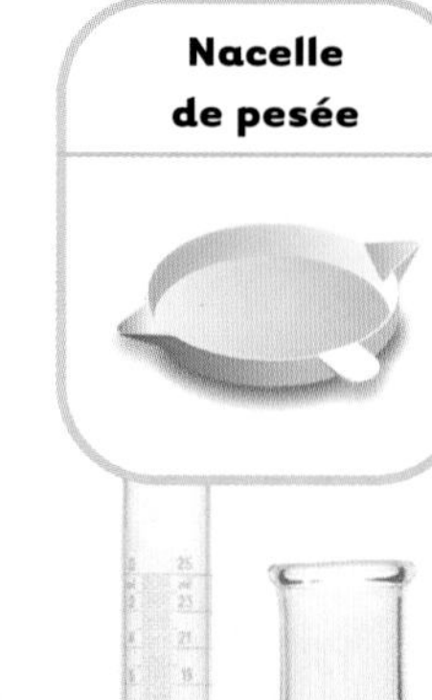

Cylindre gradué

Flacon laveur

Entonnoir

Vase de trop-plein

Le cahier de conception

Le cahier de conception est l'outil de communication de la démarche de conception d'un objet technique. Il permet aux divers intervenants et intervenantes de se comprendre, d'avoir en quelque sorte un langage commun, qu'il s'agisse de conception, de fabrication ou de commande de l'objet technique. Tout comme le rapport de laboratoire, le cahier de conception doit être concis et complet. Le tableau suivant présente les différentes étapes d'élaboration du cahier de conception.

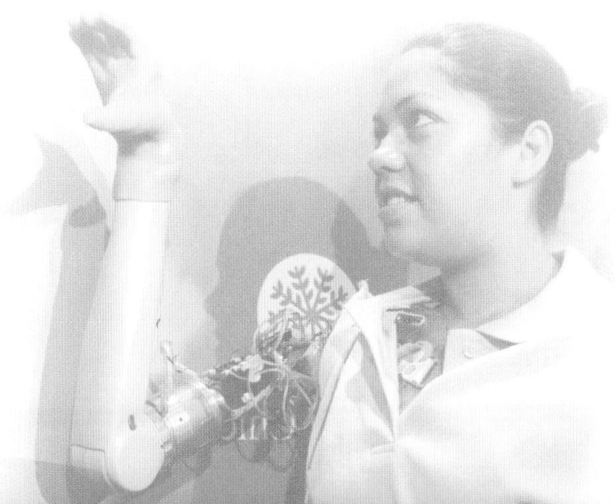

L'élaboration du cahier de conception

ÉTAPES	COMPOSANTES DU CAHIER DE CONCEPTION	FONCTIONS DES COMPOSANTES
1. Définition du besoin	Cahier des charges	• Décrire l'utilité de l'objet technique. • Établir la liste des contraintes de conception.
	Schéma d'analyse de la fonction globale du système	• Déterminer les intrants nécessaires au fonctionnement de l'objet et les extrants.
2. Principe de fonctionnement	Schéma d'analyse des composantes	• Établir la liste des composantes d'un système à l'aide de termes techniques.
	Schéma d'analyse de la fonction des sous-systèmes	• Décrire les sous-systèmes de l'objet technique et leurs interactions. • Relier la fonction de chacun des sous-systèmes à un principe, puis à une piste de solution.
	Schéma de principe	• Représenter les principales composantes de l'objet technique à l'aide de tracés géométriques. • Indiquer l'organe d'entrée et l'organe de sortie. • Indiquer le mouvement des principales composantes de l'objet à l'aide de flèches.
3. Solution proposée	Schéma de construction	• Décrire l'objet technique comme un assemblage de pièces dont on précise les dimensions. • Justifier le choix des matériaux en fonction de leurs propriétés mécaniques, physiques ou chimiques. • Dresser la liste des outils, du matériel et des matériaux à utiliser en fonction de chaque tâche et de la précision voulue.
4. Fabrication	Fiche des opérations	• Décrire les étapes de la fabrication de l'objet technique : mesurage-traçage, usinage-coupage, assemblage et finition.
5. Essai	Liste de vérification	• Vérifier le fonctionnement du prototype. • Vérifier le respect des contraintes de départ. • Vérifier si le prototype répond au besoin initial ciblé. • S'il y a lieu, proposer des améliorations au prototype. • Vérifier le degré de satisfaction des utilisateurs et des utilisatrices.

Le cahier des charges

Un objet technique répond à un besoin et le cahier des charges sert à consigner les éléments nécessaires à sa conception. On y définit, d'une part, la fonction globale de l'objet et, d'autre part, les contraintes liées à sa conception, à sa fabrication et aux conditions d'utilisation. Il est souvent pratique de présenter les contraintes sous forme de tableaux ou de listes, mais on peut aussi le faire par un court texte explicatif. Le cahier des charges peut aussi inclure des éléments graphiques liés à l'objet technique, comme des plans, des dessins et des schémas ; il peut apporter des précisions sur sa réalisation. Il s'agit donc d'un outil de communication entre les personnes qui conçoivent l'objet et celles qui en ont besoin.

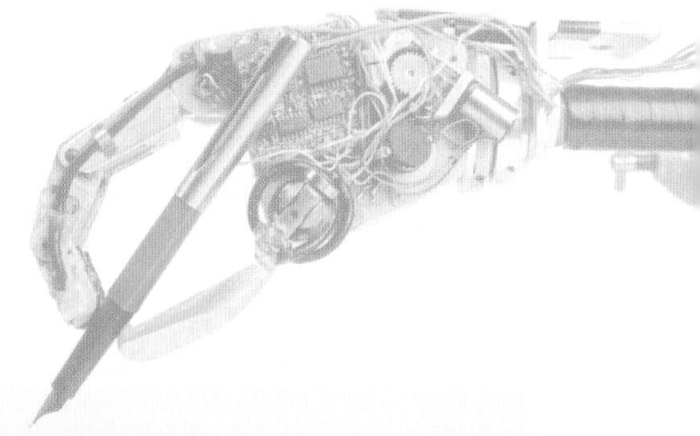

L'élaboration du cahier des charges

Cerner le **besoin à satisfaire**

FONCTION GLOBALE DE L'OBJET TECHNIQUE
• À quoi l'objet technique servira-t-il ? • Dans quel but utilisera-t-on l'objet ?

Déterminer les contraintes de **conception** → Déterminer les contraintes de **fabrication** → Déterminer les contraintes d'**utilisation**

MILIEUX AVEC LESQUELS L'OBJET SERA EN RELATION	GUIDE DE DÉTERMINATION DES CONTRAINTES
Milieu technique	• Comment manipulera-t-on l'objet ? • Où utilisera-t-on l'objet ? • Quelle forme d'énergie utilisera-t-il ? • Quelles seront les fonctions de ses principales composantes ? • Existe-t-il des objets fonctionnant sur les mêmes principes scientifiques ou techniques ? • Quelles sont les caractéristiques techniques à éviter ?
Milieu physique	• Quels éléments physiques (eau, air, température, magnétisme, etc.) sont en relation avec l'objet ? • Ces éléments ont-ils un effet sur l'objet ?
Milieu environnemental	• Quel sera l'impact de l'objet sur l'environnement ? • S'il y a lieu, l'objet est-il recyclable ?
Milieu industriel	• Combien de personnes la fabrication de l'objet implique-t-elle ? • Quelle sera la répartition des tâches liées à la fabrication ? • Combien de temps faut-il pour fabriquer l'objet ? • Où fabriquera-t-on l'objet ? • De quoi a-t-on besoin pour fabriquer l'objet technique (matières premières, matériaux, matériel, etc.) ? • Quels sont les outils ou les instruments nécessaires à sa fabrication ?
Milieu économique	• Quel est le budget maximal de la fabrication de l'objet ? • Quels seront les coûts d'entretien de l'objet ? • Quelle sera sa durée de vie ?
Milieu humain	• Quelles sont les caractéristiques générales et les goûts des utilisateurs et des utilisatrices ? • Dans quelles conditions utilisera-t-on l'objet ? • L'objet devrait-il être facilement démontable et réparable ? • Aura-t-il un impact sur le bien-être ou la santé des utilisateurs et des utilisatrices ? • Quelles sont les règles de sécurité à suivre ?

Les schémas technologiques

Les représentations graphiques sont très utiles pour concevoir un objet technique ou pour comprendre la fonction globale, les composantes et le fonctionnement d'un objet technique déjà existant. Diverses représentations facilitent ainsi la visualisation d'un objet à concevoir ou à analyser: le schéma d'analyse de la fonction globale d'un système, les schémas d'analyse des composantes ou des fonctions des sous-systèmes, le schéma de principe et le schéma de construction.

Examinons ces schémas dans le contexte de la conception d'un bras mécanique à partir de l'analyse d'un bras humain.

Le schéma d'analyse de la fonction globale d'un système

Le schéma d'analyse de la fonction globale d'un système permet de bien cerner cette fonction. On l'utilise soit au début de la démarche d'analyse technologique, soit au début de la démarche de conception d'un objet technologique. On y décrit les besoins de fonctionnement du système, c'est-à-dire les intrants, et ce que le système produit, c'est-à-dire les extrants. On annote ce schéma à l'aide de termes techniques. La réalisation d'un tel schéma n'implique pas la compréhension du fonctionnement du système.

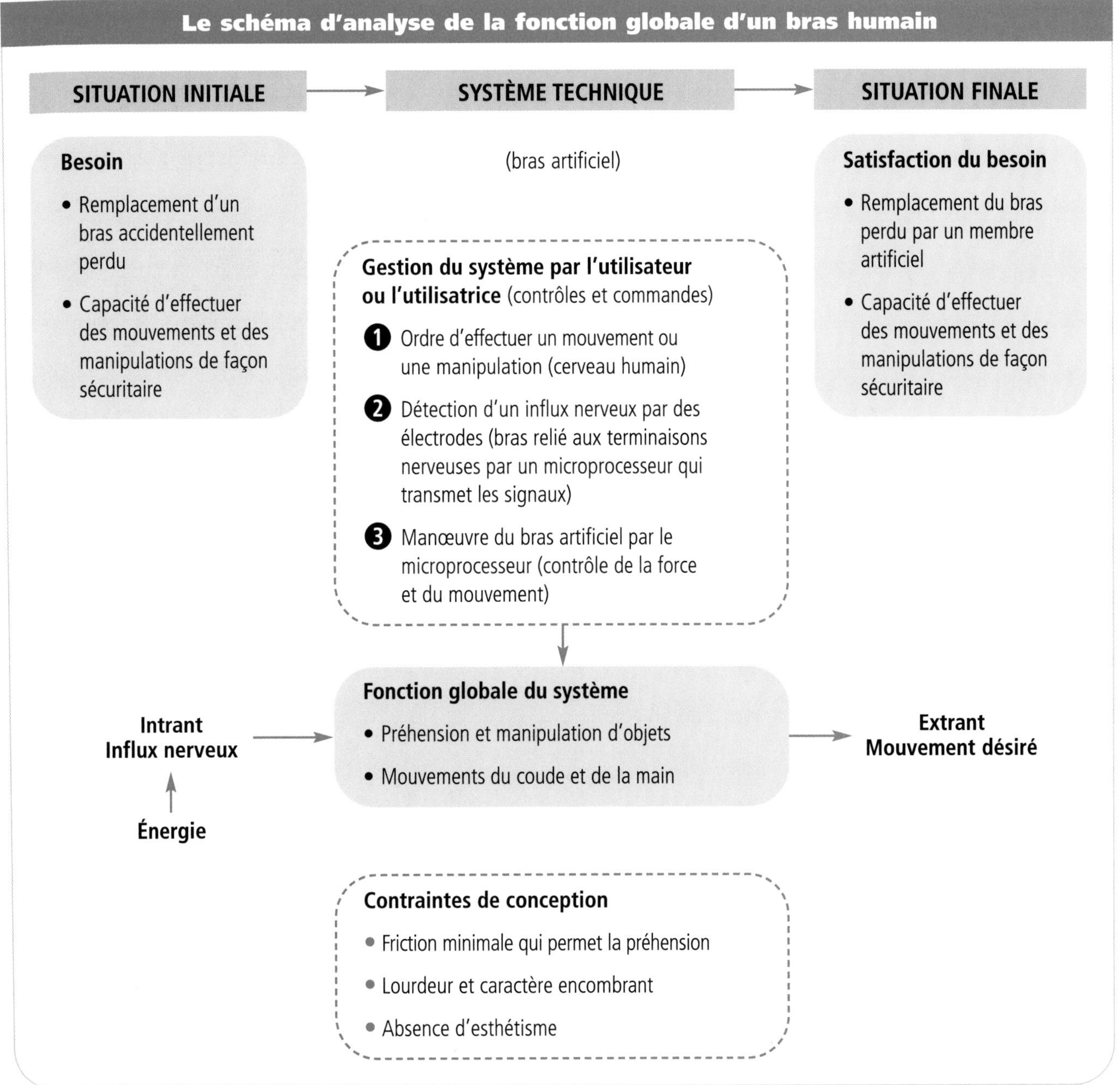

Le schéma d'analyse des composantes d'un système

Le schéma d'analyse des composantes d'un système permet d'établir la liste de ces composantes à l'aide de termes techniques. La réalisation d'un tel schéma n'implique pas non plus la compréhension du fonctionnement du système.

Le schéma d'analyse des composantes d'un bras humain

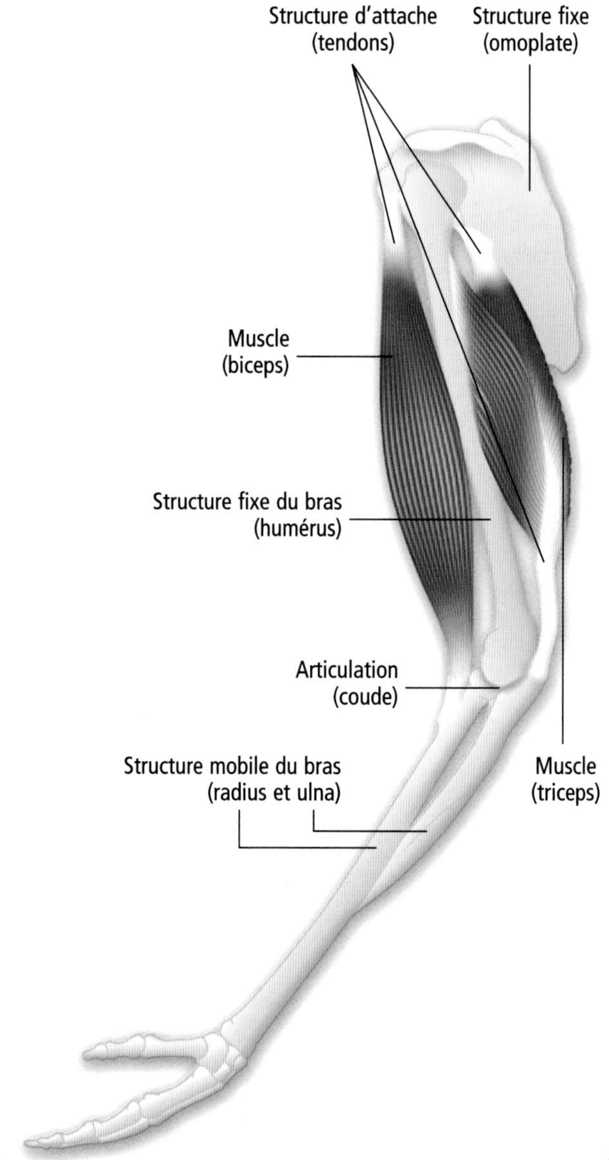

Le schéma d'analyse de la fonction des sous-systèmes

Le schéma d'analyse de la fonction des sous-systèmes permet de cerner la fonction et le principe technique (liaison, guidage, mouvement, etc.) de chaque composante d'un système. Dans le contexte de la conception d'un système qui imite le fonctionnement d'un bras humain, le schéma peut présenter la solution technique envisagée.

Le schéma d'analyse de la fonction des sous-systèmes d'un bras humain

Sous-système	Fonction
Sous-système de support 	Fonction technique : Support Principe technique : Liaison totale Solution technique envisagée : Vis
Sous-système de moteur 	Fonction technique : Moteur Principe technique : Contraction et extension Solution technique envisagée : Élastiques
Sous-système de mobilité 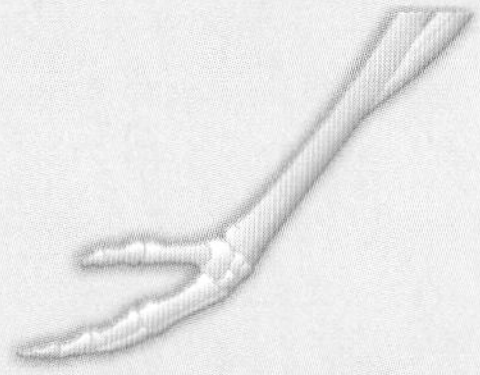	Fonction technique : Mobilité Principe technique : Matériaux légers et rigides Solution technique envisagée : Bâtonnets de bois
Sous-système d'articulation 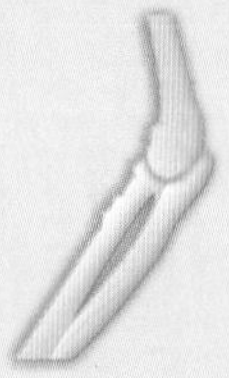	Fonction technique : Articulation Principe technique : Guidage en rotation Solution technique envisagée : Rivet
Sous-système de liaison 	Fonction technique : Liaison Principe technique : Liaison démontable Solution technique envisagée : Fente

Le schéma de principe

Le schéma de principe est au cœur de l'étude du fonctionnement d'un objet technique. Il sert à illustrer de façon simple le principe de fonctionnement d'un objet sans tenir compte de sa fabrication. Il n'est pas nécessairement à l'échelle, mais il respecte les proportions de l'objet. Quand l'objet comporte des mécanismes, on indique généralement la force et le mouvement en jeu à l'aide de symboles appropriés.

Le schéma de principe est utile à la conception d'un objet technique parce qu'il permet de proposer une piste de solution qui repose sur des connaissances; il est utile à l'analyse technologique d'un objet existant parce qu'il permet de comprendre les choix effectués dans la conception du mouvement des pièces.

Le schéma de construction

Le schéma de construction est au cœur de l'étude de la structure d'un objet technique. Il en illustre les pièces ainsi que les organes de liaison et d'assemblage. Il fournit les détails nécessaires à la fabrication de l'objet. Ce schéma est plus précis que le schéma de principe. Il peut être complexe et inclure diverses vues et coupes de l'objet. Un schéma global représente l'objet dans son ensemble, alors qu'un schéma partiel n'en illustre qu'une partie.

Le schéma de construction est utile à la démarche de conception, car il permet de déterminer très précisément les dimensions finales de l'objet, y compris celles des pièces à usiner. Ce schéma est utile à l'analyse technologique, car il permet de comprendre les choix effectués dans l'assemblage.

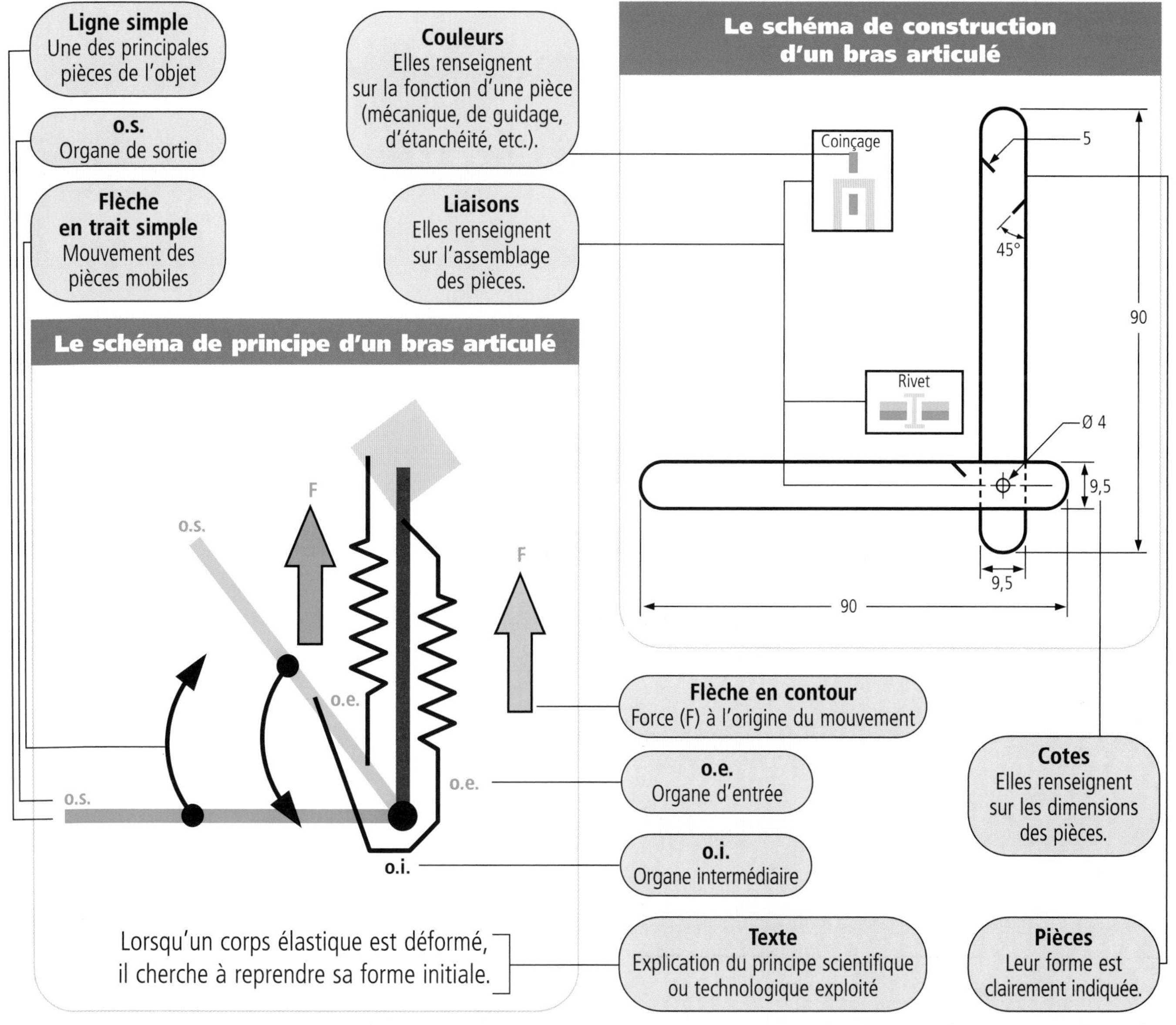

La fiche des opérations

La fiche des opérations précise, à l'aide de textes descriptifs et de schémas, la marche à suivre pour fabriquer un objet technique. Dans l'industrie, ce document porte le nom de **gamme de fabrication** quand il porte sur les opérations nécessaires à la production en série d'une pièce d'objet technique.

L'élaboration d'une fiche des opérations fait partie de la démarche de conception. Cette fiche présente les tâches à effectuer avant la fabrication elle-même :

- la planification des achats de matériel et de matériaux;
- l'anticipation des difficultés;
- la réduction des erreurs de fabrication;
- la rationalisation du temps par la planification des étapes de fabrication;
- la rationalisation des matières premières (éviter le gaspillage), du matériel et de l'outillage;
- la réduction du coût de production.

La fiche des opérations pour la fabrication d'un bras articulé

DESCRIPTION	MATÉRIAUX	MATÉRIEL	SCHÉMAS
Mesurage-traçage **Étape 1 –** Mesurer et tracer des traits de coupe sur les bâtonnets selon les précisions données dans le schéma de construction. **Étape 2 –** Marquer les traits de coupe.	2 bâtonnets de bois (9,5 mm × 114,3 mm)	Règle Pointe à tracer Crayon	
Usinage-coupage **Étape 3 –** Entailler les bâtonnets selon les précisions données dans le schéma de construction. **Étape 4 –** Percer un trou dans chacun des bâtonnets pour recevoir le rivet.	2 bâtonnets de bois	Couteau Chignole	
Assemblage **Étape 5 –** Riveter les deux bâtonnets de façon à permettre un guidage en rotation. **Étape 6 –** Coincer les extrémités des élastiques dans les fentes des bâtonnets selon les précisions données dans le schéma de construction.	1 rivet (nº 12) 2 élastiques (80 mm)	Riveteuse	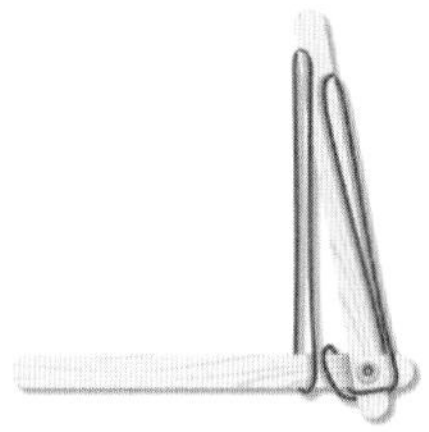
Finition **Étape 7 –** Étiqueter un bâtonnet humérus et l'autre, radius-ulna.		Crayon	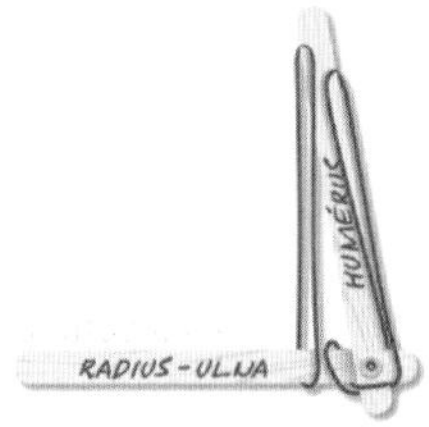 HUMÉRUS RADIUS-ULNA

SCHÉMA DE L'OBJET

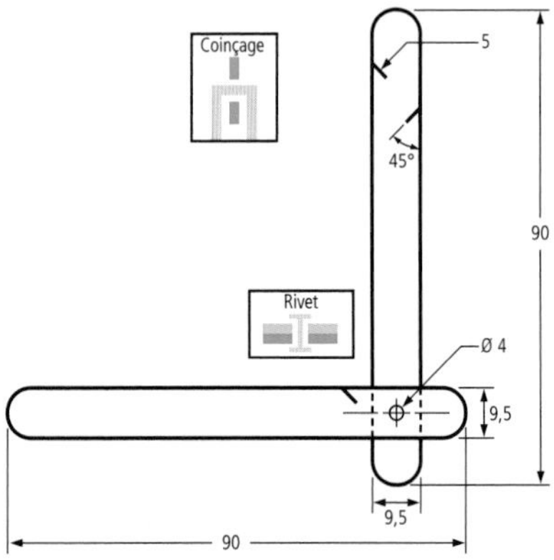

Coinçage
Rivet
5
45°
90
Ø 4
9,5
9,5
90

Nom de l'objet :	
Nom :	*Groupe :*
École :	*Date :*

Le matériel d'atelier

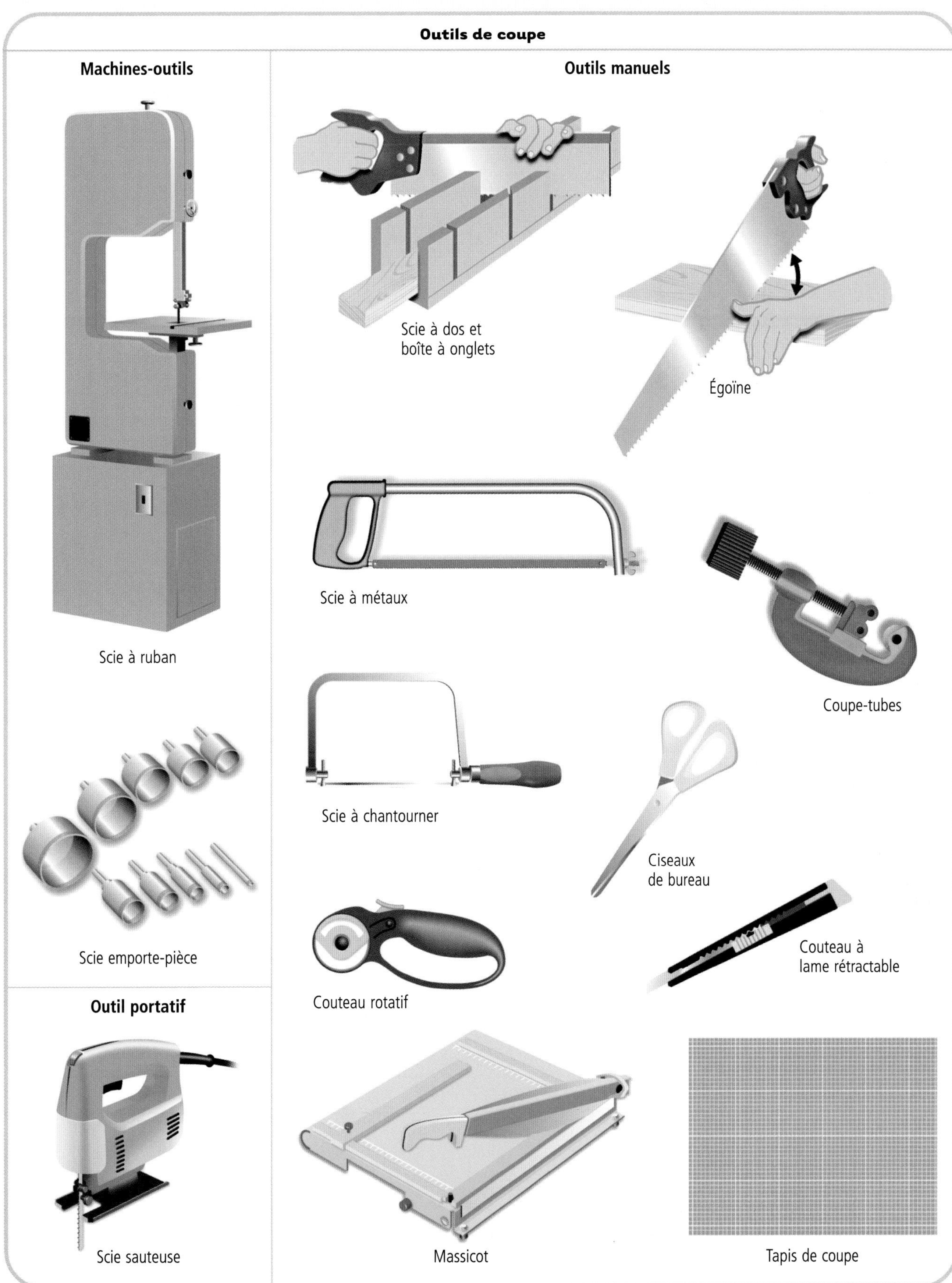

Outils de serrage
Étau de mécanicien
Serre en C
Étau de menuisier

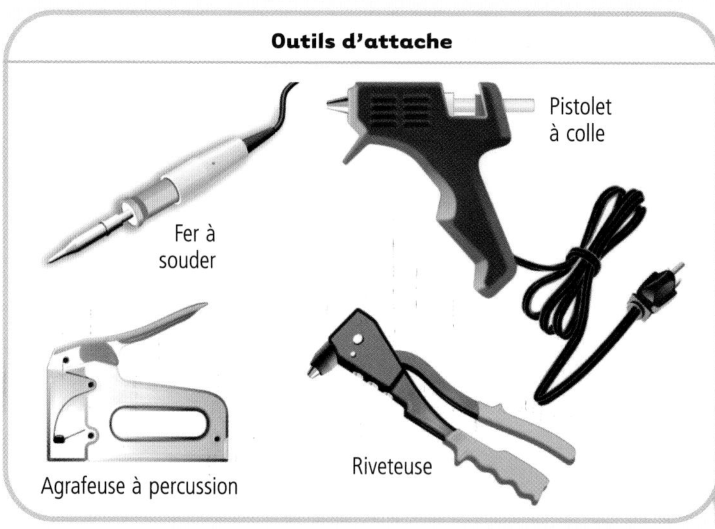
Outils d'attache
Pistolet à colle
Fer à souder
Agrafeuse à percussion
Riveteuse

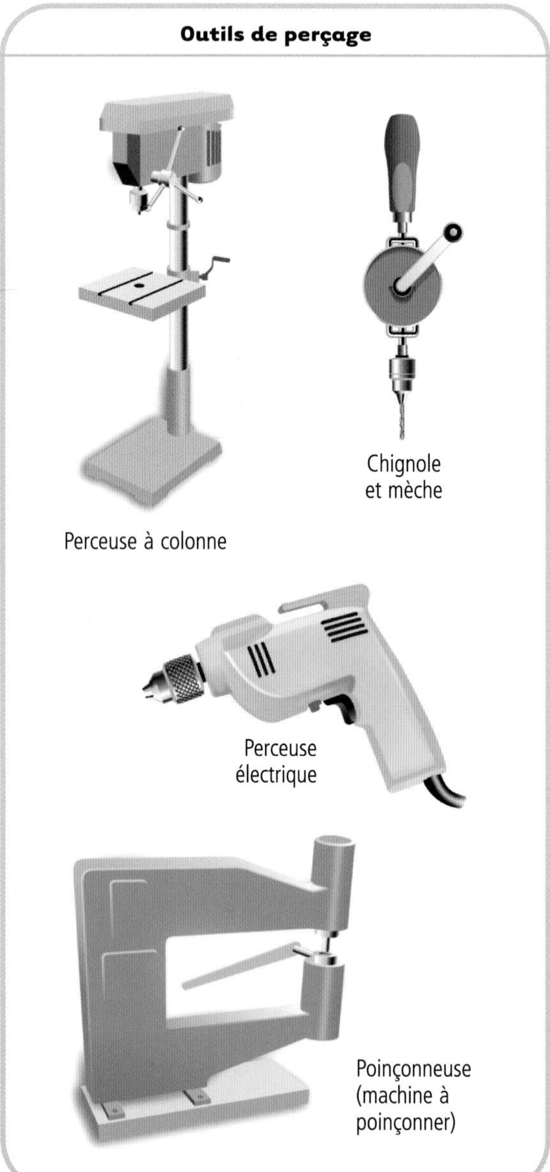
Outils de perçage
Perceuse à colonne
Chignole et mèche
Perceuse électrique
Poinçonneuse (machine à poinçonner)

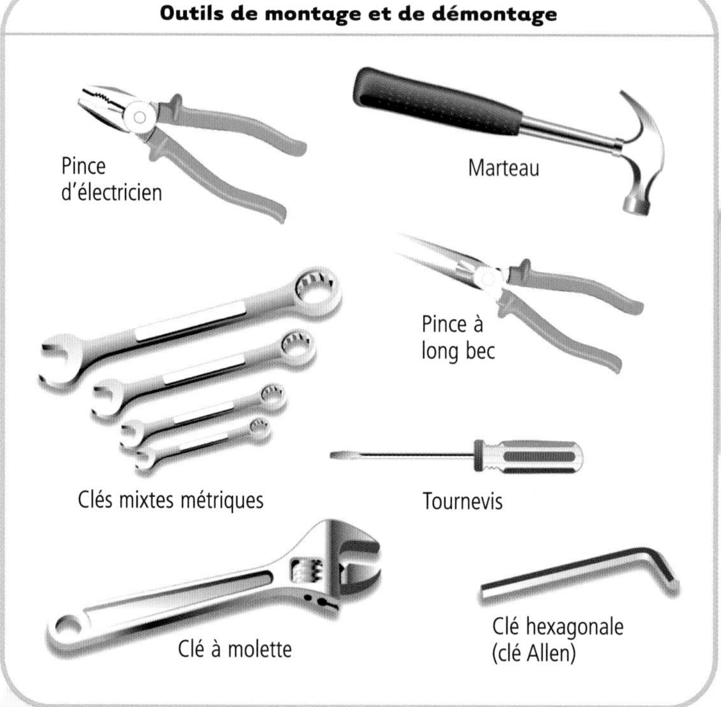
Outils de montage et de démontage
Pince d'électricien
Marteau
Pince à long bec
Clés mixtes métriques
Tournevis
Clé à molette
Clé hexagonale (clé Allen)

Outils de formage

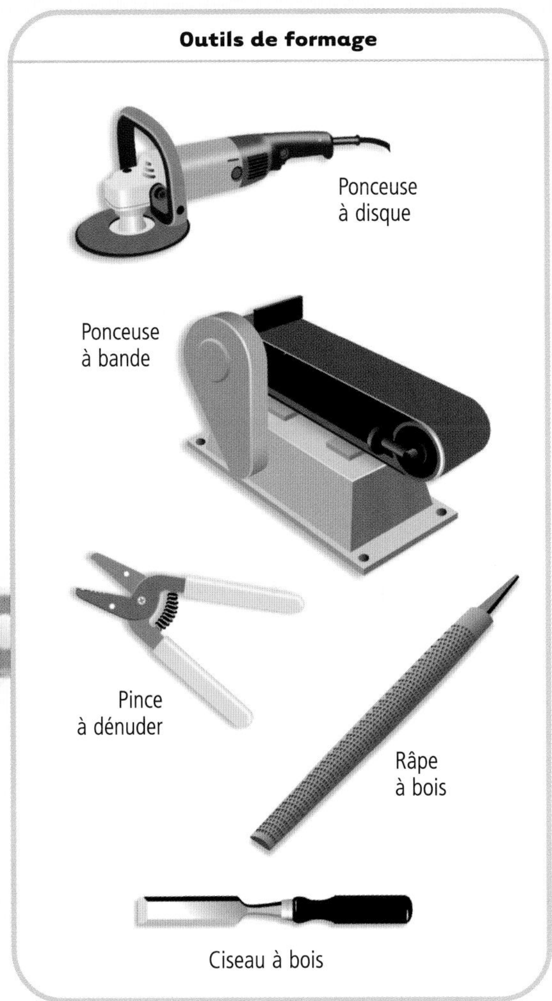

Outils de traçage et de marquage

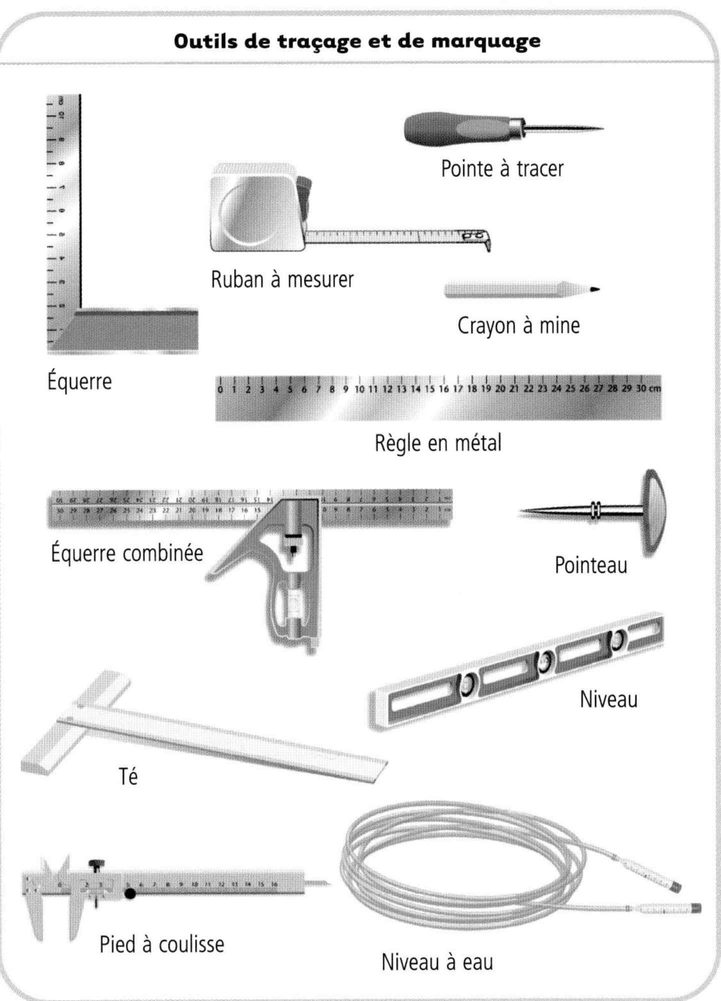

Outils de finition

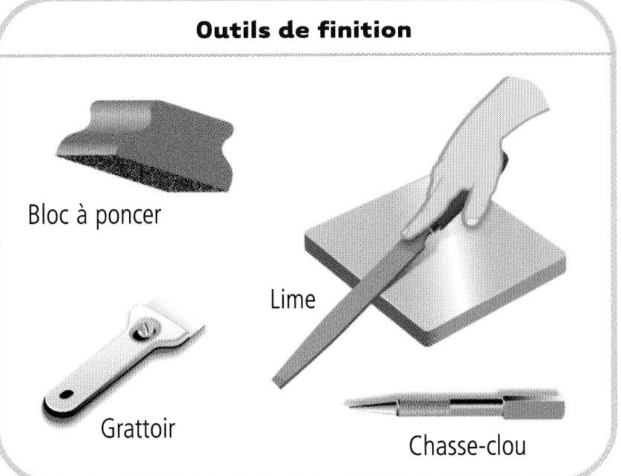

Instruments de dessin

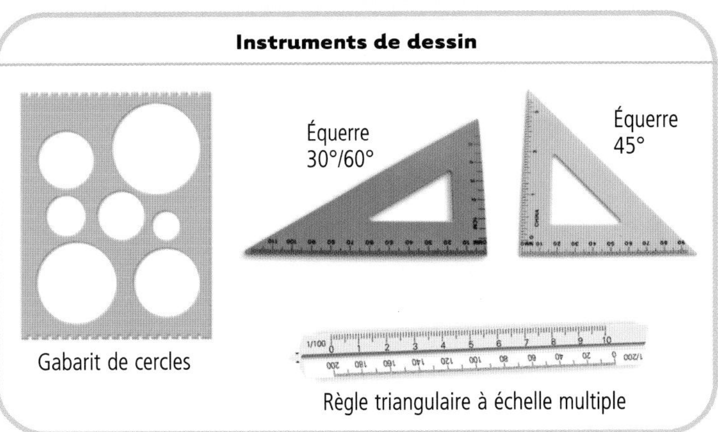

outil 14 Les TIC — Des fonctions de base utiles dans tous les logiciels

Les logiciels courants, comme les traitements de texte, les tableurs et les logiciels de présentation multimédia, partagent des fonctions de base essentielles à la maîtrise de ces outils informatiques.

Comment sauvegarder un fichier?

1. Ouvrir le menu *Fichier* et choisir l'option *Sauvegarder*.
2. Dans l'espace prévu, taper le nom voulu pour le fichier. Pour éviter les problèmes, il est préférable de choisir des noms courts et de **ne pas utiliser** d'espaces, d'accents, de signes de ponctuation (par exemple, la virgule) ou de symboles (par exemple, %, $ ou &) dans le nom des fichiers.

Comment copier et coller?

La fonction *Copier*

1. Sélectionner l'élément à copier (texte, diagramme, image, etc.).
2. Ouvrir le menu *Édition* et choisir l'option *Copier*. L'élément sélectionné est maintenant dans le presse-papiers (une zone de mémoire temporaire de l'ordinateur).

RACCOURCI

Au lieu d'ouvrir le menu *Édition*, on peut utiliser un raccourci au clavier: après avoir sélectionné l'élément à copier, garder enfoncée la touche «CTRL» et appuyer sur la touche «C».

ASTUCE

Les images copiées directement dans un document peuvent en augmenter considérablement la taille. Il est préférable de sauvegarder d'abord l'image en format JPG avant de l'importer. Après avoir placé le curseur à l'endroit souhaité, ouvrir le menu *Insertion*, choisir *Image*, puis *À partir d'un fichier*.

La fonction *Coller*

1. Copier un élément.
2. Placer le pointeur de la souris à l'endroit où l'on souhaite copier l'élément et cliquer une fois avec le bouton de la souris.
3. Ouvrir le menu *Édition* et choisir l'option *Coller*. L'élément copié s'affichera immédiatement à l'endroit où se trouve le curseur.

RACCOURCI

Après avoir cliqué avec le bouton de la souris à l'endroit voulu, garder enfoncée la touche «CTRL» et appuyer sur la touche «V».

Comment corriger une erreur en annulant l'action précédente?

1. Pour annuler la dernière action, ouvrir le menu *Édition* et choisir l'option *Annuler*.
2. Pour rétablir une action annulée, ouvrir le menu *Édition* et choisir l'option *Répéter*.

Comment afficher la palette de mise en forme?

La palette de mise en forme rassemble les principales fonctions nécessaires pour mettre en page et modifier un texte.

1. Ouvrir le menu *Affichage*.
2. Choisir l'option *Palette de mise en forme*.

La création de tableaux et de diagrammes avec un tableur

Qu'est-ce qu'un tableur?

Un tableur est un logiciel qui permet de créer des tableaux et des graphiques. Il sert également à effectuer des calculs à l'aide d'équations mathématiques que l'on programme soi-même. Une feuille (ou page) de tableur est en fait un immense tableau composé de cellules (voir la figure 1). On désigne une cellule de tableur par la lettre de la colonne et le chiffre de la ligne où elle se trouve.

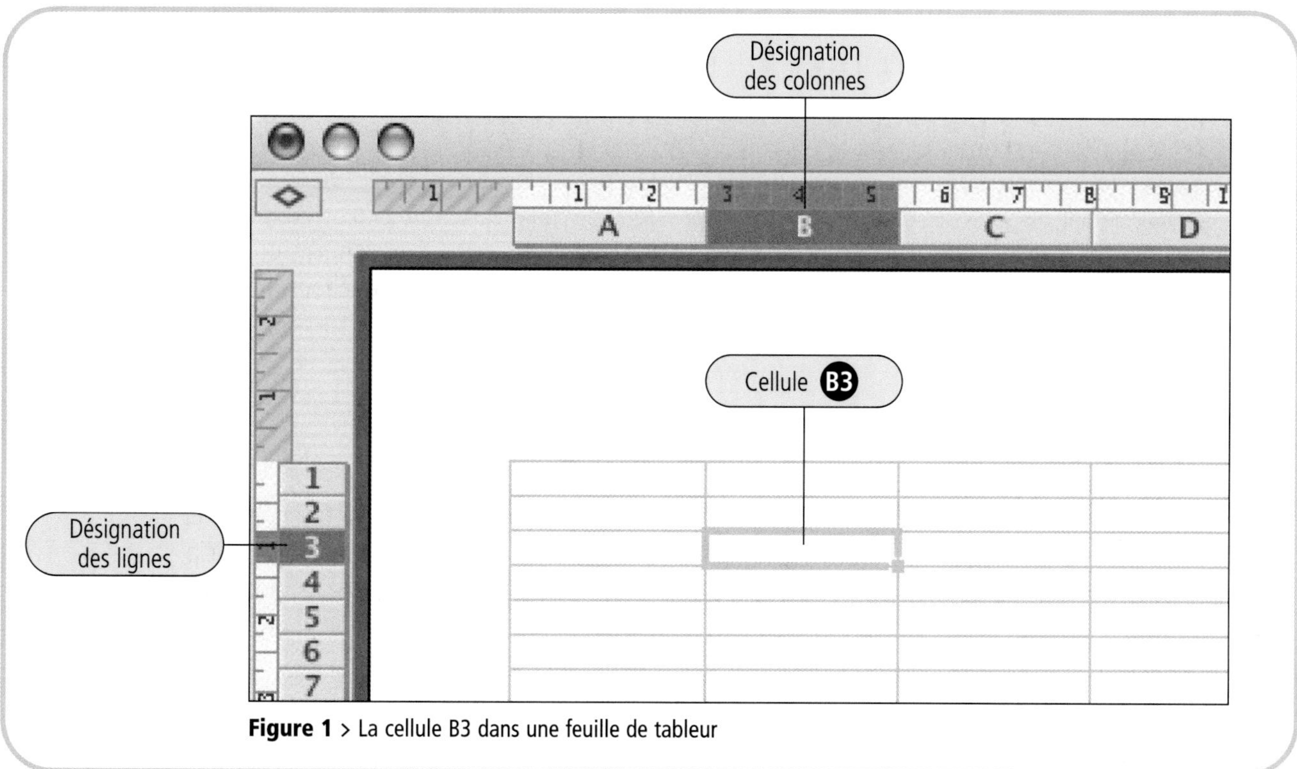

Figure 1 > La cellule B3 dans une feuille de tableur

Comment écrire dans une cellule?

1. Placer le curseur dans la cellule de votre choix et cliquer une fois sur le bouton gauche de la souris.
2. Taper l'information voulue (texte, valeur numérique ou équation).
3. Pour déplacer le curseur vers une autre cellule:
   - appuyer sur la touche « Retour » pour déplacer le curseur dans la cellule en bas;
   - appuyer sur la touche « Tab » pour déplacer le curseur dans la cellule à droite;
   - utiliser les flèches sur la droite du clavier pour déplacer le curseur dans une cellule donnée.

ASTUCE

Il est possible de personnaliser le texte d'une cellule. Utiliser la palette de mise en forme pour choisir une police de caractère, ses attributs (gras, italique, couleur, taille), un interligne ou un alignement.

Comment modifier le format d'une cellule?

Il faut d'abord définir le type d'information qui sera écrit dans une cellule : texte, nombre, monnaie, etc.

1. Ouvrir le menu *Format* et sélectionner le sous-menu *Cellule…* (voir la figure 2). Une nouvelle fenêtre s'ouvrira.
2. La nouvelle fenêtre comporte plusieurs onglets. Les deux premiers, *Nombre* et *Alignement*, sont particulièrement utiles.
   a) L'onglet *Nombre* (voir la figure 3) permet de sélectionner certaines options à appliquer au nombre inscrit dans une cellule (le nombre de décimales qui doivent apparaître, la présence d'un symbole monétaire, la présentation sous forme d'heure, etc.). Il importe de retenir les deux choses suivantes :
      – La catégorie *Standard* est l'option par défaut. Elle indique que la cellule contiendra du texte (et non un nombre).
      – Pour effectuer des calculs avec le contenu d'une cellule, il faut en définir le format à l'aide de l'une des catégories suivantes : *Nombre*, *Monétaire*, *Comptabilité*, *Pourcentage*, *Fraction* ou *Scientifique*.
   b) L'onglet *Alignement* permet d'ajouter des lignes à une cellule quand le texte déborde la première ligne. Pour éviter ce problème, il faut sélectionner l'option *Renvoyer à la ligne automatiquement* (voir la figure 4).

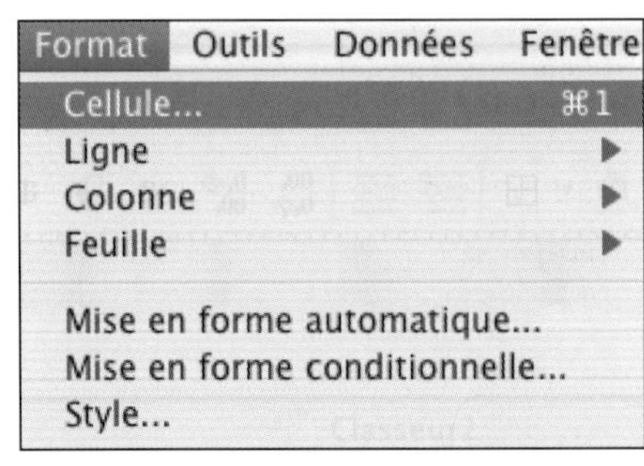

Figure 2 > Le menu permettant de déterminer le format d'une cellule

ATTENTION
Tous les titres doivent être en gras et les titres des colonnes doivent être centrés dans les cellules.

Figure 3 > La fenêtre qui permet de déterminer le format de l'information d'une cellule

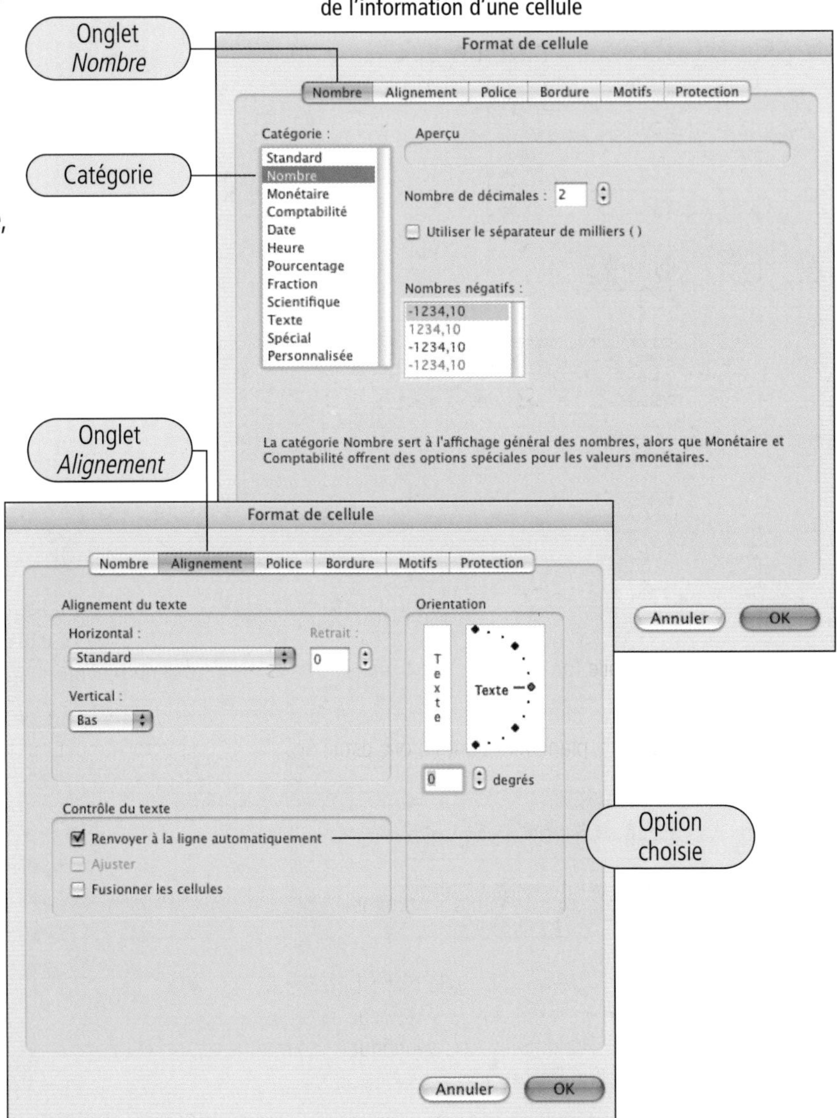

Figure 4 > La fenêtre qui permet d'aligner le texte d'une cellule

Comment créer un tableau de compilation des résultats à l'aide d'un tableur?

Étape 1
Donner un titre aux colonnes et aux lignes

1. Ouvrir le tableur : une feuille vierge avec des cellules vides apparaît. C'est dans ces cellules qu'il faut taper le texte pour créer un tableau.

ASTUCE

Il est possible de personnaliser le texte d'une cellule. Utiliser la palette de mise en forme pour choisir une police de caractère, ses attributs (gras, italique, couleur, taille), un interligne ou un alignement.

2. Dans les cellules de la ligne ❶, écrire les titres des colonnes du tableau.
3. Dans les cellules de la colonne Ⓐ qui se trouvent sous le titre de cette colonne, inscrire les titres des lignes pour lesquelles on a des données (voir la figure 5).

Étape 2
Quadriller le tableau

1. Sélectionner toutes les cellules du tableau, y compris celles qui sont vides. Pour ce faire :
   - positionner le curseur dans la cellule du coin supérieur gauche du tableau ;
   - appuyer sur le bouton gauche de la souris et, en le gardant enfoncé, déplacer le curseur jusqu'à la cellule qui contiendra des données dans le coin inférieur droit du tableau.
2. Dans la palette de mise en forme, cliquer sur l'icône *Bordures*, puis cliquer sur le bouton qui permet de quadriller le tableau (voir la figure 6). Il est maintenant possible de remplir le tableau avec l'information adéquate (voir la figure 7).

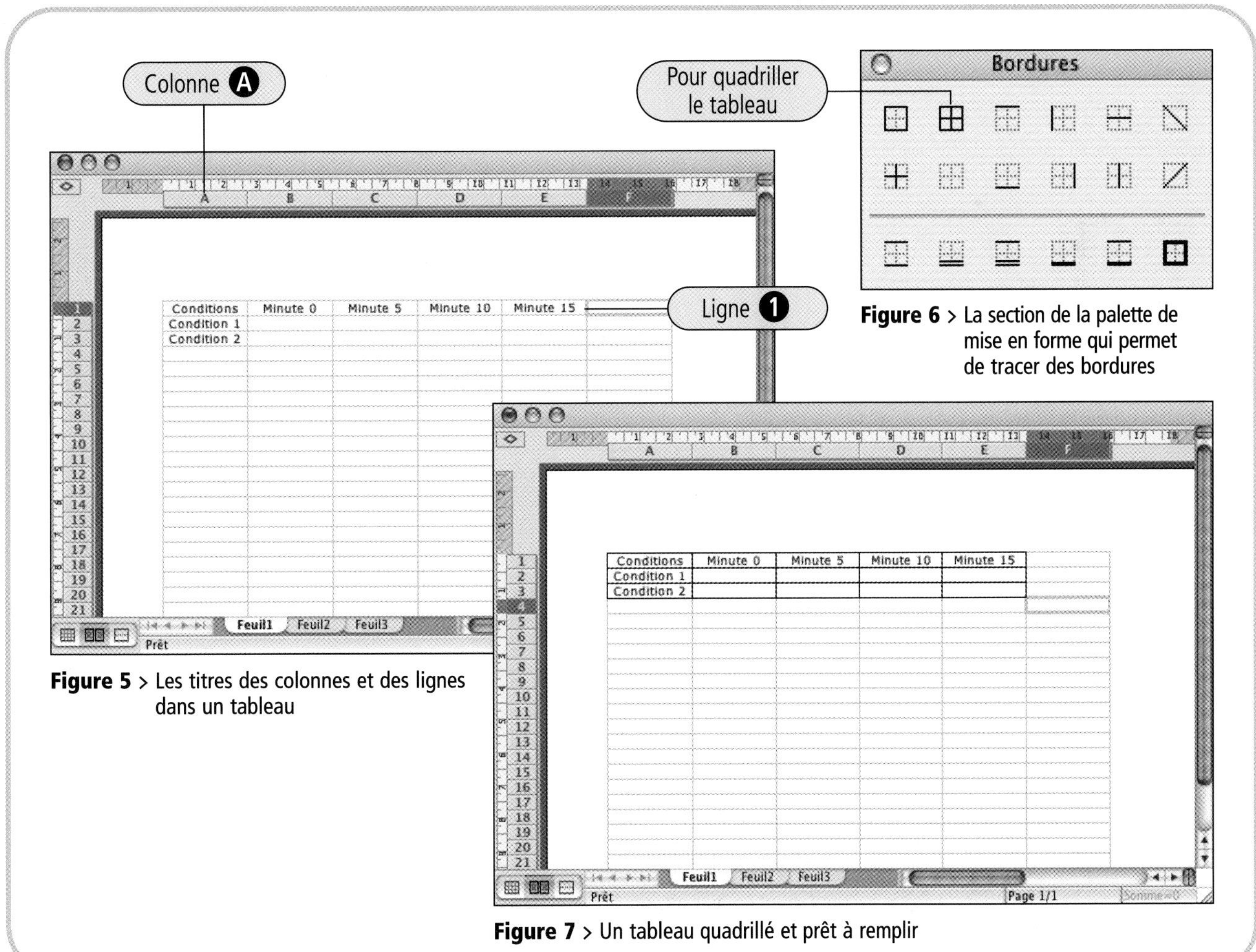

Figure 5 > Les titres des colonnes et des lignes dans un tableau

Figure 6 > La section de la palette de mise en forme qui permet de tracer des bordures

Figure 7 > Un tableau quadrillé et prêt à remplir

Étape 3
Remplir le tableau avec les données obtenues

Dans les cellules appropriées, inscrire les données (voir la figure 8).

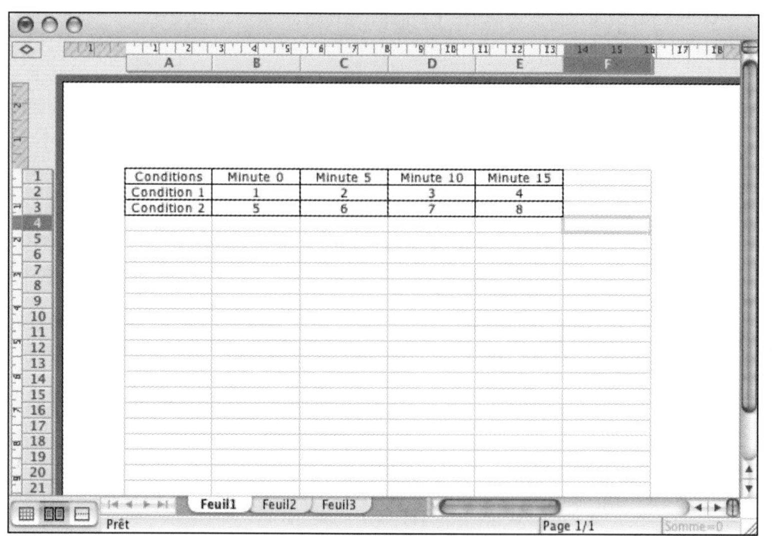

Figure 8 > Un tableau bien rempli (les données sont fictives)

Comment produire un diagramme à partir d'un tableau de données?

Étape 1
Sélectionner les cellules du tableau à transformer en diagramme

Sélectionner de nouveau l'ensemble des cellules du tableau.

Étape 2
Créer le diagramme

Ouvrir le menu *Insertion* et sélectionner le sous-menu *Graphique*... (voir la figure 9). Quatre fenêtres s'ouvriront successivement pour guider dans la création et la personnalisation du diagramme.

Fenêtre 1 : Choisir le type de diagramme

Cette fenêtre propose différents types de diagrammes. Choisir celui qui paraît le plus approprié et passer à la **fenêtre 2**.

Fenêtre 2 : Déterminer les cellules dont les données serviront à tracer le diagramme

Comme ces cellules ont été sélectionnées à l'étape 1, elles sont déjà indiquées dans cette fenêtre. Passer à la **fenêtre 3**.

Figure 9 > Le menu pour créer un diagramme à partir d'un tableau de données

Fenêtre 3 : Personnaliser les caractéristiques du diagramme à l'aide des onglets dans le haut de la fenêtre

1. Sous l'onglet *Titre*, inscrire dans les cellules appropriées :
   - le titre du diagramme ;
   - le nom de l'axe des ordonnées (axe vertical) ;
   - le nom de l'axe des abscisses (axe horizontal).
2. Sous l'onglet *Axes*, cocher les cases appropriées pour afficher la graduation des axes et la nature des données.
3. Sous l'onglet *Quadrillage*, cocher les cases appropriées.
4. Sous l'onglet *Légende*, indiquer si une légende doit être intégrée au diagramme et, le cas échéant, déterminer son emplacement en cochant la case appropriée.
5. Sous l'onglet *Étiquettes de données*, déterminer si la valeur de chacune des données du diagramme doit être affichée en cochant la case appropriée.
6. Sous l'onglet *Table de données*, on peut choisir d'afficher sous le diagramme une image du tableau de données en cochant la case appropriée.
7. Passer à la **fenêtre 4**.

Fenêtre 4 : Déterminer l'emplacement du diagramme

On peut mettre en place le diagramme à même la feuille où le tableau de compilation a été monté ou sur une nouvelle feuille. Par défaut, la première option est cochée.

Le diagramme devrait alors s'afficher sur la feuille choisie (voir la figure 10).

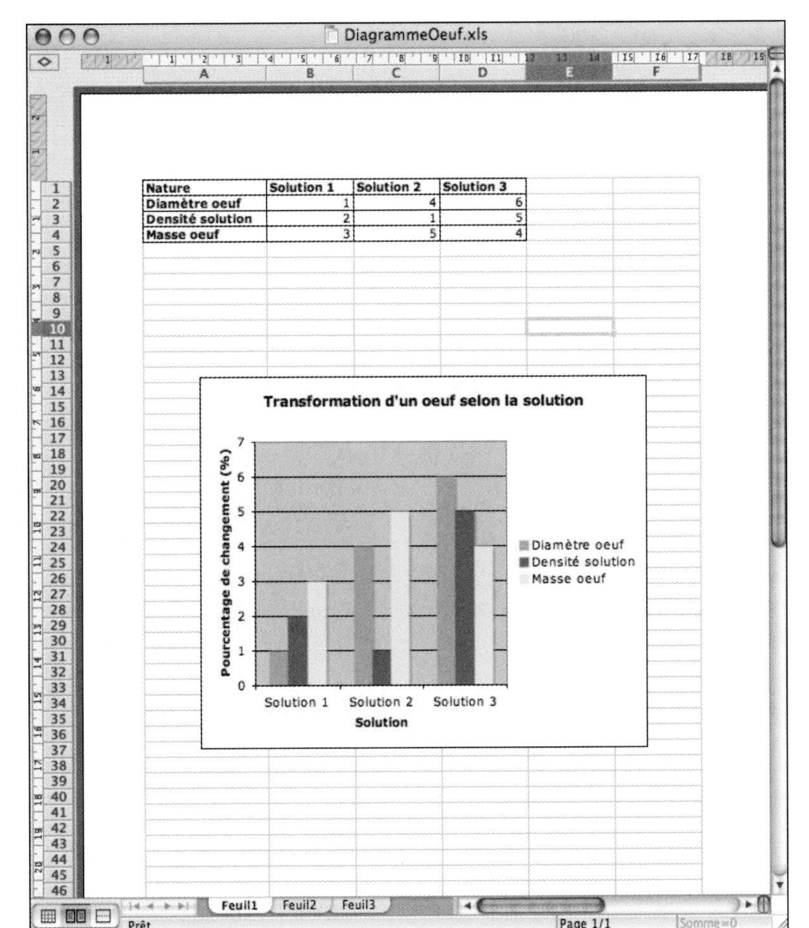

Figure 10 > Le diagramme final (les données sont fictives)

ATTENTION

À tout moment, on peut modifier les caractéristiques du diagramme en double-cliquant sur la section voulue. Par exemple, en double-cliquant sur la légende, on peut en changer la couleur de fond, le contour et l'emplacement.

Si l'on modifie les données du tableau, le diagramme n'en tiendra pas compte automatiquement. Il faut effacer l'ancien diagramme et en créer un nouveau.

L'utilisation d'un logiciel de présentation multimédia

Qu'est-ce qu'un logiciel de présentation multimédia?

Un logiciel de présentation multimédia est un logiciel qui permet de produire un diaporama intégrant du texte, des images, de l'audio et de la vidéo.

Étape 1
Créer un fichier

1. Ouvrir le logiciel de présentation multimédia. Choisir le type de présentation à produire dans la fenêtre qui s'affiche.
2. Choisir l'option *Documents vierges* (voir la figure 1). La première page du diaporama s'affichera.
3. Avant de commencer la création de la présentation, vérifier si les trois outils suivants sont affichés:
   - ❶ mise en forme;
   - ❷ dessin;
   - ❸ effets d'animation (voir la figure 2).

S'ils ne le sont pas, ouvrir le menu *Édition* et les activer dans le choix *Barres d'outils.*

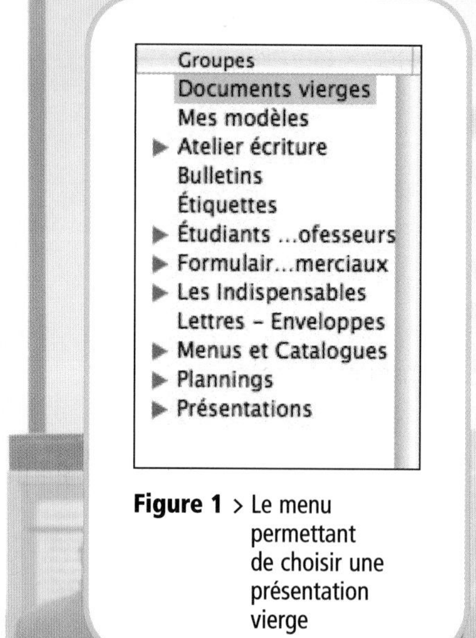

Figure 1 > Le menu permettant de choisir une présentation vierge

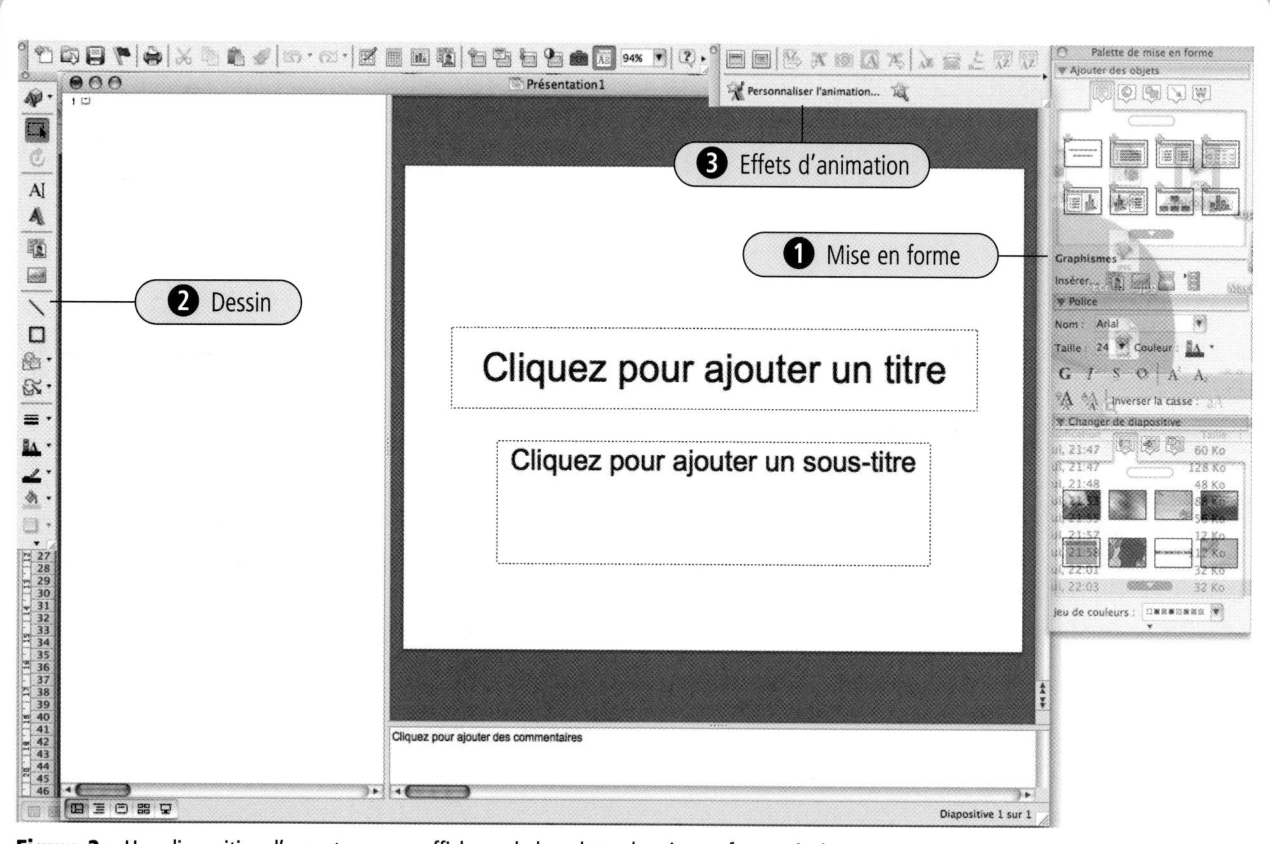

Figure 2 > Une diapositive d'ouverture avec affichage de la palette de mise en forme ainsi que des barres d'outils *Dessin* et *Effets d'animation.*

Étape 2
Choisir une image d'arrière-plan

Dans la palette de mise en forme, cliquer sur le bouton *Changer de diapositive* (voir la figure 3). Une fenêtre s'ouvrira. Dans cette fenêtre, on peut :

❶ choisir l'arrière-plan des diapositives de la présentation ;

❷ modifier la mise en page des diapositives ;

❸ créer des transitions entre les diapositives et animer l'affichage des pages ;

❹ changer le jeu de couleurs de l'arrière-plan.

Étape 3
Choisir la mise en page d'une ou de plusieurs diapositives

La fonction *Mise en page* permet d'automatiser la présentation des différentes zones des diapositives : titre, texte, image, texte avec puces, etc. On peut utiliser cet outil simple ou ajouter manuellement un à un les éléments. Il y a deux façons de choisir le type de mise en page.

Pour créer une nouvelle page :

1. Ouvrir la palette de mise en forme.
2. Cliquer sur la section *Ajouter des objets.*
3. Choisir la mise en page désirée (voir la figure 4).

Pour modifier une diapositive déjà existante :

1. Ouvrir la palette de mise en forme.
2. Cliquer sur la section *Changer de diapositive* au bas de la palette (voir la figure 3).
3. Reprendre la démarche de l'étape 2.

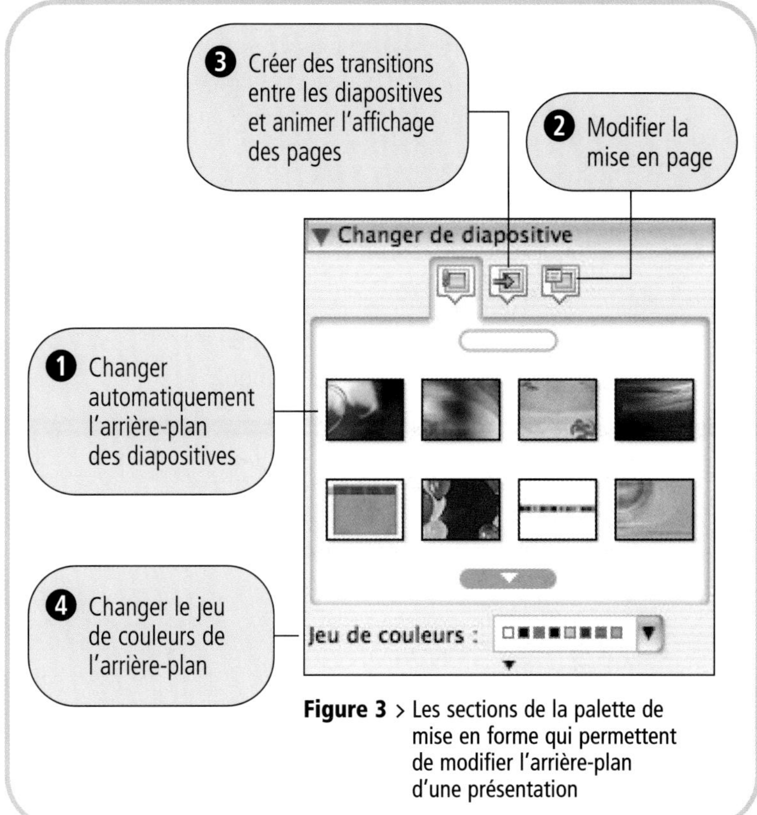

Figure 3 > Les sections de la palette de mise en forme qui permettent de modifier l'arrière-plan d'une présentation

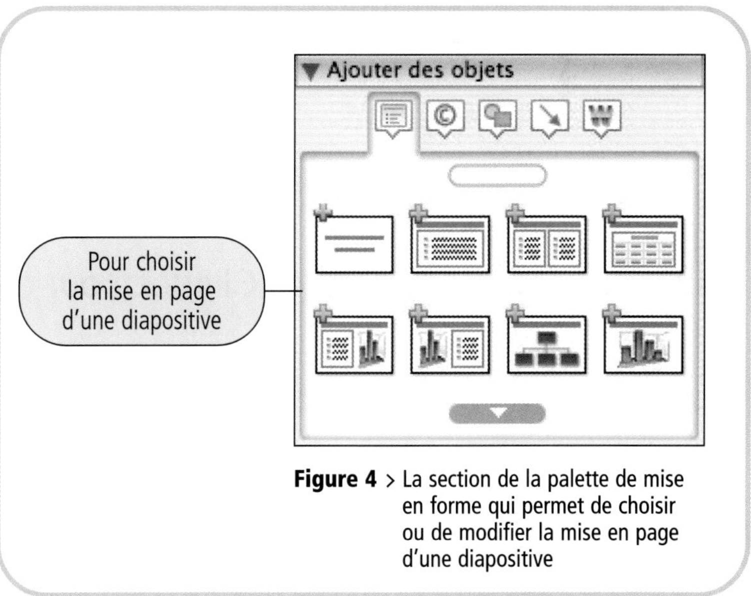

Figure 4 > La section de la palette de mise en forme qui permet de choisir ou de modifier la mise en page d'une diapositive

Étape 4
Insérer du texte dans une diapositive

Dans une mise en page avec des zones de texte :

Écrire directement dans les zones, en choisissant les attributs du texte (police de caractères, gras, italique, taille, alignement, etc.).

Dans une mise en page sans zones de texte :

1. Dans la palette de dessin, cliquer sur le bouton [A] pour créer des zones de texte ou sur le bouton [bulle] pour créer des bulles de dialogue et d'autres formes.
2. Placer le curseur à l'endroit voulu.
3. Écrire directement dans les zones ainsi créées, en choisissant les attributs du texte (police de caractères, gras, italique, taille, alignement, etc.).

Étape 5
Insérer des images et des vidéos dans une diapositive

1. Ouvrir le menu *Insertion* et choisir l'option *Image* ou l'option *Vidéo*, selon le cas.
2. Choisir le fichier de l'image ou de la vidéo à insérer.

On peut également utiliser les boutons de la section *Graphismes* dans la palette de mise en forme (voir la figure 5).

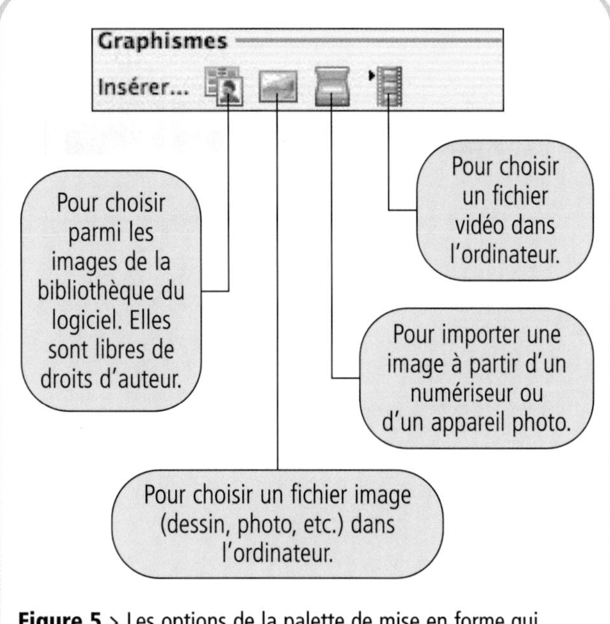

Figure 5 > Les options de la palette de mise en forme qui permettent d'insérer des images et des vidéos

Étape 6
Insérer de l'audio dans une diapositive

1. Ouvrir le menu *Insertion* et cliquer sur le sous-menu *Vidéos et sons* (voir la figure 6).
2. Choisir l'une des quatre options qui s'affichent :
   - insérer le fichier d'un son de la bibliothèque du logiciel : ce sont généralement des sons d'ambiance (gouttes d'eau, applaudissements, etc.) ;
   - insérer le fichier d'un son déjà sauvegardé dans l'ordinateur ;
   - insérer le fichier d'un son provenant d'un CD audio (attention aux droits d'auteur !) ;
   - enregistrer un son (c'est l'option à choisir pour enregistrer soi-même un message audio).

Une nouvelle fenêtre s'ouvrira selon l'option choisie. Cette fenêtre présente la procédure à suivre.

Figure 6 > Le menu et les sous-menus permettant d'insérer un son

Étape 7
Créer des animations dans une diapositive

Après avoir terminé l'insertion des éléments dans une diapositive, on peut les animer, c'est-à-dire les faire apparaître dans un certain ordre ou les faire bouger. La figure 7 montre un exemple de diapositive dont on pourrait animer les éléments. On y trouve deux personnages, du texte, des phylactères, les enregistrements sonores (représentés par les haut-parleurs) et un dessin d'ambiance (la porte).

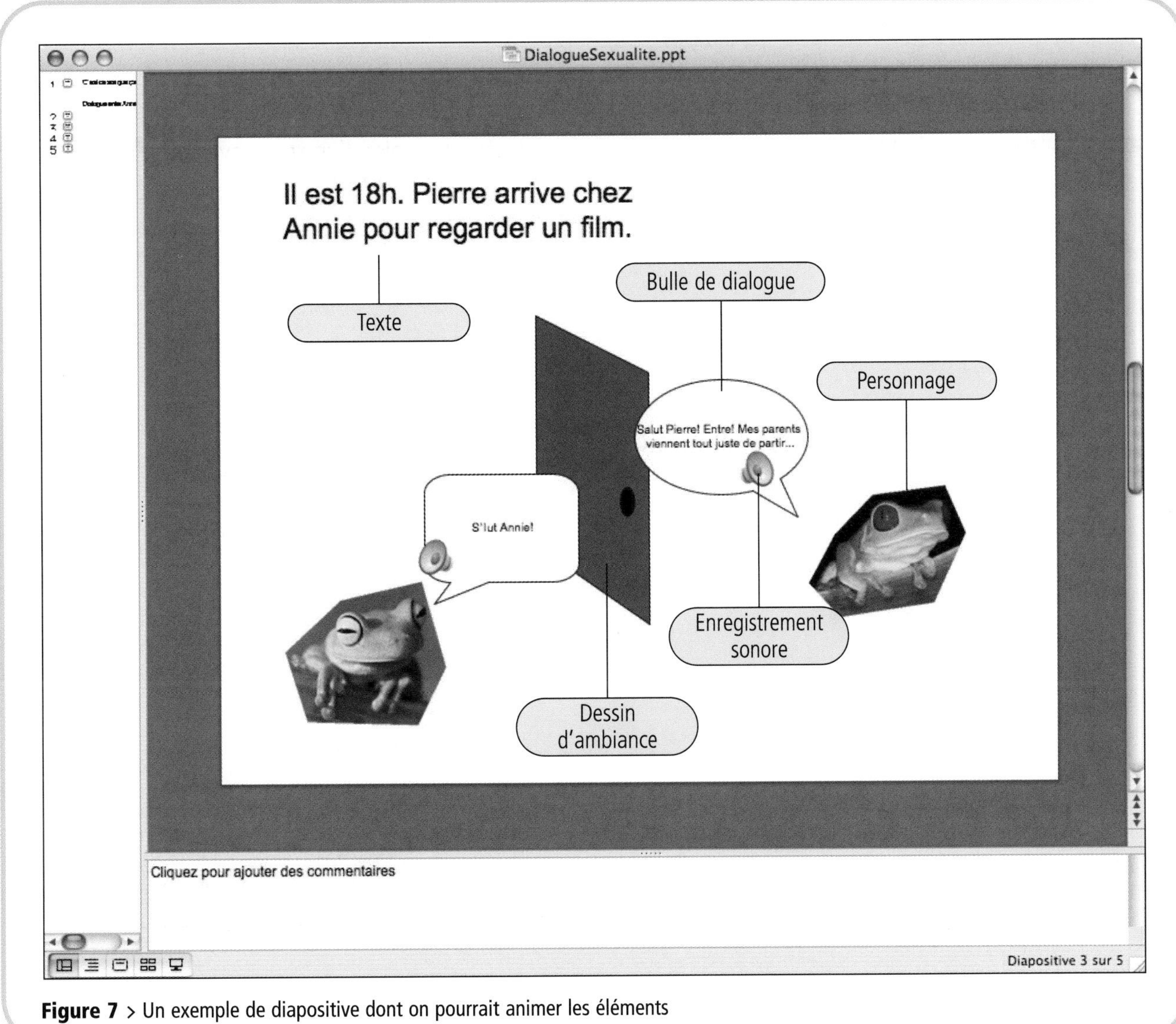

Figure 7 > Un exemple de diapositive dont on pourrait animer les éléments

1. Dans la palette *Effets d'animation*, cliquer sur le bouton [Personnaliser l'animation...].
2. Dans la fenêtre *Personnaliser l'animation*, choisir l'ordre d'apparition des divers éléments de la page et les effets spéciaux à appliquer. La figure 8 (p. 216) présente les fonctions accessibles dans cette fenêtre.

ASTUCE
Pour savoir comment visualiser un diaporama à tout moment, consulter l'encadré de la page suivante.

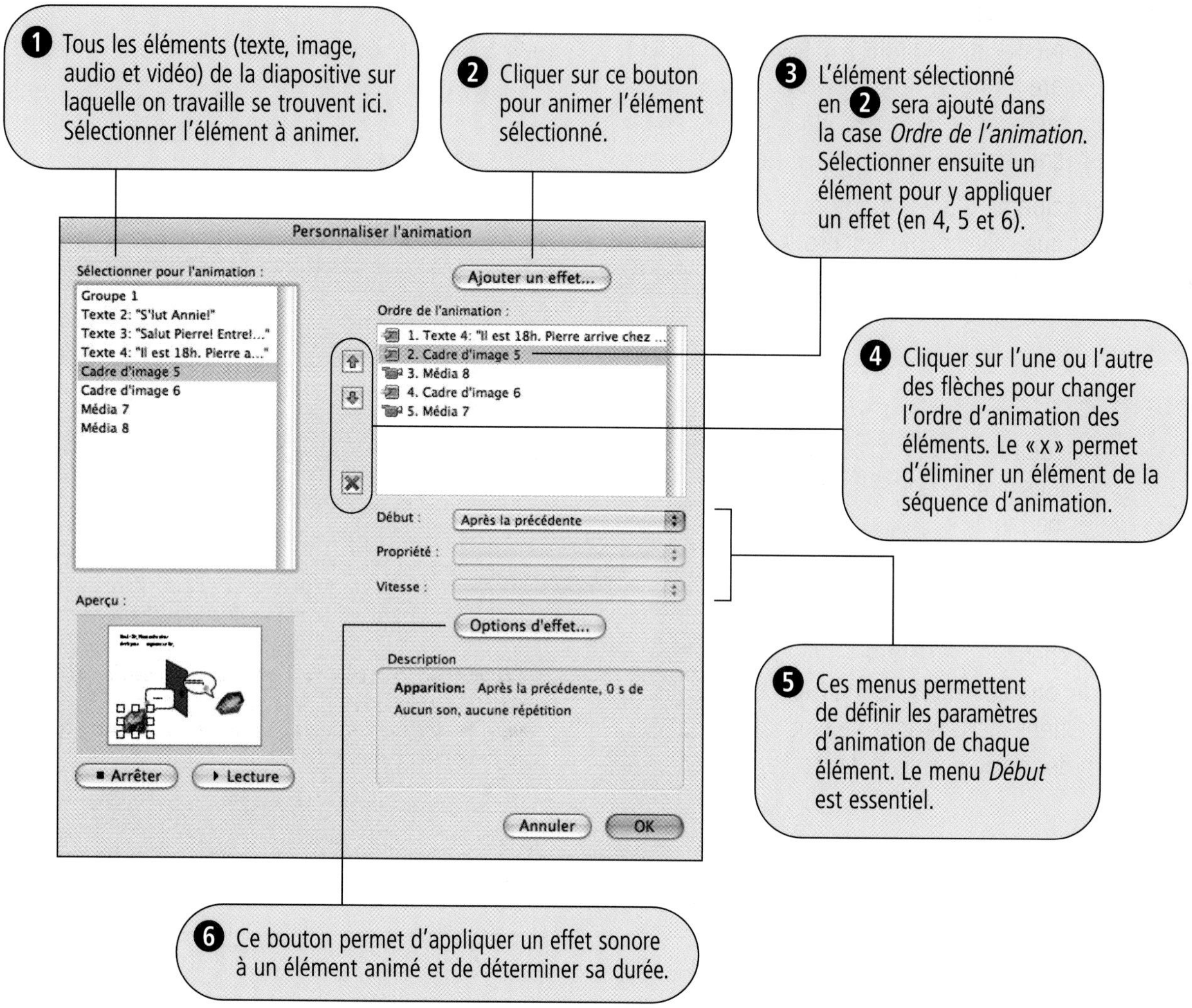

1 Tous les éléments (texte, image, audio et vidéo) de la diapositive sur laquelle on travaille se trouvent ici. Sélectionner l'élément à animer.
2 Cliquer sur ce bouton pour animer l'élément sélectionné.
3 L'élément sélectionné en 2 sera ajouté dans la case *Ordre de l'animation*. Sélectionner ensuite un élément pour y appliquer un effet (en 4, 5 et 6).
Personnaliser l'animation
Sélectionner pour l'animation :
Groupe 1
Texte 2: "S'lut Annie!"
Texte 3: "Salut Pierre! Entre!..."
Texte 4: "Il est 18h. Pierre a..."
Cadre d'image 5
Cadre d'image 6
Média 7
Média 8
Ajouter un effet...
Ordre de l'animation :
1. Texte 4: "Il est 18h. Pierre arrive chez ...
2. Cadre d'image 5
3. Média 8
4. Cadre d'image 6
5. Média 7
Début : Après la précédente
Propriété :
Vitesse :
Aperçu :
Options d'effet...
Description
Apparition: Après la précédente, 0 s de
Aucun son, aucune répétition
Arrêter
Lecture
Annuler
OK
4 Cliquer sur l'une ou l'autre des flèches pour changer l'ordre d'animation des éléments. Le « x » permet d'éliminer un élément de la séquence d'animation.
5 Ces menus permettent de définir les paramètres d'animation de chaque élément. Le menu *Début* est essentiel.
6 Ce bouton permet d'appliquer un effet sonore à un élément animé et de déterminer sa durée.

Figure 8 > La fenêtre de personnalisation des effets d'animation

Comment visualiser un diaporama en cours de création?

- Pour visualiser le diaporama à n'importe quel moment afin de vérifier l'effet obtenu, cliquer sur le bouton *Diaporama* situé dans le coin inférieur gauche de la fenêtre principale (voir la figure 9). Le diaporama débutera à la page affichée à ce moment.
- Pour visualiser la présentation en entier, il faut retourner à la première page à l'aide de l'arborescence du diaporama qui se trouve dans la barre d'outils sur la gauche de la fenêtre principale (voir la figure 10), puis reprendre la démarche du point précédent.

Bouton *Diaporama*

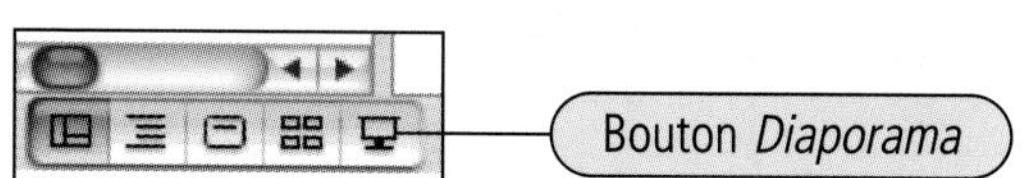

Figure 9 > Le bouton *Diaporama* utilisé pour visualiser la présentation

1 Première diapositive
2 Deuxième diapositive
3 Troisième diapositive
4 Quatrième diapositive
Arborescence de la présentation en cours
Quatr

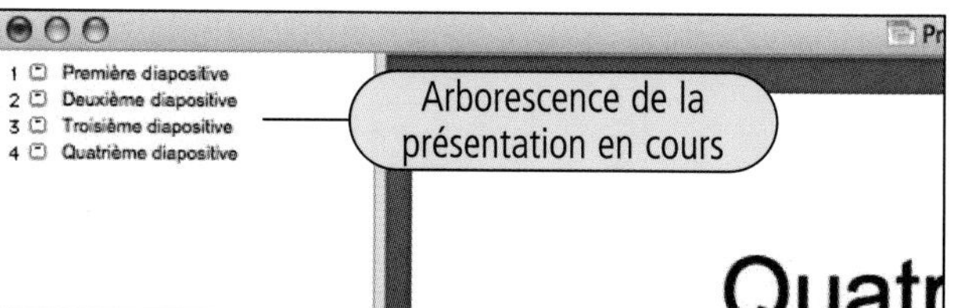

Figure 10 > L'arborescence d'une présentation

Les recherches Internet

Toute recherche Internet passe nécessairement par le Web. Le Web est le système qui permet d'accéder aux différents documents multimédias à travers le réseau mondial d'ordinateurs (Internet). Il est très important de structurer ses recherches Internet, car la qualité des documents en ligne varie énormément.

En fait, les principales étapes d'une recherche Internet sont les mêmes que celles d'une recherche documentaire: préparation, réalisation et sélection. Ce ne sont que les modalités qui diffèrent.

Étape 1
Préparation

1. Choisir l'outil de recherche le plus approprié aux données voulues (voir la figure 1). Chaque outil de recherche a une fonction spécialisée (voir le tableau 1).
2. Formuler une requête en fonction de l'information à trouver (voir le tableau 2, p. 218).
3. Préciser la recherche, c'est-à-dire en réduire le champ. Par exemple, on peut utiliser des filtres, comme, le contenu offensant, la langue, le type de serveur et le format des documents (voir les tableaux 3 et 4, p. 218).

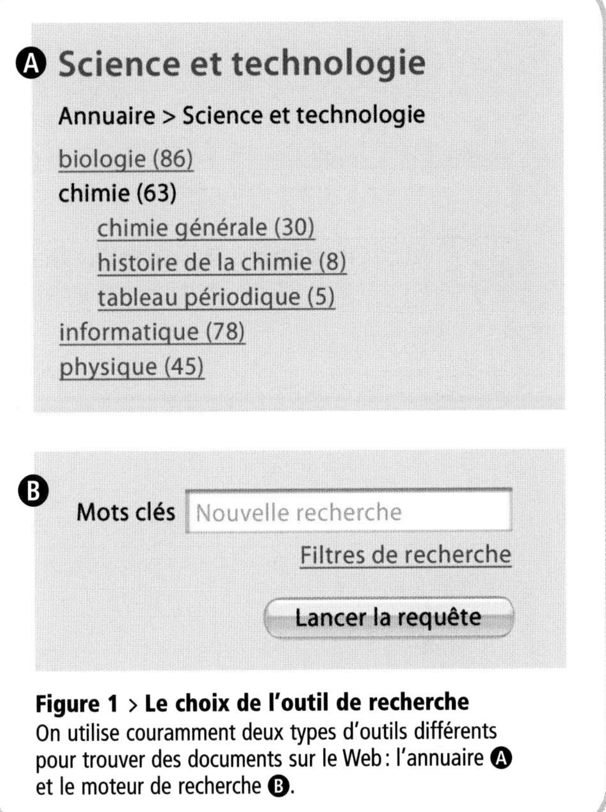

Figure 1 > Le choix de l'outil de recherche
On utilise couramment deux types d'outils différents pour trouver des documents sur le Web: l'annuaire Ⓐ et le moteur de recherche Ⓑ.

Tableau 1 > **Les caractéristiques des outils de recherche**

	OUTIL DE RECHERCHE	
	Annuaire	Moteur de recherche
Fonction	Recherche d'informations générales	Recherche d'informations précises
Mode d'utilisation	Liste de mots clés préétablie	Mots clés à déterminer soi-même
Avantage	Pertinence et bonne qualité des documents trouvés	Nombre considérable de documents trouvés
Inconvénient	Petit nombre de documents trouvés	Grande variation de la pertinence et de la qualité des documents trouvés

Tableau 2 > La procédure à suivre pour formuler efficacement une recherche

FORMULATION DE LA REQUÊTE	EXEMPLE POUR UNE RECHERCHE SUR LE THÈME : Argent : substance étonnante
• Noter les mots clés au singulier et en minuscules.	argent (*et non* Argent *ou* argents)
• Trouver des synonymes, des abréviations, des analogies pour les mots clés.	Ag, métal
• Noter d'autres mots associés au thème.	propriété, conductibilité, alliage, bijou
• Relever les mots clés à exclure de la recherche.	budget, investissement, finance
• Utiliser les guillemets pour rechercher une expression telle quelle et non chacun des mots.	« métal précieux »
• Formuler une requête générale à l'aide des opérateurs de recherche	argent | Ag + « métal précieux » - investissement

Note : Certains moteurs permettent de faire une recherche avancée. Dans ce cas, il n'est pas nécessaire d'utiliser les opérateurs de recherche.

Principaux opérateurs de recherche

+	signifie	ET
-	signifie	SAUF
|	signifie	OU
" "	sert à rechercher une expression telle quelle	

Tableau 3 > Des exemples de serveurs types

SERVEUR TYPE	TYPE DE SITE
nom_du_site.**qc.ca**	un organisme du Québec
nom_du_site.**com**	une entreprise à but lucratif
nom_du_site.**edu**	un établissement d'enseignement
nom_du_site.**org**	une organisation à but non commercial

Tableau 4 > Des exemples de formats types

FORMAT TYPE	SIGNIFICATION DES LETTRES QUI SUIVENT LE DERNIER POINT
nom_du_document.**html**	un document Web
nom_du_document.**doc**	un document en traitement de texte
nom_du_document.**pdf**	un document qui reproduit la mise en page d'un original et qui n'est généralement pas modifiable

Étape 2
Réalisation

Il est rare qu'une seule requête mène à l'ensemble des documents dont on a besoin. C'est pourquoi il est important de mettre au point une bonne stratégie de recherche. La plus efficace consiste à lancer d'abord une requête très générale (voir le tableau 2), puis, à partir des résultats obtenus, lancer une autre requête dont on réduit l'étendue (voir l'encadré ci-dessous).

Un exemple de requête pointue

argent | Ag + « élément chimique » + propriétés + alliage - investissement

Étape 3
Sélection

Pour évaluer la qualité des documents trouvés, on peut en lire le résumé dans la page des résultats. On s'assure ainsi que le sujet traité s'inscrit bien dans le cadre de la recherche (voir le tableau 5).

Tableau 5 > **Les critères de sélection d'un document**

CRITÈRE	FAÇONS DE VÉRIFIER LE CRITÈRE
Pertinence du document	Examiner l'adresse du document pour éliminer les blogues, les sites d'achat en ligne, etc.
Crédibilité de l'auteur	Consulter le plan du site pour repérer l'information sur l'auteur, ses intentions et sa compétence en la matière.
Exactitude de l'information	Consulter des sites gouvernementaux, des sites d'organismes reconnus et d'autres sources spécialisées pour vérifier l'exactitude des données.

Quand on fait une recherche Internet, les données défilent très rapidement au fil des clics de souris. Il est fortement recommandé, d'une part, de mettre en mémoire les signets des sites pertinents et, d'autre part, de noter au fur et à mesure la référence bibliographique des documents retenus (ce qu'on peut faire dans un document de traitement de texte gardé ouvert à cette fin). L'encadré ci-dessous montre une façon de faire en la matière.

Comment rédiger une référence bibliographique?

Modèle

NOM DE L'AUTEUR, Prénom. *Titre*, Titre de la page d'accueil, [type de support]. [adresse URL] (date de consultation du site)

Exemples

- LE GUYADER, Xavier, *Le Musée minéralogique et minier de Thetford Mines, Pluie de science*, Numéro 28, été 2007 [en ligne]. [http ://www.spst.org/pluiedescience/0607/0607_07.html] (30 août 2007)
- GOUVERNEMENT DU QUÉBEC, *Québec Mines, Bulletin d'information minière*, [en ligne]. [www.mrnf.gouv.qc.ca/mines/quebec-mines/index.asp] (22 août 2007)

Glossaire

A >>>

Absorption Passage des nutriments du tube digestif dans le sang et la lymphe au cours de la digestion. C'est la troisième des quatre grandes phases du processus de transformation des aliments dans le système digestif.

Acide aminé Molécule relativement simple qui provient de la décomposition des protides au cours de la digestion et forme des protéines par synthèse.

ADN (acide désoxyribonucléique) Macromolécule présente dans toutes les cellules vivantes, dans laquelle sont enregistrés les caractères héréditaires.

Aérobie Se dit d'une cellule ou d'un organisme qui a besoin de dioxygène pour vivre.

Alliage Mélange d'au moins deux métaux, homogène et pouvant contenir du carbone.

Alliage ferreux Alliage dans lequel le fer est prédominant.

Alliage non ferreux Alliage sans fer.

Anaérobie Se dit d'une cellule ou d'un organisme qui vit dans un milieu dépourvu de dioxygène.

Année-lumière (al) Unité de mesure correspondant à la distance parcourue par la lumière en une année, soit $9{,}46 \times 10^{12}$ km.

Anus Orifice du tube digestif, situé à l'extrémité du rectum.

Atmosphère Couche de gaz qui enveloppe une planète. Sa présence est l'une des quatre conditions favorables à l'apparition et au développement de la vie telle que nous la connaissons.

Atome Plus petite unité de matière.

B >>>

Big bang Gigantesque explosion qui serait à l'origine de l'expansion de l'Univers.

Bile Liquide jaune vert que le foie produit et dont la fonction est de fractionner les lipides pour en faciliter la digestion.

Bois de feuillus Bois généralement dur et dense, qui résiste mieux aux contraintes que le bois de résineux.

Bois de résineux Bois tendre, facile à façonner. Synonyme : *bois de conifères.*

Bois modifié Matériau fabriqué par la liaison, à l'aide de colle ou par pression, des résidus des coupes de troncs d'arbre (flocons ou sciure de bois). Synonyme : *aggloméré.*

C >>>

Caractère héréditaire Trait caractéristique qui distingue un individu et lui a été transmis par les gènes de ses parents (ex. : la couleur des yeux).

Catalyseur Substance qui augmente la vitesse de réaction au cours d'une transformation chimique.

Cellule Unité de base de tout être vivant. Elle se compose d'organites, dont les principaux sont la membrane, le cytoplasme et le noyau.

Cellule différenciée Cellule dont l'activité est spécialisée.

Cellule reproductrice Cellule haploïde dont l'unique fonction est la reproduction.

Cellule somatique Cellule diploïde qui participe au bon fonctionnement du corps (ex. : cellules musculaires, sanguines et adipeuses).

Cellule souche Cellule sans rôle déterminé qui peut se transformer en cellule différenciée.

Cénozoïque Division de l'échelle des temps géologiques. Troisième et dernière ère du Phanérozoïque, caractérisée, entre autres, par l'apparition des mammifères, dont l'être humain.

Changement d'état Passage de la matière d'un état à un autre (ex. : fusion ou passage de l'état solide à l'état liquide).

Chromosome Longue molécule d'ADN située dans le noyau d'une cellule et contenant l'information génétique d'un individu.

Composé Substance pure formée d'une ou de plusieurs molécules identiques comprenant au moins deux atomes d'éléments différents.

Compression Contrainte appliquée à un matériau ; action qui tend à réduire le volume d'une partie d'un corps.

Concentration Rapport entre la quantité du soluté et le volume total de la solution.

Conductibilité électrique Propriété physique d'une substance de transmettre le courant électrique.

Conductibilité thermique Propriété physique d'une substance de transmettre la chaleur.

Contrainte Action que subit un objet (ex. : traction, compression ou torsion).

Couche stratigraphique Couche ou strate de roches sédimentaires dans lesquelles on peut trouver des fossiles. Les couches stratigraphiques se sont formées successivement l'une sur l'autre.

D >>>

Décomposition Transformation chimique qui sépare les molécules complexes d'un seul réactif en molécules simples de plusieurs produits.

Digestion Phase au cours de laquelle les substances nutritives des aliments sont décomposées en nutriments grâce aux sucs digestifs, au brassage et au malaxage. C'est la deuxième des quatre grandes phases du processus de transformation des aliments dans le système digestif.

Dilatation thermique Propriété physique d'une substance d'augmenter de longueur sous l'effet de la chaleur.

Dilution Fait d'ajouter un solvant dans une solution pour réduire sa concentration en soluté. Le processus modifie le rapport entre les molécules de soluté et les molécules de solvant.

Diploïde Se dit d'une cellule qui possède deux exemplaires de chaque chromosome de l'organisme. Une cellule diploïde humaine contient 2 exemplaires de chacun des 23 chromosomes humains.

Dissolution Processus par lequel le soluté est incorporé dans un solvant pour former un mélange homogène, c'est-à-dire une solution.

Division cellulaire Division par mitose ou par méiose d'une cellule de vivant.

Données nominales Données qualitatives formées de mots ou de codes (ex.: couleur des yeux, espèce animale et catégorie d'aliments). Ce type de données est perceptible par les sens et sert à représenter des catégories.

Données numériques continues Données quantitatives formées de nombres décimaux (ex.: taille moyenne des élèves d'une classe, température du corps et masse d'un sac à dos). Ce type de données se mesure à l'aide d'un instrument et peut prendre toutes les valeurs des nombres réels.

Données numériques discrètes Données quantitatives formées de nombres naturels (ex.: nombre de matchs joués par une équipe sportive et rythme cardiaque). Ce type de données s'obtient par comptage et ne peut prendre que des valeurs entières.

Ductilité Propriété mécanique d'un matériau qui indique sa capacité de s'étirer en fil sans se rompre.

Dureté Propriété mécanique d'un matériau qui indique sa capacité de résister à la rayure ou à la compression.

E >>>

Échelle des temps géologiques Représentation graduée des étapes de l'évolution de la Terre.

Élasticité Propriété mécanique d'un matériau qui indique sa capacité de reprendre sa forme et son volume après avoir subi une traction, une compression ou une torsion.

Élément chimique Substance constituée d'un ou de plusieurs atomes de même nature. Le tableau périodique en répertorie plus de 110. Synonyme: *élément.*

Élimination Évacuation hors du système digestif des résidus alimentaires non absorbés par l'intestin grêle. C'est la dernière des quatre grandes phases du processus de transformation des aliments dans le système digestif.

Énergie chimique Énergie emmagasinée dans les molécules de l'organisme ou libérée par la réorganisation des atomes au cours d'une réaction chimique.

Énergie mécanique Énergie d'un corps en mouvement ou énergie emmagasinée dans un corps et capable de produire un mouvement.

Énergie rayonnante Forme que prend l'énergie qui se déplace en ondes électromagnétiques (ex.: infrarouges, ondes radios, rayons UV et micro-ondes).

Énergie thermique Énergie produite par l'agitation des molécules.

Enzyme Protéine présente dans toutes les cellules du corps et accélérant de nombreuses transformations chimiques dans l'organisme.

Éon Division de l'échelle des temps géologiques. Chaque éon s'étend sur plusieurs centaines de millions d'années et se subdivise en ères.

Équation chimique Représentation d'une transformation chimique à l'aide des symboles chimiques des éléments.

Ère Division des éons dans l'échelle des temps géologiques. Chaque ère se subdivise en périodes.

Estomac Grande poche en forme de J située du côté gauche de l'abdomen.

Étoile Astre qui émet de l'énergie rayonnante.

Eucaryote Organisme unicellulaire qui possède un noyau.

Extinction massive Disparition, à un moment de l'histoire de la Terre, d'un très grand nombre d'espèces animales et végétales.

F >>>

Foie L'un des plus gros organes du corps humain qui joue un rôle important dans le système digestif, notamment en fabriquant la bile.

Fonction de nutrition L'une des trois fonctions vitales de l'organisme qui regroupe toutes les activités visant à prendre ou à rejeter de la matière et de l'énergie.

Fonction de relation L'une des trois fonctions vitales de l'organisme qui regroupe toutes les activités d'échange d'information entre les cellules, entre les systèmes ou entre l'organisme et l'environnement.

Fonction de reproduction L'une des trois fonctions vitales de l'organisme qui regroupe toutes les activités dont le but est de perpétuer la vie.

Fossile Empreinte ou reste d'animal ou de plante préservé dans la roche sédimentaire.

G >>>

Galaxie Immense ensemble d'étoiles, de gaz et de poussières.

Gamète Cellule reproductrice mâle (spermatozoïde) ou femelle (ovule).

Gène Portion d'ADN; unité d'information génétique conservée dans les chromosomes.

Génome Ensemble des informations nécessaires au maintien et à la perpétuation de la vie.

Glande Ensemble de cellules dont la fonction est de sécréter une substance chimique particulière.

Glande digestive annexe Glande située à l'extérieur du tube digestif et déversant ses sécrétions dans un organe grâce à un canal excréteur (ex.: glandes salivaires, foie et pancréas).

Glande digestive intégrée Glande incorporée à la paroi du tube digestif et y déversant directement ses sécrétions (ex.: glandes gastriques de la paroi de l'estomac et glandes intestinales).

Glande gastrique Glande située dans l'estomac et sécrétant le suc gastrique.

Glande intestinale Glande située dans l'intestin grêle et sécrétant le suc intestinal.

Glande salivaire Glande située dans la bouche et sécrétant la salive.

Glucide Hydrate de carbone, c'est-à-dire une molécule composée d'atomes de carbone, d'hydrogène et d'oxygène qui contribue à fournir à l'organisme l'énergie dont il a besoin.

Gros intestin Dernier organe du système digestif.

H >>>

Haploïde Se dit d'une cellule qui possède un exemplaire de chaque chromosome de l'organisme. Une cellule haploïde humaine contient 1 exemplaire de chacun des 23 chromosomes humains.

Hydrosphère Ensemble de l'eau d'une planète sous forme solide, liquide et gazeuse. Sa présence est l'une des quatre conditions favorables à l'apparition et au développement de la vie telle que nous la connaissons.

I >>>

Indicateur Bandelette ou liquide qui change de couleur au contact d'une substance, renseignant ainsi sur la nature des réactions ou sur l'apparition de nouvelles substances.

Ingestion Première des quatre grandes phases du processus de transformation des aliments dans le système digestif. Elle comprend la mastication et la salivation.

Intestin grêle Organe du système digestif qui a la forme d'un long tube et permet l'absorption maximale des nutriments. Synonyme: *petit intestin.*

L >>>

Liaison chimique Lien (force) unissant des atomes entre eux.

Lipide Substance qui forme la membrane de toutes les cellules du corps. Synonyme: *matière grasse.*

Lithosphère Enveloppe solide de la Terre. Sa présence est l'une des quatre conditions favorables à l'apparition et au développement de la vie telle que nous la connaissons.

M >>>

Macromolécule Très grosse molécule qui contient des milliers d'atomes (ex.: ADN).

Malléabilité Propriété mécanique d'un matériau qui indique sa capacité de s'étendre en feuille sous la pression.

Masse Quantité de matière d'un corps. Dans le système international (SI), l'unité de base utilisée pour mesurer la masse est le kilogramme (kg).

Masse volumique Propriété physique caractéristique qui exprime le rapport entre la masse et le volume d'un corps. Chaque substance solide ou liquide a une masse volumique propre, invariable quelle que soit la quantité de matière considérée.

Matériau Matière première transformée et utilisée dans la fabrication d'un objet qui répond à un besoin.

Matériau composite Matériau composé d'un plastique auquel on a ajouté plusieurs constituants.

Matériau ligneux Matériau qui provient de l'exploitation de la forêt.

Matériau métallique Matériau extrait d'un minéral métallique, c'est-à-dire d'un composé contenant un métal (ex. : on peut extraire le fer de la magnétite [Fe_3O_4] et de l'hématite [Fe_2O_3]).

Matière Tout corps ayant une réalité tangible, c'est-à-dire possédant une masse et occupant un volume.

Matière première Toute substance naturelle qui peut être transformée en matériau.

Méiose Type de division cellulaire qui assure la reproduction de l'individu.

Mélange Combinaison physique de substances pures. Les constituants d'un mélange peuvent être séparés par des procédés physiques simples.

Mélange hétérogène Mélange de substances dont on peut observer les particules à l'œil nu ou à la loupe. La matière d'un mélange hétérogène se présente sous au moins deux phases différentes.

Mélange homogène Mélange de substances dont on ne peut pas observer les particules à l'œil nu ou à la loupe. La matière d'un mélange homogène se présente sous une seule phase visible.

Mésozoïque Division de l'échelle des temps géologiques. Deuxième ère du Phanérozoïque, marquée par la domination des reptiles, dont les dinosaures.

Métabolisme Ensemble des réactions chimiques qui se produisent dans les cellules de l'organisme.

Métabolisme basal Quantité d'énergie requise par un individu dans les conditions suivantes : au repos, en état d'éveil, à jeun, à une température d'environ 20 °C.

Minéral Composé chimique présent naturellement dans la croûte terrestre ou dans les roches.

Minéral non métallique Minéral qui ne contient aucun métal.

Minéraux Composé chimique essentiel à l'organisme et présent dans les aliments. Voir *sel minéral.*

Mitose Type de division cellulaire qui assure la régénération des tissus, la reproduction des cellules et la croissance de l'individu.

Modèle particulaire Modèle élaboré au XIXe siècle par John Dalton pour représenter la structure de la matière.

Modèle scientifique Représentation d'une réalité abstraite ou non perceptible par les sens, prenant diverses formes (ex. : dessin, symbole, description ou maquette).

Molécule Regroupement d'au moins deux atomes identiques ou différents. On représente les molécules à l'aide de formules chimiques ou du modèle particulaire.

Mucus Substance claire et visqueuse qui est sécrétée par une glande (ex. : glandes gastriques) et protège les parois d'un organe (ex. : estomac).

N >>>

Nutriment Substance nutritive assimilable par le corps et provenant de la digestion.

Nutrition Voir *Fonction de nutrition.*

O >>>

Œsophage Long canal reliant le pharynx à l'estomac.

OGM (organisme génétiquement modifié) Organisme que l'on modifie en y insérant un nouveau gène.

Orbite Trajectoire d'un corps céleste autour de son étoile.

Organe Partie du corps humain qui remplit une fonction déterminée.

Oxydation Transformation chimique obtenue par la combinaison d'une molécule avec un ou plusieurs atomes d'oxygène.

P >>>

Paléozoïque Division de l'échelle des temps géologiques. Première ère du Phanérozoïque, marquée par l'apparition de la vie marine et des végétaux.

Pancréas Glande du système digestif qui sécrète le suc pancréatique.

Pasteurisation Procédé de stérilisation qui détruit par la chaleur les micro-organismes dans les aliments.

Période Division de l'échelle des temps géologiques. L'histoire de la Terre se divise en éons, puis en ères, puis en périodes.

Péristaltisme Mouvement réflexe causant des contractions involontaires des muscles de l'œsophage, de l'intestin grêle et du gros intestin, permettant le déplacement des aliments dans le tube digestif.

pH Unité de mesure qui varie sur une échelle de 0 à 14 et sert à déterminer le niveau d'acidité ou de basicité d'une substance.

Phanérozoïque Quatrième et dernier éon de l'échelle des temps géologiques, dans lequel nous vivons. Cet éon comprend trois grandes ères : le Paléozoïque, le Mésozoïque et le Cénozoïque.

Pharynx Conduit principalement fait de muscles, communément appelé *gorge*.

Phase Chacune des parties d'un mélange hétérogène.

Planète Corps céleste en orbite autour d'une étoile et suffisamment massif pour avoir une forme sphérique.

Planète tellurique Planète proche du Soleil, qui possède un noyau très dense, composé de métaux.

Plastique Matériau synthétique provenant principalement de la transformation chimique du pétrole.

Point d'ébullition Température précise à laquelle une substance donnée passe de l'état liquide à l'état gazeux.

Point de fusion Température précise à laquelle une substance donnée passe de l'état solide à l'état liquide.

Précambrien Regroupement des trois premiers éons de l'échelle des temps géologiques, qui précèdent l'explosion de la diversification de la vie sur la Terre.

Précipitation Transformation chimique qui crée une substance non soluble dans le solvant.

Précipité Substance solide non soluble qui se forme dans une solution.

Procaryote Bactérie qui constitue le plus ancien organisme vivant sur la Terre.

Produit Substance finale obtenue par transformation chimique.

Propriété Trait descriptif propre à une substance.

Propriété caractéristique Trait descriptif propre à quelques substances, voire à une seule, permettant dans ce dernier cas une identification certaine.

Propriété chimique caractéristique Propriété d'une substance (élément ou composé) de se comporter d'une certaine façon au cours d'une transformation chimique (ex. : comportement au cours de la combustion, réaction avec un acide, réaction avec du dioxygène et réaction aux indicateurs).

Propriété mécanique Propriété qui décrit le comportement d'un matériau soumis à une contrainte.

Propriété non caractéristique Propriété d'une substance (ex. : température, couleur ou odeur) qui ne permet pas de la distinguer avec certitude d'une autre substance, car elle est commune à plusieurs substances.

Propriété physique caractéristique Aspect physique observable ou mesurable d'une substance qui permet de l'identifier.

Protéine Molécule qui se trouve dans tous les tissus corporels et forme, entre autres, les enzymes.

Protide Protéine que l'on trouve dans les aliments. Les protides sont nécessaires à l'entretien et à la régénération des tissus, ainsi qu'à la croissance.

Q >>>

Quaternaire Division de l'échelle des temps géologiques. C'est la dernière des trois périodes du Cénozoïque, caractérisée par l'apparition et l'évolution du genre humain.

R >>>

Réactif Substance initiale utilisée dans une transformation chimique.

Régénération Reconstitution de tissus abîmés grâce à la mitose, l'un des deux types de division cellulaire.

Relation Voir *Fonction de relation.*

Reproduction Production d'êtres vivants par méiose ou production de cellules par mitose. Voir aussi *Fonction de reproduction.*

Respiration cellulaire Transformation du glucose dans la cellule en présence de dioxygène.

Rigidité Propriété mécanique d'un matériau qui indique sa résistance à la traction ou à la torsion.

Roche sédimentaire Roche produite par l'érosion et la sédimentation. On peut y trouver des fossiles.

S >>>

Salive Liquide produit par les glandes salivaires contenant des substances digestives qui amorcent le processus de la digestion.

Satellite naturel Corps céleste qui tourne autour d'une planète.

Sel minéral Composé chimique présent naturellement dans les aliments, généralement dissous dans l'eau.

Solubilité Quantité maximale de soluté que l'on peut dissoudre dans une quantité donnée de solvant. La solubilité d'un soluté dépend de la nature du solvant, de sa température et de la pression.

Soluté Substance solide, liquide ou gazeuse incorporée et dissoute dans une autre (solvant) au cours du processus de dissolution.

Solution Mélange homogène obtenu par dissolution.

Solution aqueuse Solution dont le solvant est l'eau.

Solution saturée Solution dans laquelle le soluté est à sa concentration maximale par rapport à la quantité de solvant.

Solvant Substance solide, liquide ou gazeuse dans laquelle est dissous un soluté au cours du processus de dissolution.

Sphincter Muscle circulaire qui permet en s'ouvrant le passage des aliments d'un endroit à l'autre du tube digestif et qui, refermé, en empêche le reflux.

Substance pure Substance qui contient uniquement des particules identiques (atomes ou molécules).

Suc gastrique Liquide sécrété par les glandes gastriques (dans l'estomac) et agissant dans le processus de digestion.

Suc intestinal Liquide sécrété par la muqueuse de l'intestin grêle et agissant dans le processus de digestion.

Suc pancréatique Liquide sécrété par le pancréas pour protéger l'intestin grêle de l'acidité et agissant dans le processus de digestion.

Symbole chimique Symbole constitué d'une ou deux lettres (parfois trois) utilisé pour représenter chacun des éléments du tableau périodique.

Synthèse Processus de transformation de plusieurs molécules simples en une molécule complexe.

Système Ensemble d'organes et de tissus qui accomplissent une fonction précise dans le corps humain.

Système planétaire Ensemble des corps célestes qui tournent autour d'une étoile (parfois, deux) en suivant diverses trajectoires.

Système solaire Système planétaire dont l'étoile est le Soleil. La Terre en fait partie.

T >>>

Ténacité Propriété mécanique d'un matériau qui indique sa capacité de résister à la rupture.

Test indicateur Test qui s'effectue à l'aide d'une bandelette ou d'un liquide (ex. : papier de tournesol ou indicateur universel) et qui, grâce aux propriétés chimiques caractéristiques, indique la présence ou l'absence d'une substance.

Tissu Ensemble de cellules identiques qui ont une fonction commune.

Tissu conjonctif Tissu qui protège les organes, unit les cellules en tissus et lie les tissus entre eux. Il constitue une réserve d'énergie sous forme de graisse et permet à la peau d'être lisse et souple grâce au collagène qu'il contient.

Tissu épithélial Tissu qui forme les parois des vaisseaux, des glandes et des organes.

Tissu musculaire Tissu qui permet le mouvement des membres et de certains organes.

Tissu nerveux Tissu qui permet au cerveau de recevoir les stimuli et de contrôler les organes.

Torsion Contrainte appliquée à un matériau ; action qui tend à faire tourner des parties d'un corps dans des directions opposées.

Traction Contrainte appliquée à un matériau ; action appliquée sur un corps suivant son axe et tendant à l'allonger.

Transformation chimique Transformation qui modifie la nature d'une substance.

Transformation mécanique Dans le processus de digestion, transformation qui modifie la forme des aliments.

Transformation physique Transformation qui ne modifie pas la nature d'une substance.

U >>>

Unité astronomique (UA) Unité de mesure correspondant à la distance moyenne entre le centre de la Terre et celui du Soleil, soit environ 150 000 000 km.

V >>>

Villosité Petit repli sur la paroi interne de l'intestin grêle, qui en augmente la surface et contribue à faciliter l'absorption des nutriments.

Vitamine Substance d'origine animale ou végétale que le corps ne peut pas fabriquer et qui contribue au maintien de la santé de l'organisme.

Voie lactée Galaxie spirale qui s'est structurée il y a environ 11 milliards d'années et dans laquelle se trouve la Terre.

Volume Espace occupé par un corps ; capacité d'un contenant. Dans le système international (SI), l'unité de base utilisée pour mesurer le volume est le mètre cube (m^3).

Z >>>

Zone habitable Étroite bande orbitale autour d'une étoile. C'est l'une des quatre conditions favorables à l'apparition et au développement de la vie telle que nous la connaissons.

Index

Les folios en bleu renvoient aux définitions dans les dossiers.

H >>>

I >>>

K >>>

L >>>

M >>>

N >>>

O >>>

P >>>

Q >>>

R >>>

S >>>

T >>>

U >>>

V >>>

W >>>

Y >>>

Z >>>

Sources photographiques

h : haut, **c** : centre, **b** : bas, **g** : gauche, **d** : droite, **fp** : fond de page

2 16470902 © 2007 Jupiter Images et ses représentants, **fp** © DK images ; **4** 30535644 © 2007 Jupiter Images et ses représentants ; **6 hg** <Wikipedia>, **cg** 37012099 © 2007 Jupiter Images et ses représentants, **bg** © NASA, **bd** © DK Images ; **7 h** © ShutterStock ; **8 hd** © Megapress.ca/Brunet, **bg**, **bd** © DK Images ; **9** (ruban, systèmes planétaires) © DK Images, (étoiles) © NASA, (galaxies, Voie lactée, dinosaure, unicellulaire, êtres humains) © ShutterStock ; **10 fp** © ShutterStock ; **11 b** © NASA ; **13 d** © DK Images ; **15 b** © NASA, **fp** 7673101 © 2007 Jupiter Images et ses représentants ; **16 fp** © 2007 Jupiter Images et ses représentants ; **17** © NASA ; **18 g** © NASA, **d** © NASA ; **19 h** © ShutterStock, **fp** © NASA ; **20** © Francis Demange/Gamma-EYEDEA/PONOPRESSE ; **22 hg, cg** © ShutterStock ; **23 g** © 7665019, 2007 Jupiter Images et ses représentants, **c** © Université du Montana ; **26** © Dr. Dennis Kunkel/Visuals Unlimited ; **28** © ShutterStock ; **30** <Wikipedia> ; **31** © ShutterStock ; **32** <Wikipedia> ; **33 fp** © DK Images ; **34 et 35** (*Paranthropus aœthiopicus, Homo heidelbergensis, Homo neanderthalensis, Homo florensiensis)* © Courtoisie de Skullsunlimited.com, *(Australopithecus afarensis, Homo sapiens)* © ShutterStock, (autres crânes) <Wikipedia> ; **36 fp** © Francis Demange/Gamma-EYEDEA/PONOPRESSE ; **37 h** 19023013, © 2007 Jupiter Images et ses représentants ; **37 bg** © Courtoisie de Skullsunlimited.com, **bd** © ShutterStock ; **38 g** <Wikipedia> ; **39 h** © Gilles Kubitza, **fp** © ShutterStock ; **40** © NEAL GRUNDY/SPL/Publiphoto, **fp** © DK images ; **42** © ShutterStock ; **44 g** © ShutterStock ; **45 g** © Leonard Lessin/Photo Researchers, Inc., **d** © SPL/Photo Researchers, Inc. ; **46 g** © Shutterstock, **49 hg, cg** © ShutterStock, **bd** © Dr. Richard Kessel & Dr. Gene Shih/ Visuals Unlimited ; **50 g** © ShutterStock ; **51 c** © Dr. Richard Kessel & Dr. Gene Shih/Visuals Unlimited, **b** © ShutterStock ; **53 hg** © Andrew Paul Leonard/ Photo Researchers, Inc. ; **55** (systèmes circulatoire, nerveux, musculaire et digestif) © DK Images, (systèmes squelettique, urinaire et pulmonaire) © ShutterStock ; **56** © M. Rosevear ; **57 fp** © ShutterStock ; **59 g** (pieds) 22834188 © 2007 Jupiter Images et ses représentants, (nez) 19114532 © 2007 Jupiter Images et ses représentants, (autres) © ShutterStock ; **59 d** © ShutterStock ; **60 g** © A. Barrington Brown/Photo Researchers, Inc., **d** © Megapress.ca/Mauritius ; **61 h** © ShutterStock, **fp** © ShutterStock ; **62** © ShutterStock ; **66 hg, hd** © ShutterStock, **hc** © DK Images ; **67** © ShutterStock ; **68 hg** © DK Images, **bg** © ShutterStock ; **70** © ShutterStock ; **71** © ShutterStock ; **72** © *Bien manger avec le guide alimentaire canadien,* Santé Canada, 2007, Reproduit avec la permission du Ministère des Travaux publics et Services gouvernementaux, Canada ; **73** hg © ShutterStock ; **74** © M. Rosevear ; **75 fp** © ShutterStock ; **76** (fruits) 36849922 © 2007 Jupiter Images et ses représentants, (légumes) 36875931 © 2007 Jupiter Images et ses représentants, (autres) © ShutterStock ; **78** <Wikipedia> ; **79 hd** © ShutterStock, **fp** © ShutterStock ; **80** © ShutterStock ; **82 hg, bd** © DK Images, **bg** © ShutterStock ; **83** © DK Images ; **84 h** © DK Images ; **85 hg, c** © DK Images, **b** © ShutterStock ; **86 hg** <Wikipedia>, **c** © DK Images, **bd** © ShutterStock ; **87** © DK Images ; **88 h** © DK Images, **b** © ShutterStock ; **90** © ShutterStock ; **91** © DK Images ; **92** © ShutterStock ; **93 fp** © ShutterStock ; **94 fp** © ShutterStock ; **97** © DK Images ; **98 hg, bg** <Wikipedia>, **d** © Merit Care E-Care ; **99 hd** © SPL/Publiphoto, **fp** 32141343 © Jupiter Images et ses représentants ; **100** <Wikipedia>, **fp** © DK images, ;**102** © ShutterStock ; **107** <Wikipedia> ; **108 g** © ShutterStock, **c** © Le petit musée de l'UQAC, **d** © DK Images ; **109** Domaine public ; **110 b** © DK Images ; **111** (verre, smog, boisson, médaille) © ShutterStock, (granite, crème à raser) © DK Images ; **112** © ShutterStock, **113** © ShutterStock ; **114** © ShutterStock, **fp** © ShutterStock ; **115 fp** © ShutterStock ; **118 g** <Wikipedia>, **d** © NASA ; **119 h** © ShutterStock, **fp** © ShutterStock ; **120** © ShutterStock ; **123** © ShutterStock, **fp** © ShutterStock ; **124** (cuivre coulé) © Association minière du Québec, (assiette, comprimé, cendre) © ShutterStock, (lingot aluminium) <Wikipedia> ; **126** © ShutterStock ; **127** © ShutterStock ; **128** © DK Images ; **129 c** © ShutterStock, **b** © Andrew Lambert/SPL/ Publiphoto ; **130 hg, hd** © DK Images, **cg, bd** © ShutterStock, **bg** <Wikipedia> ; **131 h** 37428416, © 2007 Jupiter Images et ses représentants, **b** © ShutterStock ; **132 hd** © Yannick Dupont, **g** © ShutterStock ; **cd** © DK Images, **bd** 8024077, © 2007 Jupiter Images et ses représentants ; **133 fp** © ShutterStock ; **136 g** <Wikipedia>, **d** © ShutterStock ; **137 h** © ShutterStock, **fp** © ShutterStock ; **138** © ShutterStock ; **140 fp** © ShutterStock ; **141** © ShutterStock, **fp** © ShutterStock, **142 h** © DK Images, **b** © ShutterStock ; **143 h** 9958700 © 2007 Jupiter Images et ses représentants, **b** © ShutterStock ; **144 fp** © ShutterStock ; **145** © ShutterStock ; **147** © ShutterStock ; **148 hg** © Tel-Jeunes, (tests grossesse) © ShutterStock, **bg** <Wikipedia>, (bouteille, échelle) © DK Images ; **149 fp** © ShutterStock ; **152 g** © Mary Evans/Photo Researchers, Inc., **d** © Oyvind Hagen/Statoil ; **153 h** © ShutterStock, **fp** © ShutterStock ; **154** © ShutterStock, **fp** © DK images ; **156** © ShutterStock ; **158** © ShutterStock ; **159** (bâton) © ShutterStock, (collier) 22878720, © 2007 Jupiter Images et ses représentants, (cuiller, tige titane) © ShutterStock, (prothèse) © Inga Spence/Visuals Unlimited ; **160 hg** © ShutterStock, (jambe cassée, torsions cheville) © DK Images ; **162** © ShutterStock ; **163 g** <Wikipedia> ; **164** (épinette, pin, pruche, sapin) © ShutterStock, (mélèze) © DK Images, (thuya) © Murielle Belley ; **165** (avion) 16446890, © 2007 Jupiter Images et ses représentants, (bouleau, cerisier, chêne, érable, frêne, noyer, peuplier, tilleul) © ShutterStock ; **166** (contreplaqué, fibres moyenne et haute densité) <Wikipedia>, (copeaux) © ShutterStock, (particules) © poplitewood.com ; **167 b** © ShutterStock ; **168 h** 37829227, © 2007 Jupiter Images et ses représentants, **bc, bd** © ShutterStock ; **169** (aluminium, chrome, cuivre, étain, fer, magnésium, molybdène, titane, zinc) © ShutterStock, (argent) 19035478, © 2007 Jupiter Images et ses représentants, (nickel) 9816940, © 2007 Jupiter Images et ses représentants, (plomb) © Murielle Belley ; **170** (argent, bronze, fil à souder, laiton, nichrome, nitinol, titane) © ShutterStock, (aluminium 7005 T6) © Opus/photo Marc Dussault, **171** (acier) 23381523, © 2007 Jupiter Images et ses représentants, (acier inoxydable, acier rapide, fer forgé, fonte, invar) © ShutterStock, (chromoly) © Opus /photo Marc Dussault ; **172 b** © ShutterStock ; **173 fp** © ShutterStock ; **174** (raquettes tennis, raquettes à neige en bois) © ShutterStock, (aviron bois) 23344899 © 2007 Jupiter Images et ses représentants, (aviron alliage) 23344700 © 2007 Jupiter Images et ses représentants, (raquettes à neige en aluminium) 26546266 © 2007 Jupiter Images et ses représentants ; **175 g** © Besançon (France) Musée des Beaux-Arts et d'Archéologie, Jean-Louis-Dousson, **hd** © Will & Demi McIntyre/Photo Researchers, Inc., **bd** © Conseil national de recherches Canada ; **176 h** © Construction Photography/Corbis, **fp** © ShutterStock ; **177** © ShutterStock ; **178** (jeune femme, jeune homme) © ShutterStock ; **179 fp** © NASA ; **180** (molécule) <Wikipedia> ; **182 fp** © ShutterStock ; **184** © M. Rosevear ; **185 cd** © DK Images, **fp** © DK Images ; **186** (test indicateur d'amidon) © Julie Duchesne, **fp** © ShutterStock ; **187 fp** © ShutterStock ; **190 fp** © ShutterStock ; **191 fp** © ShutterStock ; **192-193 fp** © ShutterStock ; **196 fp** © ShutterStock ; **197 fp** © Jason Reed/Reuters/Corbis ; **198 fp** © DK Images ; **200 fp** © ShutterStock ; **206 fp** © ShutterStock ; **207 fp** © ShutterStock ; **210 fp** © ShutterStock ; **212 fp** © ShutterStock ; **214 fp** © ShutterStock ; **217 fp** © ShutterStock ; **218 fp** © Shutterstock.

Tableau périodique des éléments

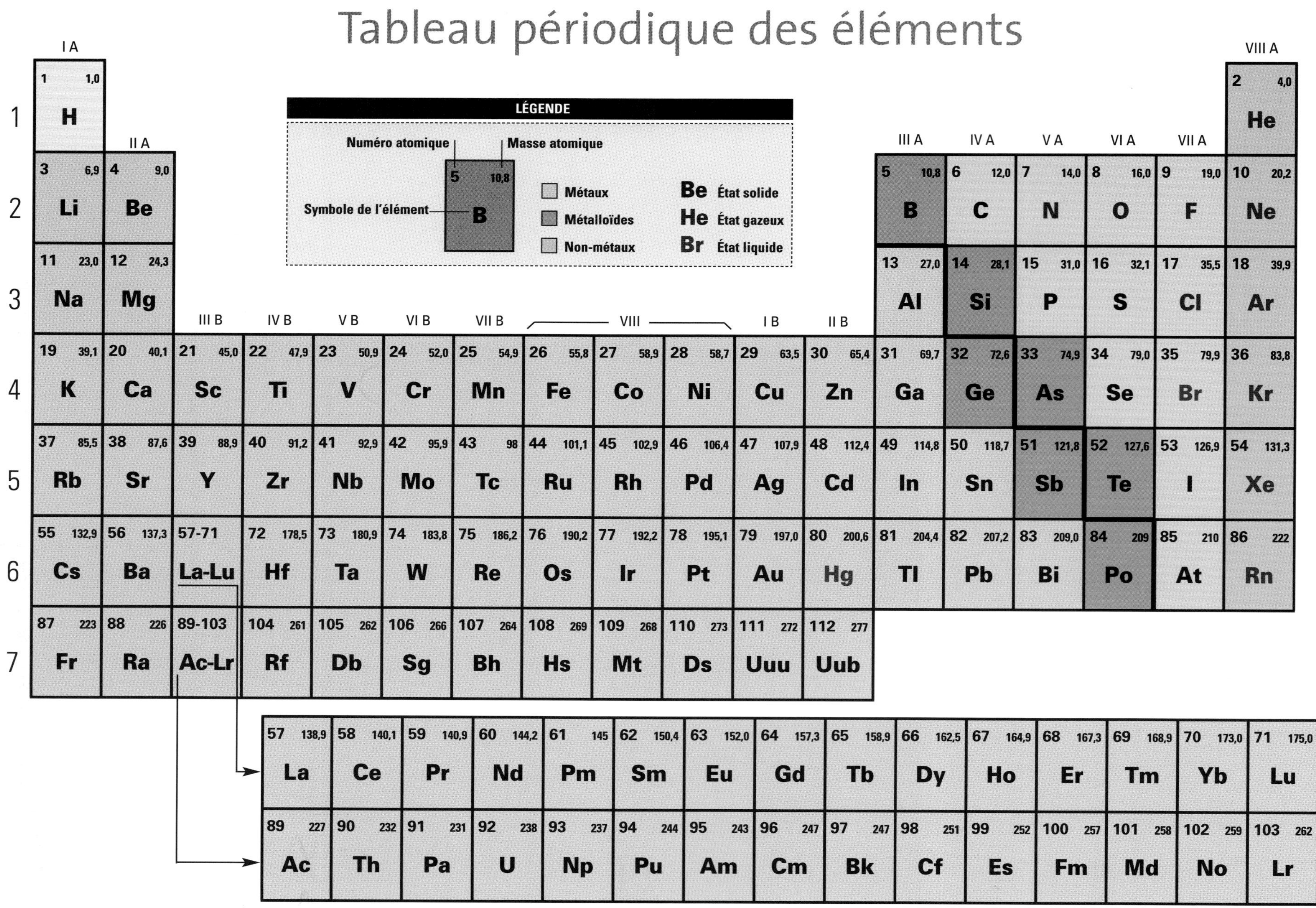

LÉGENDE

	I A	II A	III B	IV B	V B	VI B	VII B	VIII	VIII	VIII	I B	II B	III A	IV A	V A	VI A	VII A	VIII A
1	1 H 1,0																	2 He 4,0
2	3 Li 6,9	4 Be 9,0											5 B 10,8	6 C 12,0	7 N 14,0	8 O 16,0	9 F 19,0	10 Ne 20,2
3	11 Na 23,0	12 Mg 24,3											13 Al 27,0	14 Si 28,1	15 P 31,0	16 S 32,1	17 Cl 35,5	18 Ar 39,9
4	19 K 39,1	20 Ca 40,1	21 Sc 45,0	22 Ti 47,9	23 V 50,9	24 Cr 52,0	25 Mn 54,9	26 Fe 55,8	27 Co 58,9	28 Ni 58,7	29 Cu 63,5	30 Zn 65,4	31 Ga 69,7	32 Ge 72,6	33 As 74,9	34 Se 79,0	35 Br 79,9	36 Kr 83,8
5	37 Rb 85,5	38 Sr 87,6	39 Y 88,9	40 Zr 91,2	41 Nb 92,9	42 Mo 95,9	43 Tc 98	44 Ru 101,1	45 Rh 102,9	46 Pd 106,4	47 Ag 107,9	48 Cd 112,4	49 In 114,8	50 Sn 118,7	51 Sb 121,8	52 Te 127,6	53 I 126,9	54 Xe 131,3
6	55 Cs 132,9	56 Ba 137,3	57-71 La-Lu	72 Hf 178,5	73 Ta 180,9	74 W 183,8	75 Re 186,2	76 Os 190,2	77 Ir 192,2	78 Pt 195,1	79 Au 197,0	80 Hg 200,6	81 Tl 204,4	82 Pb 207,2	83 Bi 209,0	84 Po 209	85 At 210	86 Rn 222
7	87 Fr 223	88 Ra 226	89-103 Ac-Lr	104 Rf 261	105 Db 262	106 Sg 266	107 Bh 264	108 Hs 269	109 Mt 268	110 Ds 273	111 Uuu 272	112 Uub 277						

57 La 138,9	58 Ce 140,1	59 Pr 140,9	60 Nd 144,2	61 Pm 145	62 Sm 150,4	63 Eu 152,0	64 Gd 157,3	65 Tb 158,9	66 Dy 162,5	67 Ho 164,9	68 Er 167,3	69 Tm 168,9	70 Yb 173,0	71 Lu 175,0
89 Ac 227	90 Th 232	91 Pa 231	92 U 238	93 Np 237	94 Pu 244	95 Am 243	96 Cm 247	97 Bk 247	98 Cf 251	99 Es 252	100 Fm 257	101 Md 258	102 No 259	103 Lr 262